KB235297

고려시대 시가의 탐색

金相喆

景仁文化社

I. 序 論

1. 問題 提起

훈민정음 창제 전의 고려시대 傳承文學은 두 가지다. 그 하나가 한문을 이용한 지배층의 漢詩文學이고, 다른 하나는 역시 한문으로 기록한 지배층의 歌文學과 민중층에 의해 구전되던 歌文學이다.1) 이처럼 지배층 문학은 漢詩와 우리 노래인 歌文學이 양립하던 시대였다. 일찍부터 우리나라에서는 吟詠文學과 歌唱文學이 공존해 왔던 것이다. 우리의 詩歌史는 漢詩와 歌文學의 상호교섭 속에서 전개되어 왔다고 할 수 있다. 한시가 삼국시대 한문이 도입된 이래로 지속적으로 창작되어 왔다면, 가문학은 鄕歌, 時調, 景幾體歌, 歌辭 등 서로 다른 형식과 내용으로 한시에 대응하여 전개되어 왔다. 新羅 이래로 지배층 문학은 歌文學 위주로 전개되고 있었다. 하지만 고려 후기 이후부터는 詩文學이 주류를 차지하게 되는데, 그것은 한문학의 발달로 한문에 익숙한 문인들이 수준 높은 작품들을 양산하였기 때문이다.

詩는 吟詠文學이고, 歌는 歌唱文學이라는 특성상 그 지향하는 바가 서로 다르다. 안축이 시와 가를 짓기 이전에도 사대부를 비롯한 상층 지식인들에게 詩와 歌는 계속 있어왔다. 경기체가 이전의

---

1) 본고에서는 詩와 歌를 구분하여, 吟詠文學인 漢詩만을 가리킬 때는 ‘詩’, ‘詩文學’, ‘漢詩文學’이라는 용어를 쓰고, 歌唱文學인 景幾體歌를 가리킬 경우 ‘歌’, ‘歌文學’, ‘노래문학’이라는 용어를 쓰기로 한다. 그리고 詩와 歌를 통칭할 경우 ‘詩歌’라는 명칭을 사용한다.

鄕歌도 상층 지식인들의 노래였고, 이후에 등장한 時調 또한 漢文學에 익숙했던 상층 지식인들의 노래였다. 그런데 한문학이 발달함에 따라 시문학이 융성하게 되고 가문학은 쇠퇴하게 되었다. 가문학이 쇠퇴하던 고려 후기에 신흥사대부들이 새로운 형식의 가창양식을 창안하였는데 이를 이른바 경기체가라 한다. 경기체가는 중국의 가창양식에 대응하는 우리 士大夫들의 노래문학이라고 할 수 있다.

謹齋 安軸(1282~1348)은 고려 후기 대부분의 문인들이 '漢詩文學'에 심취해 있을 때 漢詩와 歌文學인 경기체가를 동시에 창작하였다.

현전하는 안축의 한시는 강릉도존무사 재임시에 지은 시문을 모은 시문집 『關東瓦注』에 전하고 있다. 그의 한시는 백성의 삶의 문제와 관련된 내용이 주를 이루고 있는데, 당시 신흥사대부층의 현실의식과 사회의식을 살펴볼 수 있다는 점에서 의의가 있다.

한편 그의 가문학은 경기체가인 「관동별곡」「죽계별곡」이 전승되고 있는데, 이 두 작품에는 신흥사대부 안축의 활달한 기상이 두드러지게 표현되어 있다. 경기체가 「관동별곡」과 「죽계별곡」이 신흥사대부 안축의 작품으로 전한다는 것은 경기체가가 신흥사대부 사회의 歌樣式이었다는 하나의 증거가 된다.

그런데 안축의 두 작품은 개인문집에 전하고 있는 반면에 최초의 경기체가인 「翰林別曲」은 宮中樂書에 전하고 있다. 고려시대 경기체가 작품이 翰林諸儒 소작의 「翰林別曲」만 유일하게 남아있다면 그것은 宮中樂으로 지어져 宮中 宴禮에서 歌唱된 文學으로 규정되었을 지도 모를 일이다. 이런 점에서 안축의 두 작품은 13세기 「翰林別曲」 이후 가문학의 전통을 계승하면서, 이후 조선전기의 가문학에 연결시켜 주는 교량적 역할을 하였다는 점에서 문학

책머리에

信言不美 美言不信

진실한 말은 꾸밈이 없고, 꾸미는 말에는 진실함이 없다.

책상 앞에 이 구절을 적어 두고 愼獨의 지표로 삼은 지 어언 20년쯤 되어 간다. 이와 같은 좋은 구절은 자신에게 경구가 되기보다는 오히려 자신을 옭죄는 중압감으로 작용하는 병폐를 가져오기도 하는데, 내가 그런 형국이 아닌가 한다. 이 책을 출간하는 이 시점에서 더더욱 성현의 이 가르침이 뼈 속에 사무치게 다가와 새삼 부끄러워 고개가 숙여진다.

이 책은 필자의 박사학위 논문 「안축의 한시와 가문학 연구」와 몇 편의 논문을 묶어 출간한 것이다. 전 6장으로 이루어져 있는데, 제1장은 학위 논문의 일부를 수정 보완하여 수록하였다. 이 논문에서 필자는 안축시가문학의 특성과 현실인식태도를 고찰한 후 이를 토대로 한시와 경기체가와의 상호연관성을 구체적으로 밝혀보고자 하였다. 하지만 의도한 만큼 성과를 거두지 못한 것 같아 이 기회에 본격적으로 손볼 요량이었지만, 수정할 부분이 생각보다 많은 데다가 필자의 역량부족으로 인해 그냥 덮어 두고 말았다. 이 부분은 별도의 논문을 통해 보완할 생각이며, 앞으로의 과제로 삼고 두고두고 천착해 볼 작정이다.

제2~5장은 궁중 속악가사 즉 고려가요 가운데 '남녀상열지사'로 널리 알려진 작품에 대한 작품론이다. 하지만 전반적인 논점이나 문제점들을 하나하나 짚어본 것이 아니라 오히려 지엽적이고 궁벽

한 주제에 치우친 감이 없지 않다. 또한 이 책의 제목『고려시대 시가의 탐색』처럼 선학들이 놓친 문제에 대해 새로운 탐색을 시도 하고자 했으나, 뜻대로 되지 못한 것 같아 아쉬울 뿐이다. 의욕이 앞서 자칫 본질에서 벗어나는 우를 범하지는 않았을까 두려울 따름이다. 그렇기는 하지만 그간 연구 성과를 한 눈에 조감할 수 있 도록 꼼꼼히 연구사 검토를 통한 문제제기를 시도했다는 점에서 이 작품을 연구하고자 하는 이에게 유효한 길잡이 역할은 할 수 있 으리라는 나름대로의 위안을 가져보기도 한다. 하여간 이 책의 모 든 허물은 필자의 부족함에서 비롯된 것임을 밝혀둔다.

앞으로 고려시대 시가의 향유층과 작자층에 대한 심도 있는 논 의를 통해 경기체가 장르의 전승과정과 향유에 관한 문제와 고려 가요의 제작과 향수층에 대한 문제들을 지속적으로 다루어 볼 생 각이다.

이 작은 일을 수행하면서 참으로 많은 선생님께 분에 넘치는 은 혜를 입었다. 우매한 나를 학부시절부터 학문의 세계로 이끌어 주 시고, 첫 정을 지금까지도 간직하시면서 격려를 아끼지 않으신 陶 谷 鄭琦鎬 은사님께 삼가 감사의 말씀을 올린다. 학위 논문 심사에 서부터 학문하는 자세까지 자상하게 지적해주신 鄭堯一 선생님과, 權斗煥 선생님께도 이 자리를 빌려 감사의 말씀을 드린다. 부족한 학문적 역량도 개의치 않으시고 칭찬과 격려를 해주신 金碩會 선 생님과 鄭學城 선생님, 崔仁鶴 선생님께도 감사의 말씀을 드린다.

제1장

安軸의 漢詩와 歌文學 研究

목 차

　그리고 부족함 많은 제자를 큰 사랑으로 이끌어주시는 모교에 계신 선생님들께 진심으로 감사드린다.

　또한 불혹을 훨씬 넘긴 지금까지도 한결같이 헌신적인 기도와 사랑을 베풀어 주시면서도 오히려 모자람을 걱정하시는 어머님과, 가까이서 사랑으로 지켜봐주시는 장모님, 그리고 10여년 이상 가장 노릇을 제대로 하지 못하는 나를 언제나 사랑으로 감싸주고 권면해 마지않는 나의 아내에게 고마움을 전하며, 여러 핑계로 함께 해주지 못했음에도 잘 자라준 나의 사랑스런 아이들, 경현·서현·우현이에게도 고마울 따름이다.

　또한 이 자리가 있기까지 보이지 않는 곳에서 격려해주신 많은 도움의 손길을 주신 분들께 인사의 말씀을 전한다.

　끝으로 어려운 사정도 고려치 않고 선뜻 출간을 허락해주신 경인문화사 한정희 사장님께 감사드리며, 아울러 부족한 내용을 매끄럽게 감싸주신 신학태 실장님, 그리고 편집부 김명선 선생에게도 고마움을 전한다.

2004년 4월 30일
김 상 철

아울러 주석 및 제작 연대를 고찰하여 안축 연구의 기틀을 다져놓았다.[3]

　김동욱은 안축의 한시와 가문학을 종합적으로 다루었다. 안축의 한시와 전승 기록물에 대한 철저한 검토를 통해 안축의 연보 및 학문적·사상적 배경을 밝혀내고자 하였으며, 한시와 가문학의 상호 연관성에도 주목하여 둘 사이의 관계를 규명하고자 노력하였다. 그는『관동와주』한시는 농민의 고충을 사실적으로 그려내고 있으며,「관동별곡」과「죽계별곡」은 풍류와 향락을 드러낸 작품이라 규정하였다.『관동와주』의 사실주의적인 詩와 풍류와 향락적인 歌에 나타나는 이러한 차이는 사대부층의 분열된 모습이나 이중성 때문이 아니라, 고려 후기 사대부층이 지녔던 시대적, 문학적 양면성에 기인하는 것으로 파악하였다. 이에 따라「관동별곡」「죽계별곡」은 흥겹게 즉흥적으로 떠벌여 '긴장을 풀자는 문학'으로,『관동와주』의 한시는 '긴장을 하자는 문학'으로 규정하였다.[4]

　김동욱의 논의는 다음과 같은 의의를 지니고 있다. 그 하나는 기존 연구가 조선 후기의 시가에 집중되고 있는 연구 경향에서 벗어나, 안축을 중심으로 고려 후기 신흥사대부 계층의 현실인식태도, 세계관 등을 고찰함으로써, 그들이 지닌 인식의 틀을 파악해내고자 하였다는 것이다. 다른 하나는 시와 가 작품의 치밀한 분석을 통해 안축의 문학적 특성을 도출하고자 한 점이다. 세 번째는 경기체가

---

3) 그의 경기체가에 대한 일관된 연구 성과는『韓國 翰林詩 評釋』, 國學資料院, 1996에 종합 정리되어 있다.

4) 김동욱,「謹齋 安軸과 그 詩·歌의 研究」, 成均館大博士論文, 1988 ;「關東瓦注와 安軸의 詩文學」『논문집』22, 상명여대, 1988 ;「關東別曲·竹溪別曲과 安軸의 歌文學」『泮橋語文研究』창간호, 泮橋語文研究會, 1988. 이러한 성과는 김동욱,『高麗 後期 士大夫文學의 研究』, 祥明女大出版部, 1991에 수록되어 있다.

의 특징적 요소인 '위 ~경 긔엇더ᄒ니잇고'를 좀더 심층적으로 분석해 내고 있다는 점이다. 조동일이 주장한 '사물화'의 원리가 지닌 한계를 지적하고, 이를 '경물화'로 규정하고 '위~경 긔엇더ᄒ니잇고' 가 지니는 작품 내에서의 구조적 의미를 밝혀 내려 했다.

하지만 조동일에 의해 명명된 '사물화'의 원리 대신에 그가 사용한 '경물화'라는 용어도 실상 「관동별곡」과 「죽계별곡」에서 드러나고 있는 정서를 '포괄'하고 있지는 못한다는 것이다.[5] 그리고 시문학과 가문학의 성격적인 차이를 사대부의 양면성에 기인하는 것으로 파악하려는 태도는 기왕의 사대부층의 '이중성'으로 보려는 시각을 바로 잡는데 기여하고 있으나, 이 또한 시와 가의 내용을 분리하여 취급하고 있다는 점에서 좀더 세밀한 논의가 필요하다고 생각한다.

한편 안축의 경기체가 작품에 대한 논의는 김창규와 김동욱을 제외하고는 대부분 경기체가 전반을 논의하는 가운데 「관동별곡」과 「죽계별곡」에 대해 언급하고 있다. 이때 대다수의 논의는 「관동별곡」과 「죽계별곡」에 나타난 정서를 「한림별곡」과 같은 '집단적 정서'가 표출된 작품으로 규정하고 있는데, 이러한 견해는 경기체가의 변천사를 논할 때 안축의 「관동별곡」 「죽계별곡」을 「한림별곡」과 같은 유형으로 분류하였기 때문으로 보인다. 그런데 이러한 집단적 정서의 표출로 파악하려는 기존 논의조차도 「관동별곡」에

---

5) 경기체가를 교술시로 규정하는 연구자들은 개별 작품에서 드러나고 있는 정서표출에 대해서는 이를 인정하지 않으려는 경향을 보이는데, 김동욱도 이런 점에서 그들과 별반 다르지 않다고 할 수 있다. 이러한 견해는 경기체가의 표현들은 모두 객관적 사물의 나열로 여기에 들어 있는 시적 화자의 감흥과 정서를 중요시 여기지 않는다. 하지만 가창문학은 본질적으로 가창을 통해 시적 화자나 가창자의 정서와 감흥을 표출하려고 한다. 이런 점에서 볼 때 안축의 경기체가에 나타난 시적 화자의 정서는 간과될 수 없다고 생각한다.

한정하여 논의가 이루어졌을 뿐「죽계별곡」에 관한 논의는 거의 이루어지지 않고 있는 실정이다.6)

안축 한시문학에 대한 연구는 주로『관동와주』의 내용 분석을 통해 신흥사대부 안축의 현실인식 태도를 밝혀내는 데 집중되었다. 그리하여 그가 지닌 애민적인 내용은 신흥사대부층의 투철한 현실인식이 반영된 것으로 파악하였다.7)

최근에는 안축 한시를 다양한 시각에서 바라보려는 논의가 시도되었는데, 李京雨는 '자연관'을 중심으로 논구하였다. 그는『關東

---

6) 경기체가 정서를 다룬 논의를 포함하여 안축의 경기체가를 중요하게 다룬 연구는 다음과 같다.

방종현,「讀謹齋集後」『한글』14권 1호, 1949 ; 방종현,「關東別曲」『한글』14권 2호, 1949 ; 成昊慶,「景幾體歌의 構造 硏究」서울대석사논문, 1980 ; 金基卓,「景幾體歌의 性格考察」『嶺南語文學』8, 嶺南大, 1981 ; 扈承喜,「翰林別曲의 詩的 構造와 情緒」金大幸 외,『高麗 詩歌의 情緖』, 중판 ; 開文社, 1993 ; 박일용,「경기체가의 장르적 성격과 그 변화」『한국학보』46, 일지사, 1987 ; 崔珍源,「獨樂八曲·閒居十八曲과 隱求」『韓國古典詩歌의 形象性』, 增補版 ; 成大大東文化硏究院, 1988 ; 박경주,「경기체가의 연행방식과 성격변화」, 서울대석사논문, 1990 ; 박경주,「국문학의 장르론과 경기체가」『先淸語文』23, 서울사대국어교육과, 1994 ; 김동임,「경기체가 연구」, 부산대석사논문, 1993 ; 尹錫鉉,「朝鮮朝 景幾體歌 硏究」, 崇實大碩士論文, 1993 ; 강진순,「경기체가의 정서변화 양상」『경남어문논집』7·8합집, 경남대, 1995 ; 朴魯埻,「翰林別曲과 關東別曲(兼 竹溪別曲)의 거리」, 成均館大人文科學硏究所 編,『高麗歌謠 硏究의 現況과 展望』, 集文堂, 1996 ; 박경주,『경기체가 연구』, 이회문화사, 1996 ; 신영명,『사대부시가의 연구』, 국학자료원, 1996 ; 윤석현,「경기체가의 소멸동인 소고」『숭실어문』11, 1996 ; 한창훈,「景幾體歌의 形成과 變貌를 파악하는 하나의 시각」『白鹿語文』14, 제주대국문학과, 1997.

7) 이러한 작업은 조동일(『한국문학통사』2, 지식산업사, 1982)이 안축의 한시에 주목한 이후 촉발되었다고 볼 수 있다. 崔承洵,「安謹齋의 關東地方 詩文考」『江原文化硏究』9, 강원대, 1989 ; 鄭載喆,「高麗末 新興士大夫의 登場과 漢詩」『韓國漢文學硏究』15, 韓國漢文學會, 1992 ; 金宗鎭,「安軸의 시세계」『泰東古典硏究』10집, 泰東古典硏究所, 1993.

瓦注』의 한시와 '記文'에 나타난 자연관을 「관동별곡」의 자연관과 비교해 본 결과, '記文'이나 『관동와주』의 자연관은 관조의 대상이나 자연과의 합일이 아니라 인격 수양의 대상이 된다고 하였으며, 이러한 자연관은 「관동별곡」의 자연관과도 일치한다고 하였다.[8] 김은정은 한시 작품의 여러 층위를 고찰하였다. 그 결과 안축 한시의 첫 번째 층위는 사대부로서의 자기인식을 바탕으로 한 『관동와주』 한시들이며, 두 번째 층위는 유흥의 정취를 표출한 것이라 하였다. 그는 사대부의 한시에 이러한 층위가 존재한다는 것은 결국 사대부의 문학활동이 한시만으로는 불충분하였다는 것을 의미하며, 이는 곧 국문시가, 즉 경기체가에의 욕구로 나아가게 되었다고 하였다.[9] 그는 안축 한시의 유흥이 바로 新意와 연관되는 것으로 파악하였는데, 이에 대한 명확한 논거가 제시되고 있지 않다. 그렇지만 그는 시와 가와의 관계를 층위를 통해 접근하고 있다는 점에서 의의를 지닌다. 이외에 작가론을 비롯하여 시문에 나타난 중앙과 지방의식을 검토하려는 논의가 있다.[10]

본 연구는 안축 문학에 대한 선행 논의의 성과를 비판적으로 수용하면서 안축의 시가문학에 접근하고자 한다. 새로운 성리학을 적극적으로 수용하고자 했던 안축이 元의 지배와 권문세족의 징탈이라는 불합리한 현실 속에서, 『관동와주』라는 한시를 통해 부정적 현실을 어떻게 인식하고 어떠한 방식으로 해결하고자 했는지에

---

8) 李京雨, 「安軸의 自然觀과 關東別曲」『한국고전시가작품론』 1, 백영 정병욱 선생 10주기 추모논문집, 집문당, 1992. 이밖에 최용수, 「안축과 그의 자연관」『배달말』 22, 배달말학회, 1997이 있다.
9) 김은정, 「安軸漢詩에 나타난 士大夫 意識의 諸層位」『韓國漢詩作家研究』 2, 태학사, 1996.
10) 李樹鳳, 「安軸論」, 黃浿江 外編, 『韓國文學作家論』 Ⅱ, 螢雪出版社, 1986 ; 金豊起, 「謹齋 安軸의 詩文에 나타난 江原道論」『江原文化研究』 17, 江原大江原文化研究所, 1998.

관심을 두고 논의하고자 한다. 특기할 것은 안축의 한시가 피폐한 현실과 이를 수탈하는 지배층에 대한 고발과 비판에만 그치는 것이 아니라, 현실에 대한 낙관적인 전망이나 긍정적인 태도가 반영된 작품이 전하고 있다는 사실이다. 비록 그 수효가 많지 않지만 이 같은 유형의 한시는 현실을 긍정적으로 인식한 바탕 위에 지어진 「관동별곡」이나 「죽계별곡」과 상호연관성을 살필 수 있는 단서를 제공해 준다는 점에서 주목할 만하다.

한편 「관동별곡」과 「죽계별곡」에 관한 논의에서는 '교술시'로 파악하거나, '집단적 정서'의 표출로서가 아닌, 안축의 개인적 정서가 표출된 작품이라는 관점에서 접근이 이루어질 것이다. 그것은 경기체가 개별 작품들 간에 정서의 편차가 매우 크게 드러나고 있으므로, 개별 작품에 대한 철저한 분석이 이루어진 후 이를 토대로 경기체가 장르가 지닌 정서적 특성이 규정될 수 있을 것이다. 이렇게 할 때 비로소 경기체가의 사적 전개를 '집단적 정서→개인적 정서'로 파악하려는 기왕의 도식적 전개론을 극복할 수 있을 것으로 생각된다.

한시와 경기체가는 그 성격이 서로 다른 작품으로 규정되어 왔다. 한시의 애민적 경향과 달리, 경기체가는 현실을 외면한 '호탕한 풍류' 또는 '긍호방탕'을 드러낸 작품으로 평가되었던 것이다. 그런데 앞서 언급했듯 한시와 가문학은 안축의 현실인식이나 농민의식이 일관되게 발현된 것으로써, 한시와 분리하여 논의할 것이 아니라, 이를 통합하여 하나의 시각으로 파악해야 할 것으로 생각된다. 통합적 관점에서 바라볼 때 현실을 도외시한 작품이라는 경기체가에 대한 부정적 인식을 극복할 수 있게 될 것이며, 안축 문학의 문학적 전모가 온전히 드러날 수 있을 것이다.

3. 研究 方法

안축 詩歌文學에 대한 연구는 무엇보다「관동별곡」에만 치우친 논의를 지양,『관동와주』를 비롯하여「관동별곡」과「죽계별곡」을 종합적으로 다루면서 이들 시와 가문학의 상호관련성을 논의하는 방향으로 진행되어야 할 것이다. 이를 위해 먼저『관동와주』에 대한 검토와 아울러 자연관, 문학관에 대해서도 논의될 것이다. 그리고「관동별곡」과「죽계별곡」의 내용과 문학적 구조 분석이 이루어질 것이다. 이러한 논의의 성과를 토대로 하여 안축의 詩와 歌문학의 양식적 특성과 漢詩와 歌文學과의 상호관련성을 고찰할 것이다. 안축의 의식이 한시와 경기체가에 어떤 방식으로든 반영되고 있는바 이러한 논의는 안축 문학의 성격을 규정하는데 있어서 도움이 될 것으로 생각된다.

이를 위해 먼저 제 Ⅱ장에서는 안축에 대한 전기적 고찰을 위주로 하여, 고려 후기 신흥사대부의 등장 배경과 그 성격 및 현실인식 태도가 논의될 것이다. 생애사적 고찰은 그에 관한 史料나 문집 등에 기록된 내용을 참고로 하여 진행될 것인데, 여기에는 안축과 동시대에 활동했던 대표적인 신흥사대부층 인사들과의 師友關係도 포함하여 살핌으로써 학문적 배경과 사상적 배경을 유추할 수 있을 것이다. 아울러 안축의 신유학적 학문의 수용과 이의 실천의 문제에도 관심을 두고 논의할 예정이다.

제 Ⅲ장에서는 Ⅱ장에서 파악된 안축의 생애사적 특성과 현실 인식 태도를 바탕으로 하면서,『關東瓦注』의 애민적 내용과 한시에 드러난 표현 기교, 그리고 표현상의 특성을 구체적 작품을 통해 살피게 될 것이다.

元의 압제와 권문세족의 수탈이라는 모순된 현실을 개혁하고자
한, 실천적 지식인 안축이 현장에서 느낀 백성에 대한 연민이나 애
정을 어떤 식으로 반영하고 있는지를 작품을 통해 확인할 것이다.
이를 위해『관동와주』한시를 첫째, 목민관으로서의 사명감 표출.
둘째, 민풍의 관찰과 권계의 두 항목으로 나누어 분석하기로 한다.
그것은『관동와주』대부분의 한시가 관동지방의 경관을 생민들의
삶의 현장을 고발하는 한편, 자신의 사명감을 피력하고 있는 작품
이 주를 이루고 있다고 보기 때문이다.

또한 기존『관동와주』에 관한 논의는 주로 내용에 주목하였을
뿐 표현기교에 대해서는 소홀히 하였다는 점을 고려하여 시어상의
특성과 표현상의 특성을 고찰하고자 한다.

한편 안축이 활동하던 시기는 성리학의 수용과 唐·宋 古文의
영향 등 국문학 사상 큰 변화를 가져온 시기였다. 성리학을 적극
수용하였던 안축의 사물과 자연에 관한 인식태도는 권문세족의 주
관적 관념론과는 다른 인식 태도를 지니고 있다고 할 수 있다. 성
리학을 수용한 이 시기 사대부층은 문학의 효용성에 관심을 가지
게 된다. 안축 역시 이러한 문학관을 적극 수용한 것으로 보이는데,
여기서는 이러한 효용론적 문학관의 단서를 도출하는데 주안을 두
고 진행될 것이다. 문학관을 논의할 만한 자료가 충분하지 않은 상
황에서 이제현의「關東瓦注序」는 안축의 문학관을 살피는데 중요
한 자료가 된다. 이제현의 언급을 중심축으로 삼고, 여타의 기록을
참고하여 진행될 것이다.

경기체가에 대한 논의에서 조동일이 교술시 이론을 내세운 이후
이에 대한 반론이 만만치 않게 제기되었다. 이 가운데 金學成은 시
가는 본질적으로 경험의 대상에 대한 미의식의 선택에 의한 표현
이므로 '세계의 자아화'인 것이므로, 시가에 있어서 자아의 세계화

란 있을 수 없다고 하였다. 「한림별곡」의 경우 元淳文, 仁老詩, 公老四六……은 작품외적 세계에 대한 일정한 지식에 의하여 그것을 그대로 작품 속에 옮겨다 놓은 것이 아니라, 그러한 대상에 대한 경험(세계)이 자아의 미의식에 의해 일단 선택되고 정리되어 짜여진 미적 구조물로, 이 역시 세계의 자아화한 시가 작품으로 이해해야 할 것이라고 하여 경기체가를 '서정시가'로 규정하였다.[11] 그런데 그는 자신의 견해를 수정, 교술시에서 출발한 장르가 후대로 내려올수록 서정시로 변모하고 있다고 하였다.[12] 이에 대해 成昊慶은 경기체가에서 드러내고자 하는 바는 사상(실재적 또는 상상적)에서 感發되는 情緒에 있는 것이지, 사상 자체가 아니며, 結句의 특성으로 인하여 그 정서 표현이 간접적으로 암시하는 방법에 의해 나타나게 되지만, 그렇다고 해서 그 서정이 부차적이라고 할 수가 없다고 하였다. 따라서 15세기 경기체가는 정서 표현보다는 찬양 대상의 구체적, 객관적인 모습을 보여주는 데 역점이 주어지는 교술위주의 것으로, 그 장르적 성격이 서정→교술로 변모하였다고 하였다.[13] 본고는 안축의 경기체가는 성호경의 견해를 수용하여 서정을 위주로 한 작품으로 보고자 한다. 그렇지만 장르의 성격의 변모과정은 그와 견해를 달리하여 서정(13, 14세기)→교술(15, 16세기 중엽)→서정(16세기말 이후)으로 전개되는 것으로 파악하고자 한다. 왜냐하면 15, 16세기 경기체가는 주로 조선 건국을 찬양하는 송축악장으로 제작되어 교술적 특성이 두드러지게 나타나기 때문이다.

---

11) 金學成, 『韓國古典詩歌의 研究』, 圓光大出版局, 1980, 11쪽.
12) 金學成, 「경기체가」, 黃浿江 外3人 編, 『韓國文學研究入門』, 지식산업사, 1982, 369쪽.
13) 成昊慶, 「경기체가의 장르」, 張德順 外, 『韓國文學史의 爭點』, 集文堂, 1986, 235~237쪽.

이러한 입론을 토대로 제 Ⅳ장에서는 안축의 「관동별곡」과 「죽계별곡」에 나타나고 있는 구체적 정서와 작품 내에서 정서를 표출하는 기본 원리는 무엇이며, 그 양상은 어떻게 나타나고 있는가에 논의의 초점을 두어 진행할 것이다. 이는 기존의 「관동별곡」과 「죽계별곡」의 정서를 '집단적 정서'이나 '풍류적 성격'으로만 규정하려는 논의와 다른 시각에서 접근한다. 그리고 경기체가의 정서와 한시의 정서와는 어떠한 공통점과 차이점이 있으며, 그 차이가 어디에 기인하는가를 가문학의 성격과 관련지어 볼 예정이다.

Ⅲ장과 Ⅳ장의 논의를 통하여 안축의 한시와 가문학에 구현된 시적 정서의 유사성과 차별성을 밝혀냈다면, 그 다음에는 시와 가와의 관련성을 밝혀야 할 것이다. 따라서 제 Ⅴ장에서는 신흥사대부층의 시와 가와의 관계에 대한 논의가 중심을 이룰 것이다. 사대부층의 등장은 詩와 歌에서 질적인 변화를 가져왔다. 이러한 변모가 가져온 새로운 형태의 노래가 경기체가인데, 한시와 새로운 歌와는 어떠한 관련을 맺고 있는가를 검토할 것이다. 그리하여 이를 안축에게 적용하여 안축 詩와 歌의 관련 양상을 검토하고, 시와 가문학의 성격을 규정할 것이다. 그리고 지금까지 논의된 결과를 집약하여 안축의 한시와 가문학에 대한 문학사적 의의가 규정될 것이다.

본고는 『고려명현집』 권2의 『근재집』을 주텍스트로 삼는다.14)

---

14) 한시 번역은 이종찬 역주, 『근재집』, 『한국고전문학전집』 10, 고려대 민족문화연구소, 1993에서, 경기체가 해석과 관련된 사항은 金倉圭의 『韓國 翰林詩 評釋』, 國學資料院, 1996과 임기중 외, 『경기체가연구』, 태학사, 1997를 주로 참고하였음.

Ⅱ. 安軸 文學의 背景 考察

1. 高麗 後期 新興 士大夫의 性格

고려 후기는 역사 전개 과정에서 가장 큰 사회적인 변천을 보이는 시기라 할 수 있다. 정치 지배세력으로 門閥貴族 대신 權門勢族이 등장하고, 農莊이 발달하였다. 사회사상면에서 불교는 왕도 중심의 敎宗으로부터 지방 중심의 禪宗으로 변화하기 시작하였다. 정치이념으로는 性理學이라는 새로운 유학이 점차 그 세력을 굳혀 가고 있었다. 성리학의 정착은 새로운 지배 이데올로기의 수용과정이라 할 수 있으며, 역사 담당층이 문벌귀족에서 신흥의 사류층으로 변천해 가고 있음을 의미한다고 할 수 있다.

이러한 시대사적 흐름이 진행되던 중 元의 침략을 받게 된 고려는 일대 시련에 직면하게 된다. 고종 18년(1231) 이래 30년에 걸치는 몽고의 침략전쟁과 이후 70여년간의 몽고 지배는, 왕권을 비롯한 지배체제 전반이 元의 통치 권력에 좌우되게 되었다. 이 시기에 이러한 현실에 대처할 새로운 사회세력으로 신진 사류층이 등장하였다. 신진 사류는 무신집권기 이후 지방 향리의 신분으로 과거에 급제하여 새로운 관인층을 형성하게 되었다. 이러한 能文能吏의 학자적 관료세력을 이른바 신흥사대부라 한다.15) 이 신흥사대부들이야말로 고려 후기 사회가 처한 내외의 시련 속에서, 국권과 민생의 수호에 현실적인 역할을 수행할 수 있는 계층이었다. 그들은 학문적인 교양과 정치적 실무에도 능했으며, 대부분 지방의 鄕吏 출

---

15) 李佑成,「高麗朝 '吏'에 대하여」『歷史學報』21, 1964, 24쪽.

신으로 중소지주거나 자영농민이었다. 그들은 대체로 결백한 인품의 소유자들로, 권력을 등에 업고 불법수단으로 막대한 농장을 소유하게 된 권문세족들을 경멸하였다. 고려 후기는 권문세족과 새롭게 등장한 신흥사대부 간의 대립을 통해 역사가 전개되기에 이르렀다.

高麗에 대한 元의 영향력이 증대해감에 따라서 元의 세력을 업은 새로운 사회세력이 등장하게 되었다. 무신들에 대신하는 이들 권문세족은 私的인 이익을 확대시킴으로써 지배층 전체의 공동이익을 공공연히 짓밟고 있었다. 권문세족들은 고위 관직을 갖고 都評議使司라는 合坐會議를 통해 정치의 실제에 참여하였으며, 막대한 농장과 노비를 소유하여 경제적인 부를 축적하기도 하였다. 농장의 증대는 국가의 公田을 침식하였고, 따라서 국가 재정의 궁핍을 초래하였다. 그 결과 새로 관리로 등용되는 자들은 그들이 조상으로부터 물려받은 농장이 없는 한, 그 직위의 고하를 막론하고 가난한 생활을 해야만 했다. 또 노비의 증가는 국가에서 力役을 지울 수 있는 대상자를 감소시켰다. 따라서 중앙관리들의 노비를 대신 동원시키지 않으면 안 되게 되었다. 말하자면 제도를 통한 지배세력의 공동이익의 보장은 기대할 수 없는 상황에 놓이게 되었던 것이다.[16] 특히 元 제국을 등에 업고 부와 권력을 축적한 附元 權門勢族들은 高麗王에 대한 중상모략을 포함하여 高麗를 元의 直轄省으로 삼아줄 것을 요청하는 책동을 벌이기도 했다.

새롭게 성장한 신흥사대부층은 외세의 부당한 간섭과 권문세가의 자의적인 지배에 대한 투쟁의 일환으로 국권의 회복, 왕권의 안

---

16) 李基白, 『韓國史新論』; 金泰永, 「高麗後期 士類層의 現實認識」; 閔賢九, 「高麗 後期의 權門世族」; 金庠基, 『高麗時代史』; 文喆永, 「新興士大夫들의 新儒學 受容과 그 特徵」을 주로 참조하였음.

정, 정방의 혁파, 민생문제의 해결 등과 같은 일련의 개혁에 앞장 섰다. 이 때는 국가의 존망이 절박한 문제였던 시기였으므로 사대 부층의 개혁론은 國家爲主, 王化爲主의 방향으로 경도되었는데, 여기에는 성리학적 명분론이 크게 작용하였다. 안축, 이제현, 이곡 을 비롯한 신흥사대부층은 부원세력의 왕실 와해 책동에 맞서서 왕실과 왕권을 수호하기 위해 적극적으로 대항한다. 다음의 인용 문은 이곳이 쓴 안축의 묘지명으로, 왕권옹호에 대한 안축의 태도 를 단적으로 보여주고 있는 기록이다.

> 그때 忠肅王이 元의 궁궐에 머물러 있게 된 지 4년이었다. 公이 동 지들에게 일러 말하기를, "임금의 근심은 신하의 욕됨이며, 임금이 욕 을 보면 신하는 죽어야 하는 것이다. 우리들이 배운 것이 이러하다" 하며, 이에 글을 올려 왕의 죄없음을 호소하니…17)

위 글에는 왕권 수호는 신하로서 마땅히 해야 할 도리이며, 왕을 위해서는 죽음도 불사하겠다는 안축의 결연한 자세가 드러나 있다. "우리들이 배운 것은 이러하다"를 통해 알 수 있듯이 왕권수호에 대한 이와 같은 태도에는 신유학이 자리하고 있음을 알 수 있다.
　한편 신유학적 교양을 익힌 신흥사대부층의 등장은 문학에서도 새로운 변화를 가져왔다. 신흥사대부들이 중앙 정계에 진출하기 시작한 초기에는 농민과의 동반자적 입장에서 권문세족의 토지겸 병과 가혹한 수탈로 인한 농민의 참상만을 사실적으로 묘사하는 데 그쳤으나, 성리학을 심층적으로 이해하고 사회경제적 기반을 확보하면서부터는 이념적으로 성리학적 명분론에 의한 신분질서 를 정립하는 한편, 농민의 삶에 더욱 깊은 관심을 보이게 되었다.18)

---

17) 李穀,「文貞安公墓誌銘」, "時忠肅王被留輦轂四年矣 公謂同志曰 主憂 臣辱 主辱臣死 吾曹之學如此 乃上書 訟王無它."

그리하여 浮華한 詞章 爲主의 풍토에서 經術을 바탕으로 한 문학으로 轉變하였으며, 내용에 있어서도 농민의 참상을 고발하는 것은 물론 왕과 위정자들에 대한 권계, 尊主庇民 또는 忠君愛民이라는 유교적 질서의 정립이라는 경향을 띠게 되었다.

元의 압제와 권문세족의 土地兼倂이 극대화되는 고려 후기 順興의 鄕吏 가문에서 태어난 안축은 자신들의 기반을 위협하는 동시에 농민들의 생존을 위협하는 권문세족에 대항하여, 민중들의 입장에서 모순된 현실을 개혁하고자 하는 한편, 자신이 속한 사대부층의 이상을 펼치려는 노력을 게을리 하지 않았다고 할 수 있다.

2. 生涯와 宦歷

안축은 順興이 本貫으로, 字는 當之, 호는 謹齋로 고려 忠烈王 8년(1282) 安碩의 둘째 아들로 출생하였으며, 忠穆王 4년(1348년)에 67세로 세상을 떠났다.[19] 그의 가문은 대대로 순흥[20]을 근거지로

---

18) 윤재민, 「고려후기 사대부의 등장과 현실주의적 한시」『민족문학사강좌』상, 창작과비평사, 1995, 124~125쪽. 그런데 이들이 수용한 성리학은 당시 원에 의해 한차례 걸러진 실천적인 주자 성리학이었다. 元과 학문적으로 많은 교류가 있었음을 알 수 있다.

19) 順興安氏世系와 안축의 생애를 고찰하는데 참고한 문헌은 다음과 같다. 『高麗史』卷105, 安珦條 ;『高麗史』卷109, 安軸條 ;『東國輿地勝覽』卷25 ;『竹溪誌』소재 世系圖 ;『稼亭集』卷11의「文貞安公墓誌銘」; 謹齋思想研究會,『謹齋全集』.
김창규, 이동영, 이수봉, 박노준 등은 출생 연도를 충렬왕 13년(1287년)으로, 卒年을 충목왕 4년(1348년)이라 하였는데, 이는『고려사』열전에 안축이 62세를 일기로 세상을 떠났다는 기록(復封興寧君. 卒年六十二)에 의거, 졸년인 1348년에서 62세를 뺀 1287년을 출생 연도로 삼은 것이다. 그러나 이곡이 지은「문정안공묘지명」에는 안축은 1282년 충렬

한 지방 중소 지주출신으로 父代에 이르러 관계에 진출한 신흥사
대부이다. 안축 가문에 대한 상세한 내용을 순흥 안씨의 世系圖를
중심으로 살펴보기로 한다. 21)

다음 표는 順興 안씨의 시조 安子美로부터 6대 안축을 비롯하여
10대에 이르기까지의 世系圖다. 始祖 安子美는 3형제를 두었다. 안
축은 三男 永和의 5대 직계손에 해당한다. 始祖인 子美는 興威衛保
勝別將을 지낸 순흥의 戶長이었다. 子美의 자손들이 본읍의 호장
직을 세습하여 가다가 제 一男인 제1파는 밀직부사로 致仕한 安傅
에 이르러 중앙 정계로 진출하였고 제 二男인 제2파는 문의공 安
文凱에 이르러 중앙 정계로 진출하였으며, 제 三男인 제3파는 1, 2
파보다는 늦은 安碩에 이르러서야 과거에 급제하였다. 그러나 碩
은 出仕하지 않고 순흥의 鄕吏로 남았다. 따라서 다음 代인 安軸에
이르러서야 본격적으로 과거를 통해 중앙 관계에 진출하게 된다.

왕 8년에 태어나 향년 67세로 되어 있으며(一憂六月朔復除興寧君 …
至三十一日訃聞 … 享年六十七),『근재집』에도 67세로 되어 있다. 안
축의 생몰 연도에 관한 기록들간의 차이는 고려사 열전 기록자들의 착
오로 보는 견해가 우세하다. 존무사로 강원도에 갔을 때 지은 「除夜」
에서 "夢罷明朝年五十"이라 하여 새해 아침(1331년)에 나이 50이 된다
고 한 표현으로 보아 享年을 67세로 보는 견해가 합리적일 듯하다.
20) 순흥의 역사를 살펴보면 辰韓에 속해있던 이곳은 고구려 때에는 岌伐
山郡이었는데, 신라 경덕왕 때 岌山郡으로 고쳤다. 신라 阿達羅王 5년
(158)에 새로 길을 내어 竹嶺과 竹溪로 갈라졌는데 이로 인해 순흥을
죽계라고도 한다. 고려초에는 興州郡으로, 성종 때에는 順政郡이라 하
였다. 현종때에는 安東府에 귀속되기도 하였으며, 그 뒤에 順安縣으로
이속되었다. 충렬왕의 胎가 안치되면서 興寧縣으로, 그리고 충숙왕의
태를 안치하면서 知興州事로 승격되었고, 충목왕의 태가 안치되면서
順興府 승격되었다. 조선조 1457년 錦城大君 사건으로 廢府가 되어 격
하되었다가, 숙종 때인 1735년에 府로 복원되었다(李荇 等編,『東國輿
地勝覽』, 卷25, 豊基郡 順興廢府條. 山川條).
21)「順興安氏世系圖」『謹齋全集』, 謹齋思想研究會, 1994, 18쪽 참조.

≪順興安氏分派系譜圖≫

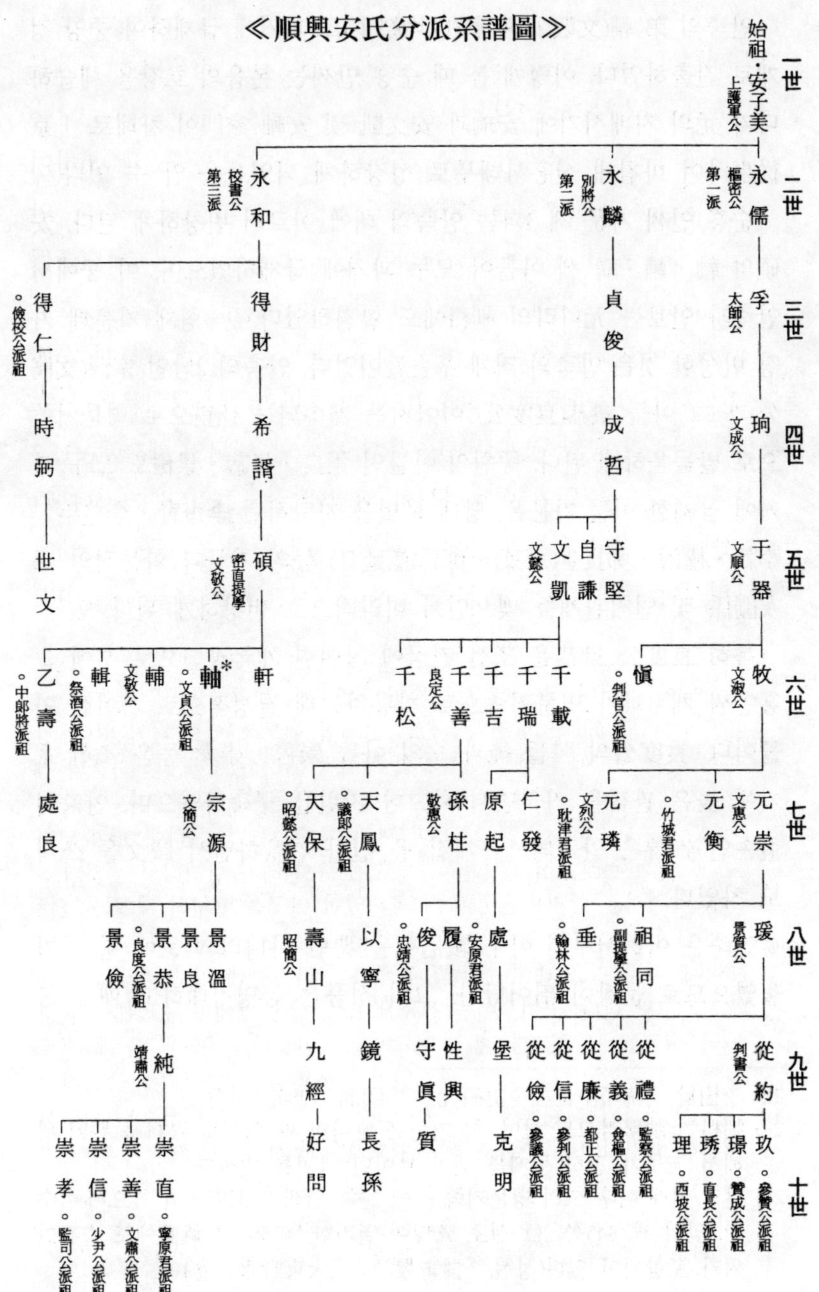

안축의 弟 輔(文敬公)와 輯(成均祭主)도 과거에 급제하여 중앙 정계로 진출하였다. 이렇게 볼 때 순흥 안씨는 본읍의 호장을 세습하다가 元의 지배시기에 安珦과 安文凱 및 安軸 家門이 차례로 上京 從事하여 마침내 신흥사대부로 성장하게 되었음을 알 수 있다.[22]

순흥 안씨 가문 제 3파는 안축의 대에 이르러 번창하게 된다. 安碩의 軸·輔·輯 세 아들이 모두 과거에 급제하였으며, 이 중에서 안축과 안보는 元나라의 制科에도 합격하였다.[23] 3형제 가운데 가장 번성한 것은 안축의 직계 후손들이었다. 안축의 2남인 宗源(文簡公)과 그 아들 景恭(良度公) 이어지는 계속되는 仕宦으로 명문거족으로 발돋움하게 된다. 종원의 아들인 景良·景恭·景儉도 모두 과거에 급제한 이들 가문은, 당대 문벌을 자랑하던 李齊賢·李兆年·李穀·權溥·鄭良生(東萊)·鄭思道(延日) 등의 가문과 학문적인 師友關係 및 인척관계를 맺으면서 비약적으로 번창하게 된다.[24]

특히 良度公 景恭은 조선 건국에 참여한 개국공신으로 후에 순흥안씨 제 3파가 명문거족으로 발흥하는데 결정적으로 기여한 인물이다. 良度公의 아들 純과 순의 아들 崇善·崇孝 등은 조선 초기에 높은 관직을 거치면서 확고한 지반을 구축하였으며, 안축의 현손인 崇善은 안축의 『근재집』을 편찬 간행하면서 跋文을 쓰기도 하였다.

안축은 어려서부터 아주 穎悟했을 뿐만 아니라 학문에 힘을 기울였으므로 문장이 뛰어났다. 그의 성품은 공명정대하고 매우 근

---

22) 李樹健, 『韓國中世社會史硏究』, 一潮閣, 1984, 308쪽.
23) 制科는 制擧라고도 하며, 그 기원은 唐나라 때 임시로 異材를 뽑기 위해서 天子가 친히 문제를 내어 보이던 과거를 말한다.
24) 원의 지배 이후 고려 명문거족 속에 순흥 안씨가 포함되어 있으며(이수건, 앞의 책, 345쪽 표), 선초 成俔이 열거한 '鉅族' 75 姓貫에도 순흥안씨가 포함되어 있다(성현, 『慵齋叢話』, 『大東野乘』 卷10).

검하여 담백한 생활을 했다. 부모에게는 효성이 지극하였고, 임금에게는 충성을 다하였으며, 出仕하여서는 백성들의 억울함이 없도록 노력하였다고 전한다.[25]

안축은 族祖인 文成公 安珦에게서 新儒學을 배웠다. 이러한 학문을 바탕으로 26세 되던 해인 忠烈王 33년(1307) 成均試에 급제하여 처음으로 金州(金海)司錄이라는 벼슬을 제수되어 중앙 관계로 진출하였다. 그 뒤 藝文春秋館 檢閱 修撰이 되고, 다시 鄕試에 합격하여 司憲糾正에 임명되었다. 42세 때인 1323년(충숙왕 10) 元制科에 응시, 급제하여 遼陽路盖州判官[26]에 임명되었으나 임지로 나아가지 않았다. 그때 忠肅王이 瀋王의 讒言으로 인하여 元 나라에 억류되어 있었고 國王印까지 빼앗긴 상태였으므로 안축은 元帝에게 글을 올려 충숙왕을 변호하였다. 元帝가 안축의 호소를 받아들여 충숙왕을 석방하고 함께 國王印을 돌려주게 되었다. 이를 가상히 여긴 충숙왕은 그에게 특별히 成均樂正(종4품)의 벼슬을 내렸다. 그 후 典法·版圖·軍簿·典理의 四總郎을 거쳐 右司議大夫에 올랐다.

안축은 충혜왕이 즉위하던 해인 1330년 5월에 江陵道存撫使의 명을 받고 관동지방으로 나가 임무를 수행한 후 이듬해 9월에 서울로 돌아왔다. 그해 10월 강릉도존무사 재임시에 지은 시문을 모아『관동와주』를 편찬하였으며, 강릉도존무사 임무를 마친 뒤 判典校 知典法事의 命을 받았는데, 충숙왕이 復位되자 忠惠王의 은총을 받은 이가 모두 배척되게 되었다. 이때 친척 중에서 배척을 받은 사람과 함께 그 직책을 떠났다. 얼마 되지 않아 다시 기용되

---

25)『高麗史』列傳 安軸條, "軸 生而穎悟 … 處心公正 持家勤儉."
26) 判官은 중국 역대직관표에 의하면 종7품 또는 정8품의 지방직에 해당한다. 永瑢等 奉勅修纂,『歷代職官表』16, 卷54, 中華書局, 1530쪽.

어 典法判書가 되었으나 시기하는 宦官들로 인하여 파직을 당하였다.

1340년 충혜왕이 복위되자 다시 기용되어 典法判書 兼 同知貢擧가 되어 李公遂 등 33명을 급제시켰다. 이어 監察大夫樂正으로 임명되었다가 檢校評理로 尙州牧使에 임명되었다. 당시의 表, 箋, 詞命의 문장이 거의 안축에게서 나왔다고 하나 대부분 전하지 않는다. 상주목사를 역임한 뒤 密直副使 政堂文學 知密直司事 등을 거치고, 忠穆王 원년인 1345년에는 僉議評理로 贊成事에 임명되었다. 그 이듬해에는 監春秋館事가 되어 閔漬가 수찬하였던 『編年綱目』을 重修하고, 충렬·충선·충숙의 三朝實錄을 수찬하였다. 충목왕 3년(1347)에는 개혁을 위해 설치한 整置都監의 整置都監判事에 임명되었다. 이 해 가을에 병을 칭하여 관직을 그만두었으나, 겨울에 복직되었다.

그가 67세 되던 충목왕 4년(1348) 봄에 치사의 뜻을 밝혔으며, 그해 6월에 다시 興寧君에 봉해졌으나, 얼마 지나지 않은 6월 21일에 卒하니, 7월 11일 長湍에 있는 大德山에 안장하였다. 나라에서는 文貞公이라는 시호를 내렸다. 안축이 卒한 지 2백 여 년 뒤인 조선조 중종 39년(1544), 당시 豊基郡守 周世鵬이 紹修書院에 追享하였다.

안축은 일생을 '충군애민'의 의식을 지니고 관직 생활을 한 것으로 볼 수 있다. 이러한 면모는 稼亭 이곡이 쓴 그의 墓誌銘에 잘 드러나 있다.

公(안축—필자)은 마음가짐이 공정하고, 집안 다스리기를 부지런하고 검소하게 하였으며, 발언할 때에는 명확하게 하여 꾸며대는 말이 없었다. 관직에 있어서는 부지런히 일하고 게으른 기색이 없으며, 착한 일을 보면 칭찬을 그치지 않았기 때문에 칭송이 자자하였고, 악한 일을 보면 피하여 가까이 하지 않았기 때문에 원망이 적었다. 스스로 거처하는 데를 이름하여 謹齋라고 하였으니 그 뜻을 가히 알만하다[27)

위 기록을 통해 볼 때, 안축은 마음가짐이나 행동이 유교의 가르침에 따르는 실천적 지식인으로 볼 수 있다. 또한 '근재'라는 호에서 알 수 있듯이 몸가짐을 삼가는 생활을 실천하고자 한 그의 생활 태도를 짐작할 수 있다. 더욱이 李穀은 墓誌銘의 끝부분에 "내 지은 銘이 아당함이 아니요, 공의 본분 그대로이네"28)라 하여 안축의 삶의 태도에 대한 찬사가 의례적인 것이 아님을 분명히 밝히고 있다.

이상에서 살펴본 것처럼 안축은 신흥사대부로서 신유학을 따르는 실천적인 유학자이자 문인으로, 관직에 나아가서는 충군애민하는 관리로서 일생을 보냈다고 할 수 있다.

3. 師友關係

안축의 학문적인 수수관계에 대한 기록이 거의 없다. 그렇지만 순흥 안씨 제1파의 3대손으로 軸의 族祖인 文成公 安裕(珦)가 신유학을 도입한 신유학의 祖宗이었다는 사실과 父 碩이 縣吏로 있으면서 과거에 급제하였다는 점, 그리고 성리학의 계승자라고 할 李穀 父子와 긴밀한 관계를 지속했다는 데에서 안축의 학문적인 授受關係를 짐작할 수 있다.

안축의 학문적인 영향관계는 李穀과 李穡의 기록에 잘 나타난다. 이곡이 쓴 묘지명의 일부이다.

公의 아우 輔가 碑文을 청하니 <u>내가 일찍이 公에게서 학문을 배웠</u>

---

27) 李穀,「文貞安公墓誌銘」, "公處心公正 持家勤儉 發言便便無遁詞 居官矻矻無倦色 見善則稱之不已 故多譽 見惡則避之不近 故寡怨 自號所居曰謹齋 其志可見已."
28) 위의 글, "我銘不諛 維公之墳."

> 고 公이 친히 생전에 당부하신 바 있거늘 어찌 감히 사양하리오[29](밑
> 줄 - 필자)

이 묘지명에서 李穀은 일찍이 안축에게서 학문을 배웠다고 했다. 그 뿐만 아니라 그의 아들 李穡도 자신의 부친이 안축에게서 학문을 이어받았다는 사실을 안축의 아우 輔의 묘지명에 기록하고 있다.[30] 이러한 기록을 볼 때 안축은 이곡, 이색과 마찬가지로 정통 성리학의 계승자로 볼 수 있을 듯하다. 이밖에 朱熹가 集註한 경서를 시험과목으로 채택하고 있던 원의 과거에 합격했다는 점에서도 성리학을 적극 수용하고 이를 깊이 탐구했음을 짐작할 수 있다.

또한 안축의 아우 輔는 李穀과 동년에 급제하였는데, 이곡의 문인이 되어 배웠다고 하였다. 안축은 아우인 안보를 아버지와 같은 처지에서 가르쳤다고 하며, 두 아우는 성인이 된 후에 안축을 어버이처럼 섬겼다고 한다. 이를 종합해 볼 때 안축은 성리학의 祖宗인 族祖 安裕의 학문을 계승하였으며, 이를 그의 두 아우와 李穀 李穡 父子에게 전수해 주었음을 알 수 있다.

安軸은 고려 후기 신흥사대부로서 많은 활동을 하였다. 이에 따라 당대의 학자 정치가들과 교유관계를 맺고 있었다. 이에 대한 기록이 많지 않아 자세히 알 수는 없으나, 안축을 비롯한 동시대 인물들의 傳記와 묘지명, 그리고 시문 등을 통해 볼 때 안축과 긴밀한 교유가 있었던 대표적 인사들로는 李齊賢, 崔瀣, 閔思平, 李穀 등을 들 수 있다. 이들은 대부분 고려 말기에 있어 정치적, 사상적으로나 문인으로 상당한 위치에 있었던 사람들이었다. 특히 이들

---

29) 위의 글, "其弟輔余同年 以公行狀來乞銘 嗚呼余甞受業於公 而公又親命之 敢以辭爲."

30) 李穡, 「文敬公安先生墓誌銘」 『牧隱文稿』 卷19, "稼亭先生受業於謹齋而銘其墓."

가운데 소악부를 제작한 익재 이제현, 급암 민사평과의 교유는 노래문학에 대한 인식을 높이는 계기가 되었을 것으로 생각된다. 이들을 중심으로 교유관계를 살펴본다.

1) 益齋 李齊賢 (1287~1367)

익재 이제현은 안축보다 5살 아래로 안축, 최해와 함께 40년 知己였다. 이제현이 안축의 죽음을 애도하며 지은 挽詞「悼安謹齋」는 이들의 교유를 짐작케 한다. 그 만사는 다음과 같다.

益齋少日日相從　　　只有當之與拙翁
四十年來俱物化　　　獨將衰淚洒西風

익재가 젊은 날에 날마다 상종한 이로는
다만 당지 안축과 졸옹 최해였다네
40년 지나는 동안 모두가 죽어가니
홀로 남아 늙은 눈물 서풍에 뿌리노라[31]

이 만사에는 40년 知己 안축의 죽음에 임하는 이제현의 슬픔과 안타까움이 잘 나타나 있다. "날마다 상종한 이후로 40년이 지났다"는 내용으로 보아 이제현과 안축의 오랜 사귐을 알 수 있다. 이보다 앞서 이제현은 안축이 중앙에서의 벼슬을 버리고 尙州牧使로 내려갈 때 지은 송별시에서

至正 3년 봄에 謹齋 安侯(軸)가 監察大夫 右文館 提學으로 있다가

---

31) 이제현,「悼安謹齋」『益齋亂藁』권4. 우리말 번역은 국역『익재집』에 따름.

尙州牧使로 나가게 되었는데, 어진 縉紳들과 훌륭한 從游들이 모두
서로 경하하기를 "안후는 속은 강하면서 겉은 온화하고, 말은 간략하
면서 행동은 민첩하다. 강하고 간략하니 사람들이 두려워하여 범하지
못할 것이고, 온화하고 민첩하니 사람들이 심복하여 잘 따를 것이다.
저, 사명을 띤 안후를 예전부터 명성을 흠모했는데 이제 그의 덕행을
보게 되었으니, 비록 범 같은 審成과 매 같은 郅都가 있더라도 거의
그 혹독함을 늦출 것이요, 桑羊처럼 筦榷을 하던 자도 또한 그 가혹함
을 중지할 것이니, 자못 상주 백성들이 부담을 덜게 되지 않겠는가?
예전부터 교화가 상주로부터 남으로 전파되었으니, 상주 한 고을만
그 혜택을 받을 뿐만 아니라, 또한 온 경상도의 복일 것이다." 하기에,
나는 말하기를 (중략) 임금의 알아줌이 깊지 않은 것이 아니고 사람들
의 촉망이 중하지 않은 것은 아니지만, 도리어 지방관이 되기를 힘써
구한 것은 어머니 섬기기에 편케 하려 함이었으며, 형제들에게도 中
外에서 벼슬하게 했다. 그의 아름다운 廉退와 독실한 孝友는 족히 당
시를 고무시키고 후세에 모범이 될 만하니, 어찌 한 고을만 복되게 하
고 한 도만 교화시킬 뿐이겠는가?32)

라고 하여 안축의 인물됨을 칭송하고 있다. 안축이 상주로 가게 될
때 가혹한 정치가 종료되고 백성들의 부담이 줄어들게 될 것이며,
그 감화가 상주 고을뿐만 아니라 경상도 전지역으로 확산될 것이
라고 칭찬하고 있다. 또한 어머니를 섬기기기 위해 상주로 나가기
를 힘써 구한 것을 기려 그의 廉退와 孝友를 칭찬하고 있다. 이처
럼 안축의 '義에 敏捷하고 廉退와 孝友'한 성품을 칭찬할 수 있었

---

32) 李齊賢, 「送謹齋安大夫赴尙州牧序」, 위의 책, 권5, "至正三年春 謹齋
安侯 自監察大夫右文館提學 出領尙牧 薦紳之賢 游從之良 皆相慶而
言曰 侯剛於中而和於外 簡於言而敏於行 剛而簡 人憚而莫犯 和而敏
人悅而易從 彼其奉使命者 昔慕其名 今觀其德 雖有審成之虎郅都之鷹
庶可以紓其酷 而爲桑羊筦榷之計 亦可以戢其苛矣 尙之民 其殆息肩乎
旣曰 風化由尙而南 匪直尙之一州專受其福 抑亦慶尙一道之福也 余
曰……君之所以知者不爲不深 人之所以望者不爲不重 顧乃力求外寄
以便觀省 而令昆季得以遊臣中外 其廉退之懿 孝友之篤 足以激當時而
垂後世 豈止福一州化一道哉."

던 것은 이제현과 안축이 知己였기에 가능했을 것이다.

또한 이제현은 「乞免書筵講說學贊成事安軸密直副使李穀自代箋」에서 안축의 학문과 操行을 들어 書筵侍講을 자신 대신 안축과 이곡을 천거하였다. 그는 이 '箋'에서 안축의 사람 됨됨이를 "청백하고 굳은 지조가 있어 겉치레가 없으며 단아하고 방정하여 지키는 바가 있다"[33]고 했다. 뿐만 아니라 이제현은 안축과 함께 관찬사업에도 참여하여 閔漬의 『編年綱目』을 重修하고 또한 忠烈 忠宣 忠肅王의 三朝實錄을 修撰하였다.

안축의 시문집 『관동와주』에 이제현이 序文을, 최해는 跋文을 썼다. 그 序文을 보면,

> 풍월을 읊조린 것과 물상을 모사함이 진실로 또한 옛사람에게 양보됨이 없다. 그 感憤하여 지은 것이 풍속의 득실과 생민의 휴척에 관계되는 것이 열 편에 아홉은 되니, 이것을 읽으면 사람으로 하여금 참연하게 한다. 아, 누가 능히 안축 이전에 이것을 지을 수 있었는가.[34]

라 하여, 안축의 시문이 이를 읽는 사람으로 하여금 참연함을 갖게 한다는 서문으로 보아 안축의 문학을 효용론적 관점에서 파악하고, 안축 문학의 의의를 높이 평가하고 있다. 안축과 이제현의 우의를 알 수 있는 대목이다.

---

33) 이제현,「乞免書筵講說學贊成事安軸密直副使李穀自代箋」, 앞의 책,
　　권8, "清介無華 端方有守 學問高於東方 才名動於上國."
34) 李齊賢,「關東瓦注序」『謹齋集』卷1, "吟風弄月 摹寫物像 固亦無讓於
　　前人矣 其感憤之作 關乎風俗之得失 生民之休戚者 十篇而九 讀之 使
　　人慘然 嗚呼 孰能誦之吾君之前乎." 이하『謹齋集』소재 시문은 출전
　　을 생략하고 작품명만 밝힐 것임.

2) 拙翁 崔瀣(1287~1340)

拙翁 崔瀣는 신라 臣儒인 崔致遠의 후손으로 안축보다 5세 年下로 막연한 사이였다. 益齋 李齊賢과 동갑으로, 근재 안축과 함께 세 사람이 40년 상종하였다는 것은 전술한 바와 같다. 안축이 충렬왕 25년(1299)에 성균시에 급제했는데 최해도 이때 같이 급제하여 동년으로 관계가 깊었다. 松堂 先生 묘지에 "文正公台鉉 … 掌試成均 知貢擧 所取士多聞人 竹溪安謹齋 崔拙翁 尤其傑然者也"라 하여 급제자 가운데 특히 두 사람이 뛰어났다는 것을 알 수 있다. 안축과 최해는 충숙왕 7년(1320)에 元 制科에 함께 응시했으나 최해만 합격하고 안축은 실패했다. 안축과 평생 知己였던 최해는 성품이 강직하여 세속에 아부하지 않고 이단을 배척하였다. 그가 시속과 잘 어울리지 못하는 성격임에도 안축과 교유가 깊었던 것은 안축도 時勢를 추종하지 않는 면모를 지니고 있었기에 가능했을 것이다.

> 이제 當之의 책을 보니 글의 뜻이 정밀하고 교묘하여 스스로 일가를 이루어 다 無迹이 따를 수 없는 바였다. 나는 이에 책을 어루만지며 감탄하여 칭찬하기를 오래 하였다.[35]

최해가 쓴 題文이다. 이 글에서 최해는 안축의 글과 無迹의 글을 비교한 결과, 안축의 문학적 수준과 그 속에 담겨 있는 의미가 無迹에 비해 현저하게 높은 수준이라 하였다. 최해의 강직한 성품으로 보아 "책을 어루만지며 감탄하여 칭찬하기를 오래 하였다"는

---

35) 崔瀣,「關東瓦注題」, "今觀當之此錄 詞意精妙 自成一家 皆無迹所不道也 余於是拊卷歡賞者久之."

말이 결코 의례적인 찬사만은 아니었을 것으로 판단된다.

최해는 특히 시 鑑識力이 뛰어났다. 때문에 이제현도 시에 관계된 문제에 대해서 그와 의견을 자주 나누었다. 최해의 시에 대한 뛰어난 감식안을 알려주는 일화가 이제현의 『櫟翁稗說』에 기록되어 있다.

> '四更山吐月 殘夜水明樓 塵匣元開鏡 風簾自上鉤'라는 시에 대해 拙翁 崔瀣는 '사람들이 뒤의 두 句가 모두 달을 말한 것이라고 하지만 그런 것이 아니다. 塵匣元開鏡은 水明樓를 말한 것이다. 이는 夔府詠懷詩의 峽束蒼江起 岩排古樹圓 拂雲埋楚氣 朝海蹴吳天에서 拂雲은 古樹를 말하고 朝海는 蒼江을 말한 것과 같으니, 이 또한 詩家의 한 格式이다.'라고 하였다.[36)

위 인용문은 최해가 시 해석에서 문제가 될 만한 핵심을 정확히 지적한 것을 益齋가 그대로 수용하여 자신의 『역옹패설』에 수록한 것이다. 사람들이 미처 발견하지 못한 시어의 함축적 의미를 최해는 예리하게 간파하고 있었던 것이다. 정곡을 찌르는 듯한 최해의 시 비평안에 대해 익재도 경탄하고 있다. 따라서 시와 관련한 문제만큼은 익재 자신이 최해에 대해 "두려움을 느낄 정도"였다고 밝혀 놓고 있다.[37)

이렇게 뛰어난 詩 批評眼은 안축에게도 일정한 영향을 주었을 것으로 짐작된다. 최해는 『관동와주』跋文을 썼는데, 전술한 바처럼 "글의 뜻이 정밀하고 교묘하여 스스로 일가를 이루었다"고 높

---

36) 李齊賢, 『櫟翁稗說』後集 1, "四更山吐月 殘夜水明樓 塵匣元開鏡 風簾自上鉤 崔拙翁瀣言 人謂後二句皆言月 非也 塵匣元開鏡 以言水明樓耳 如夔府詠懷詩 峽束蒼江起 岩排古樹圓 拂雲埋楚氣 朝海蹴吳天 朝海言蒼江 亦詩家一格也."
37) 李齊賢, 「送金海府使鄭尙書國徑得時字」, 『益齋亂藁』卷4, "平生拙翁 吾所畏."

이 평가하고 있다.

3) 及菴 閔思平(1295~1359)

　及菴 閔思平은 성품이 溫雅하여 사람들과 잘 사귀었으며 항상
詩・書로써 自娛하였다. 안축과의 교유에 대한 기록은 없으나, 안
축의 모친 順興君大夫人의 挽章을 지었다는 것으로 보아 친밀하
게 사귀었다고 할 수 있다.38) 또한 안축과 절친했던 李齊賢, 崔瀣
와도 긴밀하게 교유한 것으로 미루어 이를 짐작할 수 있다.39)

4) 稼亭 李穀(1298~1351)

　稼亭 李穀은 일찍이 안축에게 師事하였으며, 益齋 李齊賢이 知
貢擧를 맡았을 때 안축의 아우 安輔와 함께 문과에 급제하였다. 그
리하여 익재와는 座主・門生으로서, 안축과는 師承관계로서 긴밀
한 관계를 유지하였다. 또한 안축의 아우 安輔가 李穀의 문인이 되

---

38)「題順興郡大夫人挽章」이『及菴詩集』에 전한다. 전문은 다음과 같다.
　　芳年鵠寡不嫌貧 能爲諸孤擇孟鄰 始播婦儀歸茂族 勤備母道化良臣 歲
　　資廩給困三子 終致恩封享九旬 悇綠少年今白髮 遙瞻絳帳淚霑巾.
39) 崔瀣와 閔思平은 의기가 상통했는데, 민사평은 최해의『東人之文』과
　　『拙藁千百』을 간행해 주었으며, 최해는 민사평의 祖父의 墓誌銘과 부
　　친의 行狀을 지어 주었다. 민사평의 생애는『高麗史』列傳 권108, 최해
　　의 생애는『고려사』열전 권109에 기록되어 있다. 민사평은 익재와 같
　　은 마을에서 살았으며, 시로써 교유하였다. 익재도 그의 詩才를 높이
　　평가했으며,「소악부」6편도 익재의 인도와 격려에 의해 가능하였다.
　　민사평의 문집『及菴詩集』에 익재와 관련된 詩題가 20편이 넘는다는
　　사실만 보아도 익재와의 교유관계를 짐작할 수 있다.

어 배웠는데, 이곡도 元 제과에 합격하여 그곳에서 관직생활을 하기도 했다. 안축과 이곡은 나이 차이가 많지만, 가까이 지내면서 안축을 이해하고 존경하였던 인물이다. 안축이 묘지명을 당부하기도 하였으며, 이곡이 1335년 원 경사로 돌아갈 때 축시를 지어 보낼 정도로 친했다. 이곡 또한 안축의 三子登科를 축하하는 「寄賀安謹齋」를 짓기도 하였으며, 1349년 이곡이 관동지방을 여행할 때 안축의 「영랑호시」에 차운한 「永郞湖次安謹齋詩韻」을 비롯하여 20여 수를 지었다.

5) 牧隱 李穡 (1328~1396)

목은 이색은 이곡의 아들이다. 이색은 연배로 보아 안축보다는 그의 아우 輔와 안축의 아들 宗源과 교유가 깊었다. 이색은 안종원과 同年에 進士試에 급제하였다. 『牧隱文稿』에는 안종원과 관계된 시문이 많이 전하고 있다. 성리학의 계보를 이루는 李穀 父子와의 친밀한 관계를 유지하고 있었던 것은 안축 가문이 이들과 성리학이라는 동일한 학문을 공유했기 때문으로 풀이된다.

이상에서 살펴본 인물들은 안축과 긴밀한 교유관계에 있던 사람으로, 당시의 문단과 정계에서 중요한 위치를 차지했던 고려의 대표적인 성리학자이자 문사들이다. 이들은 대부분 先代나 自身代에 起家한 신흥사대부들로, 이들은 고려와 원 양국에 문명을 떨쳤을 뿐만 아니라, 고려 문풍의 진작에도 크게 기여하였다. 안축은 당대의 명망가들과 교유하면서 학문적으로 문학적으로 많은 영향을 주고받았으며, 이들과 함께 역사의 주역으로 많은 활동을 하게 된다.

안축이 보여준 효용론적 문학 성향은 당대의 시인이자 문장가인 이
제현과의 교유를 통해 어느 정도 영향을 받았을 것으로 생각된다.

6) 現實認識과 그 限界

高麗가 元의 지배를 받고 있던 忠烈王 8년(1282)에 태어난 안축
은 鄕里에서 발신하여 중앙정계에 진출하였다. 이 시기는 원의 강
압적인 통치와 이에 기생하는 附元勢力 및 권문세족의 대규모 농
장 소유의 병폐 및 銓注權의 擅斷으로 인한 혼란기였다. 신유학적
사유를 바탕으로 한 안축은 당대의 현실 문제를 깊이 인식하고 있
었으며 학자적 관료의 입장에서 이를 해결하기 위한 방법을 모색
하고자 했다. 이에 따라 신흥사대부들의 물질적 기반이라 할 수 있
는 농민에 대한 수탈 정책—조세, 공납 등의 경제적·정치적 모순
에 대해 많은 관심을 기울였으며, 이를 혁파하기 위한 개혁정책에
적극 동참하였다. 당시 농민들에게 가장 큰 폐단은 토지겸병과 노
비강점이었다. 안축은 '노비강점'에 대해 양민의 편에 서서 이를
해결해 주려고 노력하였다.

또 묘지를 부탁하면서 이르기를 "내 평생에 아무 것도 자랑할
만한 것이 없지만, 내가 네 번이나 士師가 되어 무릇 백성들 가운
데 강제로 눌리어 억울하게 노예가 된자는 반드시 양민으로 되돌
아가게 처리하여 주었으니, 이것이 기록할 만한 일이다" 하였다.[40]
안축이 이곡에게 묘지명에 남겨 주기를 원했다고 하는 대목에서
안축이 관인으로서 백성의 아픔을 외면하지 않고 고통에서의 해방

---

40) 이곡,「문정안공묘지명」, "且以墓誌屬之曰 吾平生無可稱 吾四爲士師
　　凡民屈抑奴人者 必理而良之 此其可記者也."

을 위해 노력하였다는 사실과 자신 또한 이러한 일을 한 것에 대한 자부심을 가지고 있었음을 알 수 있다. 당시 백성들의 고통을 가중시키는 것은 다름 아닌 자신을 비롯한 지배층이었다. 이러한 당대 사회의 모순을 자각하고 이의 시정을 위해 노력하는 모습을 발견할 수 있다.

한편 그는 元의 폭압적인 정책에 대해서도 적극적으로 시정하려는 노력을 기울였다. 하지만 안축의 일차적인 관심사는 왕실의 옹호 즉 국권의 보존이었다. 신흥사대부들의 현실개혁 정책이나 생민의 고통을 야기하는 불합리한 권문세족에 대항하는 행동은 결국 왕권의 안정과 확립이라는 차원에서 이루어졌다고 할 수 있다. 이제현이 元의 征東行省 설치에 반대했던 것이라든가, 안축이 원의 제과에 급제하고도 실제 임지로 나아가지 않은 것과 「請同色目表」를 지어 올린 것 등도 왕실의 안정을 위한 노력이라 할 수 있다. 안축의 왕실안정이 우선인 현실인식을 보여주는 다음의 사례가 있다.

> 갑자년에 京師에서 會試가 있었는데 廷對에서 갑 7명 중에 세번째로 급제하니, 勅命으로 盖州判官을 제수하였다. 그때 忠肅王이 元의 궁궐에 머물러 있게 된지 4년이었다. 公이 동지들에게 일러 말하기를, "임금의 근심은 신하의 욕이며, 임금이 욕을 보면 신하는 죽어야 하는 것이다. 우리들이 배운 것이 이러하다"하며, 이에 글을 올려 왕의 죄 없음을 호소하니 왕이 매우 가상하게 여겨 成均樂正으로 껑충 올려 주었다.[41]

安軸이 元의 制科에 급제하고도 임지에 나아가지 않은 이유는 '왕의 근심' 때문이다. 충숙왕이 인질로 원나라 황궁에 잡혀있는

---

41) 李穀, 「文貞安公墓誌銘」, "甲子會試京師 廷對第三甲七人 勅授盖州判官 時忠肅王被留輦轂四年矣 公謂同志曰 主憂臣辱 主辱臣死 吾曺之學如此 乃上書 訟王無它 王甚嘉之 起拜成均樂正."

상황에서 자신만의 영달을 위해 왕을 두고 임지로 나아갈 수는 없다는 것이 안축의 생각이다. 이러한 왕실에 대한 옹호는 비록 元의 지배를 받고 있지만 나름대로 독립국가로서의 체모를 지키고자 한 그의 현실인식 태도와 관련된다고 할 수 있다.

한편 생민에 대한 애민적 태도와 위정자에 대한 비판으로 요약되는 안축의 현실인식 태도는 그가 지은 한시에 잘 표현되어 있다.

안축이 『관동와주』를 통해 농민 위에 군림하고 있는 여러 부류들의 貪虐이나 농민이 겪는 고초의 현장을 생동감 있게 묘사할 수 있었던 것은, 원나라와 결탁한 권문세력의 토지 겸병이 바로 자신의 경제적 기반을 위협하는 것이라는 인식하였기 때문에 가능했던 것이다. 안축은 자신에게 부여된 역사적 소명이 당시 집권층인 권문세족에 대항하여 불합리한 현실을 개혁하는 데 있다는 것을 잘 알고 있었다. 권문세족에 대항하면서 당시의 가장 큰 폐단이었던 노비강점의 문제를 해결해 주고자 한 안축의 행동에서, 당대사회의 모순을 깊이 인식하고 이를 개혁하기 위해 노력한 신유학자적, 실천적 지식인의 면모를 발견할 수 있다.

안축의 현실 인식 태도는 첫째, 주군을 위해 목숨을 바치겠다는 '충군'과 둘째, 백성들의 간고한 삶에 대한 연민의 '애민'적 태도와, 그리고 백성의 고통을 가중시키는 세력에 대한 '비판과 권계'로 요약할 수 있다. 안축의 이와 같은 현실인식 태도에서 우리는 초기 사대부가 지닌 國家와 王化爲主의 면모를 발견할 수 있게 된다.

하지만 안축은 이러한 모순된 사회제도의 배후에 자리한 元이라는 거대한 세력에 대해서 깊이 있게 인식하지는 못했던, 일정한 한계를 지니고 있다. 이는 안축 개인적인 한계라기보다는 당대인들이 공통적으로 지녔던 한계라 할 수 있을 것이다.

Ⅲ. 『關東瓦注』 내용과 표현 방식

앞 장에서 고찰한 안축의 '충군애민적'이면서 권문세가에 대해서는 비판적인 현실인식 태도는『관동와주』에 집중적으로 표현되었다. 고려 후기 대부분의 신흥사대부들은 백성들의 삶에 지대한 관심을 가지고 있었다. 안축 또한 예외는 아니다. 그렇지만 안축의 『관동와주』만큼 전면적이고도 본격적으로 생민의 실상을 드러낸 시문집은 없다고 해도 과언이 아니다. 그만큼『관동와주』는 백성이 처한 실상과 그들에게 고초를 가하는 세력에 대한 비판을 주로 담고 있다. 여기에서는『관동와주』한시의 문학적 성격을 규정하기 위해 내용 분석과 형식상의 특징을 고찰하기로 한다.

1. 『關東瓦注』의 著作 經緯와 內容 槪觀

『關東瓦注』는 안축이 天曆 3년 5월 30일(1330)에 江陵道存撫使의 명을 받고 떠나, 至順 2년(1331) 9월 17일 임무를 끝내기까지 만 1년 4개월여 사이에 지은 109題 120首의 詩와 4편의 記文을 모은 시문집이다.

『관동와주』초간은 안축이 강릉도존무사의 직임을 마치고 돌아온 해 1331년 10월에 편찬되었다. 그런데 1361년(공민왕 10) 홍건적이 개경을 침략하였을 때, 후손들이 보관하고 있던 책을 모두 잃었다. 그로부터 3년 뒤인 1364년 봄에 안축의 사위인 鄭良生이 청주에 벼슬을 받아 내려갔을 때 按廉使 劉公이 舊寫本을 구해 와서, 그 해 8월에 초간본을 펴냈다.[42] 안축의 현손인 安崇善은 1445년(世宗 27) 『관동와주』를 권1로 하고 여기에 補遺篇을 권2로 하여 『謹齋集』을 처음 간행하였다. 이 補遺篇에 「관동별곡」「죽계별곡」 등 경기체가 2편이 실려 있다. 1680년(肅宗 8)에 안축의 14대손인 安慶運이 濟州牧使로 있으면서 다시 增補篇을 권3으로 『근재집』을 중간하였다. 이 증보편에는 새로 발굴한 시 3편과 원나라 제과 급제시 쓴 制策, 看藏菴記 1편, 墓誌銘 1편이 실려 있다. 근세에 들어와 1910년에 咸州에 거주하던 후손들이 문집을 重刊했다. 여기에는 부록과 文敬公 安輔의 遺稿가 권4에 실려 있다. 1998년에는 갑술신증판 『근재전집』이 간행되기도 하였다.

『관동와주』 시문은 관동지방 순찰을 통해 그곳의 경물이 제시되면서 그곳에 사는 백성들의 생활상을 담고 있다. 대부분 작품이 생민에 대한 이해를 바탕으로 한 것으로, 이제현은 이러한 내용을 「關東瓦注序」에서 “열에 아홉이 풍속의 잘잘못과 민생의 기쁨과 슬픔을 담고 있”[43]는 것으로 평가하였다.

안축은 투철한 애민의식을 바탕으로 줄곧 관료 생활을 했으며, 현실의 모순을 타파하고자 노력했다. 그는 충선왕의 개혁정책에도 적극 참여하여, 정치관으로 정방의 혁파를 위해 노력하기도 하였다. 『관동와주』에는 안축의 이러한 개혁사상이 반영되어 있다. 『관동와주』에는 江陵道存撫使로 나아가 실제 농민의 생활 현장을 목

---

42) 鄭良生, 「關東瓦注跋」, “辛丑冬 紅賊寇京 家藏舊本皆失 艱於復得 常以爲恨 甲辰春 余出判淸州 按廉使劉公 得其本 屬余曰 吾欲爲之刊行於世 … 余於是 欣然而喜 鳩工鋟梓 … 至正二十四年 甲辰仲秋旬 鄭良生書.”

43) 李齊賢, 「關東瓦注序」, “其感憤之作 關乎風俗之得失 生民之休戚者 十篇而九.”

도한 후 촉발된 현장체험적인 농민의식이 반영된 것으로 볼 수 있다. 안축이 중앙관료로만 있을 때에는 깊이 인식하지 못했던 생민들의 실상을 존무사로 순찰할 때 직접 목격한 후 깊이 깨우친 바를 『관동와주』에 담았다고 할 수 있다. 그렇기 때문에 문제를 해결할 수도, 외면할 수도 없는 양심적인 지식인의 고뇌가 한시 곳곳에 짙게 배어있다.

   이러한 그의 일관된 실천적 행동은 안축의 출신 배경과 관계가 있다고 하겠다. 그렇다고 해서 지방 향리출신으로 신유학을 수용한 신흥사대부라면 누구나 이런 의식을 지니고 있었다는 것이 아니라,[44) 안축이 그동안 관료 생활을 하는 동안에 깨닫지 못했던 생민들의 생활상을 存撫使라는 임무를 수행하면서 이를 계기로 생민에 대한 깊은 이해를 가지게 된 안축이라는 개인의 철저한 의식이 반영된 것이다. 안축의『관동와주』는 관동지방 존무사로 나아가면서 생민의 삶에 대해 한층 깊이 인식하는 계기를 갖게 되면서, 이러한 각성을 내용으로 왕, 권문세족, 그리고 자신을 포함하는 지배층에게는 반성과 '권계'를 피지배층은 농민에게는 '위로'의 차원에서 저작된 것으로 볼 수 있다.

2. 『關東瓦注』 漢詩 分析

1) 內容 分析

(1) 牧民官으로서의 使命感 表出

『관동와주』 소재 한시에는 관동의 別境에 대한 감흥보다는 농

______

44) 안축 한시의 내용과 여타의 당시 신흥사대부들의 시문의 내용과는 주제의식면에서 많은 차이를 보이고 있다.

민의 삶과 관련된 내용이 압도적으로 많은 비중을 차지하고 있다.
농민들이 처한 삶의 현장을 접한 안축은 관동의 경관과 대비되는
이들의 삶에 연민을 느끼면서 牧民官으로서의 사명을 깊이 인식하
게 된다.

　부임지로 가는 안축의 노정은『관동와주』한시를 통해 개략적으
로 알 수 있다. 안축이 天曆 3년(1330년) 5월 30일에 江陵道存撫使
의 명을 받고 송경을 출발하여 장단 부근의 백령역에서 첫날을 묵
었다. 이때 밤에 비가 내렸다.

讀書求道竟無成　　自愧明時有此行
但盡迂疎施實學　　敢將崖異盜虛名
民生塗炭知難救　　國病膏肓念可驚
耿耿枕前眠未穩　　臥聞山雨注深更

독서로 길 찾았으나 끝내 이룸 없어
태평시절 이 걸음 스스로 부끄러워.
다만 迂疎하나 배운 것을 실천하고자 힘 쓸 것이고
어찌 남들과 다투어 헛된 이름 도모하랴.
도탄에 빠진 민생 구원키 어렵고
깊숙한 나라의 병 생각만도 놀라.
시름 어린 베개 맡에 잠도 달아나고
깊은 밤 산 비 퍼붓는 소리 누워서 듣네.

「天曆三年五月 受江陵道存撫使之命 是月三十日 發松京宿白嶺驛 夜半雨
作 有懷」

　「有懷」는 도탄에 빠진 백성을 구하기는 어렵고, 나라는 병이 깊
어가는 현실을 걱정하느라 밤에 잠을 못 이루는 시적 화자의 심회
를 읊은 시다. 이 시는 내용상 두 부분으로 나눌 수 있다. 전반부는
학문하는 선비로서 헛된 이름(虛名)에 힘쓰지 않고 오직 배운 것을
실천하는 데 전력하겠다는 다짐과 각오가 드러나고 있으며, 후반

부는 도탄에 빠진 백성을 구하기 어렵고, 국가의 병 깊은데 존무사의 임무를 맡았으니 이 어려운 문제를 생각하느라 잠을 이루지 못하는 목민관으로서의 고민이 드러나 있다. 현실의 문제와 목민관으로서의 포부가 서로 부딪쳐 갈등을 빚고 있는 것이다. 그 속에 안축의 고민이 자리하고 있다.

이 시에서 시인은 자신의 학문적 바탕이 '實學'이라는 사실을 분명히 밝히고 있다. 이 때 실학이란 실천적인 유학을 의미한다고 하겠다. 그런데 배운 것을 실천하려고 나서는 첫 유숙지에서 보이는 '자괴감'의 표출은 「관동별곡」과 「죽계별곡」에서 보이는 '왕화중흥'을 달성하겠다는 신흥사대부의 활달한 기상과 포부와는 일정한 거리가 있다. 이러한 자괴감은 그만큼 '나라의 병이 깊었기'에 생겨난 것이라고 본다.

목민관으로서 백성들의 고통을 외면할 수 없었던 안축은 백성의 가난이 곧 나라의 병이라는 인식 위에 그들의 고통을 덜어 주려는 노력을 기울였다. 그러나 피폐한 현실은 생민들의 고통을 가중시킬 뿐 해결의 실마리가 보이지 않고 있다. 다음 시는 이를 잘 보여준다.

二氣失調燮	群龍未安蟄
陰怒發玄機	懸空雨勢急
暴流漲南川	浩浩沒原隰
水溢雨不止	皆言及井邑
惟恐卷人家	更憂傷穀粒
願余牧一方	此咎其誰執
誠微不動天	起坐徒悒悒
願天罪我躬	哀聽生民泣

음양이 조화를 잃어
뭇 용이 편히 눕지 못하고.
음산하게 성난 기운 현기를 발하니

허공에 매달 듯 빗줄기 급하네.
앞내에 넘치는 혹독한 흐름
넘실넘실 언덕을 묻는다.
물 넘쳐도 비는 그치지 않아
시내까지 미친다 모두가 걱정.
인가를 걷어갈까 두렵다가도
곡식 낟알 상한다 더욱 걱정돼.
내 한 지방의 목민관으로
이 허물 그 누구에게 미루랴.
정성이 빈약해 하늘을 감동 못시켜
일어났다 앉았다 한갓 답답할 뿐이네.
원컨대, 하늘이여 이 몸에 죄 주시고
생민들의 저 울음 슬피 들어 주소서.

「大雨歎」

안축이 和州에 이르렀을 때 큰 비가 내렸다. 비가 내린 것은 음양이 조화를 잃어 용들이 玄機를 발하기 때문이다. 인간세상의 조화란 위정자와 백성들 사이의 조화로운 관계를 말한다. 이들의 관계가 조화롭지 못하기 때문에 많은 비가 오게 된 것이다. 위의 시의 후반부에 비가 많이 내리자 "내 한 지방의 목민관으로/(나의)정성이 빈약해 하늘을 감동시키지 못하니"(11, 13행)라는 대목에서 이를 확인할 수 있다. 이 시의 4행에서 6행은 큰비가 내려 내가 넘치고 언덕까지 잠겨가는 급박한 정경을 담담하게 그려내고 있으며, 7행~10행에는 '홍수'를 당한 농민들의 걱정하는 모습이 그려져 있다. 그런데 농민들은 물살이 인가를 걷어가는 것보다도 곡식 낟알을 상하게 하는 것을 더욱 걱정하고 있다. 그것은 곡식이야말로 이들의 생존문제에 직결되기 때문일 것이다.

「大雨歎」은 생존조차도 어려운 상황을 오히려 담담하게 그려내고 있다. 그렇지만 정작 농민의 현실에 대한 안축의 내면적 심경은 절박하다. 그 절실함은 "이 모든 허물을 나에게 물으시고 생민들의 울음소리를 들어 달라”는 간청으로 나타나고 있다.

그런데 현실의 문제를 자신의 책임이라 해서 그 문제가 해결되는 것은 아니다. 비참한 현실을 구제할 만한 힘도 없고, 그렇다고 외면할 수도 없는 안축의 고민이 여기에 있는 것이다. 고민의 결과 안축은 그 해결 방법을 ‘하늘에 호소하는 것’과 같은 실현 불가능한 방법에서 찾으려고 했다.

名途信步不圖前　　　來往斯樓已二年
覆檻竹叢分爽氣　　　陰門榕樹撼蒼煙
歷觀民業憂吾國　　　虛負君恩愧彼天
計拙未能興利路　　　若爲溪壑湧金泉

이름난 길 발만 믿고 앞날 예약 없이
이 누대 오고 가기 이미 두 해로다.
난간을 덮은 대나무숲 상쾌한 기운 나누고
문을 가린 등나무 덩쿨 푸른 연기 흔드누나.
백성들의 생업 두루 살펴 내 나라를 근심하고
임금의 은혜 헛되이 저버려 하늘이 부끄럽네.
졸렬한 계책 이로운 길 일으키기 어려우니
차라리 계곡되어 금샘이 솟아 올랐으면.

「次襄州公館詩韻」

인용시에는 목민관으로서 임금의 은혜를 받고도 백성들의 생업을 일으켜 주지 못하니 하늘이 부끄러울 따름이라는 탄식과 함께, 도저히 현실적으로 불가능한 이 문제를 ‘금샘이라도 솟아’ 해결해 주기를 바라는 간절함이 나타나있다. ‘금샘이 솟기를 바라는’ 표현의 이면에는 모순된 현실을 자신의 힘으로는 해결할 수 없다는 탄식이 배어 있는 것이다. 절박한 현실 문제를 ‘金泉’이 솟거나, ‘벼락’이 내치는 것과 같은 초월적인 힘에 의지하려는 태도는 안축 자신의 무력감을 확인하는 데서 오는 비탄과, 절망적 상황에서도 희

망을 잃지 않는 신흥사대부의 낙관적 세계관이 복합적으로 표현된
것으로 볼 수 있다.

　이와 같은 해결방식은 뛰어난 경관으로 인해서 오히려 생민에게
고통을 가중시키는 국도·천도·총석정을 소재로 한 작품에 자주
등장한다. 먼저 「國島詩」를 보자.

搖棹疲民流熱汗　　　具筵貧邑瀝殘膏
若爲添作東溟水　　　沒盡奇觀免此勞

노젓는 여원 백성 더운 땀을 흘리고
잔치마련 관원님 고혈을 짜네.
만약 동해 물을 더 붇게 할 수 있다면
기묘한 구경거리 다 빠뜨려 이 수고 면케 할꼬.

「國島詩」 후반부

　「춘향전」의 변사또 생일잔치 자리에서 변복한 이몽룡이 읊은 시
구와 유사한 「국도시」는 금강산 근처 주민처럼 이곳을 보러 오는
유상객들로 인해 생업을 팽개치고 벼슬아치 유상객들을 봉양하지
않으면 안되는 명승지 주변 농민들의 고달픔이 드러나 있다. 농민
들은 관광명소인 이 곳에 밀려드는 유상객들의 뒷바라지 하느라
생업에 종사할 수도 없다. 유상객들로 인해 겪는 농민의 수고로움
을 안축은 간파하고 있었다. 이 시에서도 투철한 현실인식과는 달
리 이를 해결하려는 방법은 초월적인 힘에 의지하고 있다. 유상객
과 같은 외부요인에 의한 농민의 폐해에 대해 안축은 관심을 가지
고 집중적으로 작품을 지었다. 안축은 幷書에 저간의 사정을 다음
과 같이 밝혀 놓았다.

　　그러나 호사꾼은 모두 관동의 뛰어난 경치는 國島가 최고라 하여
　　노닐고 유람자들이 배를 준비하고 술을 싣고 기생을 대동하여 농사를

방해하고 농민을 괴롭혀 한 지방이 이를 괴로워 한다.45)

경관이 뛰어난 국도에는 유람자들이 줄이어 찾아와 농사를 방해
하고 농민을 괴롭게 한다. 이러한 사정을 목격한 안축은 목민관의
역량으로는 이 문제를 해결할 수 없기 때문에 "기묘한 구경거리 다
빠뜨려 이 수고 면케 할꼬"라고 탄식한다. 이러한 해결책의 모색에
는 신흥사대부 안축의 세계관이 반영되어 있는 것으로 해석된다.
하지만 한편으로는 사대부층이 아직까지 개혁의 주체로 성장하지
못하였음을 보여 주는 것으로 볼 수 있다. 이처럼 생민의 생계와 직
결되는 문제들을 해결할 수 없었던 안축에게 중앙으로 돌아가는 길
은 처음 다짐하던 때와 다를 바 없이 마음이 무겁기만 하다.

杖節入關口　　　　　還從此路歸
朔風吹列戟　　　　　落葉滿征衣
未救民間病　　　　　寧敎國體肥
縱傾東海水　　　　　難洗二年非

순찰사로 관동 어귀에 들었다가
다시 이 길 따라 돌아간다.
삭풍은 벌여선 기치에 울고
낙엽은 옷섶 가득 안겨드네.
백성들의 병도 못 구하였으니
어찌 나라를 튼튼하게 했으랴.
비록 동해 바다물을 다 기울인다 해도
두해 사이의 잘못을 씻기는 어려우리.
　　　　　　「至順二年九月十七日罷任如京過順忠關」

이 시는 존무사의 임무를 마치고 서울로 돌아가는 길에 順忠關

---

45) 안축,「國島詩幷序」, "然好事者 皆曰 關東形勝 國島爲最 使游賞者 具
　　舟楫 載酒殢妓樂 而妨農害民 一方苦之."

을 지나면서 지은 시로, 민간의 병을 구하지 못하고 돌아가는 심회를 읊고 있다. 존무사의 임무를 받아 출발할 때 白嶺驛에 이르러서 虛名을 구하지 않고 배운 것을 실천하겠다고 다짐했으나, 상황은 달라지지 않았을 뿐만 아니라 생민의 고초를 보고도 이를 해결하지도 못한 채 임무를 마치고 돌아가는 괴로운 심회가 표출되어 있다. 이 시에서는 부끄러움의 정서가 계절적 배경과 대비를 이루고 있다. 그가 기대를 안고 존무사로 부임할 때는 생명력이 넘치는 계절이었는데 임무를 마치고 돌아가는 계절은 낙엽이 지는 가을이다. 지난날의 포부가 떨어지는 낙엽과도 같이 되어 버린 이때 다시 이곳을 지나가고 있는 것이다.

그런데 안축은 이를 자신의 탓으로 여기고, 이 잘못을 동해물을 다 기울여도 씻지 못할 것이라고 하였다. 이 시에서 당대 사회가 지닌 구조적 모순을 자신이 해결해야 할 문제로 인식하고 이의 해결을 위해 노력하고자 했던 안축의 모습을 발견할 수 있다.

안축의 목민관으로서의 사명감은 역사적 사건을 회고하는 '詠史詩'에서 두드러지게 나타난다. 과거 역사적 사건을 회고하는『관동와주』소재 영사시는 고종 때 몽고군에 의해 패배했던 사건을 주요 소재로 하고 있다. 이들 작품의 수는 많지 않지만 역사의 교훈을 통해 목민관으로서의 책무의 소중함을 깨닫게 해준다.

안축이 존무사로서 순력한 첫 행선지가 바로 和州이다. 화주를 소재로 한 시가 3편이나 있다. 화주는 지금의 영흥 지방으로 당시 元의 쌍성총관부가 설치된 곳이다. 몽고에게 항복하기 전인 고종 때(1258년) 몽고군이 침공하자 趙暉・卓正 등이 東北面兵馬使로 있던 愼執平을 죽이고 화주 이북의 땅을 들어 몽고에 항복하자, 몽고는 이곳에 쌍성총관부를 두어 趙暉를 총관, 卓正을 천호로 삼았다. 이후 공민왕 5년 쌍성총관부를 폐지시키고 和州牧을 설치할 때까지 이 곳은 원의 통치하에 있었던 것이다. 안축이 강릉도존무사의 명을 받아 本營이 있는 강릉으로 가지 않고 이곳을 먼저 들렀던 이유가 이와 같은 역사적 사건으로 인해 이 지역 백성들이 극심한 고초를 겪었기 때문으로 볼 수 있다.

여정에 따라 和州로 들어가기까지의 과정은 「過鐵嶺」과 「六月三日入鐵嶺關望和州」에 나타난다.

乾坤設險竟何功　　　小賊驅民掃地空
誰使兵權歸竪子　　　至今遺堞起悲風

천지가 험한 지세 베풀었지만 무슨 공 있으랴
좀도둑 몰려 와 땅을 쓴 듯이 공허하네.
누가 군대 권한을 어린애에게 주었나
지금껏 남은 성첩 슬픈 바람만 일어.

「過鐵嶺」

철령은 화주로 가는 관문이다. 그 당시에는 화주(永興)를 비롯하여 등주(안변)도 강릉도에 속해 있었다. 화주는 趙暉·卓正의 무리가 원에 투항하여 쌍성총관부가 설치된 곳이다. 그런데 이 사건 이후 고려가 원의 부마국이 된 다음인 1290년 충렬왕 16년에 원 태조의 동생인 合赤溫의 손자 哈丹이 반란을 일으켜 병사 수만 명을 이끌고 쌍성총관부를 통해 고려를 침입, 이곳 和州와 登州를 함락시켰던 사건이 있었다. 이때 철령은 도적이 모조리 쓸어가 버려 폐허가 되고, 지금은 성첩만이 남아 슬픈 감회[悲風]만 자아내고 있는 것이다. 그런데 안축을 더욱 안타까운 사실은 병란이 일어나자 이곳을 방어해야 할 수령들이 달아나 버린 사건이다. 수령의 도주로 인해 겪는 백성들의 고초는 극심했을 것이다. 백성을 위무해야 할 수령이 백성을 버리고 도망했다는 사실은, 사대부 목민관으로서의 사명감이 투철했던 안축에게는 가슴 아픈 일이었다. 그 아픔

은 자신이 지금 이 철령관을 넘는 "至今"까지 계속되고 있는 것이
다. 다음 시를 보자.

路入關門眼暫開　　　紅旗黑槊共徘徊
忽驚職是憂民寄　　　還愧身無濟世才
煙火里閭多索寞　　　草萊城塹久摧頹
可憐聚散邊鄕吏　　　猶具衣冠禮往來

깊이 관문에 들자 잠시 눈길 트여
붉은 깃발 검은 창으로 잠시의 배회.
백성 근심 맡은 직분에 갑자기 놀라
세상 건질 재질 아님 새삼 부끄럽다.
동리의 연기에 쓸쓸함만 많고
쑥풀 우거진 성터 무너진 지 오래다.
가련하구나, 오가는 시골의 관원
그래도 의관 갖춰 전송하는 예절.

「六月三日入鐵嶺關望和州作」

철령에서 바라보는 화주의 마을에서 올라오는 연기에 쓸쓸함만
배어 있고, 무너진 성터에는 쑥풀만이 우거져, 폐허와도 같은 화주
의 모습을 바라보는 안축의 심회가 '쓸쓸하다, 가련하다'라는 시어
를 통해 표출되고 있다. 특히 이 시에는 "백성의 근심을 구제하지
못하는 자신에 대한 부끄러움[愧]"이 지배적 정서로 드러나고 있는
데, 이러한 자신에게 "그래도 의관을 갖추어 전송하는 시골의 관
원"은 자신을 더욱 부끄럽게 만들고 있다. 다음 시는 화주에 도착
한 후 지은 「次和州本營詩韻」이다.

萬疊山圍四望中　　　東溟隔岸水浮空
龍爭古壘黃楡月　　　鴉噪遺墟老樹風
懷土重遷憐噍類　　　棄城謀變說姦雄
當時誰握籌邊策　　　惆悵無人衣一戎

사방 시선 에워싼 만 겹의 산
언덕 너머 동해바다 물에 뜬 허공.
용이 다투던 옛 성터 느릅나무 가지 달.
까마귀 우짖고 빈터엔, 고목의 바람.
잊은 땅 다시 찾겠다는 애태운 무리
성버리고 모반함은 간사한 영웅.
당시에 누군가 변방 계략 세웠건만
쓸쓸하고 갑옷 입은 용사 하나도 없다.

「次和州本營詩韻」

이 시도 앞의 시처럼 쓸쓸함과 황량함이 주된 정조를 이루고 있다. 東北面兵馬使 愼執平이 몽고군에 쫓겨 화주를 버리고 우물 하나 없는 竹島에 들어가 백성들을 고초에 몰아넣었던 사건을 읊은 것이다.[46] 백성들은 참화의 현장인 고향을 잊지 못하고 되돌아오고 있지만 이곳은 兵禍의 흔적이 아직도 가시지 않아 "까마귀 우짖고 빈터"만이 남아 황량한 바람만이 불고 있다. 안축은 이처럼 관리들이 자신의 책무를 다하지 못할 때 이와 같은 엄청난 고통을 겪게 된다는 역사적 교훈을 화주 땅을 밟으며 되새기고 있는 것이다. 이 시에서 주목해 보아야 할 것은 이렇게 국토가 황폐화되고 백성들이 유린된 것에 대한 일차적 책임이 침략자들보다는 고을의 수령과 위정자들에게 있다고 보는 것이다. 이 시는 관리들의 책임감과 사명감의 소중함을 일깨워 주고 있다.

暮天懷古立城頭　　赤葉黃花滿眼秋
不覺蕭墻藏近禍　　惟憑海島作深謀
百年丘隴無情草　　十里風煙有信鷗

---

46) 金宗瑞等 編,『高麗史節要』, 卷17, "高宗安孝大王 45年 冬10月條. 高
　　和定長宜文等十五州人 徙居猪島 東北面兵馬使愼執平 以爲猪島城大
　　人 少守之甚難 遂以十五州徙保竹島 島狹隘 人皆不欲 執平强驅而納
　　之 人多逃散徙者十二三."

遙望朔方空歎息　　　一聲羌笛使人愁

저문 날, 옛 생각, 성 마루에 서니
붉은 잎, 노오란 꽃, 눈에 가득한 가을.
담 안에 가까운 화근 숨음 모르고
바다 섬에 기대어 깊은 지략 짓다니.
백년의 구릉엔 무정한 풀
십리의 풍경에는 有信한 갈매기.
변방을 멀리 보며 부질없는 탄식
한 곡조 피리 소리 시름겹게 하네.

「登州古城懷古」

위 시는 요해지임에도 불구하고 침략을 당했던 登州(安邊)에서
의 감회를 읊은 시이다. 함련의 가까운 곳에 화근이 숨어 있다는
표현은 외적을 끌어들이게 된 역사적 사건, 곧 趙暉와 卓正의 사건
은 소재로 하고 있다. 특히 이 작품은 頷聯과 頸聯이 절묘한 대비
를 이루고 있는데, 頷聯의 '배반하고 변절하는 인간 군상'과 경련
의 '폐허인 줄 모르고 또는 폐허도 아랑곳 않고 돋아나는 풀'이 서
로 대조를 이루어 변함없는 대자연의 이치를 통해 인간사의 '炎凉
世態'를 비판하고 있다. 이는 다음 행의 '바람 안개 10리에 자욱한
가운데도 여전히 터전을 지키고 있는 有信한 갈매기'와도 대조를
이루고 있다. '무정한 풀'과 '유신한 갈매기'를 대비 시켜 역사적
교훈을 우리에게 환기시켜 주고 있다. 이러한 대비는 결국 '無信'
한 인간과 '有信'한 자연과의 대비를 통해 인간에 대한 반성을 촉
구하고 있다고 할 수 있다. 그리하여 경련에서는 보잘 것 없는 갈
매기지만 오히려 인간에 비해 믿음직한 존재, 즉 "有信鷗"라 표현
했다. 경련은 또한 '百年'과 '十年', '丘隴'과 '風煙' 그리고 '無情
草'와 '有信鷗'가 완벽한 대구와 대조를 이루고 있다. 조휘와 탁정
의 故事는 다음 「죽도시」에서도 볼 수 있다.

隣境兵塵犯塞垣　　　朔方民物此來奔
元戎自失懷綏策　　　姦吏因成亂敗根
三戶子孫誰雪恥　　　百年骸骨尙含冤
行人爲問當時事　　　古老傷心不忍言

이웃 경계의 兵塵이 변경을 침범해
삭방의 민물이 이에 달아났네.
원수는 스스로 회유책을 잃어
간사한 아전이 난리 일으키는 원인이 되었네.
삼호 자손 중 누가 설욕할 수 있으랴
백년의 해골들 아직 원한 품어.
길가는 이 당시의 일 물어도
상심해서 차마 말 못하는 古老들.

「竹島詩」

幷序에 의하면 戊午年(1258) 병란으로 朔方의 12城의 주민이 이
섬에 들어와 피난하게 되자 식량이 부족하게 되었는데, 이때 都兵
馬錄事 全諒이 병마사 신집평에게 관곡을 풀기를 요청했으나 신
집평이 따르지 않았다. 이 때문에 성안 백성들의 원성이 쌓이게 되
고 이를 틈타 아전 조휘·탁정 두 사람이 성을 넘어 적을 유인하
여 12성의 수령과 병마사는 물론 수많은 백성들을 죽였다. 이후 몽
고에 의해 쌍성총관부가 설치되고 조휘와 탁정의 일족이 총관과
천호를 세습하면서 이 지역을 다스리게 되었다는 것이다.

이 시에서는 그때의 원한이 "백년 해골이 아직도 원한을 품고
있으며" 이를 설욕하고자 하는 다짐이 "三戶子孫 중에 누가 설욕
할 수 있으랴"로 표현되고 있다.47) 이로 보아 당시 이곳에서는 병

---

47) 金宗鎭은 이 시를 대원반감의식의 발현으로 보고 있다. 그 근거로 이
　　시의 경련 "삼호자손 가운데 그 누가 이 치욕 씻으리/오랜 세월이 지났
　　건만 백골은 아직도 원한을 품고 있네"라는 표현을 들고 있다.『史記』
　　項羽 本紀의 '三戶子孫' 운운은 그 사무친 원한의 대상이 한두 특정 개
　　인을 향한 것이 아니라 민족과 국가간의 극심한 적대 감정의 단적인

화의 흔적이 생생하게 남아 있을 뿐만 아니라 그 때의 恨이 '古老'
들의 가슴속 깊이 남아 있었음을 알 수 있다. 그만큼 이 사건은 충
격적이었다고 하겠다. 그도 그럴 것이 내부의 적이 외적을 끌어들
여 백성과 수령들이 죽게 되는 상황은 분명 치욕적인 사건이었을
것이다. 그리하여 안축은 이 사건을 여러 편의 작품 소재로 삼았던
것이다. 이러한 내력을 알게 된 안축은 백성을 구제하는 데 진력했
던 宋의 '范丞相'과 같은 인물을 대망하고 그를 흠모했을 것이다.

大義深仁作相公　　　能輕重利恤人窮
父知子貴非先見　　　只爲渠心與我同

큰 의리 깊은 은애 상공되게 하였으니
많은 이익 가벼이 여기고 남의 궁함을 구제했네.
아비가 아들 귀한 것을 아는 것은 선견이 아닌데
다만 그 마음 나와 더불어 같네.

「范丞相麥舟圖」

위 시는 范丞相의 일을 그린 「麥舟圖」를 보고 시를 지은 것이
다. 범승상은 宋 仁宗 때의 名相으로 이름은 仲淹, 字는 希文이다.
범중엄은 私利를 버리고 백성들을 구휼하는 데 앞장섰던 인물이
다. 詩題의 '麥舟'는 范仲淹이 아들 堯夫를 시켜 石曼卿에게 舟中
의 보리를 보내어 喪을 도와주었다는 고사에서 유래한 것으로, 물
건을 증여하여 喪을 돕는 다는 뜻으로 쓰이게 되었다. 起에서는
'大義'와 '深仁'을 지닌 범중엄이 相公에까지 이른 것을, 承에서는
범승상의 백성을 구휼한 것을 기리고 있다. 특히 結句의 범승상의
'義理와 仁愛'가 "그 마음 나와 더불어 같다(渠心與我同)"는 표현
에서 많은 이익을 가볍게 여기고 남의 궁함을 구제하려 했던 범승

표현이기 때문이라는 것이다(김종진, 앞의 논문, 69쪽).

상의 행적을 흠모하면서 그의 행동처럼 안축 자신도 '백성 구휼'의 사명감을 다짐하였던 것으로 볼 수 있다.

그러나 현실적 한계에 직면했을 때 범승상과 같은 '남의 중함을 구하는데' 다하지 못한 자괴감이 「有懷」에서 "愧無良將一丸泥"로 표현되고 있다.

이상에서 살펴본 것처럼 관동지방의 경관이나 역사의 현장을 소재로 한 시에는 관인으로서의 사명감이 잘 나타나고 있다. 특히 영사시에는 역사적 사건에서 얻은 교훈과 목민관으로서의 책무를 절감하면서 이와 같은 시련을 교훈 삼아 이를 극복하고자 하는 한편, 당시 元의 지배 하에 있던 민족의 각성 촉구를 위한 反面敎師로 삼고자 했다.

(2) 民風의 觀察과 勸誡

『관동와주』에는 민풍의 관찰과 권계를 통해 현실을 고발하려는 의도가 담겨 있는 시편이 많이 있다. 물론 고발의 주대상은 권문세족을 비롯한 貪吏들이다. 당시 고려가 처한 모순의 근본원인은 元의 침략과 이에 따른 왕실의 허약함 때문이었다고 할 수 있다. 여기에 원에 의탁하여 사리사욕을 챙기는 권문세족의 징탈이 고려 왕실을 더욱 약화시켰다. 안축은 이러한 현실을 깊이 인식하고 이를 적극적으로 비판하고 있다. 이러한 징탈의 현장과 함께 이를 고발하려는 의도가 잘 드러나고 있는 시가 바로 「蔘歎」이다.

원은 고려를 복속시킨 후 고려에 대하여 여러 가지 공물을 요구하기 시작하였다. 금, 은, 인삼 등을 비롯하여 童女까지도 징발하여 갔다. 이에 따라 고려에서는 童女를 구하기 위해 전국적으로 금혼령을 내리고 대상자를 물색, 징발하여 원에 바쳐야 했으며, 인삼을 구하기 위해 농민들은 생업을 내버려 둔 채 산속을 헤매고 다녀야 했다. 과도한 공물징수와 가혹한 세제는 농민들을 농토에서 내

몰아 流亡民이 급격하게 증가하여 사회문제가 되었으며, 유망민의 증가로 인해 郡縣이 텅비는 일도 있었다고 한다. 이와 같은 공물의 폐해를 직접 목도한 안축은 공물 가운데 산삼 공출로 인한 농민들의 고통스러운 상황을 시로 표현하였다.

神農著書論草名　　草中羅蔘藥最精
一根三枝開五葉　　理人神效難具評
年年貢獻聖天子　　藥局老醫皆嘆驚
船車商沽競求買　　轉賣遠方價不輕
從此官家利其利　　歲收編民有期程
物之貴者本自貴　　非如凡草賤生成
方民採掘遍山谷　　千探萬索得一莖
何曾計日足銖兩　　農衣弊盡披蓁荊
是時秋禾臥風雨　　畏吏督納忘私營
歸來對妻苦悲泣　　已有棄土流亡情
乾坤生物賦藥性　　本以至仁濟群生
生民一病出於藥　　理藥之藥其誰行
有能移根種遠方　　括根無種非所爭
吾民寧作至愚民　　不須益智多聰明

신농씨 지은 책에 풀이름 논하기를
풀 가운데 羅蔘이 약으로는 가장 좋다 하였네.
한 뿌리에 세 줄기 다섯 잎이 피어나니
사람 고치는 신통한 효험 다 평하기 어렵네.
해마다 성천자께 공물로 바치나니
약국의 노의들이 다 탄식하고 놀라네.
배와 수레 가진 장사치 다투어 구해 사니
먼 곳에 넘겨 팔매 값이 헐하잖네.
이에 좇아 관가는 利에 또 利를 보니
해마다 백성에게 거두는 기한 있네.
사물이 귀한 것은 본디 스스로 귀하여
보통 풀이 천하게 자람과는 다르다네.
시골 백성들이 온 산골에서 캐어내니
천 곳 만 곳 찾고 뒤져 한 줄기를 얻었네.

어찌하면 기한 전에 공출할 양 채울까
농의는 가시에 걸려 갈갈이 찢어졌네.
이 때는 가을벼가 비바람에 쓰러졌고
두려운 아전들 바치라 재촉하여 사사로이 영위할 것 잊었네.
돌아와 아내 보니 슬픈 눈물 괴롭고
땅을 버리고 떠나고픈 마음만 드네.
천지가 사물을 내매 약성을 주니
본디 아주 어질어 뭇 생령을 건진다네.
생민의 한 병이 약에서 나오니
약 다스리는 약을 누가 행하랴.
능히 뿌리를 옮겨 먼 곳에 심을 수 있다면
모조리 모아가 씨뿌리지 않아도 다툴 바가 아니네.
우리 백성 차라리 어리석게 만들고
슬기를 더하거나 총명을 많게 할 필요 없네.

「蔘歎」

蔘의 공납으로 인해 생민들이 겪는 고통의 모습을 그리고 있는 「蔘歎」이다. 당시는 인삼을 재배하기 이전이라 蔘(자연산) 한 뿌리를 얻기 위해 산과 계곡을 샅샅이 뒤져야 겨우 한 뿌리를 얻을 수 있었다고 한다. 사정이 이러한데도 고려에서는 해마다 인삼을 중국에 바치기 위해서 농민에게 일정량을 할당하였다. 이에 사욕을 채우려는 관리들까지도 가세하여 기한을 정해주고 강제로 거둬들였다. 농민들은 기한 내에 정해진 量을 채우기 위해 산속을 헤매다가 옷은 갈기갈기 찢어지고, 벼가 바람에 쓰러져 있어도 이를 돌볼 겨를이 없다. 백성들은 하늘과 땅을 원망하면서 삶의 터전을 버리고 유망할 생각만 하고 있는 현실이다. 백성들의 병을 고쳐주어야 할 약재가 오히려 병을 주고 있는 모순된 현실을 고발하고 있다. 이 시는 이러한 농민들의 참혹한 생활상을 객관적으로 그려내고 있다.

이 시의 16행~20행에는 주민들이 가을걷이도 버려둔 채 아전들의 독촉 성화에 쫓기면서 가시덤불과 바위계곡을 헤매다가 밤이 깊어서야 돌아와 아내의 슬픈 모습을 보고는 땅을 버리고 유망할 생각을 하는 농민의 처지가 잘 묘사되어 있다. 특히 17행의 '쓰러져 있는 벼'와도 같은 농민과 이러한 처지를 외면한 채 재촉하고 있는 '두려운 관리(畏吏)'의 모습이 대조되어 극적 효과를 얻고 있다. 「삼탄」은 이러한 비참한 정경을 서정과 서사를 긴밀히 결합시켜 시적인 성취를 이룩하고 있다.

한편 농민에게 인삼 공출 못지 않게 새로운 폐단으로 등장한 것이 소금 공출이다.

吾聞古聖人　饗飧而理國
生民但耕鑿　豈曾知帝力
後世利門開　能臣爭獻策
榷鹽起何時　歷代沿不革
本國法最嚴　歲課踰稼穡
自我出關東　傍海親督役
陋居如楣廬　蓬門不掛席
老翁率子孫　寸刻不休息
冽寒汲滄溟　負重肩背赤
酷熱燒烟煤　熏煮眉目黑
門前十車柴　不能供一夕
目煎百斛水　未能盈一石
若不及期程　毒吏內怒責
輸官委如山　轉賣爲布帛
君王重功臣　賞賜不屯惜
一人身上衣　萬民苦深積
哀哉彼鹽戶　破衣不掩脊
所以困難堪　逋逃晦形迹
若爲東海波　凝作雪山白
官家恣取用　與民俱有益
不然恤爾生　時時霑慈澤
念此駐行驂　君門九重隔

내가 듣기로 옛 성인은
몸소 조석 밥을 지으며 나라를 다스려.
생민은 다만 밭 갈고 우물 파는 것이니
어찌 일찍이 임금의 힘을 알았으랴.
후세에 이로운 방법이 열려
유능한 신하 다투어 꾀를 바쳤네.
소금 전매하는 법은 어느 때 생겨
역대로 따라서 고치지 않았네.
우리나라에는 법이 가장 엄하여
해마다 세금이 농사보다 많다네.
나도 관동으로 나온 뒤로
바다에 나가 친히 독려하였다.
움막 같이 누추한 집
쑥대 문에는 거적자리도 걸지 않았네.
늙은이가 아들 손자 거느리고
한 치의 시간도 쉴 수가 없었네.
혹한 때에도 바닷물 길어 오느라고
무거운 짐으로 어깨며 등이며 벌겋네.
뜨거운 열기와 연기의 그을음에
달이는 훈기에 눈썹이 새까맣다.
문 앞의 열 수레나 되는 땔감
하루 저녁의 공급에도 모자라네.
종일 바닷물 백 섬을 달여도
능히 소금 한 섬을 못 채우네.
만약 기한 내에 못 미치면
혹독한 관리 노하여 꾸짖네.
수송하는 관원은 산처럼 쌓아 놓고
전매하여 비단 베가 되네.
임금은 공신을 중히 여겨
상으로 내리심 아끼지 않네.
한 사람이 입은 옷
만 백성의 깊이 쌓인 노고인데.
슬프다, 저 鹽戶여!
해진 옷이 등을 못 가리는구나.
이 괴로움 견디지 못해
도망하여 자취를 감추네.

      만약 동해의 물결을
      엉기어 설산처럼 희게 한다면.
      관가에서는 마음껏 취해 쓰고
      백성과 더불어 쓰면 유익할텐데.
      그렇지 못하니, 저 생민을 긍휼히 여겨
      때때로 자비의 혜택을 크게 내리소서.
      이 생각에 가는 말을 멈추나
      임금 계신 궁궐은 아홉 겹으로 막혔네.

                                     「鹽戶」

　忠宣王은 元에 건너간 이듬해(충선왕 원년, 元 武宗 至大 2년) 2월에 傳旨로써 榷鹽法을 세웠는데 이것도 또한 중국 재래의 제도를 본뜬 것이다. 충선왕은 소금을 전매함으로써 국가의 수입을 늘리고자 內庫 常積倉 都鹽院 및 諸宮院 內外寺社가 소유한 鹽盆을 모두 관에 바치게 하고 소금의 수요자는 義鹽倉에 와서 매매하게 하며 군현사람들은 모두 본관의 관사에 포를 바치게 하고 소금을 사가도록 했다. 그리고 염분을 사치하는 자 또는 염을 사사로이 무역하는 자가 있으면 죄를 엄히 다스리도록 하였다. 이에 각도의 군현에서는 백성을 징발하여 鹽戶를 삼고 또 鹽倉을 설치하니 백성은 심히 괴롭게 여겼다[48]는 기록으로 보아 염호의 고충이 대단했다는 것을 알 수 있다. 안축이 염호 징발로 인한 폐해상을 고발하는 한편, 그들의 고통과 수고로움을 대변하여 폭로하면서, 왕을 포함한 중앙관리와 지방관들을 비판, 풍자하고 있다.

　「염호」는 정해진 양의 소금을 생산하기 위해 노인이 아들과 손자와 함께 잠시도 쉬지 못하고 일을 하고 있는 그들의 검게 그을린 모습을, 그들의 움막과도 같은 거처와 함께 구체적으로 묘사하고 있다. 이와는 대조적으로 임금은 소금을 전매하여 布帛으로 바꾸

---

48) 김상기, 앞의 책, 538쪽 참조.

고 이를 공신에게 손쉽게 下賜하고 있다.

이 시에는 生民과 毒吏, 임금과 功臣, 그리고 안축 자신, 이렇게 다섯 부류의 인간이 등장하고 있다. 이 가운데 생민을 제외한 나머지 세 부류는 생민의 고혈을 빨아 먹는 해로운 존재들이다. 특기할 것은 王조차도 功臣이나 毒吏와 다름없이 비판의 대상이 되고 있다는 점이다. 왕이 공신들에 둘러싸여 백성들의 실상을 파악하지 못할 때 비판받는 것은 당연한 일이다. 하지만 봉건 군주제라는 시대 상황을 고려할 때 이러한 표현은 파격적이라 할 수 있다.49) "一人身上衣 萬民苦深積"이라는 표현에서 "一人"은 '王'을 지칭하는 것으로, 『관동와주』 제작 동기가 군왕도 권계의 대상에 포함되어 있음을 알 수 있다. 백성과 이를 수탈하는 부류를 제외한 나머지 한 부류의 인간이 '나'로 표현되는 신흥사대부층이다. 이들은 백성들의 입장에 서서 그들의 고통을 안타깝게 여기고 연민의 정으로 바라보지만, 문제 해결을 위한 마땅한 대책을 가지지 못하고 있다. 오히려 몸소 나아가 공출량을 채우는 것을 감독해야만 하는 처지이다. 신흥사대부들이 권문세족에 대적할 수 있는 세력이 되지 못하고 있음을 단적으로 보여주고 있다. 하지만 그는 모순의 근원이 어디에 있는지를 간파하고 있었다.

「염호」는 생민의 입장에서 간고한 삶의 실상을 구체적으로 핍진하게 형상화하였다는 점에서 의의가 자못 크다. 구체적인 해결책을 제시하지는 못하고 있지만, 이와 같은 문제를 야기하는 원인이 어디에 있으며, 이러한 문제를 해결하는 방법을 모색하고자 하였다는 점에서 그 의의가 있다. 중앙과 지방관리들의 가혹한 수탈에

---

49) 박혜숙은 「염호」 「삼탄」 등 기속악부에 속하는 시편들이 작가의식, 작품면에서 높은 수준에 도달하였으며, 특히 「염호」는 각염법을 이용한 수탈정책을 관리들을 비판하는 것에서 더 나아가 '임금에 대한 직언'의 의미로까지 적극적으로 해석한 바 있다(박혜숙, 앞의 책, 176~177쪽).

견디다 못한 농민은 이제 삶의 터전인 농토를 버리고 유랑의 길로
나서게 되고 만다.

破驛依山麓　　　居民勢可憐
薄田荒不種　　　逋戶索無烟
吏酷豺當路　　　賓多馬困鞭
何時回太古　　　飽食得安眠

산기슭 가에 파괴된 역
가련하구나 거주민의 형세.
토박한 밭 심지 못해 거칠고
도망간 집 연기도 없다.
아전 혹독하니 승냥이 길목을 막아선 격이요
손님 많아서 말이 채찍에 곤한 격이라.
어느 때 태고 시절로 돌아가
배부른 밥에 편안한 잠 자나.

「是日過孤山驛」

　이 시는 잔혹한 아전과 이리같은 권세가들의 핍박에 견디다 못
한 백성들이 집을 버리고 도망하여 연기도 나지 않는 폐가의 모습
을 객관적으로 그려내고 있다. 首·頷聯과 대비되어 頸聯에는 비
참한 현실에도 백성을 위로하기는커녕 더욱 수탈을 가하는 지배층
을 '승냥이'와 '채찍'으로 빗대어 표현되어 있다. 현실이 이러한 데
도 "어느 때 태고 시절로 돌아가/배부른 밥에 편안한 잠자나"와 같
이 요순시절이나 무릉도원과 같은 이상향의 동경으로 나타나는데,
이러한 표현의 이면에는 농민과 대비되는 권력층에 대한 반감이
배어 있는 것을 알 수 있다.[50]

---

50) 김종진은 이 시에 등장하는 여섯 부류의 인간유형을 설정하고 이를 해
　　명하고 있다. 그 여섯 부류는 첫째, 거주민. 둘째, 유망민. 셋째, 吏. 넷
　　째, 當路 즉 권문세족. 다섯째, 賓으로 표현되는 지배층에 속한 온갖 유

山下蕭條數戶民　　　平生奔走馬蹄塵
田頭雨足身無暇　　　名是桃源實是秦

산 아래 쓸쓸한 두어 집 민가
평생토록 분주하게 말달리며 사네.
밭머리 흡족히 비 내렸건만 역무에 겨를 없는 몸
이름이야 무릉도원이지만 실상은 秦나라.
「過桃源驛」

이 시는 桃源驛을 지나면서 바라본 '무릉도원'과 연관되는 지명인 '도원'과는 정반대의 상황인 농민의 실상을 잘 보여주고 있는 작품이다. 이 시에서 轉과 結句는 대구와 대조를 이루고 있다. 먼저 轉의 "밭머리 흡족히 내리는 비(田頭雨足)"는 結의 "이름만 무릉도원인 실상(名是桃源)"과 대구와 대조를 이루고, "역무에 겨를 없는 몸(身無暇)"은 이름과 다른 "실상은 진나라(實是秦)"와 대구를 이루고 있다. 그리하여 역무의 징발에 농사철을 놓치는 안타까움이 드러나 있다. 陶淵明의 「桃花源記」에 따르면 桃源은 秦나라 때 난리를 피하여 온 사람들이 사는 세계이다. 그런 이름의 도원역의 실상이 秦나라 치하에서 생활하는 것과 다름이 없다고 할 때, 역무에 시달리느라 농사일을 돌볼 수 없는 농부의 고단함이 담겨 있다.

안축은 이처럼 농민의 비참한 모습을 그려내면서, 이들의 실상을 외면하고 있는 글 읽는 계층을 직접적으로 비판한다. 「是日過鐵嶺」에서는 "옛 성터 수리하는 사람도 없이/세상은 다만 글만 숭상할 뿐이네(無人修古壘 天下但崇文)"라 하여 현실을 외면한 채 글만 숭상하는 관리층을 비판하고 있다. 이러한 비판은 더 나아가 "누가 이

형의 인간들. 여섯째로 안축 자신을 들고 있다(김종진, 앞의 논문, 74~75쪽 참조).

슬픈 모습 그림 그려서 임금과 재상에게 갖다 바칠 것인가”라고 임금과 재상에게 호소하는 방법으로 문제를 해결하고자 하였다.

농민의 참상을 목도한 안축은 이를 극복하려는 방책을 모색하고자 했으나 횡포한 현실 앞에서 자신의 한계를 느끼게 될 뿐이었다. 하지만 이러한 한계는 비단 안축 개인의 한계일 뿐만 아니라 시대적 한계라 할 수 있다. 이러한 한계에 직면한 안축은 이를 임금에게 보고하거나 낭만적인 방법으로 해결하고자 하였다. 그리하여 앞서 제시한 「鹽戶」의 “만약 동해의 물결을 엉기어 설산처럼 희게 한다면(若爲東海波 凝作雪山白)”과 같은 백성의 고통을 줄일 수 있는 낭만적인 해결법을 모색하게 된다.

한편 『관동와주』의 주된 시적 경향과 거리가 있어 보이는 「王昭君」이라는 작품을 보자.

君王曉開黃金闕　　氈車轔轔北使發
明妃含淚出椒房　　有意春風吹鬢髮
漢山秦塞漸茫茫　　逆耳悲茄秋夜長
可憐穹廬一看月　　曾照臺前宮樣粧
將身已與胡兒老　　惟恐紅顔凋不早
琵琶絃中不盡情　　塚上年年見靑草

임금이 새벽에 황금 대궐 문을 여니
털로 장식한 수레는 덜컹덜컹 북으로 가는 사신은 떠났네.
명비는 눈물을 머금고 궁중을 나서니
봄바람에 귀밑머리 날리네.
한산과 진새는 차츰 아득해지고
귀에 거슬리는 구슬픈 피리소리에 가을밤 깊어가네.
가련하구나 오랑캐의 초막에서 달을 보니
일찍이 달빛은 누대앞 궁중을 비추었노라.
이 몸은 장차 오랑캐와 함께 늙어 갈 것이니
다만 고운 얼굴이 빨리 늙지 않을까 걱정이네.
비파줄 속에 다 못한 속마음

해마다 무덤 위에 푸른 풀 되어 보이네.
「王昭君」

王昭君은 前漢 元帝 때의 후궁으로 齊國王 襄의 딸로 이름은 장이다. 흉노의 왕 呼韓邪單于가 한의 조정에 처를 구함에 응하여 원제가 시집보냈으므로 많은 사람의 동정을 받았던 비련의 주인공이다. 명비라고도 하며, 胡地에서 사망하였다. 안축이 '王昭君'을 소재로 한 것은 당시 원의 공녀 징발문제를 빗대어 표현한 것으로 볼 수 있다.[51] 당시 원의 지배 하에서 가장 첨예한 문제 가운데 하나가 공녀징발의 문제였다.

몽고는 원종 15년(1274)에 新赴한 남송의 군인을 위해 부녀 140명을 요구해 와서 고려에서는 할 수 없이 결혼도감을 설치하였으며, 그 이듬해인 忠烈王 원년에 元 世祖는 조서를 전하여 양국간에 통혼할 것과 미녀의 헌납을 종용하였다. 이후 공민왕(즉위 1351) 초년에 이르기까지 80 여 년 동안에 공녀를 징발해 갔다. 이들의 대부분은 원의 궁중에서 급사나 시녀의 일에 종사하였다. 공녀문제는 양국간의 가장 큰 현안 중의 하나였으며, 고려에서는 공녀를 피하기 위해 조혼의 폐습이 생기는 등 그 피해가 실로 막심하였다.[52] 당시 공녀에 따른 그 같은 참상은 李穀이 원나라 황제에게 이의 폐지를 요청한 장문의 상소문 「對言官請罷取童女書」에 잘 나타나있다.[53] 이곡의 글에 따르면 "한 번 원의 사신이 오면 나라

---

51) 김종진은 이 시가 단순히 한 원제 때의 고사를 다룬 것이 아니라 고려 여인에 대한 원의 강제 공출 문제를 다루고 있음을 간파하여 안축의 대원반감 의식이 표출된 작품으로 파악한 바 있다(김종진, 앞의 논문, 69~71쪽).

52) 박용운, 『고려시대사』(하), 일지사, 1987, 606~608쪽.

53) 李穀, 「對言官請罷取童女書」, 앞의 책, "其數多者至四五十 旣在其選 則父母宗族 相聚哭泣 日夜聲不絶 及送于國門 牽衣頓卜 欄道呼號 悲

안이 소란하여 닭과 개들조차 편안할 수 없었다"[54]할 정도로 폐해
가 컸음을 알 수 있다. 이러한 현안에 대해 안축 또한 인식하고 있
었으며, 이를 '왕소군'이라는 중국 고사를 빌어 표현한 것이다.

이 시에서 "명비"는 공녀를, 오랑캐를 뜻하는 "호아"는 원을 지
칭하는 것으로 볼 수 있다. 이 시는 오랑캐인 '호아'와 함께하는 생
활의 애달픔과 오히려 빨리 늙기를 바라는 왕소군의 아픔과 비애
가 잘 표현되어 있다. 또한 元을 오랑캐로 지칭하면서 그와 함께
생활하는 자신의 고운 얼굴이 빨리 늙기를 고대할 정도로 야만적
임을 드러내고 있는 것으로 보아 원에 대한 안축의 적개심을 표출
한 것이라는 적극적인 해석을 하기도 한다.[55]

그렇지만 이러한 문제의식을 지닌 작품임에도 불구하고 「왕소
군」은 고려 공녀의 삶에 대한 절절한 아픔을 형상화하고 있지는
못하다. 그러나 당시 절박한 현안인 공녀문제에 대해 깊이 인식하
고 있었으며, 이를 작품으로 표현하고 있다는 것과 직접적으로 원
을 지칭하고 있지는 않지만 비유적으로나마 원에 대한 반감을 드
러내고 있다는 점에서 그 의의가 있다. 안축은 비록 元 制科에 합
격했지만 원에 대해 적극적인 발언을 하기도 하였다.[56]

지금까지 한시 내용 분석 결과를 종합해 볼 때『관동와주』한시
를 관류하는 시정신은 군왕과 권문세족에 대한 권계 및 백성에 대

痛憤懣 有投井而死者 有自縊者 有憂愁絶倒者 有泣血喪明者 如此之
類 不可殫記."
54) 같은 곳, "一遇使臣 國中蕭然 雖鷄犬不得寧焉."
55) 김종진, 앞의 논문, 71면. 한편 李晬光의『芝峰類說』권10, 高麗安軸詩
韻條에는「왕소군」에 대한 평이 실려 있는데, "'將身己與胡兒老 惟恐
紅顏凋不早' 意亦好矣"라 하여 그 깊은 속뜻이 있음을 고평하고 있다.
56) 이러한 면모를 알 수 있는 글로는「請同色目表」가 있으며, 원 제과 합
격시 임지로 나아가지 않고 왕을 보좌한 것이라든가, 죽음으로써 주군
을 지켜야 된다고 했다는 열전의 기록을 통해 알 수 있다.

한 애민정신으로 요약할 수 있다. 안축의 한시는 민풍을 살펴 이를 통해 왕을 비롯한 지배층의 각성을 촉구하고 있으며, 당대의 절박한 문제와 그 실상을 생생하게 표현함으로써 현실 모순을 개혁하고자 하는 신흥사대부 안축의 사명감을 담고 있다.

2) 表現 技巧

안축의 시에도 수사적인 요소들이 많이 발견된다. 본 절에서는 한자의 특성에 기인하여, 시의 음악적 언어미를 살리는 수사법인 類疊과 또한 한시 특유의 언어형식인 對偶, 그리고 내용적인 면에 있어 心象, 比喩, 象徵 등에 대하여 살펴봄으로써 안축시의 修辭的 특성을 밝혀보고자 한다. 특히 안축 시어에 나타난 특성과 시상 표현 방식을 고찰하면서 이러한 표현 방식과 내용이 어떠한 긴밀한 연관성이 있는가를 살필 것이다.

(1) 詩語의 特性

① 疊語와 類字

漢字가 가지는 단음절이란 특성으로 인해서 동일한 글자나 어구들이 반복될 때에는 새로운 의미나 정감을 표현할 뿐만 아니라, 미묘한 음악성도 가지게 된다. 이같이 한시에서 동일한 글자가 중복되거나 반복되는 것을 類疊이라 하는데, 이는 내용상으로는 單音辭·複音辭·語句의 類疊이 있고, 방식상으로는 連接과 離隔의 두 방식이 있다. 이에 따라 疊語·類字·疊句·類句 등으로 나뉘어진다.[57] 疊語는 동일한 글자의 連接反復이고 類字는 離隔反復

---

57) 황경선, 『수사학』, 대북 삼민서국, 민국61년, 413쪽.

이다. 이러한 반복은 통일성과 강조의 효과를 가져온다.[58] 해당 시어나 시구는 새로운 의미와 정감을 나타낼 뿐만 아니라 풍부한 음향성도 가지게 된다. 안축의 『관동와주』에는 疊語와 類字를 다양하게 사용하고 있음을 볼 수 있다.

『관동와주』 소재 한시에 사용된 첩어의 종류와 그 횟수를 살펴보면 다음과 같다.

時時(4) 茫茫(3) 處處(2) 浩浩(2) 年年(2) 幽幽(2) 忽忽 悒悒 悽悽 耿耿 搖搖 莘莘 冥冥 潑潑 轔轔 條條 行行 明明 森森 濟濟 厭厭 歲歲 凝凝 迢迢 紛紛 泛泛 滑滑 洶洶 悶悶 澹澹 油油 溶溶 娟娟 落落 遑遑 馥馥 冷冷 蒼蒼 雙雙 六六 區區 緩緩 疊疊 童童 洋洋 夜夜 翩翩 妍妍

위에서 보는 바와 같이 안축의 시에는 48종의 첩어가 56회 사용되고 있다.『관동와주』 소재 총 109題 120首 가운데 56회에 걸쳐 사용되고 있다는 것은 첩어의 사용빈도가 매우 높은 것을 알 수 있다.[59] 주로 7언시에 많이 사용되고, 詩體의 특성상 5언시에는 별로 사용되지 않았다.

이 가운데 ‘時時’를 4회에 걸쳐 가장 많이 사용하고 있는데, 그 뜻은 “對食**時時**愧吏民”(「阻雨留通州雨晴向高城有作贈太守」)이나 “**時時**霑慈澤”(「鹽戶」), “瞻望**時時**感頗行”(「金剛山」)처럼 백성들의 고통을 헤아리는 애민, 위민의식을 드러내는 의미로 쓰이거나, “煙波白鳥**時時**過”(「鏡浦扁舟」) 단순히 ‘때때로’라는 의미로 쓰이기도 했다.

---

58) Alex Preminger, Prinston Encyclopedia of Poetry and Poetics, Prinston University Press, 1974, 699쪽 참조. 위의 책, 65쪽에서 재인용.

59) 동시대의 문인 李穀의 疊語 사용회수는 479수 중 80종 140회(황재국, 『이곡문학연구』, 66쪽), 李齊賢은 276수 가운데 86종의 첩어가 119회에 걸쳐 사용되고 있음(김건곤, 『이제현문학연구』, 142쪽)에 비하여 安軸의 첩어 사용빈도가 결코 적다고 할 수 없을 것이다.

그런데 안축이 사용한 첩어는 이제현의 첩어와 비교할 때 동일한 어휘를 많이 사용하고 있어서 흥미롭다. 이를 제시하면 다음과 같다.

區區 落落 紛紛 行行 茫茫 浩浩 迢迢 童童 轔轔 娟娟 澹澹 溶溶 年年 耿耿

14종에 이르는 첩어가 같음을 알 수 있다. 이러한 동일한 첩어가 다수 있다는 것은 서로간의 공통적인 관심사를 지니고 있음을 간접적으로 알 수 있다. 물론 그 당시 널리 사용되던 보편적인 표현일 수도 있다.

안축은 감정이나 사물의 상태, 시간, 장소, 동작, 색채, 소리 등에까지 첩어를 다양하게 사용하였다. 이는 시어의 의미를 분명하게 하는 한편, 감각을 동원하여 표현되기 때문에 생동감 있는 심상을 표출하고 있다. 이 가운데 의태어로 사용한 것이 압도적으로 많다.

耿耿 搖搖 莘莘 浩浩 悒悒 茫茫 冥冥 潑潑 行行 明明 森森 濟濟 厭厭 幽幽 迢迢 紛紛 泛泛 滑滑 泱泱 悶悶 澹澹 油油 溶溶 娟娟 落落 遑遑 蒼蒼 雙雙 區區 緩緩 疊疊 童童

48종의 첩어 가운데 32종의 첩어가 의태어이다. 첩어의 대부분이 의태어로 쓰였음을 알 수 있다. 의태어로 쓰인 첩어는 의미 전달이 명료하며, 뚜렷한 시각적 효과를 얻을 수 있다.『관동와주』에 유달리 의태적 첩어가 많이 사용된 것은 관동지방의 자연경관을 묘사하는데 효과적이었기 때문으로 풀이된다. 다양하고 적절한 첩어 사용은 청각적 시각적 효과와 감정이나 상태를 실감나게 표현할 수 있는 이점이 있으나, 표현의 생동감을 잃어버릴 염려가 있음을 부인할 수 없다.

② 表現의 多樣性과 感情語 使用

『관동와주』소재 한시에는 '백성'과 '관리'를 뜻하는 시어와 감정을 표현하는 시어들이 많이 사용되고 있다. 백성들의 삶과 직결되는 것이 바로 관리들이라면, 안축의 주된 관심사는 백성들의 삶의 문제에 있다고 할 수 있다.

한편 감정을 드러내는 시어들은 대부분 어두운 이미지의 어휘들이다. 이러한 부정적 속성의 어휘들은 백성들이 겪는 참상을 그냥 지나치지 않는데서 오는 탄식이 대부분을 차지한다. 먼저 백성과 관련된 시어를 제시해 보면

居民(3) 民生(2) 生民(2) 萬民(苦) 殘民 憂民 愚民 疲民 浚民 爲民 飢民 編民 民(2)

으로 총 16회에 걸쳐 등장한다. "**民生**塗炭知難救 國病膏肓念可驚"(「有懷」)나 "一人身上衣 **萬民苦**深積"(「鹽戶」), "破驛依山麓 **居民**勢可憐"(「是日過孤山驛」), 그리고 "百歲興亡裏 **居民**半不存"(「過桃源驛」)처럼 전란을 겪었거나, 과중한 조세나 부역 등으로 인해 고통 받고 있는 백성의 모습이 대부분이다.

'吏'는 중앙관리와 지방관리를 지칭하는데, 11회에 걸쳐 사용되었다.

吏人(2) 吏 鄕吏 老吏 侯吏/ 畏吏 姦吏 吏呀咻 吏酷 毒吏

관리들은 백성들의 삶과 직결되는 존재들이다. 그렇기 때문에 안축은 관리들에 대해서도 관심을 기울여 시에 표현하고 있다. '吏'는 앞의 사용된 관형어만 보아도 그 의미를 짐작할 수 있다. 예시한 앞쪽의 것은 그냥 관리들을 지칭하는 것이라면, 뒤에 있는 관

리들은 백성을 괴롭히는 관리들을 나타낸다. ‘畏吏’는 “是時秋禾 臥風雨 **畏吏**督納忘私營”(「蓼歎」)에서처럼 蓼 공납을 위해 농민들을 독촉하는 가혹한 관리를 지칭한다. ‘姦吏’는 「죽도시」에서 병란을 몰고 온 관리를 의미한다.

다음으로 감을 표현하고 있는 시어를 살펴본다.

‘愧’(7) ‘憐’ 또는 ‘憫’(7) ‘愁’(6) ‘悲’(4) ‘苦’(3) ‘悵’(2) ‘鬱’(2) ‘嗔’ ‘傷’(2) ‘怨’(2) ‘哀’(2) ‘泣’(2) ‘爽’(2) ‘蕭條’(2) ‘喜’(4) ‘快’ ‘欣然’ ‘悒悒’ ‘慘’ ‘恨’ ‘悽’ ‘索莫’ ‘畏’

감정어의 빈도수로 볼 때 대부분을 차지하고 있는 것이 ‘부끄러움’ ‘가련함’ ‘근심’ ‘슬픔’ ‘괴로움’ 등의 부정적 어사들이다. 이는 백성들의 고초에 대한 시인의 애정이 반영된 것으로 보인다.

이 가운데 ‘愧’는 “讀書求道竟無成 自**愧**明時有此行”(「有懷」)나 “還**愧**身無世才”(「六月三日入鐵嶺關望和州作」)“**愧**無良將一丸泥”(「瓮遷路」)과 같이 주로 국난을 구할 수 없거나 도탄에 빠진 백성을 구제해 주지 못하는 데서 오는 ‘自愧感’을 드러낼 때 사용되고 있다.

‘憐’ 또는 ‘憫’이나 ‘愁’, ‘悲’, ‘哀’ 등도 「高城道中小歇」의 “弊郡 殘民誠可**憫**”에서처럼 백성들의 간난신고를 바라보는 시인의 안타까움이 반영되어 나타난 것이다. 이러한 시어들은 안축의 애민 의식의 발현으로 생각할 수 있다.

이밖에도 ‘恤’(2) ‘救’(3) ‘濟’(2) ‘求’ ‘無計’ 등 ‘구제한다’는 의미와 관련된 시어도 자주 등장한다. 이러한 어휘는 백성을 구제하고자 하는 안축의 의식이 배어있는 것으로 볼 수 있다.

이와 같은 ‘백성’과 ‘관리’를 뜻하는 시어와 ‘부끄러움’·‘가련함’·‘근심’·‘슬픔’·‘괴로움’ 등의 감정어휘, 그리고 ‘濟民’을 뜻을 가진 시어가 자주 등장하는 것은 안축의 애민의식이 투영된 것으로 볼 수 있다.

이상으로 안축이 사용하고 있는 시어의 특성은 존무사의 임무를 충실히 수행하려는 관리로서의 사명감의 발로에 기인한 것이라 할 수 있으며, 다른 한편으로는 元의 지배 하에 있던 당시의 암울한 시대 속에 사는 백성들을 구제하고자 하는 그의 의식과 관련된다고 할 수 있다.

그런데 이러한 시어들은 작품의 상황에 맞게 적절하게 변화되어 표현되고 있다.

> 民 : 憂民, 愚民, 疲民, 生民, 浚民, 爲民, 萬民, 居民, 飢民, 民生,
> 吏 : 畏吏, 姦吏, 老吏, 毒吏, 侯吏, 鄕吏, 吏人, 吏酷, 吏呀咻
> 愁 : 千古愁, 悶悶愁, 歲暮愁, 愁雲濃, 愁度
> 悲 : 悲泣, 悲感情, 悲風, 悲笳

안축은 이렇게 상황에 따라 시어를 다양하게 바꾸어 표현하였다. 표현의 다양성을 추구하였다고 할 수 있다. 하지만 이러한 표현은 안축만의 특성은 물론 아니다. 그렇지만 위에 예시한 시어들을 집중적으로 사용하여 작품 속에 형상화한 동시대의 시인은 찾아보기 어렵다. 여기에서 백성에 대한 애정과 횡포한 관리에 대한 비판, 그리고 이러한 문제점을 해결할 수 없는 자신에 대한 부끄러움 등을 솔직하게 드러내고 있는 안축 문학의 의의를 발견하게 된다.

(2) 表現 技巧

안축은 자신의 느낌을 구체적이고 효과적으로 표출하기 위해 對句나 比喩的인 방법을 자주 사용하고 있다. 『관동와주』에는 총 120수의 시가 수록되어 있는데, 七言絶句와 七言律詩 등 七言詩가 대다수를 차지한다. 그것은 五言보다 七言에 더욱 풍부한 뜻을 담을 수 있기 때문으로 풀이된다. 게다가 당시 고려의 시인들이 蘇東

坡의 영향을 받아 칠언시를 즐겨 지었다는 점도 고려할 수 있다.[60] 이 중에『東文選』에 실린 것은 12수이다. 이를 분류하면 五言律詩 3수, 七言絶句 1수, 七言律詩 6수, 七言古詩 2수이다. 七言律詩가 주류를 이루고 있다. 여기서는『동문선』소재 작품을 중심으로 하여 對句와 比喩 등을 고찰하여 이러한 표현기교들이 주제 제시와 시적 형상화에 어떻게 기여하고 있는지를 살펴보기로 한다.『동문선』에 수록된 12수를 대상으로 하는 것은 서거정이『동인시화』에서 "시에서 함축을 통해 뜻이 겉으로 드러나지 않는 것을 귀하게 여기나, 애매한 말과 은근한 말을 사용해서 뜻이 명백하고 통쾌하지 않음도 역시 시의 큰 병이다"[61]라고 한 언급에서 짐작할 수 있듯이 서거정이 詞章을 중시하여 편찬했기 때문이다.[62]

① 對句의 效果的 使用

『東文選』에는 오언율시「宿龍潭驛」「題寒松亭」「八月將赴京 又有旨 仍行秋祭 南行路上有作」의 3수가 권9에, 칠언율시「天曆三年五月 受江陵道存撫使之命 是月三十日 發松京宿白嶺驛 夜半雨作 有懷」「次和州本營詩韻」「次襄州公館詩韻」「登州古城懷古」「賀益齋相國詩」「登太白山」6수가 권15에 실려 있다. 律詩에서는 일반적으로 頷聯과 頸聯에 대구를 사용하는 것이 원칙이다. 먼저 칠언율시「宿龍潭驛」을 보기로 한다.

寄宿茅茨下	霜濃冽氣嚴
困來伸病脚	危坐撚疎髥
屋老塵棲壁	窓明月掛簷
心忙眼未隱	斗覺夜猒猒

---

60) 黃在國,「李穀文學研究」, 慶熙大博士論文, 1984, 39쪽.
61) 徐居正,『東人詩話』, "詩貴含蓄不露然微詞隱語 不明白痛快亦詩之大病."
62) 이러한『동문선』의 편찬 태도에 관해서는 趙東一,「徐居正」『韓國文學思想史試論』, 知識産業社, 1978, 116～125쪽 참조 바람.

> 띠집에서 의탁해 자는 잠
> 서리 짙어 찬 기운 혹독하다.
> 피곤하게 와서 아픈 다리 펴다가도
> 웅크려 앉아 성근 수염 꼬아 본다.
> 집 낡아 먼지가 벽에서 살고
> 창은 밝으니 처마에 걸린 달.
> 바쁜 마음에 졸음도 깊지 못해
> 더디더디 가는 밤만 깨닫게 돼.

「宿龍潭驛」

首聯은 관인 숙소의 상황이 제시되고 있다. '찬 기운이 혹독하게 배어 오는' '띠집'에서 잠을 청해야 하는 시인이 처한 열악한 상황을 촉각적 심상으로 표현하였다. 頷聯에는 시적 화자의 외적인 상황이 그려져 있다. 밤에 잠을 이루지 못하고 피곤한 다리를 펴다가, 웅크려 앉았다가 수염도 꼬아보는 그야말로 '전전반측'의 상황이다. '困來'와 '危坐'가, '伸病脚'과 '撚疎髥'이 각각 對를 이루어 잠들지 못하는 시적 화자의 상황을 제시하고 있다. 頸聯에는 숙소 내부의 구체적 정황이 외부와 대비되어 시각적으로 표현되어 있다. 집안의 모습은 '집은 낡고(屋老), 벽에는 자욱하게 먼지가 끼어 서식하는 것만 같'은 어둠[暗]이라면, 이와 대조적으로 집밖은 '창은 밝고(窓明), 휘영청 밝은 달이 솟아 처마에 걸려있는' 밝음[明]이라 할 수 있다. 이러한 시각적 심상의 대조적 표현은 '잠을 이루지 못하는 불안한 심사를 효과적으로 표현하고 있다. 이때 '屋老'와 '窓明', '塵棲壁'과 '月掛簷'은 각각 對를 이루고 있다. 시적 화자의 처지와 상황이 '낡은 집' 속의 '塵棲壁'한 상황이라면, 바깥은 달이 훤하게 비추어 주는 '광명한 세상'이다. 이 때문에 화자는 지금의 상황에서 빨리 벗어나 광명한 바깥세상으로 나가고 싶은 마음이 앞서 잠을 이루지 못하고 있는 것이다. 尾聯에서는 잠을 이루지 못

하는 이유가 제시되고 있다. 首聯, 頷聯, 頸聯에 이르기까지 잠 못
드는 이유가 잠자리의 불편함 때문인 것으로 생각되었으나, 실상
은 '마음이 바쁜 탓'에 있었음을 드러내고 있다. 여기에 잠자리의
불편함까지 가세하여 더욱 잠을 못 이루게 하고 있는 것이다. 특히
頷聯과 頸聯에는 대구법을 사용하여 작자가 처한 상태와 그 심리
를 잘 표현하고 있다.[63]

四仙曾會此　　　　　客似孟嘗門
珠履雲無迹　　　　　蒼官[64]火不存
尋眞思翠密　　　　　懷古立黃昏
惟有煎茶井　　　　　依然在石根

일찍이 사선이 여기 모였을 적엔
객들이 흡사 孟嘗君 집 같이 북적였다는데.
구슬 신발은 구름처럼 자취 없고
소나무는 화재로 남지 않았네.
眞人을 찾으려 푸른 숲 상상하고
옛날 기억으로 황혼에 서 있다.
오직 차 끓이는 우물만이
의연히 돌부리에 남아 있네.

「題寒松亭」

　　위 시의 首聯에는 사선과 맹상군에 대한 과거의 상태가 제시되
었다. 頷聯은 과거 孟嘗君의 풍류가 덧없이 사라진 것처럼, 소나무
가 화재에 의해 한 순간에 사라져 버린 상황을 제시하고 있다. 여
기에서는 '구슬 신발(珠履)'과 '소나무(蒼官)'가, '구름처럼 자취 없
음(雲無迹)'과 '화재로 남지 않음(火不存)'이 각각 대구를 이루고

---

63)『동문선』에 수록된 안축 한시의 대구법에 대한 논의는 김동욱에 의해
　　다루어 진 바 있다(김동욱, 앞의 책, 122~136쪽 참조).
64) 蒼官은 소나무의 異名.

있다. 이는 맹상군의 그 많던 門客들이 덧없이 사라진 것처럼 소나무가 불에 타서 사라져 버린 것을 아쉬워하는 심정이 잘 드러나 있다. 頸聯에는 황혼에 서서 과거를 회고하는 모습이 시각적으로 표현되어 있다. 尾聯에서는 옛 자취만이 남아 있는 현재의 상태를 제시하고 있다. 시각적 심상에 의해 제시되고 있는 이 작품은 그 이면에는 안타까운 심리가 들어 있다고 하겠다. 이를 효과적으로 표현하기 위해 대구법을 비롯하여 현재와 과거의 대비, 대조의 방법 등이 사용되고 있다.

다음은 七言律詩「登州古城懷古」를 살펴보자.

暮天懷古立城頭　　　赤葉黃花滿眼秋[65]
不覺蕭墻藏近禍　　　惟憑海島作深謀
百年丘隴無情草　　　十里風煙有信鷗
遙望朔方空歎息　　　一聲羌笛使人愁

저문 날 옛 생각 성 마루에 서다
단풍잎 누런 꽃눈에 가득한 가을.
담 안에 가까운 화근 숨음 모르고
바다 섬에 기대어 깊은 지략 삼다니.
백년의 구릉엔 무정한 풀
십리의 풍경에는 믿음 있는 갈매기.
변방을 멀리 보며 부질없는 탄식
한 곡조 피리 소리 시름겹게 하네.

「登州古城懷古」

首聯은 단풍잎 물들고, 국화꽃 가득 피어 있는 가을의 저문 날이 시각적으로 표현되어 있다. 頷聯은 과거 역사적 사건[66]에 대한 회

---

65) 黃花는 '평지에 피는 꽃' 또는 '국화꽃'을 의미한다.
66) 역사적 사건이란 고종 45년(1258)에 일어난 趙暉·卓正의 모반사건을 가리킨다.

고가 표현되어 있다. 여기에서는 '담장 안(蕭墻)'과 '바다 섬(海島)'
이, '가까운 화근이 숨음(藏近禍)'과 '깊은 지략 삼음(作深謀)'이 각
각 대를 이루고 있다. 화근이 담 안의 가까운 곳에 숨어 있는 것을
깨닫지 못하고, 바다섬에 기대어 그것만 믿고 깊은 지략으로 삼았
다가 병란을 당하게 되었음을 대구법을 통해 회고한다. 頸聯은 백
년 전 구릉에는 풀만이 자욱하고, 지금의 바다에는 갈매기만이 날
고 있는 상황이 의미상 대조를 이루고 있다. 풀은 시각적 심상이,
갈매기는 시각적·청각적 심상이 복합적으로 제시되고 있다. 頸聯
에는 대구가 두드러진다. '百年'과 '十里', '丘隴'과 '風煙', '無情
草'와 '有信鷗'가 각각 대구를 이루고 있다. '百年丘隴'은 백 년 전
의 역사적 사건으로 인해 폐허가 된 성을 표현한 것이고, '十里風
煙'은 현재의 갈매기만이 날고 있는 풍경(風煙)을 가리킨다. 과거
의 역사적 사건을 갈매기만이 아는 듯 날고 있다는 뜻에서 '有信
鷗'로 표현하였다. 尾聯에는 청각적 심상의 제시를 통해 시름을 더
욱 고조시키고 있다. 이때 화자가 느끼는 시름은 '담 안에 감춰진
화근(人和)'을 모른 채 '바다섬에 의지한 전략(地利)'만을 세웠던
실패한 계책과 갈매기는 알고 있는 역사적 사건을 인간들의 잊고
무심히 지나치는 것, 이 두 가지 사실에 기인한다고 할 수 있을 것
이다.

　안축 시에서 심상은 밝고 명랑한 분위기를 지닌 작품에서 두드
러지게 나타난다.

文闈發策得英才　　　掌試傳芳壽宴開
白雪淸歌和寶瑟　　　紫霞靈液滿金杯
門生自領門生到　　　座主親迎座主來
多賀相公連喜慶　　　二郎當作桂林魁

科場에서 글제 내어 영재를 얻으니

시험 관장 좋은 소식 수연을 열었도다.
백설 청가는 보배 비파를 화답하고
자하주 신선술은 금잔에 가득하네.
문생이 제 문생을 거느려 오고
좌주가 몸소 좌주를 맞아 들이네.
상공의 잇단 경사 하례하오니
둘째 자제 계림의 으뜸이 당연하리.

「賀益齋相國詩」

이 시는 益齋 李齊賢의 壽宴을 賀禮하여 지은 것이다. 首聯에서는 영재를 얻고 壽宴을 열게 된 내력을 밝히고 있다. 頷聯에서는 잔치의 흥겨운 장면을 제시하고 있으며, 頸聯에서는 하례객을 맞이하는 모습을 제시하고 있다. 尾聯에서는 경사를 축하하고 덕담을 올리는 장면을 보여주고 있다. 頷聯에서 흥겨운 잔치의 분위기를 드러내기 위해 청각과 시각 및 미각적 심상이 복합적으로 사용되고 있으며, 대구가 적절히 쓰이고 있다. '白雪淸歌'는 시각과 청각을, '紫霞靈液'은 시각과 미각의 복합 감각으로, 서로 대구를 이루고 있다. 壽宴의 풍성하고(萬金杯) 떠들썩한(白雪淸歌, 和寶瑟) 분위기가 감각적으로 잘 표현되어 있다. 특히 頸聯의 '문생'과 '좌주'를 이용한 '拱璧對'67)는 잔치의 흥겨운 율동감과 음향적 효과를 주는 한편, 문하생들의 연속성과 창성함, 그리고 잔치의 융성함을 느끼게 하고 있다.

千畦禾黍舞風前   喜見農家大有年
久倚陰軒足淸爽   水禽飛過小溪烟

---

67) 拱璧對는 上句에 이격하여 類字 同字를 사용하고 다시 下句의 같은 자
    리에 다른 유자를 써서 對偶가 되도록 구성하는 표현방법이다. 이러한
    拱璧對는 유자의 반복과 이격에 따라 음향성과 대칭성의 효과가 있다.

바람에 춤추는 천 이랑 벼 서숙
농부의 큰 풍년 기쁨으로 바라보다.
그늘진 난간에 기대자 발까지 시원하구나
작은 시내 아지랑이 날아가는 물새.
「次興富驛亭詩韻」

『관동와주』 몇 작품에 불과한, 밝고 흥겨운 분위기를 띤 시다. 이 시는 『동문선』에는 실려 있지 않다. 起에서는 다 자란 곡식이 춤을 추는 듯한 모습을 시각적으로 제시하고 있다. 承은 풍년가 소리가 저절로 날 것 같은 농가의 상황을 제시하고 있다. 轉은 풍년을 맞이한 여유로움이 맑고 상쾌한 농가의 여유로움을 촉각적 심상 '淸爽'으로, 結은 물새가 날아가는 모습을 작은 시내에 피어오르는 아지랑이와 대비를 이루고 있으며, 이를 시각적 심상으로 표현하고 있다. 이 시는 시상이 시선의 이동에 따라 전개되고 있다. 논이랑의 곡식(외경)→농가(내부)→마루(내부)→물새(외경)의 순으로 진행되고 있는데, 이는 농가마다 풍년이 들어 기뻐하는 농부의 모습을 표현하면서, 이와 같은 풍년을 이루게 하고 싶은 '목민관으로서의 포부'가 들어 있는 작품으로 볼 수 있다.

이상에서 살펴본 것처럼 안축은 그의 한시에서 비교적 다양한 심상과 대구를 사용하고 있음을 알 수 있다. 『관동와주』는 관동지방의 자연경관을 소재로 하여 지어졌기 때문에 시각적 심상이 가장 두드러지게 나타난다. 그런데 이러한 경관을 예찬하기 위한 것이 아니라 시각적 심상은 주로 시적 화자의 심정과 대비를 이루어 '안타까움'이나 '시름' 등을 드러내는 데 이용되고 있음을 알 수 있다. 그리고 밝고 경쾌한 분위기를 표현할 때에는 다양한 심상이 복합적으로 제시되면서 분위기를 고조시켜 주고 있다. 대구는 內와 外, 明과 暗, 上과 下, 過去와 現在, 空間과 時間, 등 주로 상반되는 개념을 이용하는 反對를 많이 사용하고 있는데, 그것은 자신이 지향하는 바와 현실과의 괴리감에서 나오는 것으로 보인다. 특히 「賀益齋相國詩」의 拱璧對는 잔치의 흥겨운 모습과 융성함, 그리고 문생의 번성함을 기원하는데 효과적으로 이용되고 있다.

(2) 比 喩

『관동와주』에 쓰인 비유는 직유와 의인, 그리고 은유법이 여타의 비유법에 비해 자주 사용되고 있다. 다음 시를 보자.

四仙曾會此　　　　客似孟嘗門
珠履雲無迹　　　　蒼官火不存

네 신선이 여기 모인 적 있어
맹상군의 문 앞 나그네처럼.
구슬 신발은 구름처럼 자취 없고
소나무는 화재로 남지 않았네.

「題寒松亭」 부분

이 시는 앞서 언급한 「제한송정」의 首聯과 頷聯 부분이다. 수련 두 번째 句와 함련 첫 번째 句에는 직유법이 쓰이고 있는데 수련에서는 '似'를 이용하였으나, 함련에서는 '구슬 신발'을 '구름'에 직접 빗대어 표현하고 있다. '如' '似' '若' 등의 어사를 생략하여 표현하고 있다. '蒼官'은 소나무를 뜻하는데 이는 사선들이 놀던 '선경'을 은유하고 있다고 할 수 있다. '珠履'가 인간적인 존재를 나타내는데 대하여 '蒼官'은 자연적 존재를 나타낸다. 한송정의 소나무가 불에 타 없어진 것처럼 사선의 무리가 사라진 것을 표현한 것이라 할 수 있다.

身逐飛雲疑駕鶴　　　路懸危磴似梯天

구름 좇는 자신 마치 백학 탔나 의심스럽고
오똑한 바위 위로 매달린 길 하늘 오르는 사다리인 듯
「登太白山」 부분

「등태백산」의 경련 부분이다. 여기에서 구름 위를 좇아다니는
자신이 마치 '白鶴'을 타고 있는 것 같다는 것이다. 다음 구는 '似'
를 이용, 바위 위에 매달려 있는 길이 마치 '하늘을 오르는 사다리'
라고 할 정도로 험한 길임을 실감나게 표현하고 있다.

百年丘隴無情草　　　十里風煙有信鷗

백년의 구릉엔 무정한 풀
십리의 풍경에는 有信한 갈매기.
「登州古城懷古」 부분

이 시에는 의인법이 두드러지게 표현되어 있다. 백 년 전의 역사
적 현장에는 무정한 풀만이 자라나고, 현재의 바다에는 그때의 아
픔을 갈매기만이 아는 듯 날고 있다는 것이다.

仙境藏洞中　　　琉璃水溶溶
團欒小蓬島　　　出水如芙蓉
飛亭鳥斯革　　　金碧混玲瓏

동구에 숨겨진 신선경지
넘실거리는 유리의 물.
단란한 조그만 섬
수면에 솟은 연꽃 모습과 같다.
나는 듯한 정자 새 나래 펴듯
황금빛 푸른 빛 함께 영롱하다.
「三日浦詩」 전반부

이 시는 『동문선』에 실려 있지 않은 「삼일포시」의 전반부로, 직유와 은유, 그리고 의인법이 잘 표현된 작품이다. 首聯의 1행은 '동구에 숨겨진 신선의 경지'와도 같은 '삼일포의 경관'을 직유와 활유법을 사용하여 표현하고 있다. 2행의 '琉璃水'는 '맑은 바다 물결'을 의미한다. 頷聯의 3행에서는 '조그만 섬'이 오밀조밀 모여 있는 모습을 의인화하여 '團欒'으로 표현하였다. 4행은 '如'를 사용하여 섬들의 모습이 연꽃과 같다고 하였으며, 5행에서는 직유와 활유를 이용하여 아름다운 정자의 모습을 그려내고 있다. 「삼일포시」는 직유와 은유, 의인과 활유 등의 다양한 표현 기교를 통해 삼일포 주변 섬의 경관과 바다 물결, 그리고 정자의 모습을 생동감 있게 그려내고 있다. 이에 더하여 시선의 이동에 따라 물, 섬, 정자가 차례로 제시되고 있다.

안축의 한시에서는 생민들의 참상이나 자연 경관을 묘사하는데 주로 직유를 많이 사용하고 있다. 특히 생민들의 간난신고를 해결하는 방책을 제시하고자 할 때에도 직유를 동원하고 있다. 「鹽戶」에서 소금을 징발하여 산더미처럼 쌓아 놓고 관리들만 배를 채우는 현실을 '수송하는 관원은 산처럼 쌓아 놓고/되팔아서 비단베로 바꾸네(輸官委如山 轉賣爲布帛)'로 표현하기도 하고, 백성들의 고통을 없애기 위해서는 '만약 동해의 물결을/엉기어 눈산처럼 희게 할 수 있다면(若爲東海波 凝作雪山白)'하고 독백하기도 한다. 이밖에도 "若爲溪壑湧金泉" 「次襄州公館詩韻」 "若爲添作東溟水 沒盡奇觀免此勞" 「國島詩」 "若爲亭前伴鷗鷺 掃却人間塵土蹤" 「次叢石亭詩韻」에서처럼 백성의 수고를 면케해주는 방법을 모색할 때 직유를 자주 이용하고 있음을 보게 된다.

이상으로 『동문선』 소재 한시 12수를 중심으로 안축의 표현 기교의 특성을 살펴보았다. 안축은 다양한 심상과 대구를 사용하여

주체와 분위기 등을 효과적으로 그려내고 있으며, 이 가운데 시각
적 심상이 가장 두드러지게 나타난다. 그것은『관동와주』가 관동
지역 순력과 관련하여 지어졌기 때문이다. 이러한 시각적 심상은
주로 생민에 대한 '안타까움'이나 '시름'과 결부되어 나타난다. 對
句는 주로 상반되는 개념을 이용하는 '反對'가 자주 사용되고 있는
데, 이러한 반대는 안축의 이상과 현실간의 괴리에서 오는 심회나
상황을 제시할 때 주로 사용되고 있다.

안축은 농민들의 참상이나 자연 경관을 묘사하는데 주로 직유를
많이 사용하고 있다. 특히 생민들의 간난신고를 해결하는 방책을
제시하고자 할 때에도 직유법을 활용하고 있음을 알 수 있다. 이밖
에 애민의식이 투철한 내용의 작품들에서 다양한 표현기교를 사용
하여 시적 생동감을 얻고 있는 작품이 상당수 전하고 있다.『동문
선』에 이와 같은 몇몇 작품이 수록되지 않은 것은 내용 위주보다
는 詞章 위주의 편찬의도와 관련이 있는 것으로 볼 수 있다.

3. 『관동와주』에 나타난
自然觀과 文學觀

안축 문학에 대한 올바른 이해를 위해서는 그의 자연관과 문학
관을 살피는 일도 필요한 작업이라 할 수 있을 것이다. 안축의 자
연관은 여말 신흥사대부의 '유가적인 객관적 사물관'이라는 자연
관과 다르지 않다고 할 수 있다. 하지만 기존 견해가 신흥사대부라
는 계층적 요인만을 강조한 나머지 안축의 개인적인 자연에 대한
관점은 소홀히 한 측면도 없지 않다.68) 따라서 본고에서는 안축의

---

68) 안축의 문학관에 대해서는 김동욱, 이경우, 신영명, 최용수에 의해 다루

'유가적인 객관적 사물관'을 확인하는 한편 여타의 신흥사대부와
의 다른 개성적인 문학관의 일면을 파악하고자 한다.

1) 自然觀

안축이 유가적 사고방식을 지니고 있었다는 것은 그의 행적에
두루 나타난다. 그는 지방에 지반을 두고 중앙에 진출하였기 때문
에 직접 생산에 종사하고 있는 백성의 입장을 이해할 수 있었다.
또한 新儒學을 수용하고 익히는 데 앞장서 왔다. 이때 신유학의 기
본 이념은 인륜에 따른 질서를 유지하는 것이었다. 따라서 그는 신
흥사대부층의 공통적 성향이기도 한 왕권의 안정 및 강화와 민생
의 안정을 유지하는 일에 관심을 가졌다.

안축이 유학자적 사고를 지니고 있었다는 것을 알 수 있는 자료
가 이제현의「送謹齋安大夫赴尙州牧序」이다. 1342년에 안축이 노
모를 모시기 위해 落鄕하는 도중 임금이 소환하여 감찰대부를 맡
겼는데, 이를 사양하고 외직으로 나가고자 하였다. 이듬해 안축은
1343년(충목왕 복위 4) 봄에 尙州牧使로 나가게 되었다. 이에 이제
현이 송별의 뜻으로 지은 序가 바로 이 글이다.

> 東南의 州郡에서 慶州가 크고, 尙州가 그 다음이다. 그 道의 이름
> 을 慶尙道라고 하는 것은 이 때문이다. 그러나 使命을 받든 자는 반드
> 시 먼저 상주를 거쳐서 경주로 가게 되므로 風化의 유행이 상주로 말

어졌다.
김동욱,『고려 후기 사대부문학의 연구』, 상명여대출판부, 1992 ; 이경
우,「안축의 자연관과 관동별곡」『한국고전시가작품론』 1, 집문당,
1992 ; 신영명,『사대부시가의 연구』, 국학자료원, 1996 ; 최용수,「안축
과 그의 자연관」『배달말』 22, 배달말학회, 1997.

미암아 남쪽으로 가고 일찍이 경주를 거쳐 북쪽으로 온 일은 없다.
　… (중략) …
　임금의 知遇가 깊지 않은 것이 아니며, 남들이 기대하는 바가 중하
지 않은 것이 아닌데, 힘써(노모를) 보살피는데 편하게 하였다. 지금
그 형제는 中外에 벼슬하고 있으니, 그 淸廉하고 退讓하는 아름다움
과 孝友의 독실함이 족히 당세를 격려하고 후세에 전할 만하다. 어찌
한 주를 복되게 하고 한 도를 풍화하는 데 그칠 뿐이랴[69]

　이제현은 노모를 봉양하기 위해 尙州牧으로 내려가는 안축을 위
해 상주의 중요성을 강조하면서, 안축이 베푸는 교화가 상주뿐만
아니라 경상도 전체에까지 이를 것이라고 말하고 있다. 그리고 안
축의 "廉退之懿"와 "孝友之篤"을 예찬하고 있다. 안축이 중앙의
벼슬을 廉退한 것과 孝友는 유가적 가치관, 특히 孝에 바탕을 두고
있다는 것을 알게 해 준다.

　안축은 당대의 명망있는 문인들과 교유하고 또한 그들과 혼인관
계를 통하여 자신의 가문에 확고한 기반을 쌓았다. 당대의 대문장
가인 益齋와도 교유하였으며, 崔瀣와 李穀 등과도 서로 왕래하였
다. 안축과 교유했던 留元人士들은 대부분 온건파 신흥사대부로
분류될 수 있다. 안축이 온건파로 분류되는 것과 유원인사들과 교
류했다는 것은 중요한 의미를 지닌다. 유원인사들 가운데에는 元
에 아첨하여 자신들의 권세를 누리고자 했던 부원세력이 있기도
했지만, 안축과 교유한 인물은 이제현, 이곡, 안축 등 이른바 온건
파 인사들이었다. 이들은 元에 阿諛하지 않고, 元에 대해 고려왕실
과 왕에 대한 옹호를 위해 직언을 서슴지 않거나 表, 書를 올려 자

---

69) 이제현, 「送謹齋安大夫赴尙州牧序」『益齋亂藁』卷5, "東南州郡 慶爲大
　　而尙此之 其道之號慶尙者以此也 然而奉使命者 必先取道于尙而後至慶
　　故風化之流行 由尙而南 靡嘗由慶而北也 … 君之所以知者不爲不深 人
　　之所以望者不爲不重 顧乃力求外寄 以便觀省 而今昆季 得以遊宦中外
　　其廉退之懿孝友之篤 足以激當時而垂後世 豈止福一州化道哉."

신의 입장을 떳떳하게 밝히기도 하였다. 그들의 사상적 배경은 원에 의해 유입된 실천적 신유학이었다. 益齋 李齊賢의「在大都上中書都堂書」「上伯住丞相書」「同崔松坡贈元郎中書」와 稼亭 李穀의「對言官請罷取童女書」와 牧隱 李穡의「請子弟入學表」는 원의 횡포를 막아보려는 의도에서 지어진 것들이다. 이들의 글들은 원 지배하라는 당시 처하고 있던 고려 왕실의 현실을 받아들이되, 더 이상의 횡포를 막아보려는 충군애민 의식에서 씌어졌다.

> 갑자년에 京師에서 會試가 있었는데 廷對에서 갑 7명 중에 세 번째로 급제하니, 칙명으로 盖州判官을 제수하였다. 그때 충숙왕이 元의 宮에 머물러 있게 된 지 4년이었다. 公(안축—필자)이 동지들에게 일러 말하기를, "임금의 근심은 신하의 욕이며, 임금이 욕을 보면 신하는 죽어야 하는 것이다. 우리들이 배운 것이 이러하다"(밑줄—필자) 하며, 이에 글을 올려 왕의 죄없음을 호소하니 왕이 매우 가상히 여겨 벼슬을 成均樂正으로 껑충 올려 주었다.70)

李穀이 쓴 墓誌銘의 이글에는 안축의 군신관계에 대한 생각이 잘 드러나 있다. 忠肅王은 1321년(충숙왕 8)에 元에 入朝한 후 甲子年인 충숙왕 11년까지 고려로 돌아가지 못하고 있었다. 또한 상왕인 忠宣王은, 고려의 노비 출신으로 元 朝廷의 宦官이 된 任伯顔禿古思의 誣告를 입어 土蕃 땅에 유배되어 있었다. 이를 틈타 간신 柳淸臣・吳潛 등이 상왕과 충숙왕 사이를 이간시키면서 한편으로는 충선왕이 瀋陽王으로 임명한 暠를 高麗王으로 세우려는 책동을 벌이고 있었다. 그리하여 이들 간신배들은 고려를 원의 직할성으로 하여 征東行省을 설치해 줄 것을 元 朝廷에 건의하였다. 이러한 왕실의 존폐와 국가의 존망에 직결되는 문제가 일어나자 안축은 분연히 일어나 왕실의 수호를 위해 盡力하였다. 위의 글에

---

70) 주44)와 동일.

서 안축은 신하된 자로써 임금을 위해 목숨을 바치겠다는 각오를 보이고 있다. 이러한 태도는 그가 수학한 학문에서 비롯된 것으로, 밑줄친 "우리들이 배운 것이 이러하다"라는 대목을 통해 알 수 있다. 이때의 학문은 다름 아닌 유학을 의미하며, "우리들"은 안축을 포함하는 신흥사대부 계층을 말하고, "배운 것"은 군신간의 윤리, 즉 忠을 뜻한다고 할 수 있다.

이러한 儒者的 가치관은 사물을 바라보는 데 있어서 객관적으로 인식하려는 성향을 보인다. 안축의 객관적 사물인식 태도가 잘 드러나고 있는 「金襴窟詩序」를 살펴본다.

전해지는 말에 굴에는 관음보살의 진신이 항상 머무르는 곳이라 지성으로 마음을 기울이는 이에게는 관음진신이 바위로 나타나는데 푸른 새가 날아오면 바로 그 영험이라 한다.

내가 작은 배로 굴에 왔더니 이 날은 다행히 풍랑이 가라 앉았다. 굴 속에 깊이 들어 형상을 자세히 살폈더니 굴의 안쪽이 돌 벽의 높이가 서너 자 되고 돌 무늬가 누렇고 얼룩져 물가에서 말하는 가사의 금란과 같으나 얼굴 눈 어깨 등 몸체 모습은 없다.

사람들이 이것을 보고 관음진신이 바위에 나타났다고 여기고, 아래로는 한 덩이의 바위가 있어 옅게 푸른 빛이 나니 사람들이 연화대라 여긴가 보다. 아! 이것이 과연 관음의 진신인가. 만약 돌 무늬가 부처 같기 때문에 존경한다면 좋지만 이것으로 관음진신이라 한다면 나는 믿을 수가 없다. 내가 굴에 오던 날에 푸른 새가 굴속에 날아들었는데 뱃사람이 바다새라 하니 이것이 과연 관음의 응신이겠는가. 내가 이 굴을 보면서 이미 이러한 마음이 있었더라면 차라리 푸른 새의 영험이 있었을까? 만약 이 새가 과연 관음진신의 응신이라면 내 이 마음이 참으로 맞은 것이지만 세상 사람들이 돌 무늬를 관음이라 여긴다면 미혹된 일이다.71)

---

71) 안축,「金襴窟詩幷序」, "相傳云 窟是觀音眞常住處 人有至誠歸心 則眞
身 現于巖石 而靑鳥飛來 以此靈之 余乘小舟到窟 是日幸風浪靜息 深
入窟中 細觀其狀 窟之隩 石壁高三尺許 石紋黃而爛斑 如浮屠所謂袈
裟之金襴 無面目肩臂體相 人見此 以爲觀音眞身現于石 下有石磊嵬而

이 글은 안축이 존무사로 通州 남쪽의 金幱窟을 살펴본 뒤에 지은 「금란굴시」의 서문이다. 사람들이 금란굴에 관음의 진신이 상재하는데 지성으로 마음을 기울이면 眞身이 바위에 날아드는 영험이 있다는 말을 듣고서 실제로 그 모습을 확인하고자 굴에 들어갔다. 금란굴 안의 석벽에 있는 돌무늬를 보고 僧服 같다고 하는 데에는 동의하나, 그것이 觀音眞身의 現身이라는 데에는 동의하지 않고 이를 미혹된 일이라 하였다.

이 글에서 사물을 있는 그대로 보고자 하는 안축의 사물 인식태도를 볼 수 있다. 돌무늬가 마치 가사의 금란과 같아서 이를 존경한다면 수긍할 수 있으나 이를 관음진신이라고 하는 것은 사리에 맞지 않다고 하였다. 안축은 바윗돌의 무늬가 가사의 금란같은 모습을 지니고 있다는 것을 직접 확인한 다음 이를 인정하였다. 그러나 이를 지나치게 확대 해석하여 관음의 진신이라고까지 말하는 것은 그속에 迷惑한 생각이 개입되었기 때문에 일어난 일이라 생각한 듯하다. 오히려 「금란굴시」에서 "수월관음의 장엄한 모습 참배하려면/밝고 밝은 본분 마음을 되비치시게나"라는 구절에서처럼 '자기의 본심을 밝게 할 때 수월관음의 진신이 나타날 수 있을 것'이라 했다. 안축의 유학자적 면모와 아울러 객관적인 사물인식 태도를 알 수 있는 대목이다.

신흥사대부는 여말의 권문세족에 대항하면서 역사의 전면에 등장하였는데, 권문세족은 철학적 기반은 불교였다. 반면에 신흥사대부는 고려 후기에 수입된 성리학에 그 기반을 두고 있다. 불교의

其色微靑者 人以此爲蓮臺 噫 此果是觀音眞身耶 若曰 石紋如佛服 故尊敬則可矣 以此爲觀音眞身 則余未之信也 余到窟之日 有靑鳥飛入窟中 舟人云 此海鳥也 此果是觀音之應耶 余觀是窟而旣有是心 寧有靑鳥之應乎 若是鳥果爲觀音之應 余之是心 眞合觀音 而世人之以石紋爲觀音者惑矣."

주관적 관념론적 경향에 대항하여 객관적 관념론적 세계관을 지니고 있는 것이 성리학이다. 안축도 이와 같은 객관적 관념론의 소유자였다. 불교는 주관 이외의 모든 대상은 일종의 허상에 속한다는 생각을 지녔다. 이와 같은 불교의 주관적 관념론을 부정하는 입장에서 이 글을 썼다. 불교의 주관적 관념론에 대항하는 성리학을 수용하고 있는 안축의 사물인식 태도를 알 수 있다. 하지만 이글에서 안축은 불교를 완전히 배척하지는 않았다는 것을 알 수 있다.[72] 이와 같은 인식태도는 다음 글에서도 드러난다.

> 사람의 마음이 가운데만 있고 외부에 접촉되지 않으면 虛靈不動하고 그 근본이 안정되다가, 사물이 있어 나와 교감이 있은 연후에는 가운데에서 움직여 밖으로 드러나게 된다. 사물에 접촉하여 내 마음을 움직이는 것은 耳目口鼻 같은 것들인데, 눈으로 접촉하는 것이 더욱 넓다. 무릇 사물이 나에게 접촉되는 것에는 올바르게 나를 激動시키는 것도 있고, 그렇지 못하여서 나를 어지럽게 하는 것도 있다. 오직 성인은 사물에 응함에 도가 있어 그 올바름을 잃지 아니하나, 보통 사람은 사물로 인하여 옮김에 있어 다른 길로 향한다. 그러므로 옛 군자는 그 마음을 바르게 하고자 일용하는 가운데 항상 사물에 접촉을 삼가고, 눈에 보이는 것에는 더욱 스스로 가려 택했다. 氷壺를 대함에는 그 맑음을 생각하고, 弦韋를 두름에는 그 부드럽고 급한 것을 본받는 자가 있는데, 대개 그 바깥을 삼가 그 가운데를 기르는 것이다. …(중략)… 대개 대나무의 물건됨이 맑아서 누가 없고, 곧아서 변함이 없고, 비어서 용납함이 있고, 곧아서 기울지 않으므로 옛 현인 군자가 사랑하지 않은 이가 없다. …(중략)… 지금부터 이 공관에 이르러 이 병풍 밑에 앉아 있는 자는 대의 맑음을 보고는 절의를 연마하여 지키는 바를 바꾸지 않을 것이며, 대의 허함을 보고는 너그럽고 넉넉하게 무리를 용납하여 까다롭고 사나운 마음이 없을 것이며, 대의 곧음을

---

72) 고려 후기 권문세족에 대항하는 새로운 등장 세력으로는 교종에 반기를 들고 등장한 선종계 불교세력과 신유학을 바탕으로 등장한 신흥사대부층이 그 주도 세력이라 할 수 있다. 신흥사대부층은 아직까지는 불교에 대해 우호적인 생각을 가지고 있었던 것으로 보인다. 이제현, 이곡, 이색 등의 글에서 이러한 면모를 찾아 볼 수 있다.

보고는 수시로 아부하지 않아 빼어나게 홀로 설 것이며, 대가 사람을
격려케 하는 것이 이와 같다면, 이 병풍을 만든 것이 어찌 백성의 복
이 아니겠는가. 사람이 이 대를 보고 이 마음을 얻는 자는 좋을 것이
고, 대를 보고도 이 마음을 얻지 못한 자는 나의 記를 보라.[73]

이 글은 안축이 강릉 지방 순찰 중 臨瀛 공관에 이르러 병풍을 만
들고 여기에 墨竹을 그리게 한 다음 쓴 글이다. 이 글에서 안축의
사물에 대한 인식과 사물과 인간과의 관계에 대한 생각을 알 수 있
다. 먼저 사물과 인간과의 관계에서, 마음을 바르게 하기 위해서는
접물을 가려서 해야 된다는 것이다. 즉, 이목구비 등의 감각기관과
물이 접촉되어 마음이 움직이게 되는데, 聖人은 사물에 응하는 도
가 있어 바름을 잃지 않고, 衆人은 사물로 인해 다른 길로 빠져들기
에 君子는 일용하는 가운데 항상 사물 접촉을 가려서 하고, 눈에 보
이는 것에는 더욱 그러해야 한다는 것이다. 결국 인간의 接物은 내
부의 마음을 올바르게 하는 것에 목적이 있다고 할 수 있다. 心性修
養을 위해 가려서 접물해야 하는데 그 방법은 "水壺(얼음을 넣은 옥
으로 만든 병. 결백한 마음을 비유)를 대함에는 그 맑음을 생각하고
弦韋(활 시위와 다룬 가죽. 느슨함과 팽팽함, 느림과 급함, 완급 등

---

73) 안축, 「臨瀛公館墨竹屛記」, "人心之在乎中 而不接於外 則虛靈不動 而
安其本 有事物交於我 然後有以動於中而發於外 其接物而動我心者 耳
目口鼻之類皆是 而目之所交者 尤廣焉 凡物之交於我者 有正而激我者
有不正而撓我者 惟聖人 應物有道 而不失其正 衆人則 因物有遷 而趨
向異道 故古之君子 欲正其心者 常於日用之間 愼其接物 而至於目之
所翫 則尤自擇焉 有對水壺 而思其淸 佩弦韋 而效其柔急者有焉 盖欲
謹其外 而養其中也 … 夫竹之爲物 淸而無累 貞而不變 虛而有容 直而
不倚 古之賢人君子 無不愛之 … 自今到是館而坐是屛者 見竹之淸 則
可以懷廉恥而不傷民財 見竹之貞 則可以礪節義而不易所守 見竹之虛
則可以寬裕容衆而無苛暴之心 見竹之直 則可以不隨時阿附而挺然獨
立 竹之所以激人者如是 則斯屛之設 豈非生民之福歟 人之見是竹而得
是心者善矣 見是竹而不得是心者 余記是觀焉."

을 비유)를 두름에는 그 완급을 본받아야 하는 것"과 같다고 했다. 또한 대나무를 그리게 된 것도 대나무가 物로써 가치를 부여받은 淸·貞·虛·直을 본받아 염치를 생각해 民財를 상하지 않게 하고, 절의에 힘써 지킬 것을 바꾸지 않고, 너그럽고 넉넉하게 무리를 용납하고 까다롭고 사나운 마음이 없어지고, 시속을 따라 아부하지 않고 우뚝하게 홀로 설 수 있게 된다는 것이다.

이 글은 接物을 통해 '올바로 격동(激人)'하고, 이를 거쳐 궁극적으로 "生民之福"에 연결되고 있다는 것을 밝히고 있다. 안축은 사람이 사물을 접함에는 가려서 해야 하고, 그 접물의 대상은 '올바름'이 있어야 함을 강조한다. 그리고 접물의 목적은 심성수양에 있음을 말하고 있으며, 심성수양도 결국은 백성을 복되게 하는 것이어야 한다. 이러한 마음을 얻기 위해 군자는 "사물에 접하는 것을 삼가고 눈에 보이는 것은 더욱 가려 택했"던 것이다.[74] 안축이 자연을 대하는 태도는 '군자'의 태도를 본보기로 삼고 있다. 그리하여 대[竹] 즉, 자연을 대하고도 이러한 마음을 깨닫지 못하면 자신의 '記文'을 보고 깨달을 것을 충고하고 있다. 이 기문을 통해 안축이 자연(外物)의 가르침에서 심성을 수양하고, 더 나아가 백성들의 복됨을 추구하고자 하는 삶의 자세를 가지고 있었으며, 이를 실천하고자 하는 삶의 태도를 지니고 있었다는 것을 알 수 있다. 그렇기 때문에 "사람이 대를 보고 이 마음을 얻는 자는 좋을 것이고, 대를 보고도 이 마음을 얻지 못한 자는 나의 기를 보라"며, 자연에서 깨닫지 못할 경우 자신의 글을 읽고 깨닫도록 충고하고 있는 것이다. 자신이 이를 몸소 실천하고 있었기 때문에 이러한 표현이 가능했을 것이다.

사물을 올바로 인식하는 방법을 설명하고 있는 글이 바로 「鏡浦

---

74) 최용수, 앞의 논문, 197~198쪽.

新亭記」이다.

천하의 사물이 대개 형체가 있는 것은 모두 이치가 있다. 크게는 山水에서부터 작게는 돌멩이와 나무 토막에 이르기까지 그렇지 않은 것이 없다. 노니는 사람들이 이 사물을 보고 흥을 부쳐 즐거움으로 삼는다. 이것이 누대와 정자가 만들어진 까닭이다. 무릇 형체가 기이한 것은 겉으로 드러나는 데 있어 눈을 즐겁게 하고, 이치가 묘한 것은 미묘한데 숨어 마음을 얻도록 한다. 눈으로 기이한 형체를 즐긴다는 것은 어리석은 자에게나 지혜로운 자에게나 한가지로되 그 치우친 것을 보고, 마음에 미묘한 이치를 얻는다는 것은 군자가 그러하여 그 온전한 것을 즐긴다. 공자께서 이르기를, '어진 이는 산을 좋아하고 지혜로운 이는 물을 좋아한다'고 하셨으니, 이는 기이한 것을 즐겨 그 치우침을 보는 것을 말함이 아니요, 대개 묘한 것을 얻어 그 온전함을 즐기는 것을 이름이다. …(중략)… 내가 오랫동안 앉아서 컴컴한 가운데 살피다가 막연히 정신이 집중됨을 깨닫지 못하였다. 지극한 맛은 한가롭고 담담한 가운데 있고, 세속을 벗어난 생각이 기이한 형상 너머에 뛰어나서, 마음은 홀로 그것을 알지만 입으로는 말로 형용할 수 없음이 있었다. 그런 뒤 朴公의 즐기는 바가 기괴한 한 물건에 있음이 아니고, 내가 말하는 이치의 미묘함을 얻음에 있다는 것을 알았다. 옛날 永郎이 이 臺에 놀았으니, 반드시 즐기는 바가 있었을 것이다. 지금 박공이 즐기는 것도 영랑의 그러한 마음을 얻었을 것이다.75)

위 글은 안축이 관동지방의 존무사로 떠나기 전인 충숙왕 13년 (1326)에 관동지방에서 임기를 마치고 돌아온 朴淑이 鏡浦臺 위에

---

75) 安軸, 「鏡浦新亭記」, "天下之物 凡有形者皆有理 大而山水 小而至於
　　拳石寸木 莫不皆然 人之遊者 覽是物而寓興 因以爲樂焉 此樓臺亭榭
　　所由作也 夫形之奇者 在乎顯而目所翫 理之妙者 隱乎微而心所得 目
　　翫奇形者 愚智皆同而見其偏 心得妙理者 君子爲然而樂其全 孔子曰
　　仁者樂山 智者樂水 此非謂翫其奇而見其偏 盖得其妙而樂其全也 …
　　余久坐而冥搜 不覺漠然凝神 至味存乎閒淡之中 逸想超乎奇形之外 有
　　心獨知之 而口不可狀言者 夫然後知 朴公之所樂者 不在奇怪一物 而
　　得吾所謂理之妙者 昔永郎之遊是臺也 必有所樂焉 今朴公所樂者 其得
　　永郎之心歟."

작은 정자를 짓고 돌아와 그 정자에 대한 기문을 써달라고 부탁하
자, 안축은 이를 한 번 본 뒤에 쓰고자 미루어 두었는데, 마침 존무
사로서 관동지방을 가게 되어 이 곳을 비롯한 관동의 경승을 둘러
본 다음 1331년 2월에 기문을 지었다. 많은 사람들이 관동의 형승
을 말할 때 으례 國島나 叢石亭을 일컫는데, 朴淑은 鏡浦臺를 잊
을 수 없는 곳이라고 하였다. 실제 관동지방을 가보지 않은 안축은
괴이하게 생각하였다. 그래서 실제로 關東形勝을 한 번 본 뒤에 기
문을 쓰기로 하였다는 이 글을 쓴 내력을 밝히고 있다.76)

　실제 경관을 보고 난 다음에 기문을 쓰겠다고 한 것과, 많은 사람
들이 뛰어난 곳으로 꼽고 있어도 자신이 실제로 확인한 후 평가하
겠다는 그의 언급을 통해 실제적이며 객관적인 사물관을 엿볼 수
있다. 이 글에서 말하는 사물은 자연 경물를 말한다. 안축은 景物에
는 形體와 理致가 있는데 "形體가 기이한 것은 겉으로 드러나는데
있어 눈을 즐겁게 하고, 理致가 묘한 것은 미묘한 데 숨어 마음을
얻을 수 있다"고 하였다. 여기서 형체는 '외면적 자연미'를, 이치는
자연 경치 속에 지니고 있는 '내면적 자연미'라 할 수 있다. 그런데
눈으로 형체를 즐기는 것, 즉 외면적 자연미는 어리석은 자나 지혜
로운 자 누구든지 취할 수 있지만 미묘한 이치, 즉 내면적 자연미를
얻는 것은 군자만이 취할 수 있다고 하였다. 이 말은 내면적 자연미
만을 취하라는 것이 아니라 온전한 자연미를 얻기 위해서는 외면뿐
만 아니라 내면까지도 아울러 보아야 한다는 의미이다.

---

76) 같은 글, "余未遊關東時 論關東形勝者 皆曰 國島叢石 而鏡浦臺則不甚
　　稱美 越泰定丙寅 今知秋部學士朴公淑 自關東杖節而還謂余曰 臨瀛鏡
　　浦臺 羅代永郎仙人所遊也 余登是臺 觀山水之美 心誠樂之 到今惓惓
　　未嘗忘也 臺舊無亭宇 有風雨則遊者病焉 故命邑人 構小亭于其上 子
　　爲我記之 余聞是言 怪朴公之見 與衆人之論不同 不敢妄自評品 思欲
　　一覽而後記之."

안축의 자연관에서 주목해 보아야 할 점은 자연경관이 아무리 뛰어나고 유명하더라도 그것이 '생민지복'이 되지 않는 한 그것은 별 의미가 없다는 사실이다. 금강산은 우리 나라 뿐만 아니라 세계적으로 널리 알려진 명산이다. 중국인들조차 '願生高麗國 一見金剛山'하였다는 데에서도 금강산의 명성을 알 수 있다. 이를 소재로 한「金剛山」을 살펴보자.

骨立峰巒劒戟明　　　居僧齋罷坐無營
如何山下生民類　　　瞻望時時蹙頰行

뼈처럼 솟은 봉우리 칼과 창 다름없고
거승은 재계를 마치고 하는 일 없네
어찌하여 산하에 사는 백성들이
쳐다보고 때때로 이마를 찡그릴까

「金剛山」

이 시는 금강산의 경치를 읊었다기보다는 금강산의 뛰어난 경치로 인해 오히려 백성들이 신음하고 고통스러워하는 모습을 그리는 데 주력하고 있다. 특히 "뼈처럼 솟은 봉우리들 칼과 창처럼 번쩍이네"라는 금강산의 외형적 모습을 표현한 싯구는 그의 독특한 자연관을 보여주고 있다. 지금도 금강산 기행은 실향민 뿐만 아니라 우리들에게도 '固所願'일 정도로 사람들의 마음 속에 자리하고 있다. 그러한 금강산의 일만이천봉을 칼과 창으로 비유하여 표현하였을 뿐만 아니라, 생민들의 삶과 정반대로 無爲徒食하는 '居僧'을 비판하고 있다. 뛰어난 경관으로 인해 山下의 백성들이 당하는 고통과 그로 인한 백성들의 원망이 산을 향해 얼굴을 찡그리는 행위로 나타나고 있다.

백성들이 산을 보고 얼굴을 찡그리는 까닭을 崔瀣의 다음 글에서 알 수 있다.

하늘의 동쪽 끝에 바다를 가에 둔 산이 있는데, 세상에서 이르는 이름은 楓岳이나, 중의 무리는 金剛山이라고 한다. …(중략)… 대체로 처음에는 이 산이 사람 사는 곳에서 수백리가 되도록 멀리 떨어져 있을 뿐만 아니라, 바위 봉우리가 벽처럼 서 있어 이르는 곳마다 다 천 길 만길이어서, 달아놓은 것 같은 벼랑과 끊어진 구렁에 몸을 의지할 만한 암자도 움집도 없었다. …(중략)… 근래에는 그렇지 않다. 산중의 암자가 해마다 백개씩 불어나고 있다. 그 중의 큰 절로는 보덕사·표훈사·장안사 등이 있는데 그 절들은 다 관에서 짓고 수리하여 전각은 하늘 형상으로 높고 둥그렇게 산골짜기에 가득하며, 금빛과 푸른 빛의 단청은 빛나고 밝아서 사람의 눈을 부시게 한다. …(중략)… 매번 사자를 보내서 해마다 옷과 식량과 기름과 소금 등을 지급하는데 반드시 모자람이 없게 한다. …(중략)… 백성이 도피하여 부역을 면하는 자 항상 수천 수만명이 있어 편안히 앉아 먹이기를 기다린다. …(중략)… 그 위에 더욱 심한 자가 있으니, 사람을 속이고 꾀어 말하기를, '한번 이 산을 보면 죽어서 악도에 떨어지지 않는다' 하니 위로는 공경으로부터 아래로는 사와 서인에 이르기까지 아내를 데리고 자식을 이끌어 다투어 가서 예배한다. 눈얼음의 혹독하게 추운 때와 여름의 장마가 오래고 홍수가 넘쳐서 길이 막히게 된 때를 빼고는 산에 노니는 무리가 길에 잇달게 되었다. …(중략)… 그 수요를 공급하는 비용이 자칫하면 만금으로 계산하게 된다. 산곁에 사는 백성들은 응접하는 일에 피곤하여 성내며 꾸짖어 말하기를, '산은 어째서 딴 고을에 있지 않았던가'하는 자가 있기에 이르렀다. …(중략)… 그런데 머리를 깎은 자들이 이 산을 속여 팔아서 스스로 따뜻하고 배부르기를 도모하여, 백성들이 그 해를 입으니 더 무슨 말을 하겠는가[77]

---

77) 崔瀣, 「送僧禪智游金剛山序」 『拙藁千百』 卷1, 『高麗名賢集』 2, "極天
之東 濱海有山 俗號楓岳 僧徒謂之金剛山 … 盖始此山 距人境不啻 數
百里之遠 而巖嶂壁立 所至皆千萬仞懸崖絶壑 無菴廬可以庇身 … 爾
來不然 山中菴居 歲增且百 其大寺則有報德表訓長安等寺 皆得官爲營
葺 殿閣窮窿 彌漫山谷 金碧輝煌 眩奪人目 … 每遣使人 歲支衣粮油鹽
之具 必視無闕 … 其民避其徭 常有數千萬人 安坐待哺 … 復有甚者
誕誘人云 一覩是山 死不墮惡塗 上自公卿 下至士庶 携妻子爭往禮之
除氷雪沍寒 夏潦淫溢 路爲之阻 游山之徒 絡繹於道 … 供億之費 動以

이 글은 崔瀣의 「送僧禪智游金剛山序」의 일부이다. 금강산에 수많은 사찰이 생기면서 백성들이 고통을 당하는 모습을 잘 기술하고 있다. 여기에 官까지 합세하여 백성들의 고통을 가중시키고 있는 것이다. 이 글은 고려 후기에 官과 결탁하여 민폐를 조장하는 승려들을 압축적으로 보여주고 있다. 관에서는 사찰을 세워주고 옷과 식량을 공급해 주고, 절의 승려들은 '한번 이 산을 보면 죽어서 惡塗에 떨어지지 않는다'고 속여 士庶들이 이곳에 몰려들게 한다. 이 때문에 이 곳 주민들은 惡塗에 떨어지지 않기 위해 금강산을 올라오는 사람들을 응접하느라 오히려 '惡塗'에 떨어지는 형국이 되고 있는 것이다. 고려 후기에 삼일포, 한송정과 같은 명승지역에서 당하는 백성들의 폐해는 기록할 수 없을 정도였다고 한다. 이곡이 쓴 「東遊記」에 따르면 이 지역 주민들이 유상객들을 응접하는 일에 지친 나머지 삼일포의 丹書壁을 쪼아내고 한송정의 정자를 헐어버린 일이 있었다 한다.[78] 백성들의 참담한 현실을 목도한 안축은 금강산의 경관을 경관 그 자체로 볼 수가 없었다. 실제 안축은 금강산을 등정하지 않았다. 금강산 기행을 하지 않은 이유를 짐작해 볼 수 있는 대목이다.

여기에서 안축이 자연을 객관적으로 보되 그것을 인식하는 입장은 생민들의 생활과 관련지어 인식하는 주관적인 관점을 지니고 있음을 알 수 있다. 이와 같은 태도는 「금란굴시」에서 "수월관음의 장엄한 모습 보려 한다면/밝고 밝은 자기 본심에 비추어 보라"라는 구절에서처럼 '자기의 본심을 밝게 할 때 수월관음의 진신이 나타날 수 있을 것'이라는 인식과 맥락이 닿아 있다.

　萬計 傍山居民 困於應接 至有怒且詈曰 山胡不在他境者 … 而髡 首者
　衒鬻是山 自圖溫飽 而民受其害 尙何言哉."
78) 李穀, 「東游記」『稼亭集』卷5, "昔州人 苦其供給游賞者 而去之 … 郡
　人厭其游賞者多 撤去屋."

안축은 자연을 있는 그대로 보는 객관적인 태도를 유지하면서 한편으로는 백성들의 실태와 연관시켜 해석하는 개성적인 시각을 유지하였다. 그리하여 자연경관이 수려한 곳에서조차도 백성들에게 고통을 주거나 폐해를 주는 경우에는 가차없이 이를 비판하고 더 나아가 명승고적들이 없어지기를 기원하게 된다.

仙島遙疑駕六鼇　　　茫茫去路隔雲濤
浮空一朶孤峯兀　　　插海千條怪石高
…… 중략 ……
搖棹疲民流熱汗　　　具筵貧邑瀝殘膏
若爲添作東溟水　　　沒盡奇觀免此勞

선도는 멀어 여섯 자라를 탔나 의아한데
아득히 갈 길이 구름과 물결에 막혔네
허공에 뜬 한줄기 외로운 봉오리 오똑하고
바다에 꽂힌 천 줄기 괴석 높다랗구나
　　　…… 중략 ……
노젓느라 지친 사공은 더운 땀을 흘리고
차린 술자리는 가난한 고을에서 마저 짜낸 고혈이리
어찌하면 동해물을 더 붇게 하여
기묘한 구경거리 다 빠뜨려 이 수고 면케할고

「국도시」 부분

안축의 개성적인 자연관은 자연을 生民之福과 관련하여 바라보고 있다는 점이다. 안축은 자연 풍광을 감상하기 위해 위해 먼길을 마다하지 않고 태백산을 등정한 후 그 심회를 「登太白山」에 담아 표현하였으며,79) 경관이 뛰어난 외딴 孤島를 뱃길도 마다하지 않

---

79) 태백산을 등반한 후 지은 「登太白山」이 있다. 금강산 기행을 하지 않았던 안축이 태백산 정상에 오른 것을 통해 그의 개성적 자연인식태도를 볼 수 있으며, 또 한편으로는 백성들의 고통을 가중시키는 곳이라면 경관이 아무리 수려해도 별 의미가 없다는 그의 애민의식도 읽을 수 있다.

고 찾아가 보기도 하였다. 하지만 그곳의 경관을 노래하기보다는 그곳에서 겪는 백성들의 삶의 모습을 그리는 데 주력하였다. 그런데 누구든지 한 번쯤 보고 싶어하는 금강산 등반을 하지 않았다. 경관이 수려하기로 이름난 금강산 기행을 하지 않았다는 사실에서 안축의 주관심사는 탐승에 있는 것이 아니라 목민관으로서 백성들의 삶과 관련한 문제였다는 것을 알 수 있다.[80] 안축은 경관에 대해 예찬하고 있지만, 그 이면에는 백성들의 삶의 문제와 연관시키거나 목민관으로서의 임무 등의 인간사에 결부시킨다. 이러한 면모는 안축이 철저한 신유학의 신봉자임을 보여주는 단적인 예라 할 수 있다. 이런 이유로 자연의 풍광에 감흥한, 정서를 마음껏 발산하는 한시를 발견할 수가 없다. 오히려 안축의 풍류적인 면모는 「관동별곡」과 「죽계별곡」과 같은 가문학에 집약되어 나타난다.[81] 특히 「죽계별곡」의 풍류는 일반에 널리 알려진 중국 습욱의 풍류나 春申君의 '珠履三千客'에 빗대면서 이들에 비해 전혀 손색이 없음을 과시하고 있는데, 退溪는 이를 "긍호방탕하고 설만희압하여 더욱 군자의 숭상할 바가 되지 못한다"고 하여 배척하였으며, 주세붕과 황준량은 "선학의 나머지 나온 것이라서 후세자의 가송

---

80) 최승순은 경관 때문에 험로인 태백산에 올랐고, 승경이라면 뱃길도 마다하지 않고 섬까지 찾아갔다는 사실에서 안축의 풍류심이 대단하다고 평가하고 있으나(앞의 논문, 35쪽), 실제 유람을 하기 위한 측면도 있으나 생민들의 현장 답사를 통한 생민의 실정을 파악하기 위한 측면도 있었다. 이 점은 해당 작품의 내용을 보면 바로 알 수 있다. 게다가 경관이 수려하기로 이름난 금강산 기행을 하지 않았을 뿐만 아니라 금강산을 소재로 한 시의 내용이 백성들의 입장에서 그들의 경승지에 근접하기 때문에 겪어야만 하는 고통과 아픔을 표현하고 있다는 데에서 안축은 존무사로서의 책임과 임무가 풍류에 우선하였음을 알 수 있다. 일종의 '先憂後樂'의 사상이라 할 수 있을 것이다.

81) 여기서 말하는 '풍류'는 俗事를 버리고 우아하게 物外情遊하는 것을 이른다.

할 것이 되지 못한다"고 비판하였다. 이러한 차이는 고려와 조선조 사대부의 생활감정의 차이 때문으로 볼 수 있다.[82]

그의 『관동와주』시문을 살펴볼 때 경물에 직접 접한 연후에 감흥하여 작시한 것이 대부분이다. 안축의 객관적 사물인식 태도를 엿볼 수 있는 대목이다. 그런데 그의 한시에 드러난 명승고적에 대한 감흥은 결국 생민의 고단한 생활상에 대비되면서 그들의 생활에 대한 탄식과 관인인 자신의 심회를 토로하는 내용이 많이 드러난다. 이러한 측면이 바로 안축의 개성적인 자연관의 발현으로 볼 수 있다. 당대의 제일 문인이라 할 이제현도 「관동와주서」에서 "吟風弄月摹寫物像 固亦無讓於前人矣"라 하여 안축의 한시문에서의 풍류가 선인에 못지 않다고 하였다. 풍류면에서 선인에 못지 않다는 말은 그가 실제 풍류를 마음껏 발산했다는 것이 아니라 그의 풍류객으로서의 자질과 성품을 이렇게 언급한 것으로 볼 수 있다. 하지만 그의 풍류는 상자연하면서 자신의 감흥과 정서를 마음껏 발산하는 그러한 풍류가 아니라 객관적 사물인식 태도와 목민관으로서 백성을 생각하는 마음이 반영된 풍류의 면모를 보이고 있다. 그런 한편으로 유학자적 가치관을 따르던 그가 몇몇 한시를 비롯 경기체가 작품에서는 자연을 통해 관조하고 修己治人의 대상으로서만 보고 있지 않고 오히려 자연 속에 몰입하고자 하는 개성적 자연관을 보이고 있다.

지금까지 살펴본 것처럼 안축의 자연관은 자연을 동경의 대상이기는 하지만 직접 자연에 몰입하여 일체가 되는 합일의 세계가 아

---

82) 최진원은 고려 사대부의 풍류와 조선조 양반의 풍류를 서로 구별하여 정의하였는데, 고려 사대부의 풍류는 酒·歌·舞의 관능적 향락을, 조선조 양반의 풍류는 향락적 풍류를 배척하고 賞自然이 중심이 된 풍류를 지향한다고 하였다(崔珍源, 『國文學과 自然』, 증보판 ; 成均館大出版部, 1986, 53~56쪽).

니라, 심성수양의 대상으로써 修己治人할 수 있는 가르침을 주는 곳으로 보고 있다.[83] 그 가르침을 통해 '생민지복'을 구현하는 것이 안축의 궁극적인 목적이라 할 수 있다. 그의 문학작품에 나타나는 '경물 묘사'는 자연에 대한 몰입하거나 賞自然하는 경지가 아니라, '풍속의 득실'이나 또는 '민생의 애환'을 표현하기 위한 소재로 이용되고 있다. 이처럼 안축은 자연이 인간의 삶과 관련되었을 때 비로소 그 본래적 가치가 발현되는 것으로 생각하고 있었던 것이다. 이러한 자연관은 공자의 자연 인식태도에 근접하는 것이라 할 수 있다.[84]

「관동별곡」「죽계별곡」에도 자연이 등장하고 있다. 자연이 등장하고 있기는 하지만 자연과 인간이 하나로 묶이는 데까지는 나아가지 못하고 현실적인 관점에서만 자연을 대한다. 자연은 있는 그대로의 절대적 자연이 아니라 인간과의 관계 속에서만 의미를 갖는 대상적 자연이다. 안축의 자연관은 권문세족들의 자연에 대한 주관적 관념론적, 불교적인 기존 태도를 탈피, 사대부층이 지닌 자

---

83) 박경주는 이러한 자연관은 안축을 포함한 당시의 관료층이 가지고 있던 관료의식의 소산으로 보았으며, 이는 궁정 주위의 중앙관료 의식과는 또 다른 지방관료의 의식이라 하였다(박경주, 앞의 책, 104쪽). 그런데 안축이 가진 의식을 출신배경을 고려하여 지방관료의식으로 파악한 박경주의 견해는 당시 중앙관리의 상당수가 이른바 지방 향리 출신의 신흥사대부였다는 점을 감안할 때 지나치게 2분법적인 분류 방법이라 할 수 있다. 안축의 지방관료의식처럼 보이는 이와 같은 측면은 오히려 신흥사대부층이 가진 보편적인 의식의 소산으로 보는 편이 합리적일 듯하다.

84) 이러한 자연에 대한 인식은 공자가 지닌 자연에 대한 인식에 근거한다고 할 수 있다. 金成基는 공자의 자연은 바라만 보아야 되는 대상으로서 江湖라고 생각하였으며, 공자가 강호에 歸去來하지 못한 이유는 그가 지닌 道가 人道의 실현에 목적을 두었기 때문이라 하였다(金成基, 「松江의 自然觀」『古詩歌硏究』2·3합집, 韓國古詩歌文學會, 1995, 236~237쪽 참조).

연에 대한 객관적 인식태도를 반영하고 있다고 할 수 있다. 그렇지만 안축이 자연에 대한 관심을 시가로써 형상화 한 것은 자연미에 대한 자각이라는 면에서 이후 자연을 배경으로 하는 시가문학 형성에 크게 기여했다는 측면에서 의의가 있다.[85]

2) 文學觀

안축이 활동하던 시기는 성리학의 수용과 唐·宋古文의 영향 등 國文學史上 큰 변화를 가져온 격동기였다. 앞 시기의 신의론 용사론과 같은 표현 기교에 치중하기보다는 인간의 삶의 지표를 제시하는 道를 표현하는 문제에 관심을 보였다. 성리학을 적극 수용하는 입장에 섰던 안축 또한 이러한 효용론적 문학에 관심을 가졌다고 할 수 있을 것이다. 李炳赫은 이제현의 古文倡導 또한 이러한 맥락에서 이해된다고 하였다.[86]

안축의 문학관을 고찰하는 데 있어서 이제현의 「關東瓦注序」는 중요한 단서가 된다. 이제현은 안축과 교유하던 당대 신유학을 대표하는 인물이다. 다 같이 留元人士로서 온건한 개혁을 주창했던 개혁파이면서 또한 충선왕의 개혁 정책에도 이곡 등과 함께 참여하였다. 「관동와주서」는 이제현이 효용론적 관점에 입각하여 글이다.

옛날에는 관원을 두어 시를 채집한 것이 아름다운 글귀나 문장을

---

85) 신영명은 안축의 자연을 소재로 한 경기체가 작품은 16세기 강호시조 형성의 연원이 되었다고 평가하였다(신영명, 앞의 책, 34쪽). 한편 안축의 이러한 객관적 자연인식 태도는 이후 조선조 관각파와 사림파 자연관에 많은 영향을 주었다고 할 수 있다.

86) 李炳赫,「麗末 鮮初의 文學理論 生成」, 金錫夏停年退任紀念論叢,『韓國文學史 敍述의 諸問題』, 檀大出版部, 1993, 201쪽.

구하자는 것뿐만 아니라, 아름다이 여길 것과 풍자할 것을 살펴 勸誡
로 삼고자 함이다. 當之(안축의 字—필자) 學士가 江陵道에 存撫使로
나가서 지은 시문을 모아 ≪관동와주≫라 하였으니 풍월을 읊조린
것과 물상을 모사함이 진실로 또한 옛사람에게 양보됨이 없다. 그 感
憤하여 지은 것(밑줄—필자)이 풍속의 득실과 생민의 휴척에 관계되
는 것이 열 편에 아홉은 되니, 이것을 읽으면 사람으로 하여금 참연하
게 한다. 아, 누가 능히 안축 이전에 이것을 지을 수 있었는가.[87]

이제현은『관동와주』한시의 성격을 "風俗의 得失과 生民의 休
戚[기쁨과 근심걱정]을 보고 '感憤之作'한 것"으로 파악하고 있다.
이제현은 '吟風弄月'과 '摹寫物像'한 것이 옛사람보다 못하지 않
다고 하였으나, 무엇보다 안축 한시의 특징은 관동지방의 순찰을
통해 목도한 현실에 '감분지작'하여 풍속의 득실과 생민의 휴척을
반영하고 있는 것에 있다고 보았다. '풍속의 득실'과 '생민의 휴척'
은 효용론 또는 재도론과 관계 있는 것으로, 결국 이제현은 이와
같은 입장에서『관동와주』를 평가하고 있다고 할 수 있다.

이제현의 序文을 통해 다음 두 가지 사실을 알 수 있는데, 그 하
나는 옛적에 채시관을 두어 시에 나타난 '美刺'를 살펴 勸誡를 삼
았던 경우처럼『관동와주』에는 美刺와 勸誡의 내용이 주로 표현
되어 있다는 것과, 다른 하나는 吟風弄月과 摹寫物像하는 그 속에
도 '풍속의 득실'과 '생민의 휴척'이 들어 있다는 것이다.

이제현은 안축의『관동와주』소재 한시가 단순한 풍류나 기행을
내용으로 하는 풍류시나 기행시가 아니라 백성의 고통과 민간 풍
속을 표현하여 옛 채시관처럼 이를 임금에게 알리려는 것으로 파

---

87) 李齊賢,「關東瓦注序」, "古者 置官採詩 非取其絳章繪句而已 欲以觀
其美刺而爲之勸誡也 當之學士 存撫江陵道 集其所爲詩若文 名之曰
關東瓦注 吟風弄月 摹寫物像 固亦無讓於前人矣 其感憤之作 關乎風
俗之得失 生民之休戚者 十篇而九 讀之 使人慘然 嗚呼 孰能誦之吾君
之前乎."

악하고 있는 것이다. 실제로『관동와주』소재의 총 116편에는 71편이 '美刺而勸誡'에 속하고, 이 가운데 17편은 찬미와 권면을 54편은 풍자와 경계를 나타내고 있으며, 이밖에 '음풍농월 11편, 모사물상 20편, 기타 14편의 분포를 보인다고 한다.[88]『관동와주』에는 경관을 예찬하거나 풍류를 즐기는 내용보다는 찬미나 권면, 풍자나 경계를 나타내는 시가 월등히 많다는 사실은 안축이 당시 백성들에게 고통을 강요하는 현실을 해결해 보려는 인식을 가지고 있었다고 할 수 있다. 이런 점에서 안축은 이러한 현실을 권면하고 풍자하는데 문학이 앞장서야 한다는 효용론적 입장에 서 있었다고 할 수 있다.[89]

이제현이 '감분지작'하여 시를 지었다는 것은 안축의 시가 '경관을 예찬하는 것'이 아니라, 그 경관으로 인해 백성들이 겪는 고초를 안타까와 하며 불합리한 현실에 대해 탄식하게 되었다는 것을 의미한다. 이때 고초를 겪는 백성들에 대한 안타까움과 위정자들에 대한 분노가 바로 안축이 感憤하는 계기가 된 것이다. 이를 보고 그냥 지나칠 수는 없어 시를 지은 것이다. 안축에게 있어서 농촌과 농민은 경제적 기반으로서만이 아니라 정치적 기반이기도 했다. 안축이 지닌 농민에 대한 애정은 남다른 데가 있었다. 백성들의 삶의 터전인 자연은 안축에게 있어서 '修己治人'의 대상으로 자리하는데, 당대의 현실은 이와 모순되는 방향으로 전개되고 있기

---

88) 김동욱, 앞의 책, 202면. 김동욱은『관동와주』소재 한시의 숫자를 총 116편으로 파악하고 있으나,『고려명현집』소재『근재집』속의『관동와주』에는 총 109제 120수가 실려 있다.

89) 鄭堯一은 '美刺' '諷諫' '風敎' '讚美'와 같이 시의 효용성을 말하는 용어들은 효용론에 포함된다고 하면서, 이같은 용어는 동양에서는 전통적으로 시의 본질에 있어서의 효용적 측면을 일컫는 말로 인식되어 왔을 뿐이므로 관점에 따라서는 본질론류 용어에 포함시킬 수도 있을 것이라 하였다(鄭堯一,『漢文學批評論』, 仁荷大出版部, 1990, 201쪽).

때문에 感憤하였다. 이같은 感憤에서 지은 시의 내용은 당대의 현실을 비판하거나, 과거를 회고하거나 동경하는 것으로 나타난다.

이때 회고나 동경의 대상은 주로 속세와 대조되는 仙과 이상적 공간이다. 시인은 현실의 상황이 어렵고 불만족스러울 때면 옛날로 돌아가, 지나간 시대의 은사, 고사, 달사 등의 어떤 모형적인 인물을 설정하여 자신의 삶을 적극적으로 긍정하거나 자신을 변신시키는 '慕古思遠'적 한시 창작 방식을 이용하게 된다.[90] 그런데 안축의 '慕古思遠'은 여느 시인들과 다른 면모를 보이고 있다. 일반적으로 현실의 상황이 어렵고 불만족스러울 때, 시간과 공간을 과거로 설정하고 여기에 어떤 모형적인 인물을 설정하여 자신의 삶을 적극적으로 긍정하거나 자신을 변신시키는 데 반해 안축은 이러한 현실을 벗어나려는 태도를 스스로 용납하지 않고 있다. 회고와 동경을 표현한 대다수 한시가 현실과 대비되는 자연이나 자연과 일체가 되어 즐기던 사선을 대상으로 하고 있다. 그러면서도 현실을 벗어나지 않고 있다. 그것은 그가 동경해 마지않던 과거 사선들의 풍류나 무릉도원과 같은 이상적 공간이 현실을 도피하여 은둔하려는 공간이 아니라, 오히려 현실적 당위를 절실하게 깨닫게 해주는 자연 공간으로 작용했기 때문이다. 안축은 이상적 공간이나 사선에 대한 동경을 통해 현실을 벗어나려는 것이 아니라, 이와 같은 이상적 세계가 현실에 도래하기를 바라는 마음에서 시를 지었다. 이런 점이 바로 안축 문학관의 개성적인 면모라 할 수 있다.

<blockquote>
恨望仙徒已雨散　　　厭看俗子如雲從
若爲亭前伴鷗鷺　　　掃却人間塵土蹤
</blockquote>

비처럼 흩어진 신선의 무리 쓸쓸히 바라보노라니

---

90) 卞鍾鉉, 『高麗朝 漢詩研究』, 太學社, 1994, 277쪽.

속된 사람 싫어서 구름 따라 가는 것인가.
그래도 정자 앞에 갈매기 친구 된다면
인간 세상 먼지 자국 씻을 수 있겠지.
「次叢石亭詩韻」 후반부

총석정의 경치를 말하고 四仙을 회고한 뒤이어 지은 「次叢石亭詩韻」의 후반부이다. 신선의 무리와 속된 사람이 대조되어 있다. 신선은 비처럼 흩어지고 속된 무리는 구름처럼 몰려든다. 속된 무리는 경치가 좋다면 앞다투어 오는 그런 부류들이다. 그런데 이들은 경치를 구경하는 것만이 아니라 그곳 생민들의 고초를 가중시키는 해로운 존재이다. 사선은 자연을 감상하되 자연과 합일된 경지에서 즐기는 사람이다. 따라서 시인은 사선의 무리들처럼 자연과 합일해서 자연을 감상하는 사선을 동경하는 것이다. 그리하여 생민에게 고통을 주고 해로움만을 주는 무리들의 자취를 쓸어버리고 싶은 심정을 드러낸 것이다. 자연을 감상하고 사선을 동경하면서도 현실의 문제를 도외시하지 않고 있다. 이와 같이 회고나 동경이 현실과 관련을 맺고 있음을 보여 주는 예를 보자.

燈前偶讀北山移　　　　自愧歸休已太遲
俗薄何人遵我教　　　　弊深無計救今時
處身道可貧無諂　　　　到口言當遜莫違
惟子與吾交計厚　　　　相規豈合各從宜91)

등 앞에서 우연히 북산이문 읽고 보니
귀휴 늦어짐이 절로 부끄럽네.
각박한 세속 누가 나의 인도 따르며
심한 병폐 오늘 구할 계책도 없다.
處身道는 빈무첨이 옳을지요

---

91) '歸休'는 벼슬을 쉬고 향리에 돌아옴을 뜻하며, '貧無諂'은 가난하되 아첨치 않음을, '遜莫違'는 겸손의 도를 벗어나지 않음을 의미한다.

到口름은 손막위가 마땅하리.
그대와 나 두터운 사귐
서로 맞는 규범에 따름이 옳겠지.
「次韻許正言見寄」

우연히 「北山移文」을 읽고 '歸休'를 생각하게 되었다는 내용의 시다. 여기에 등장하는 「북산이문」은 南齊의 孔德章이 지은 것으로, 공덕장이 周顒의 변절을 산신의 말을 빌려 꾸짖고 있는 내용의 명문이다. 周顒이 처음에 鍾山에 은거하다가 詔命에 의해 벼슬을 살고, 다시 종산으로 들어오려 하자 이를 공덕장이 꾸짖었다. 이미 宦路에 뜻을 두었던 자는 강호로 돌아올 자격이 없다는 것이다. 공덕장의 말대로라면 안축은 이미 환로에 나갔던 몸이라 강호에 들어올 자격이 없는 사람이다. 더욱이 그러한 '歸休'조차도 늦어지고 있어서 부끄러움이 더하고 있다. 頷聯에는 귀휴를 결심하게 된 진정한 동기가 밝혀져 있다. 그것은 "세속이 각박해서 나의 인도를 따르지 않으며/심한 병폐 오늘 구할 계책도 없기 때문이다." 각박한 세속은 나의 인도를 따르지 않고, 병폐는 심한데 이를 구제할 계책이 없다는 데에서 한계를 느낀 안축은 '귀휴'를 결심한 것이다. 그러나 실제 의도는 귀휴에 있지 않았다. 안축의 목적은 출사하여 佐君澤民, 治人하는 데에 있었던 것이다. 주옹의 고사를 이용하여 귀휴를 동경하였지만 그것은 어디까지나 자신으로 인해서가 아니라 사회적인 모순에 기인한 것이다. 그렇기 때문에 잠시 귀휴를 생각해 본 것이지 실제 귀휴를 결심하고 이를 실행하려고 했던 것은 아니다. 이는 頸聯의 '處身道'와 '遜莫違'와 같은 구절에서 자신의 처신과 겸손의 도를 지키겠다는 의지의 표명은 주어진 사명을 다하겠다는 각오에 다름 아니다.

이 시에서처럼 '귀휴'를 동경하고 이의 실행을 생각해 보았지만 자신이 할 일은 여전히 공명을 실현하고 백성을 구제하는 데에 있었음을 알 수 있다. 그의 문학관 역시 이러한 사고를 바탕으로 하고 있다는 것을 알 수 있다.

공명을 실현하고 백성을 구제하고자 했던 안축의 현실의식은 한시 도처에서 발견된다. 이러한 의식 성향은 안축만이 지닌 고유한 특성이라기보다는 당시의 신흥사대부들이 지녔던 보편적인 성격의 것이라 할 수 있다. 李穀의 「送鄭參軍序」를 보자

> 진실로 능히 자기 일에 극진하여 백성의 마음을 자기 마음으로 삼으면 비록 적중하지 못할지라도 또한 멀지는 않을 것이다.[92]

비록 이곡의 글이지만 안축 또한 "백성의 마음을 자기 마음으로 삼고자"하는 의식을 가지고 관료생활과 문학활동이 이루어지고 있음을 알 수 있다. 관동지방을 순력할 때의 애민적 활동을 비롯하여 노모를 모시려고 廉退한 것이라든가 자신의 墓碑銘에 남겨 주기를 원했던 네 번 士師가 되어 양민들을 속량시켜 준 일, 또 관동지방의 승경을 감탄하는데 그치는 것이 아니라 그 승경과 대비되는 생민들의 아픔을 위로하고, 심지어는 그들의 입장에 서서 자신을 비롯한 위정자와 관리들을 비판하기도 하는 내용에서 안축의 '효용론적 문학관'을 짐작할 수 있다. 안축의 이와 같은 문학관을 살펴볼 수 있는 다음과 같은 글이 있다.

> 대저 시라는 것은 성정에 근원하고 마음에 일어나서 부녀자의 거처하는 방에서부터 향리와 국가에까지 이르며 그 바르지 못함과 정직함을 인하여 혹은 찬미하고 혹은 풍자하므로 읊는 사이에 사람을 감동시킴이 깊어져서 선을 좋아하고 악을 미워하는 마음을 자기 스스로

---

92) 李穀, 「送鄭參軍序」, 앞의 책, "苟能盡己 而以百姓之心爲心 則雖不中 不遠矣."

가질 수 없는 자는 반드시 시에서 얻게 됩니다.[93]

이 글은 안축이 원의 제과에 급제할 때 쓴 對策文이다. 對策文이라는 점에서 그가 평소에 가졌던 시에 대한 생각을 얼마나 반영하고 있는지 의문이지만 그가 지닌 효용론적 관점을 엿볼 수 있는 좋은 자료이다. 시는 性情에 근원을 두고 일어나서 바르지 못한 것은 諷刺하고 바른 것은 讚美하므로 이로 인해 善을 좋아하고 惡을 미워하는 마음을 가질 수 있게 된다는 것이다. 여기서 말하는 시는 『시경』을 말한다. 안축의 시관 즉, 문학관은 이제현이 『관동와주』서문에서 평한 내용과 동일한 관점임을 알 수 있다. 이와 같은 문학관에 입각하여 작시하였기에 안축의 『관동와주』에는 풍속의 득실과 생민 휴척의 시가 대다수를 차지한다고 할 수 있다. 안축의 『관동와주』에 대해 그의 후손이 쓴 跋文이 있다.

> (가) 원나라 천력 2년(1329년 – 필자)에 고려가 쇠약하고 어지러워진 끝이라 세상 운수가 좋지 못하여 막히고 백성들이 직업을 잃었는데 이때 관동지방을 안무하러 나가서서 분개하여 임금을 존중하고 백성을 비호하는 마음을 간직하셨는데 시가에 나타난 것이 다 세상을 근심하고 풍속을 걱정하는 정이 담긴 것으로 이 시가집을 이름하여 관동와주라 하셨다. 어구의 배치가 바르고 고상하며, 생각이 심원하고 충군애친의 정성과 백성에게 어질고 구제하는 뜻이 가득히 말 밖에 보여 사람으로 하여금 읽으면 떨리는 마음으로 감정이 일어 높아지니 이 인륜과 풍교에 끼친 공이 대저 어찌 적다하리오.[94]

---

93) 安軸, 「制策泰定甲子」, "夫詩者 原於性情 發於人心 而自閨門之內 至鄕黨邦國 因其邪正 或美或刺 故吟詠之間 感人深入 而其好善惡惡之心不能自己者 必於此而得之."
94) 安崇善, 「謹齋集跋」, "有元天曆二年 是高麗衰亂之季 世運否窮 生民失業 出按關東 慨然以尊主庇民爲心 其發於詩歌者 皆憂世悶俗之情 名之曰 關東瓦注. 措辭典雅 命意深邃 忠君愛親之誠 仁民濟物之意 藹

(나) 근재선생께서는 청수하고도 아름다운 자태와 정밀하고도 넓은
학문으로 고려말의 쇠란한 때를 당하여 강릉도를 안무하러 나가
시어 시문을 지으셨는데 관동와주라 이름하였다. 임금에게 충성
하고 나라를 걱정하는 정성과 세상을 개탄하고 백성을 안타까이
여기고 풍속을 안타까워하는 뜻이 시문 속에 넘쳐서 그 시를 보
고 그 작품을 읊으면 스스로 깨닫지 못하는 동안에 감동과 흥분
이 높아지는 것이다.95)

(가)는 안축의 玄孫인 安崇善이 간행한 『근재집』의 跋文이고, (나)
는 조선조 英祖 때의 安慶運이 쓴 발문이다. 그의 직계 후손에 의해
씌여졌기 때문에 賞讚 위주의 내용으로 되어 있으나 당대의 평가를
반영하고 있다는 점에서 의의가 있다고 생각된다. 여기서 안축의
시는 그 바탕이 "임금을 존중하고 백성을 비호하는 마음"에서 지어
졌다는 것이며, 그 내용상의 특징으로는 "세상을 걱정하고 풍속을
걱정하는 정"이 담겨있다는 것이다. 이제현의 평가에 가깝다고 하
겠다. 그렇지만 유의해서 보아야 할 것은 그의 작시에 바탕이 된 것
이 바로 '尊主庇民'(임금을 존중하고 백성을 비호함)이라는 것이다.
'존주비민'은 신흥사대부 안축의 정치적 경제적 존립 기반이자 문
학적 동력이었던 것이다. 그러기에 백성들의 고통에 감분했고 위정
자들의 秕政을 탄식하기도 했으며, 원나라에서 主君이 幽閉되어 있
을 때에 문제 해결을 위해 적극 나서기도 했던 것이다.

이러한 면모들은 안축이 바로 사대부계층의 초기 단계에 위치한
인물이었음을 알게 해 준다. '존주비민'이 문학적 동력으로 작용했

然自見於言表 令人讀之 悚然激仰 其有功於斯人倫世敎者 夫豈淺淺哉.
視彼掇拾殘英而規規於嘯詠之間者 不啻霄壤矣."
95) 安慶運, 「重刊增補附錄謹齋集跋」, "吾先祖謹齋先生 以粹美之姿 精博
之學 當麗氏衰亂之季 出按江陵道 所得詩文 名之曰關東瓦注 惟其忠
君憂國之誠 慨世憫俗之意 溢於詞藻之間 而覽其詩詠其篇 自不覺其激
仰感憤."

다고 판단하는 것은 관동지방을 순력할 때에 지어진 시작품만을 고
려할 때에 그렇다는 것이지 그의 전생애 동안 이를 일관되게 유지
하였는지에 대해서는 詳考할 길이 없다. 하지만 그의 행적을 통해
볼 때 이러한 기조 위에 작시활동이 이루어졌을 것으로 생각된다.
  이상에서 살핀 것처럼 안축의 문학관은 효용론적 문학관을 지니
고 있었으며, 이러한 문학관이 반영된 것이 바로『관동와주』이다.
그리고 효용론적 문학관의 바탕에는 '忠君愛民' 또는 '尊主庇民'
이라는 '尊王意識'과 '愛民意識'이 자리하고 있음을 알 수 있다.

4. 『關東瓦注』 漢詩의 文學的 性格

  지금까지『관동와주』의 내용을 첫째, 목민관으로서의 사명감 표
출과 둘째, 민풍의 관찰과 권계의 둘로 나누어 고찰하였다. 먼저
관인으로서의 사명감은『관동와주』전편에 일관되게 나타나고 있
는데,「金剛山」「國島詩」「叢石亭」과 같은 작품이나 과거 역사적
사건을 회고하는 '영사시'에서 두드러지게 나타나고 있다. 안축은
자연 경관이 뛰어난 곳이 백성들에게 이익을 주기는커녕 오히려
고통을 가중시키는 현실을 사실적으로 묘사하는 한편, 이 문제를
해결하기 위한 방도를 모색하고 있다. 그 결과 낭만적인 방법이 등
장하기도 하지만 이러한 낭만적인 해결책은 그만큼 문제해결이 쉽
지 않다는 것을 의미한다고 하겠다. 그리고 영사시에는 100 여 년
전에 있었던 외적의 침입으로 폐허가 되어 버린 화주·등주를 바
라보는 목민관의 심회가「次和州本營詩韻」「登州古城懷古」「竹
島詩」에 잘 드러나 있다. 兵禍로 폐허가 된 후 지금까지도 그 상처
가 남아 있는 현장에서 안축은 그 때의 참상을 생생하게 그려내고

있다. 그런데 병란을 유발시킨 장본인이 자신과 같은 관인이었다는 사실과 이를 구제하지 못하는 안타까움을 "세상 건질 재질 아님 새삼 부끄럽다(還愧身無濟世才)"라고 토로하고 있다. 또한 "백성들의 생업 두루 살펴 내 나라를 근심(歷觀民業憂吾國)(「次襄州公館詩韻」)"하는 그의 모습에서 그의 '우국애민'의 면모를 발견할 수 있다.

부끄러운 과거사를 담은 영사시에는 100여 년 전과 같은 고통이 지금까지도 엄존하고 있는 현실을 반영된 동시에 元의 지배 하에 있던 우리 민족에게 각성을 촉구하기 위한 의도가 함의된 것으로 볼 수 있다. 이처럼 『관동와주』 전편에는 '生民之福'의 실현을 위한 관인으로서의 사명의식이 관류하고 있음을 알 수 있다.

다음으로 『관동와주』에는 민풍을 살펴 이를 왕을 비롯한 지배층에 대한 권계와 각성을 촉구하는 내용이 두드러지게 나타나고 있다. 백성들의 苦楚와 艱苦함을 사실적으로 묘사한 「國島詩」 「鹽戶」 「蔘歎」 등에 잘 드러나 있다. 이 가운데 「鹽戶」 「蔘歎」은 공물 징발로 인해 고통을 겪고 있는 백성의 실상을 서정과 서사를 긴밀히 결합시켜 시적 성취를 이루고 있다. 특히 「鹽戶」의 "임금은 공신을 중히 여겨/賞으로 내리심 아끼지 않네/한 사람이 입은 옷/만 백성의 깊이 싸인 노고인데(君王重功臣 賞賜不屯惜 一人身上衣 萬民苦深積)"라는 구절을 통해 안축이 비판하고자 하는 대상이 왕을 포함한 지배층이었음을 알 수 있다. 혹독한 공출과 징발에 백성들은 삶의 터전을 버리고 도망하는 유망민이 되고 만다. 「是日過孤山驛」에서는 잔혹한 아전과 권세가들에 쫓겨 유망하고 마는 백성들의 고단한 삶이 대조를 통해 더욱 비극적으로 그려지고 있다. 이러한 현실에서 때로는 백성과 함께 안타까워하면서 "어느 때 태고 시절로 돌아갈 것인가(何時回太古)"를 외치기도 하고, 때로는 자신이 속한 지배층을 "아전은 혹독하고 권세가는 승냥이와 같으며(吏酷豺當路)"라고 풍간하기도 한다. 이러한 사실적 묘사와 강한 어조의 비판은 결국 지배층의 각성만이 '생민지복'을 실현할 수 있는 유일한 방도였다는 것을 간파하고 있었기 때문으로 보인다.

안축의 현실인식은 당시 백성들에게 가장 고통스러웠던 공녀 징발의 문제를 정면으로 다룬 「王昭君」에서 단적으로 드러난다. 중국의 고사를 원용하고 있는 이 시는 "이 몸은 장차 오랑캐와 함께 늙어 갈 것이니/다만 고운 얼굴이 빨리 늙지 않을까 걱정이네(將身已與胡兒老 惟恐紅顏凋不무)"라 하여 오랑캐와 함께 지내는 것이 고통스러워 빨리 늙기를 바라는 왕소군의 아픔을 표현하고 있다. 이처럼 안축은 당시 백성들의 고통을 외면하지 않고 이를 작품에 사실적으로 반영하고 있다. 이러한 바탕에는 '충군애민'의 정신이 자리하고 있다고 할 수 있다.

안축의 『관동와주』에 나타난 이러한 현실인식과 개혁에 대한 의지 표명은 당시 元을 통해 유입된 실천적인 신유학과 밀접한 관련을 맺고 있다고 할 수 있다. 이러한 학문적 바탕에서 볼 때 '자신들이 배운 것'과는 달리 사리사욕을 위해 토지겸병과 강제 징탈을 자행하던 지배층, 즉 권문세족은 그들에게 적대세력으로 규정될 수밖에 없었다. 그리하여 이들 세력에 대한 저항감을 한시를 통해 강렬한 어조로 비판하였다. 그렇지만 당시의 현실은 안축의 이와 같은 개혁 의지를 수용할 만한 여건이 되지 못하였다. 다음 글에서 당시 권문세족의 수탈로 인한 폐해를 알 수 있다.

> 근래에 와서 공신록권의 사패전, 불사에 판정으로 시주해서 바치는 토지, 행성리문소의 순군·홀적·내승·응방에 하사한 토지, 권호들이 겸병한 것, 교활한 무리가 빼돌린 것 등이 인민에게 해독을 입히고 나라를 좀먹어 그 폐단이 분분히 일어나서, 국고에 들어오는 것은 강

화도에서 난을 겪을 때에 비교하여도 10분의 2~3도 되지 못하니 만약 3년이나 5년의 수재와 한재가 있게 되면 어떻게 그 급함을 구제할 수 있으며, 천백명의 군량을 어떻게 충당할 것인가?[96]

이제현의 「策問」으로, 이 글에서 그는 당시의 권호들의 겸병과 교활한 무리들의 은닉한 토지 등으로 국가의 재정이 심각한 위기에 처하였음을 지적하고 있다. 국가 재정 수입이 몽고의 침입으로 인해 강화로 천도하였을 때보다 훨씬 적어서 水災와 旱災에 대한 대책은 말할 것도 없고, 軍糧을 공급하기도 어려운 상황을 걱정하고 있다. 이러한 폐단을 바로잡고자 이제현을 비롯한 개혁적인 신흥사대부층은 여러 통로를 통하여 개혁을 요청하기에 이른다.[97] 하지만 이미 구조적 모순으로 굳어진 폐단은 쉽게 고쳐질 수는 없었다. 여기에 지방 관리 및 아전들의 과중한 공출과 징발까지 겹쳐 농민들의 고초는 더욱 가중되었다. 이와 같은 구조적 모순과 그 한계를 절감한 안축은 현실 문제에 대해 낭만적인 방법으로 해결을 모색하게 된다. 현실 문제를 사실적으로 묘사하면서 그 해결 방도를 낭만적인 데에서 찾고자 한 안축의 방법론적 모색은 현실성과 낭만성의 균형을 이루는 문학적 성취로 평가할 수 있을 것이다. 박혜숙은 신흥사대부층의 현실 감각과 낭만성을 동시에 지니고 있는 문학에 대하여 다음과 같이 평가하고 있다.

---

96) 李齊賢, 「策問」 『益齋亂藁』 卷9(下), "近世來 功臣祿券賜牌之田 佛寺判定施納之田 行省理問所巡軍忽赤內乘鷹坊受賜之田 權豪之兼併 姦猾之匿挾 所以毒於民而病於國者 紛然以作 倉廩之入 比之江都攻守危急之時 什不能二三焉 萬分一有三五年水旱之災 何以周其急 千百軍餽饗之費 何以共其用乎."

97) 李齊賢의 「在大都上中書都堂書」, 白文寶의 「論銓注」, 田祿生의 「論鹽鐵別監之弊疏」, 이곡의 「請子弟入學表」 등이 이러한 내용을 담고 있다.

우리는 여말 신흥사대부층의 의식세계가 전체적으로 조망해, 현실감각과 낭만적 정조가 적절히 균형을 이룬 것이었음을 간취할 수 있다. 이점에서 여말 신흥사대부층의 의식세계는 낭만적 정조 쪽으로 편향되었던 선초 훈구파들의 의식세계나 비판적 현실인식 쪽으로 편향되었던 사림파들의 의식세계가 보이는 일면성과는 역사적으로 다소 구별되지 않나 여겨진다. 여말 신흥사대부층의 균형을 이룬 포괄적 의식세계가 역사전개에 따라 두 가지 대립적인 편향으로 분화되고 만 것이다.98)

그는 신흥사대부층의 의식은 선초 훈구파나 사림파가 지녔던 일면적 의식세계와는 달리 양자를 포괄하는 의식세계를 지니고 있는 것으로 파악하고 있다. 이러한 평가를 수용할 경우 안축은 불합리한 현실을 철저하게 인식하여 거기에서 낙관적 전망을 그려내고 있는 것으로 볼 수 있다. 안축의 한시에서 노정되었던 낭만적 정조는 이러한 긍정적 현실인식 태도가 반영된 것으로 평가된다.

『관동와주』에는 시어나 대구법, 비유를 통한 심상 등을 적절히 활용하여 백성의 생활상과 목민관으로서의 감회 등을 효과적으로 드러내고 있다.『관동와주』에 드러나는 백성들의 삶과 직접적으로 연관된 시어(民·吏)나 백성에 대한 연민의 정서를 드러내고 있는 시어(憐·憫·愁·悲·哀·愧), 그리고 백성의 구제와 관련된 시어(救·濟·恤) 등을 통해 안축의 애민정신을 살필 수 있다. 그리고「동문선」소재 한시를 중심으로 살펴 볼 때 시각적 심상이 가장 두드러지게 나타나며, 대구와 직유 등이 많이 보이고 있다. 시각적 심상이 주로 등장하는 것은『관동와주』가 관동지방을 순력하는 중에 지었기 때문으로 생각되며, 대구는 '反對'가 많이 쓰이고 있는데, 이는 현실과 이상의 갈등을 표출할 때 주로 쓰이고 있다. 비유는 직유가 많이 사용되고 있다. 직유는 특히 백성들의 고통을

---

98) 박혜숙, 앞의 책, 204쪽.

해결하는 방법을 제시할 때 '若', '如', '似'와 같은 어사를 이용하여 표현하도 있다.

그런데 안축의『관동와주』에는 표현기교보다도 그 내용에 중심을 두고 있다고 할 수 있다. 이러한 내용 위주의 태도는 이전의 표현 기교를 중시하던 浮華한 詞章보다는 經術을 중심으로 한 문학이 우선적으로 요청되었던 시대 상황에 기인한 것으로 보인다. 이는 곧 신흥사대부층의 효용론적 문학관과 그 맥락이 닿아 있다. 안축은 한시를 통해 백성들의 입장을 반영하면서 모순된 현실을 개혁하고자 하는 한편, 자신이 소속된 신흥사대부층의 理想—'생민지복'을 실현하는 한 방편으로 한시를 지은 것으로 볼 수 있다.

역사적 격변기인 고려 후기에 태어난 안축은 국내외적인 여러 변란으로 사회가 안정되지 못했던 어려운 시기에 일생의 대부분을 지냈다.『관동와주』에서 볼 수 있는 현실에 대한 강렬한 관심은 이러한 시대 상황을 반영하면서 안축이라는 개인의 투철한 현실 인식이 결합한 것으로 볼 수 있다. 안축은 잘못된 현실을 개혁하기 위한 방도로 한시를 활용하였다. 무엇보다 현실 문제 해결의 열쇠를 쥐고 있는 계층이 바로 지배층이었다는 점에서 이들의 각성을 촉구하는 데 그들이 향유하고 있는 한시가 무엇보다 유효했을 것이며, 음영문학인 한시가 가창문학에 비해 의미를 전달하는 데 효과적이었을 것이기 때문이다.

Ⅳ. 안축의 경기체가 연구

1. 「關東別曲」「竹溪別曲」의
장르적 特性

경기체가에 관해 가장 활발하게 논의된 분야가 바로 경기체가 장르적 성격에 관한 것이다. 장르적 성격에 관한 논의의 기폭제 역할을 한 것은 조동일이 제시한 교술시 이론이다. 그의 견해에 의하면 경기체가는 세계의 자아화인 서정이 아니라 자아의 세계화인 교술시로서, 향가와 고려속요에서 볼 수 있었던 서정 일반의 특징이 나타나지 않으며, 구체적인 사물이나 사실을 열거하면서 감흥을 찾는다는 점에서 서정시가 아닌 교술시라는 것이다. 즉, 경기체가는 실제로 존재하는 작품외적 세계상을 작품 내에 그대로 옮겨놓았을 뿐이며, 작품에서 특별히 창조한 세계상을 발견할 수 없으며, 그 세계상은 작품화되기 이전에 가졌던 문자 그대로의 외연적 의미를 제시하는 데 그치고 있다고 하였다.[99]

경기체가가 교술장르라는 조동일의 주장은 경기체가 장르 규정에 관한 본격적 논의를 촉발시키는 한편, 교술 장르에 관한 반론이 여러 연구자에 의해 제기되기도 하였다.[100] 이 가운데 특히 김학성은 시가는 본질적으로 경험의 대상에 대한 미의식의 선택에 의한 표현이므로 세계의 자아화인 것이므로, 시가에 있어서 자아의 세

---

99) 조동일, 「경기체가의 장르적 성격」『학술원논문집』 15, 정신문화연구원, 1976. 이 논문은 김학성·권두환 편,『고전시가론』, 새문사, 1984에 재수록 됨. 본고는 이를 참조함.
100) 김문기, 김흥규, 김학성, 성호경, 박일용 등에 의해 이미 지적된 바 있다.

계화란 있을 수 없다고 하여 경기체가는 서정시가라는 견해를 밝혔다.[101] 그런데 그는 기존 견해를 수정하여, 율격적인 변화에 대응하여 경기체가의 장르적 성격이 변모한다는 주장을 내세웠다. 즉 교술성이 압도적으로 두드러진 장르로 출발했던 경기체가는 후대로 내려올수록 교술성이 상대적으로 약화되고 서정성이 두드러진 장르로 변모를 겪게 된다는 것이다.[102] 그가 내세운 경기체가 장르의 유동적 속성은 하나의 장르로만 고착시켜 보려는 기존의 입장을 지양하여 장르의 변동을 율격과 함께 논의하였다는 의의를 지니고 있으나, 주관적 정서 표출이 두드러진 안축의 경기체가 작품 등을 「한림별곡」과 선초 경기체가 작품들과 함께 뭉뚱그려 '교술'로 파악하는 약점을 지니고 있다 할 수 있다.

김홍규는 경기체가를 교술이나 서정이라는 한 장르로 귀속시키려는 견해를 비판하고, '사실의 세계를 떠나지 않으면서도 그것을 완강한 주관성에 의해 선택, 폐쇄하여 관념화하고 이를 정서적 심미적 도취의 차원으로 드높이는 사대부적 사유의 형식화'로 이해하고서, 조동일의 4분법으로는 서정과 교술의 중간에 있는 장르이며, 전통적 3분법의 틀로는 서정의 주변 장르라 하였다.[103]

한편 성호경은 「한림별곡」 등을 중심으로 하여 볼 때 경기체가는 역시 정서적 체험의 표현을 위주로 하는 서정적 장르라 하였다. 그는 경기체가에서 드러내고자 하는 바는 事象(실재적 또는 상상적)에서 감발되는 정서에 있는 것이지, 사상 자체가 아니며, 결구의 특성으로 인하여 그 정서 표현이 간접적으로 암시하는 방법에 의해 나타나게 되지만, 그렇다고 해서 그 서정이 부차적이라고 할 수가

---

101) 金學成,『韓國古典詩歌의 研究』, 圓光大出版局, 1980, 11쪽.
102) 김학성,「경기체가」, 황패강 외3인 편,『한국문학연구입문』, 지식산업사, 1982, 369쪽.
103) 김홍규,「장르론의 전망과 경기체가」, 152쪽.

없다고 하였다. 즉 「한림별곡」 등의 경기체가는 간접적인 암시를 통해 공감을 불러일으키고 그로써 정서적 고양을 기하는 면이 많이 약화되고, 거의 직설적인 서술에 가까운 면이 나타나게 되어, 서정은 부차적인 것으로 되고 대신에 세계상의 제시(교술)가 주안점이 되고 만다는 것이다. 따라서 15세기 경기체가는 정서 표현보다는 찬양 대상의 구체적, 객관적인 모습을 보여주는 데 역점이 주어지는 교술위주의 것으로, 그 장르적 성격이 김학성이 제시한 교술→서정의 양상과는 반대로 서정→교술로 변모하였다고 하였다.[104]

최근 박경주는 교술과 서정을 가르는 기준을 '형상화 기법'에 두고 장르론을 제시하였다. 그는 작가(작품외적자아)가 작품외적세계를 인식하는 첫번째 과정은 '세계의 자아화'로 모든 문학 작품은 1차로 세계의 자아화 단계(1차 전환)를 거치게 되는데, 두번째 단계에 이르러 장르의 구분이 생긴다. 우선 전환을 거치지 않고 자아화된 세계 그대로를 나타내는 방법(비전환 표현)이 있다. 이때 작품내적자아와 작품외적자아는 일치하며 나타난 작품은 '자아의 형태'로 이것이 서정장르이고, 1단계에서 자아화된 세계(작품외적세계)를 세계(작품내적세계)의 형태로 전환시켜 나타내는 방법 즉 '자아의 세계화'로 이를 교술 장르라 할 수 있다. 이때 세계의 형태는 다양한 모습으로 선택되어 나타날 수 있으며, 때로 화자(작품내적자아)가 작품내적세계의 배열에 관여하거나 감상을 표출하는 경우도 있으나, 그렇다고 해도 이는 서정 장르는 아니라는 것이 그가 내세운 장르론의 요지다. 이에 근거하여 현전하는 경기체가 최초의 작품인 「한림별곡」의 비롯하여 안축의 「관동별곡」과 「죽계별곡」, 조선초 악장으로 사용된 경기체가, 승려들에 의해 포교를 목적으로 지어진

---

104) 성호경, 「경기체가의 장르」, 장덕순 외, 『한국문학사의 쟁점』, 집문당, 1986, 235～237쪽.

불교계 경기체가 등은 교술장르라 하였다.105)

그 가운데 「관동별곡」에 관한 박경주의 언급을 살펴보자.

> 「관동별곡」의 경우는 앞의 「한림별곡」에 비해 개별적 사물이 나열
> 되는 부분과 화자의 감흥이 나타나는 부분의 분리가 약화되고 있다.
> 「한림별곡」에서는 4행과 6행에서만 화자의 감흥이 나타나고 다른 행
> 에서는 철저히 외부세계의 사물을 나열하고 있었는데, 「관동별곡」의
> 경우는 1행에서 3행까지가 외부 사물의 나열이 아닌 외부 정경의 순
> 차적 묘사로 변화되었고, 특히 5행은 사물이 등장하는 것이 아니라 6
> 행에 나타나는 작자의 감흥을 준비하는 진술로 채워져 있어 보다 서
> 정성이 강화되었다고 할 수 있다. …(중략)… 더욱이 제 3장의 경우는
> 4행과 6행에서 공식구인 ‘위 * * 景幾何如’를 생략해버리고 자유로운
> 화자의 발언으로 대신하고 있어 화자의 감흥이 고조되는 양상을 보인
> 다. …(중략)… 그러나 이러한 변화를 두고 경기체가 장르가 서정으로
> 바뀌었다고 생각해서는 곤란하다. 「관동별곡」에서 표현되는 작자의
> 감흥은 여전히 서정장르에 비해서는 미흡하며 감흥보다는 외부 경물
> 의 묘사에 중점이 주어져 있기 때문이다. 나열된 사물이건 순차적 경
> 물이건 모두 외부 세계임은 분명하며, 이를 선택한 작자는 자신의 감
> 흥을 최대한 절제하며 경물을 제시하는 뒷면에서 가려진 기쁨을 누리
> 고 있다.106)

그의 견해에 따르면 「관동별곡」은 「한림별곡」에 비해 화자의
감흥이 많이 드러나고 있기는 하지만 그것이 주가 아니라 외부 경
물 묘사 중심이기 때문에 여전히 교술장르라는 것이다.

---

105) 박경주가 제시한 교술과 서정 장르의 구분은 ‘형상화 기법’에 따른 것
　　으로, 견문을 통한 자신의 감흥을 쓴 시에 있어서, 견문에 주가 맞춰
　　지고 거기에서 느낀 자신의 감정을 덧붙인 시나 작가의 모습이 등장
　　하기는 해도 구체적 대상에 대한 견해나 감흥 등을 솔직히 나타내는
　　역할만 할 뿐 작가의 의식 내부가 작품 전편에 드러날 수 없는 시는
　　모두 교술시라 하였다. 이때 작가의 주된 의도가 대상 제시보다 자신
　　의 견해나 감흥을 나타내는 것에 있는 경우에도 마찬가지로 교술시라
　　하였다(박경주, 앞의 책, 222~225쪽).

106) 박경주, 같은 책, 230쪽.

교술시 이론에 의거할 때 경기체가는 장르의 성격상 주관적 정서를 표출하는 방식이 있을 수 없는 것처럼 여겨왔다. 그런데 詩는 작품 內에서 사물을 나타내는 단어가 열거되었다고 해서 그 외연적 의미만이 제시되는 것은 아니다. 어떤 유형의 어휘라도 선택하여 작품 속에 배열했을 경우, 그 어휘들은 작품의 내적 질서에 따른 새로운 意味網이 형성된다. 때문에 작품에 쓰인 어휘들은 사전적·외연적 의미만을 지니고 있는 것은 아니라 시인의 의도에 따른 암시적 의미 내재적 의미도 동시에 지니게 된다. 따라서 경기체가가 실재하는 작품외적 세계상(실재하지 않는 경우도 많이 있다)을 작품 내에 그대로 옮겨 놓았다 하더라도 그것이 작품 내에 옮겨져 일정한 질서 속에 재구성된 이상 새로운 질서 내에서의 위상과 상호연관에 따라 새로운 질서와 의미가 부여되는 것이며, 이때 새로운 질서에 의해 형성된 내포적 함축적 의미가 발생한다. 이런 점에서 경기체가 작품 내용 가운데 이른바 '포괄화의 원리'로 명명된 '～경'의 앞에 표현된 어구는 시적 자아가 외적 세계상에서 발견한 주관적 정서를 포함하고 있다고 할 수 있다. 특히 후소절의 '～경' 앞에 제시되는 어휘들은 시적 화자의 정서를 표출하고 있는 중요한 어구이다. 또한 '～경'이 없는 전후절에서는 정서 표출은 더욱 두드러지게 나타나고 있다.

그런데 「관동별곡」에서 제시되는 경물은 경물 그 자체를 묘사하기 위한 것이 아니라 작자의 감흥을 표현하기 위한 장치로 사용되고 있다. 특히 3, 4연의 후소절은 '～景 幾何如'라는 공식구 없이 화자의 감흥을 표출하고 있으며, 더구나 4연의 후소절에서는 배경 제시 없이도 시적 화자의 주관적 감흥을 드러내고 있다. 그리고 「관동별곡」「죽계별곡」은 감흥을 절제하는 것이 아니라, 오히려 막힘없이 표출하고 있으며, 그 표출 방식 또한 직접적인 방법만이 아니라 암시적으로 표현되기도 한다. 따라서 「관동별곡」「죽계별곡」
은 외부경물 묘사 위주가 아니기 때문에 서정장르적 속성을 지니
고 있다.

경기체가 장르는 개개의 작품에서 드러나는 정서 표출이 정도의
차이가 있지만, 기본적으로 사물이 제시되고 나열되어 자아가 드
러내고자 하는 감흥과 정서를 표현하고 있다. 이때 정감의 표출쪽
에 주안을 두어 파악할 경우 그것은 서정장르로, 외부 세계의 나열
적 제시라는 측면에서 볼 때는 교술장르로 파악되는 것이다.[107] 따
라서 경기체가의 장르적 성격을 고정화시켜 규정하기보다는 어느
쪽에 더 주안을 두어 표현하고 있느냐를 살펴 규정해야 할 것으로
생각한다. 이런 점에서 안축의 경기체가는 개인소작으로 개인적
정서가 상당부분 표출되고 있다는 점에서 서정장르에 가깝다고 할
수 있다. 이와 같은 서정 장르의 속성은 조선초 악장으로 제작·사
용되면서 장르적 속성이 변화되어 교술장르로, 그 후 교술적 성격
이 약화되는 정치적 안정기에는 다시 본래의 서정장르로 그 성격
이 변모해 갔다고 본다. 이를 정리하면, 서정(13, 14세기 작품)→교
술(15, 16세기 중엽)→서정(16세기말 이후) 위주로 변모하는 것으로
파악할 수 있다.

본 장에서는 이와 같이 경기체가가 주관적 정서를 표현하고 있
음에 주목하여 안축의 「관동별곡」과 「죽계별곡」에 나타나고 있는
정서를 알아보기로 한다. 아울러 작품 내에서 정서를 표출하는 기
본 원리는 무엇이며 그 양상은 어떻게 나타나고 있는가를 포함하
여 논의될 것이다. 이러한 논의는 결국『관동와주』한시와 「관동
별곡」「죽계별곡」과의 상호 관련성을 해명하기 위한 작업이라 할
수 있다.

---

107) 김동욱, 앞의 책, 168쪽 참조.

2. 「關東別曲」「竹溪別曲」의
文學的 構造 分析

1) 「關東別曲」「竹溪別曲」의 著作과 그 背景

「관동별곡」은 강릉도존무사 재임시 관동별경을 歷覽한 후 그 때의 감흥과 정서를 경기체가라는 歌形式을 빌어 표현한 노래이다.

「관동별곡」의 제작 시기를 추정할 만한 자료로 李穀의 「永郎湖次安謹齋詩韻跋」이 있다. 그 내용 중에 "근재선생이 존무사로 있을 때에 이 호수에 노닐며 절구 1수를 지었으니 … **또**「관동별곡」을 지었는데, 이제 그 노래를 듣고 그 시를 읊조리니 처연하여 느낌이 있다."108)라는 구절이 있다. 김동욱은 이 구절에 근거하여 「관동별곡」 저작 시기를 안축이 존무사로 활동할 즈음으로 파악하고 있다.109) 그런데 필자의 판단으로는 「관동별곡」은 안축이 존무사의

---

108) 李穀, 「永郎湖次安謹齋詩韻跋」, 앞의 책, "謹齋先生存撫之日 遊此湖 作一絶云 … 又作關東別曲 今聞其歌 誦其詩 悽然有感故云."

109) 이러한 견해는 李穀의 시문을 해석하는 관점의 차이에 기인하는 것도 있지만, 보다 더 큰 이유는 「관동별곡」이 '즉흥적'으로 지어진 작품이라는 견해가 전제되어 있기 때문으로 풀이된다. 그러나 「관동별곡」은 즉흥적으로 만들어졌다고 보기는 어려울 듯하다. 즉흥적인 정서를 표현하는 데에는 오히려 한시가 더 적당하다. 이런 점에서 볼 때 이수봉의 견해는 참조할 만하다. 그는 「관동별곡」 창작 시기를 명시하지는 않았지만 「관동별곡」이 『관동와주』를 바탕으로 관동지방의 절경을 경기체가의 형식을 빌어 표현하려 했음을 들어 창작 연대를 1328~1329년으로 추정하고 있다(이수봉, 「안축론」, 앞의 책, 81쪽). 이는 안축이 존무사로 나간 연대를 잘못 이해하고 있다는 약점을 지니고 있으나, 『관동와주』가 제작된 후 이를 바탕으로 「관동별곡」가 지어졌다는 견해는 주목할 만하다고 생각한다.

임무를 마치고 돌아온 직후에 지었을 것으로 생각된다. 그 근거로 먼저, 「관동별곡」 전 9연의 시상이 긴밀하게 전개되어 있으며 그 가운데 제 1연이 전체의 序詞, 9연이 結詞 역할을 하고 있다는 점을 들 수 있다. 이는 관동 지방의 승경 전체를 관람한 다음 차분히 머릿속에 떠올리면서 이를 자신이 정한 순서에 따라 조직하고 배열했기 때문일 것이다. 둘째, 「관동별곡」의 순서가 안축의 존무사 순력의 과정을 따라 지명들이 전개되는 것이 아니라 왕명이 도달하는 순서에 따라 전개되고 있다는 점이다.[110] 일정한 기준을 설정하고 각 연을 배열했다는 것은 즉흥적인 저작이 아니라는 것을 의미한다고 하겠다. 셋째, 이곡의 跋文 내용 가운데 "이 호수에 노닐며 절구 1수를 지으니……또 관동별곡을 지었는데"에서 "또"는 절구 1수를 지은 시기와 "같다는" 뜻으로 해석하여 절구와 같은 시기에 「관동별곡」을 지었다고 풀이하고 있으나,[111] 이 구절에 대한 해석은 "절구 1수를 짓고, 그리고 '또' 영랑호를 소재로 「관동별곡」을 지었다는 뜻으로 해석하는 편이 옳을 듯하다. 그것은 「관동별곡」의 마지막 聯이 '영랑호'를 소재로 한 것이 아니라는 사실에 근거한다. 「관동별곡」 9연에 영랑호가 등장하지 않는 것은 이곳에서 작품을 완성한 것이 아니라는 증거가 된다. 넷째, 이제현의 『관동와주』 서문에 「관동별곡」에 관한 언급이 없다는 사실을 들 수 있다. 「小樂府」를 제작하였으며, '詞文學' 작품을 상당수 남기는 등 가문학에 대해 높은 관심과 조예가 깊었던 이제현이 「관동와주서」에서 「관동별곡」에 대해 언급하지 않았다는 것은 序文을 쓸 당시까지 「관동별곡」이 저작되지 않았기 때문이라 할 수 있다.

경기체가는 가창문학으로서 악곡과 연관되어 있어서 즉흥적 창

---

110) 김동욱, 앞의 책, 176쪽.
111) 같은 책, 59쪽.

작이 쉽지 않았을 것이다. 이와 같은 정황을 감안할 때 「관동별곡」
은 존무사 임무를 마치고 돌아온(충혜왕 1년(1331년 9월) 후에 지어
진 것이라 할 수 있겠다.[112] 그 시기는『관동와주』편찬(1331년 10
월) 직후로 생각되나 정확한 연도를 확정할 수는 없다. 안축이『관
동와주』를 편찬한 후 이에 감발하여 백성을 위로하고 자신의 포부
를 내보이기 위해 지은 것이 바로 「관동별곡」이다.

「죽계별곡」은 안축이 충목왕 4년(1348) 봄 致仕後 고향인 순흥
에 내려가서 그해 6월 21일 卒하기까지의 사이 작이다. 안축이 만
년에 고향인 순흥에 돌아와 지었다는 것은 致仕客의 자유로움 속
에서 자신의 일생을 되돌아보고 이에 감흥하여 제작했다고 생각할
수 있다. 신흥사대부로서 백성을 위하여 정치에 참여, 권문세족에
대항하면서 일생을 보낸 안축 자신의 생에 대한 자부심이 「죽계별
곡」 저작의 바탕이 되었음을 알게 한다. 자신의 일생에 대한 자부
심이 배경이 되었기에 고향인 순흥을 예찬하면서 자신의 업적과
가문에 대한 자랑을 내세울 수 있었을 것이다.

2) 「關東別曲」「竹溪別曲」의 共通的 特性

경기체가의 형식적 특징은 다음과 같이 제시될 수 있다.

① 연장체 시가이다.

---

112) 「관동별곡」의 제작을 『관동와주』 편집 이후로 파악하고 있는 논자로
　　는 김창규, 이경우 등을 들 수 있다. 김창규는 안축이 관동와주 한시
　　들의 총결산으로 마무리 지은 것이 「관동별곡」이라 하여『관동와주』
　　가 제작된 이후에 「관동별곡」이 지어진 것이라 하였으며,(김창규, 「근
　　재시가고」, 26쪽) 이경우도 「관동별곡」은 관동지방의 순찰의 임무를
　　마친 뒤에 지은 것이라 하였다(이경우, 앞의 논문, 384쪽).

② 전대절과 후소절로 되어 있다.

③ 제 1~3행은 3음보격, 제 4~6행은 4음보격으로 이루어진 6행시이다.

④ 제 4행과 제 6행은 "위(위 혹은 위)~경) 그엇더 ᄒ니잇고"로 4음보를 이루는 것이 원칙이다.

⑤ 제 1·2행은 3·3·4란 음수율에, 제 5행은 4·4·4·4란 음수율에 매우 익숙해 있다.[113]

이러한 형식상의 특성은 실제 각 작품에 적용할 때 차이가 드러나기도 한다. 여기서는 위에 제시한 특성을 참고하여 「관동별곡」과 「죽계별곡」의 공통적 특성을 몇 항목으로 나누어 살펴보기로 한다.

(1) 聯章體

경기체가는 聯章體로 이루어져 있다. 연장체는 향가 「보현십원가」를 비롯하여 속악가사에도 나타난다. 이 연장체의 기원은 경기체가의 기원과 밀접한 관련을 지니고 있는데 이에 대한 다양한 견해들이 제시되었다. 이를 크게 보아 외래 기원설과 우리 나라 시가 기원설, 그리고 절충설로 대별할 수 있다.

경기체가의 연장체 구조는 우리 시가의 전통을 계승한 바탕 위에, 중국의 宋樂 내지 宋詞의 영향을 받아 이루어진 것으로 볼 수 있다. 경기체가는 신흥사대부들에 의해 창안되었는데, 그들은 한시를 자신의 정서 표출 양식으로 삼고 생활했던 사람들이다. 그런데 한시로는 자신의 정서를 충분히 표출할 수 없었기 때문에, 자신들의 가창욕구를 충족시키기 위해 창안해낸 것이 바로 경기체가다. 그렇기 때문에 한문학적 소양이 작용했을 것이며, 이 소양을 바탕으로 전통 시가 양식의 영향에다가 중국 시가 양식의 영향을 받아 경기체가를 창안하였다고 할 수 있다. 따라서 필자는 외래 기원설

---

113) 김문기, 「경기체가의 종합적 고찰」, 앞의 책, 276~277쪽.

과 전통 시가 기원설을 절충한 '절충설'을 따르고자 한다.

경기체가 연장체 양상은 단지 개별적 항목의 나열이 아닌 일정한 구조를 지니고 있다. 담당층의 관료적 성격과 그 신분에서 표출될 수 있는 정서의 표현으로 나타나는데, 순환 구조를 통해 정서를 드러내고 있다고 파악하기도 한다.[114] 「관동별곡」은 1 연이 서사, 2연~8연이 본사, 9연이 결사를 이루며, 일정한 질서에 따라 전개되고 있다. 연장체 형식이 일정한 질서 아래 통괄되어 있다는 것은 경기체가의 각 연이 아무런 연관 없이 나열되어 있는 무제한적인 길이를 가진 작품이 아니라는 증거이며, 전 9연으로 되어 있다는 것은 「관동별곡」 작품의 시상이 9연에서 완결되는 구조를 지니고 있음을 보여준다.

이런 까닭에 연장체 형식은 작품의 정서의 전개와 변화 과정을 살필 수 있는 중요한 기능을 수행하며, 경기체가가 가창문학임을 알려주는 표지의 역할을 한다. 그리고 하나의 중심 의도를 표현하기 위해 작자의 의도에 따라 배열된 완전한 하나의 문학 구조라는 사실을 증명해 주기도 한다.[115] 그러면서 연장체는 같은 곡으로 다양한 내용의 가사를 연달아 부를 수 있는 장점도 지니고 있다고 할 수 있다.[116]

(2) 前後分節과 反復構造

경기체가는 전후절로 분단되어 있다.[117] 경기체가의 구조적 특

---

114) 강진순, 앞의 논문, 273쪽 참조.
115) 이와 달리 성호경은 경기체가의 연장체는 평면적·독립적·대등적 관계를 가지는 각 장들의 집합이라고 할 수 있으며, 또 주제는 각 장들의 주제의 집합으로 이루어진 평면적 병렬구조라 하였다(성호경, 「경기체가의 구조 연구」, 1980, 93쪽).
116) 조규익, 앞의 책, 64쪽.
117) 조동일은 경기체가의 구조를 '개별화와 포괄화의 원리'로 설명하였다.

징 가운데 가장 두드러진 특징의 하나가 전절과 후절의 분절 구조
라 할 수 있다. 경기체가의 전후절 분절 양식은 "균형과 동성을 아
울러 가진 미적 구조"118)로써 전대절과 후소절 가운데 후소절에
무게 중심이 놓여 있다.119) 조선조의 파격형의 작품들에서는 전절
이 생략되고 후절만으로 이러한 기능을 수행하는 것을 보아도 알

1행에서 3행까지의 개별화와 4행의 포괄화 또는 5행의 개별화와 6행
의 포괄화 사이에는 분명한 대립이 있고, 이 대립은 경기체가의 작품
구조가 의미의 긴장을 가지도록 하는 데 결정적인 구실을 하는 가장
중요한 방법이다. 그리하여 일단 전대절의 후렴구에 해당하는 4행에
서 한 번의 '포괄화'가 이루어지고 다음의 후소절로 이어진다. 그는
이러한 포괄적인 것의 발견은 개별적인 것의 열거에서는 존재하지 않
던 감격을 동반하며, 개별적인 것에 비해 월등한 의의를 갖는다고 하
였다(조동일, 앞의 논문, 235~237쪽). 조동일의 '개별화'와 '포괄화의
원리'에 대하여 김동욱은 경기체가의 구조는 첫째 줄(1행)부터 넷째
줄(4행)까지의 '경물화'와 다섯째 줄(5행)부터 여섯째 줄(6행)까지의 경
물화가 반복되는 구조라고 하였다. 즉 4행까지는 '개별화'라기보다는
주어·서술어 관계를 골격으로 수식어가 첨가되어 긴밀히 연결되며,
이것은 다시 4행의 '~경'의 관형절이 되어 모든 대상물을 경물화한
다고 했다. 그리고 5, 6행은 2행에서 4행까지의 축약된 반복이라 했다.
그리하여 이를 경물화라는 용어를 사용하여 설명하고자 하였다(김동
욱, 앞의 책, 154쪽). 한편 성호경은 조동일의 두 원리 외에 에밀 슈타
이거의 이론을 원용하여 '목표지향적 전제'와 '파토스적 결말'이라는
구성 원리를 추가로 제시하기도 하였다(성호경, 「경기체가의 구조 연
구」, 88쪽).
118) 같은 논문, 77쪽.
119) 최상은은 「한림별곡」과 달리 개인작품은 무게 중심이 전대절에 있다
고 보았다(최상은, 「경기체가의 풍류적 성격과 사대부문학의 서정성」,
『영남어문학』 16, 영남대, 1989, 337쪽). 그러나 시상의 완성이 후반부
에서 이루어지는 시가 전통으로 볼 때 무게 중심은 아무래도 후소절
에 있다 할 것이다. 전후절로 분단할 때 후소절의 비중이 전대절의 많
은 분량과 대등하거나 그보다 크기 때문에 전대절 후소절로 나누었을
것이다. 이외에도 「관동별곡」 「죽계별곡」을 분석할 때 후소절에서 주
제가 압축적으로 제시되고 있음을 본다.

수 있다. 이처럼 후소절은 시상을 마무리하는데 있어서 중요하다.

각 연은 6행으로 이루어지는데[120] 제 4행의 '爲 ~景 幾何如'로 끝맺는 전대절과 5, 6행으로 이루어진 후소절로 나뉜다. 「관동별곡」의 형태를 도시해 보면 다음과 같다.

```
제 1 행 : 3      3      4         (3음보)
제 2 행 : 3      3      4         (3음보)
제 3 행 : 3(4)   3(4)   4         (3음보)
제 4 행 : (爲)  ~景  幾何如
제 5 행 : 4         4      (반복)    (4음보)[121]
제 6 행 : (爲)  ~景  幾何如
```

전대절 1행에서 3행까지는 개별적 사상들이 하나씩 열거된다. 한자어만으로 된 事象의 개별적 열거로만 보이지만 실상은 하나의 주어를 향해 긴밀하게 연결되어 있다. 그러한 사상들을 포괄하여 4행에서 종합, 평가한 후 하나의 명사로 포괄적으로 제시하고서는 '경'이라는 말을 첨가하여 그것을 "위 ~경 긔엇더ᄒ니잇고(景 幾何如)'로 마무리짓는다. 이때 '~경'의 뜻은 앞에서 열거된 사물들을 통해서 얻어진 '광경'의 제시와 함께, 이 광경을 통해 얻어지는 화자의 주관적 감흥까지도 제시하고 있다. 즉 전대절에서 나열된 사물들이 단지 광경을 제시하는 데에 그치는 것이 아니라, 시적 화자가 경물을 통해 얻은 기쁨과 즐거움과 같은 정서를 표출하고 있다는 점이다.

예를 들면, 1연에서 사물의 나열적 제시에 불과한 것처럼 보이는

---

120) 성호경과 양태순은 후소절의 5행을 둘로 나누고, 전 7행으로 행갈이를 하고 있다(성호경, 「경기체가의 구조 연구」, 1980, 40쪽).

121) 제 5행은 2음보만 기록되어 있으나, 반복 표지가 생략된 것으로 보아 4음보로 취급한다.

제 1, 2행 "海千重 山萬疊 關東別境/碧油幢 紅蓮幕 兵馬營主"에서 '海千重', '山萬疊'과 '碧油幢', '紅蓮幕' 등은 '바다가 첩첩이고, 산이 첩첩'이라는 뜻과 '푸른 휘장과 붉은 장막'이라는 각각의 의미를 지니며, 이들 구절 자체가 지니고 있는 의미 이외에 '바다가 첩첩이며 산이 겹겹을 이루고 있는 아름다운 이 곳'이라는 문맥적·암시적 의미가 내재되어 있다. 이러한 문맥적 의미가 작용하여 '關東別境'과 '兵馬營主'를 수식하고 이는 다시 '위 ~경 긔엇더ᄒ니잇고'와 호응되어 '感嘆'의 정서를 드러내게 된다. 1행에서 3행까지 열거된 사상을 통한 '경물화'는 물론 정서도 제시되는 정경화[122]가 이루어지는 것이다.

1, 2, 3행은 3음보의 음보율을 지니고 있는데 1, 2음보의 음수율과 3음보의 음수율이 다르다. 음수율이 3·3·4로 제 3음보의 음수율이 4인 것은 시행의 안정감을 주며, 호흡을 고르게 하는 역할을 한다.

후소절은 2음보의 반복으로 된 5행에 전대절에서 열거된 사상들을 좀더 구체화하고 발전시킨 한자어로 제시하고 6행에서 '경'이라는 말을 첨가해서 그것을 "위 ~경 긔엇더ᄒ니잇고(爲 ~景 幾何如)"로 끝맺는다. 이때 5행은 전대절 4행의 '~경'과 밀접하게 이어져 있으면서, 1~3행까지 제시된 경물의 상황을 요약 제시하는 동시에 거기서 촉발되는 감흥을 반복적으로 제시함으로써 정서를 강화하고 있다. 이때의 감흥은 전대절 4행에서 제시한 감흥을 내포하

---

122) '情景化'라는 필자가 사용한 용어이다. 조동일이 규정한 '사물화' 또는 김동욱이 주장한 '경물화'라는 용어는 '감탄과 경탄을 자아낼만한 광경'이라는 뜻으로, 이 용어로는 '~경'의 의미를 온전하게 파악기에는 미흡하다고 생각한다. 따라서 '~경'은 사물화, 경물화라는 의미를 포함하는 동시에 이 사물화 경물화를 통해서 얻어진 감흥과 정서를 포함하고 있다는 의미에서 '정경화'라는 용어를 쓰고자 한다. 이때 '情景化'는 경치와 정취의 뜻으로 사물에 감촉되어 일어나는 마음의 작용을 '情'이라 하고, 볼 만한 광경이라는 의미를 '景'이라 한 것이다.

면서 총괄적으로 얻어진 감흥을 제시한다.

6행은 전대절 4행까지의 내용을 요약하면서 이를 발전시킨 후 5행을 경물화, 정경화하여 이를 종합하여 하나의 어휘로써 축약하여 표현하고 있다. 후소절의 제5행의 음수율 또한 전대절 1, 2, 3행의 3·3·4음절과 달리 4·4음절로 되어 있다.

음보율은 전대절은 3음보격이 두드러지고 후소절은 4음보격이 주로 나타난다. 이때 4행과 6행의 '爲 ～景 幾何如'는 한자의 자수로 음보를 구분해서는 안 된다. 이를 우리말로 풀어서 '위/～경/긔 엇더/ᄒ니잇고//로 풀이하여 4음보로 취급해야 한다는 주장이 설득력 있다고 본다.[123] 3음보격은 경쾌하고 발랄한 분위기를 나타내는 데 적합하며, 4음보격은 장중하고 완만한 리듬감을 주고 있다.

이와 같은 전대절과 후소절로 나뉘는 분절구조는 10구체 향가인 詞腦歌의 영향을 받은 것으로 보인다. 사뇌가 역시 전대절에서 제시된 사상이 후소절에서 마무리되는 그러한 구조다. 「관동별곡」 1연의 경우 전대절은 '관동별경의 명사길에서 병마영주가 순찰하는 광경'을 '정경화'하여 나타내었다. 4행의 '幾何如'는 대단하다는 답을 전제로 한 감탄을 내포한 의문이다. 후소절의 역할은 1행에서 4행까지 촉발된 감흥과 감탄의 정서를 통괄하며 정서를 고조시킨 다음 이를 6행에서 제시하면서 하나의 연을 완결시키는 기능을 한다. 물론 이와 같은 후소절의 고양된 정서 표출은 전대절에 근거해서 이루어진다. 전후 분절 구조에 대해 선후창으로 불렀기 때문으로 보기도 하지만 이보다는 10구체 향가의 전통을 계승한 바탕 위에 성립한 것으로 볼 수 있다.[124]

---

123) 金文基, 「경기체가의 종합적 고찰」, 274쪽.
124) 전후절 분절이 민요의 선후창의 양식을 수용한 것으로 보지 않는 이유는 후절의 반복구가 단순히 전절을 반복하는 것이 아니라, 전절에서 고양된 정서를 바탕으로 이를 더욱 고조시키거나 다른 표현을 통

이때 전대절 4행과 후소절 6행의 '爲 ～景 幾何如'는 직설적인 표현에 비해 훨씬 더 강렬한 효과를 얻을 수 있는 수사학적 의문문, 즉 설의법으로 과시와 찬양을 드러낼 때 효과적인 표현이라 할 수 있다. 이 표현은 경기체가 장르를 규정해주는 주요한 표지로써 작용함은 물론 경기체가에서 드러내고자 하는 주제 내지 정서는 바로 이 구절을 통해 중점적으로 표출된다.

(3) 漢字語 + 固有語 構造
「관동별곡」과 「죽계별곡」 각각의 1연을 들어 보면 다음과 같다.

海千重 山萬疊 關東別境
碧油幢 紅蓮幕 兵馬營主
玉帶傾盖 黑槊紅旗 鳴沙路
爲 巡察景 幾何如
朔方民物 慕義起風
爲 王化中興景 幾何如

「관동별곡」 1연

竹嶺南 永嘉北 小白山前
千載興亡 一樣風流 順政城裏
他代無隱 翠華峰 王子藏胎
爲 釀作中興景 幾何如
淸風杜閣 兩國頭銜
爲 山水淸高景 幾何如

「죽계별곡」 1연(굵은 활자, 밑줄－필자)

爲는 차사, 즉 감탄사다. 밑줄친 부분은 이두 표기이다. 경기체가는 고유문자가 없던 시대에 우리말에 해당하는 이두 즉 俚語表

해 통합시키고 있기 때문이다. 선후창양식의 예에 해당하는 「쾌지나칭칭나네」의 경우 앞에서 먹이고 이를 받는 소리인 '쾌지나칭칭나네'는 아무런 의미없이 소리를 단순반복하고 있는데 비해 경기체가의 후절의 반복은 이와는 차원이 다르다.

記와 한자어 위주로 이루어진 사대부 시가이다. 한자어라는 특이성과 함께 6행 정형인 복련구조이다. 앞서 제시한 경기체가 기본 구조와 음수율에서 약간의 차이를 보이고 있다.

전대절의 1, 2, 3행이 한자어로 되고 4행이 '위 경 긔엇더ᄒ니잇고(爲 景幾何如)'로 되어있으며, 후소절 5, 6행 가운데 6행은 4행의 '위 ~경 긔엇더ᄒ니잇고(爲 景 幾何如)'가 반복되어 나타나는 정형시다. 漢字語 + 고유어(俚語) 구조는 이전의 시가나 동시대의 다른 시가와 구별되는 특징적 요소이다. 한시를 통해 자신들의 정서를 표출했던 신흥사대부층이 창안한 가문학이기 때문에 한자어 + 고유어 구조를 지니게 된 것으로 판단된다. 이때 고유어(俚語)는 퇴계 이황이 「도산십이곡발」에서 가창을 충족시키기 위해서는 '국속의 음절'을 사용해야 했다는 것으로 미루어 가창하기 위해 사용된 것으로 보인다.

(4) '爲 ~景 幾何如'

① '~景'에 의한 '情景化'

현전하는 경기체가 중 몇 작품을 제외한 대다수의 작품의 제 4행과 6행은 '爲 景 幾何如'로 표현되어 있는데 이와 같은 '~경'의 중요성에 대해 조동일은 다음과 같이 강조했다.

> "…景 긔엇더ᄒ니잇고"는 "위"에서 시작한 이러한 변화를 더욱 확대하는 구실을 한다. "…景"의 구실은 주목할 만한 것이다. "경"이 첨가되면 시선을 끌 수 있는 光景, 또는 景致가 나타나게 되어 無心히 받아들일 수 있었던 것이라도 적극적 관심의 대상으로 등장한다. 뿐만 아니라, 그 뒤에 "긔 엇더ᄒ니잇고"라는 말까지 첨가되어 있어서 "…景…"이라고 제시된 것에 대해서 다시 주의를 집중시킨다.[125]

---

125) 조동일, 앞의 논문, 237쪽.

조동일은 "…경…"은 장르적 성격을 좌우할 만큼 중요한 구실을 하는 것이라 하였다. 이처럼 전대절과 후소절의 '～경'은 앞에 제시되었던 사물, 경물에 대한 작자의 포괄적인 감흥과 감상 등을 표현하는 구절로써, 이는 종장 어귀에서 내용과 형식을 동시에 포괄하여 암시해 주는 시적 의미를 표현하는 말이다. 따라서 '～경'이 어떻게 포괄하느냐에 따라 시적 화자의 정서와 의미가 달라질 수 있으며, 그 표현하는 대상의 소재가 사물을 비롯하여 자연과 산수, 도의 등이 작가의 눈앞에서 전개되고, 마음 속의 생각에 따라 의미가 달라지기도 한다.[126) 또한 '～경'은 앞에 전개된 포괄적인 것을 눈으로 볼 수 있는 풍치, 혹은 광경이 되도록 하나의 대상이 되게 하는 기능을 갖는다.[127)

경기체가의 결사에 나타나는 '～경'은 노래 내용에 있어서 보다 깊은 중요한 의미를 담고 있다. '～경'은 적극적 관심의 대상이 되며, '～경'이라고 제시된 부분에 대해 주의를 집중시키게 하는 역할을 한다. 그런데 조동일을 비롯하여 선행 연구자들은 대개 '～경'에 드러난 외면적인 면에만 주목하고 있는 듯하다. 실제 '～경'은 이와 같은 '사물화'의 역할뿐만 아니라 1, 2, 3행까지 제시된 사물들을 통해서 얻어진 느낌, 감흥 등의 정서를 표출하는 기능까지 수행하고 있음을 알 수 있다.

조동일이 사물화 포괄화의 원리로 명명한 '～경'에 대해 김동욱은 '경물화'라고 규정하였다. 경물 자체가 아니라 화자가 선택 한정하였기에 '경물화'라는 용어가 적당하다는 것이다. 이때 '경물화'는 '구경거리로 제시한다'는 의미이며, 이를 위해서 반복이 필요

---

126) 김기탁, 앞의 논문, 7쪽.
127) 같은 논문, 16쪽. 김기탁은 「경」이라는 표현의 중요성을 인식하고 이와
    같은 '～경'이 들어가는 이른바 경기체가를 '서경체가'로 명명하였다.

(사람까지도 경물화)하다는 것이다. 따라서 자연경관인 경우 기이하고 빼어나게, 의장기물인 경우 화려하고 장엄하게, 음률과 기녀는 아름답고 격조 높게, 추상적인 개념도 품위있는 것들만 선택하여 제시하게 된다. 그러한 사물들과 똑같이 기품 있는 대상으로서의 자아를 발견하는데 '경물화'의 의의가 있다고 하였다.128)

조동일에 의해 분석된 '사물화'의 원리를 한층 발전시킨 논의라 할 수 있다. 그러나 그의 견해 또한 조동일과 같은 맥락으로 외면적인 상황에 주안점을 두고 있기 때문에 이러한 '~경'이라는 표현을 통해 드러내고자 했던 화자의 주관적, 내면적 정서 표출에 대해서는 언급하지 않고 있는 듯하다.

그러면 '위 ~경 긔엇더ᄒ니잇고' 구조를 전대절의 '~景'과 후소절의 '~景'으로 분리하여 각각의 의미와 기능을 살펴보고자 한다. 전대절의 '~경'은 1~3행까지를 4행에서 요약한 것으로, 3행까지 제시된 전 장면을 요약하거나 1~3행에서 느끼는 감정을 정리하여 표현하고 있다. 이때 경물은 장면의 제시와 아울러 그 장면 속의 감정 흥취 등의 정서도 포괄하고 있으며, 그러한 경물에서 발흥되는 정서도 포함하고 있다.

후소절의 '~경'은 전대절에서 제시된 기능을 반복하여 수행하는 한편, 이에 부가하여 또 다른 기능을 수행하고 있다. 즉 후소절의 5, 6행은 전대절에서 제시된 경물과 이를 포괄하여 4행에서 제시되었던 '~경' 부분의 정서를 근거로 하여, 이를 한 차원 더 승화시켜 작자의 경탄과 거기에서 발흥하는 감흥과 흥취 등의 정서를 표현하면서 시상을 마무리하는 '결사의 기능'을 수행하고 있다. 「한림별곡」의 경우를 예로 들어 보면 2연의 전대절의 "註조쳐 내외옰 景"은 후소절의 "歷覽ㅅ경"으로 발전하고, 4연의 전대절 "勸上ㅅ景"은 후소

---

128) 김동욱, 앞의 책, 155쪽.

절의 "醉흥경"에서처럼 "술잔을 권하다가 결국 술과 놀이에 취한 상태"로까지 발전하였다. 「관동별곡」에서도 이와 같은 대목이 자주 등장한다. 1연의 전대절 "巡察景"에서 촉발된 정서는 후소절의 "王化中興景"으로까지 발전하게 된다. 그런데 "王化中興景"에는 경관을 통해 얻은 감흥은 물론 이곳 명승지에 남아있는 옛 선인들의 풍류의 흔적 및 그것에 대한 회포, 이와 관련된 중국의 고사, 그리고 이곳에서 생활하는 백성에 대한 시적 화자의 정서와 목민관으로서의 사명감 등이 복합적으로 표현되어 있다. 이처럼 '~경'은 경물을 제시하는 데 그치는 것이 아니라 경치를 통해 얻어진 고양된 감정과 정서까지를 포괄하고 있으므로 이를 "情景化"라는 용어로 부르고자 한다.129)

景은 이밖에도 여러 가지 뜻으로 쓰이고 있다.

景 : ① 光色也 ② 境也 ③ 慕也仰也 ④ 大也 ⑤ 姓 ⑥ 如影同『辭源』

景 : ① 光(光色)也 ② 日也 ③ 明也 ④ 白也 ⑤ 像也 ⑥ 謂配合有致之形色(景致) ⑦ 謂形色可玩賞者, 如風景景物 ⑧ 風情 ⑨ 慕也 ⑩ 仰也 ⑪ 遠行貌與憬通『中文大辭典』

『辭源』에 의하면 '景'은 그 앞의 단어가 추상적이고 관념적일 경우에는 ①과 ②처럼 경치 또는 경관을 해석할 것이 아니라 ②와 ③의 "흠모하고 우러를 만한 경지 광경"으로 해석하는 것이 적합할

---

129) 김기탁도 '~景'이 '情'을 포함하고 있음을 다음과 같이 밝힌 바 있다. "한림별곡류의 作品群에도 「情」과 「景」이 항상 공존하고 구성되어 作品上에 나타날 때는 「景」으로 表現되지만 그 가운데는 「情」이 포함되므로 하나의 詩로서 완성된 作品이 될 것이다."(김기탁, 앞의 논문, 22, 24쪽). '~景'이라는 용어에는 정서를 포괄하여 쓰고 있다는 것을 의미한다고 볼 수 있다.

듯하다. 예컨대 「관동별곡」 9연 후소절의 "傳子傳孫景"은 관념적이고 추상적인 표현이다. 이때 '景'을 단순히 "자식과 손자에게 이 아름다운 전통을 전하는 광경"이라고 해석하기보다 "자식과 후손들에게 이 아름다운 전통을 전하는 것이야말로 우러르고 흠모해야만 될 훌륭한 경지"가 더 적절한 해석이 될 수 있지 않을까 한다.[130]

따라서 '경'이라는 표현은 경물이라는 구체적 사물을 통해 얻은 감탄과 추상화된 관념적인 경지 또는 이를 우러르고 흠모하는 상황을 포함하고 있는 것으로 해석할 수 있다.[131]

이러한 정서의 심화 발전은 특히 후소절에 '~경'이라는 공식구 없이 표현되어 있는 부분에서 더욱 두드러지게 나타난다. 그리하여 주제를 드러내는 핵심적인 구실을 하고 있다.

② '爲 ~景 幾何如'

'爲 ~景 幾何如(위 ~경 긔엇더ᄒ니잇고)'는 경기체가의 본질적 특성을 드러내는 것으로, '~景'을 통한 '정경화'의 원리와 불가분의 관련을 지니고 있는 대목이라 할 수 있다.

이 표현은 한 聯에 2번씩 등장하는데 전대절의 마지막인 제4행에 그리고 후소절의 제6행에 나타난다. 경기체가의 주제는 바로 이 부분을 통해 표출된다. 이 대목은 의문의 형식을 한 영탄으로써 과시 및 찬양의 설의적인 표현이다. 따라서 경기체가의 주제 및 정조를 파악하고자 할 때 바로 이 '위 ~경 긔엇더ᄒ니잇고'에 대한

---

130) 참고로 김기탁은 '景'의 의미를 "크고 넓은 우주 공간에 펼쳐지는 大自然의 경치"로 해석하였다(김기탁, 앞의 논문, 15쪽).

131) 이러한 측면에 주목한 성호경은 '~경' 앞에는 과시 찬양의 객체가 되는 내용, 즉 과시 찬양될 수 있는 것만이 '~경'의 자리에 놓일 수 있다고 하여 경기체가를 과시 찬양의 문학으로 규정한 바 있다(성호경, 앞의 논문, 55~56쪽).

파악이 관건이 될 수 있다.

이 '위 ~경 긔엇더ᄒ니잇고' 표현은 직설적인 표현에 비해 강렬한 효과를 얻고자 하는 수사학적 의문, 즉 설의법으로서의 의문이다. 강렬한 감흥은 평면적인 서술보다는 의문의 형식을 띤 영탄에 의한 때보다 더 효과적으로 표출 전달될 수 있는 것이다. 그런데 '~경' 앞에는 과시 찬양될 수 있는 것만이 놓일 수 있다 하여 '과시 찬양의 문학'이라 하고 있다.[132]

한편, 이 부분을 경기체가가 지닌 표현상의 한계성으로 파악한 성호경은, 이러한 설의적인 의문은 주제를 직접적으로 제시하지 못하기 때문에 이를 파악하고 공감을 얻기 위해서는 작자와 독자 사이의 공감이 전제되어야 하는데, 이 공감이 성립할 수 있도록 하기 위해 독자가 수긍할 수 있는 보편적인 내용을 제시해야만 한다고 하였다. 따라서 경기체가 장르는 비개성적인 성격을 지닐 수밖에 없는데 이를 보완하기 위한 표현이 바로 '위 ~경 긔엇더ᄒ니잇고' 대신 다른 표현이 사용된다고 하였다.

필자의 생각은 이와는 다르다. 예컨대 관동지방의 경관에 대해서는 자신이 직접 관람을 했던 하지 않았더라도 그곳의 명승지에 대해 공감할 수 있을 뿐만 아니라 가보지 않고도 상상력을 동원하여 그 광경을 머릿속에 그려볼 수 있는 것이다. 특히 우리 시가에 자주 등장하는 중국의 洞庭湖, 廬山, 泰山, 瀟湘八景 등의 경관은 직접 가보지는 않았지만, 이러한 명승지를 우리 시가에서는 자주 표현하였으며, 정서적인 공감을 얻기도 하였다.

그런데 정서가 두드러지게 나타나는 곳은 '위 ~경 긔엇더ᄒ니잇고'라는 공식구적 표현이 나타나지 않는 대목에서라고 할 수 있다. 「관동별곡」의 "爲 又來悉 何奴日是古(3연)"나 "爲 古溫貌我隱

---

132) 성호경, 앞의 논문, 55~56쪽.

伊西爲乎伊多(4연)”, “爲 羊酪 豈 勿蔘爲古里” 등과 같은 표현이나 「죽계별곡」의 “爲 千里相思 又奈何(4연)”과 “爲 四節 遊是沙伊多 (5연)” 등과 같은 표현은 경기체가가 지닌 표현상의 단조로움으로 부터 벗어나 생동감을 얻기도 하며, 감흥을 고조시키기도 한다. 이를 통해 경기체가가 가지는 표현의 한계성을 어느 정도 극복할 수 있다. 무엇보다 이러한 표현은 ‘시적 화자의 정서’를 표현하는 데 있어서 유효하게 사용되고 있는 것이다. 이와 같은 공식구적 표현 이외의 어휘를 동원하는 표현 방법은 「한림별곡」 1, 6, 7, 8연에서 도 보이고 있다. 최초의 작품인 「한림별곡」에서도 장르상의 특성 을 대표하는 ‘위 ~경 긔엇더ᄒ니잇고’조차 다른 표현으로 대체할 수 있다는 것은 경기체가가 비록 정형시이지만 개방적인 면모를 지니고 있는 것으로 볼 수 있다.

　지금까지 「관동별곡」과 「죽계별곡」 구조의 공통적 특성을 살펴 보았다. 이러한 구조적 특성에 비추어 볼 때 경기체가는 10구체 향 가 ‘사뇌가’ 형식의 영향을 가장 많이 받았다고 할 수 있다. 그 근 거로 첫째, 경기체가는 형태상 향가의 ‘차사’를 기준으로 전대절 후소절로 분절되는 3단위 구조를 지니고 있다는 것을 들 수 있다. 정기호는 3단위 구조를 한국시가의 기본 형태소라 하고 앞과 같이 도시화했다.[133]

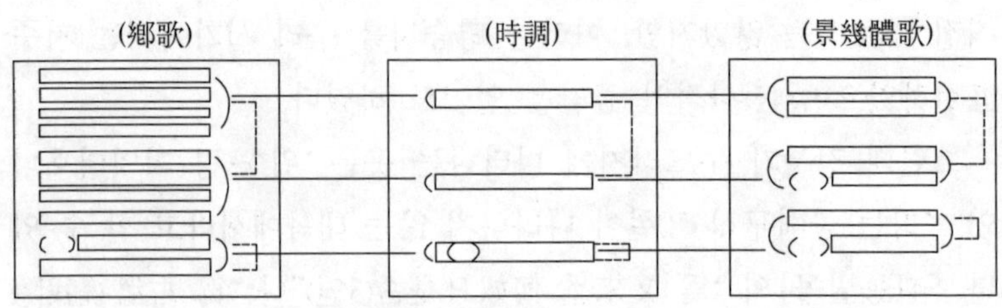

---

133) 정기호, 앞의 책, 214쪽.

도표에서 알 수 있듯이 한국시가의 원초형태인 향가는 이후 시가를 관류하는 장르로써 이후의 시가인 시조와 경기체가로 계승되고 있다.

둘째 근거로는, 경기체가가 이두식 표기를 사용하고 있다는 점이다. 향가는 한자어 차용표기인 향찰을 표현수단으로 이용한 시가이다. 경기체가는 차사를 비롯하여 주요 표현어구인 '긔엇더ᄒ니잇고(幾何如)'와 그 밖의 감탄적인 표현 등에 사용되고 있다. 당시 한문에 익숙한 문인들이 우리말을 이두식 표기법으로 적었다는 것은 상층 사회에서 유행했던 선행 시가인 향가의 전통을 계승한 것이라 할 수 있다.

셋째는, 경기체가는 향가와 마찬가지로 상층 사회에서 유행된 시가라는 점을 들 수 있다. 이밖에도 향가의 '차사'는 전절에서 제기된 대상이나 국면을 일순에 전환시키면서 서정성을 획득하는 기능을 지니고 있다. 마찬가지로 경기체가의 전후절의 '차사' 또는 '감탄사'도 앞 행에서 제기된 사상이나 광경을 '감흥'으로 전환시키는 역할을 수행하고 있다. 이처럼 향가의 영향을 받은 경기체가는 다른 시가의 특성을 수용 섭취하여 창안된 장르라 할 수 있다.[134]

3) 「關東別曲」「竹溪別曲」의 정서와 구조

(1) 「關東別曲」의 情緒와 그 表出方式

교술시 이론에 따르면 경기체가는 장르의 속성상 개인의 주관적 정서 표출보다는 공적인 정서 내지 정서와는 무관한 문학으로 간

---

134) 참고로 金文基는 4음보격 민요 형식에 사뇌가의 율격과 연장체적 특성(「보현십원가」의 경우)이 개입되어 경기체가가 이루어진 것이라 했다(김문기, 앞의 책, 279쪽).

주되어 왔다. 그러나 같은 장르에 속하는 작품들 간에도 정서 표출의 방식이나 표현 방식이 다르듯이 경기체가 장르에 속하는 각 작품 간에는 정서 표출의 정도와 방식이 제각각 다를 수 있다. 「관동별곡」은 안축이 관동지방 巡歷을 통해 얻은 감흥을 한시가 아닌 가창 양식인 경기체가에 담았다는 점에 주목할 필요가 있다.

경기체가의 정서의 변모 과정에 대해 '처음에는 집단적 정서를 표출하였으나 후대로 내려가면서 집단적 성격이 약화되고 이것이 개인의 정서를 표현할 때에는 이미 장르적 가치는 소멸되었다'고 하는 견해가 지배적이다. 이러한 주장에는 집단적 정서→개인적 정서의 순으로 변천한다는 도식적 전개론이 자리하고 있다. 이들은 개인적 정서가 표현된 작품인 「관동별곡」과 「죽계별곡」을 애써 외면한 채 「한림별곡」과 같은 집단적 정서를 표출한 유형의 작품으로 규정하고 있다.

안축의 「관동별곡」과 「죽계별곡」은 당대 신흥사대부의 의식과 세계관을 담고 있다고 할 수 있다. 즉 자연의 사물을 사물 그 자체로 봄으로써 객관적으로 보고자 했던 신흥사대부의 현실인식태도를 담고 있다. 그렇다고 해서 이들 작품에 정서가 표출되지 않은 것은 아니다. 「관동별곡」은 관동 지방 순력을 통해 얻은 경물과 거기서 촉발된 감흥을 주로 표현하고 있다. 자연 경관의 아름다움과 그곳에서 느낀 감흥을 피력한 작품이 바로 「관동별곡」인 것이다. 여기에는 안축의 개인적 정서가 주로 표출되고 있고, 안축이 속한 사대부층의 의식과 지향도 표출되어 있다고 할 수 있다. 이를 고려하지 않고서 「한림별곡」과 동일한 집단적 의식을 드러낸 유형의 작품으로 보는 것은 무리인 듯하다. 안축의 「관동별곡」에는 안축의 개성적인 정서와 그 표출방식이 있고 鄭松江의 「관동별곡」에는 松江의 개인적 정서와 그 독특한 표출방식이 있게 마련이다. 이런 점을 무시하고 집단적 정서만을 강조할 때 안축 가문학의 특성을 올바로 이해할 수 없을 것이다.

「관동별곡」은 안축의 한시와 밀접한 연관을 가지는 것으로 볼 수 있다.『관동와주』를 통해 표현할 수 없는 정서를 표출하기 위해「관동별곡」이 지어진 것으로 판단되기 때문이다.『관동와주』와「관동별곡」은 안축이 시적 욕구를 충족하기 위해 선택한 시가문학으로, 특히 음영문학인 한시에서는 표출하기 어려운 정서를 가창문학인「관동별곡」을 통해 표출하고 있다고 본다.

본 장에서는「관동별곡」과「죽계별곡」의 개별적 특성을 정서의 내용 및 그 표출방식을 중심으로 논의하고자 한다.

① 「관동별곡」의 情緖
㉠ 관인으로서의 '抱負'와 '興'

「관동별곡」에는『관동와주』한시의 지배적 정서인 백성에 대한 연민이나 애정보다는 관인으로서의 포부와 興·樂의 정서가 두드러지게 나타난다.『관동와주』한시에 드러난 정서와의 대비를 위해 이를 자세히 살펴보기로 한다. 먼저「관동별곡」의 제 1연을 보자.

<blockquote>

海千重 山萬疊 關東別境　　碧油幢 紅蓮幕 兵馬營主
玉帶傾盖 黑槊紅旗 鳴沙路　　爲 巡察景 幾何如
朔方民物 慕義起風　　爲 王化中興景 幾何如

바다가 겹겹이고 산이 첩첩인 관동의 별경으로
푸른 휘장 두르고 붉은 장막에 둘러쌓인 병마영주가 되어.
옥대를 띠고 日傘을 받으며,
검은 창과 붉은 깃발을 날리면서 명사길을 가는
아, 순찰하는 모습, 그것이야말로 어떠합니까!
이 지방 백성들 흠모하여 의를 기리는 풍속 일어나네.
아, 임금의 교화를 중흥하는 경지, 그것이야말로 어떠합니까!
「1연」

</blockquote>

1연에는 '王化中興景'이라는 관인으로서의 포부와 관동지방을 순력하는 과정에서 얻게 된 시적화자의 '흥'이 잘 드러나 있다. 제1행부터 3행까지는 개별 사물의 열거가 이루어지고 4행에서는 이를 '爲 巡察景'으로 일단 정리한 후 '幾何如'라는 의문문 형식의 표현으로 마무리되고 있다.

이에 대해 조동일은 1행에서 3행까지를 개별적 사물의 열거로 파악하면서 이때 개별적이라는 것은 나타난 사물들이 서로 의존하는 유기적 관계를 갖지 않고 하나씩 독립되어 있다고 하였으며, 열거라 한 것은 율격을 유지하는 범위 내에서는 나타난 사물들이 순서를 바꾸어도 혼란이 생기지 않고 순차적 관계에서도 하나씩 떨어져 있다고 하였다.[135] 그런데 그의 "개별적 사물의 열거가 순서를 바꾸어도 혼란이 생기지 않는다"라는 견해는 작품의 외형적 질서만 보았을 뿐 내적 질서를 고려하지 않은 것으로 볼 수 있다. 실제로 배열 순서를 바꾸어 놓을 경우 이러한 문제점은 바로 드러난다. 즉 제1연의 첫행 "海千重 / 山萬疊 / 關東別境 碧油幢 / 紅蓮幕 / 兵馬營主"를 조동일의 주장대로 그 순서를 바꾸어 볼 때 '산만첩과 해천중'과 '홍련막 벽유당'으로는 성립 가능하지만(이 경우에도 작품의 의미가 변질됨은 물론 본래 지니고 있던 운율감도 사라지게 된다), 이를 "관동별경 해천중 산만첩"으로, "병마영주 벽유당 홍련막"으로 했을 경우에는 본래적 의미와 리듬감은 사라지고 말 것이다. 그런데 이보다 더 문제가 되는 것은 긴밀한 조직 원리에 입각하여 배열된 시의 내적 질서가 사라지게 된다는 점이다. 이를 잘 지적한 것이 박일용이다.

관동별곡의 전대절을 보면 외형적으로 보아서는 대등하게 나열되

어 있는 듯싶다. 그러나 그 의미를 살펴보면 그렇지 않다. 그것을 쉬
운 우리말로 옮겨보면 "물겹겹 산첩첩한 관동 별경에 / 푸른 장막 홍
련막(속) 병마영주가 / 옥대띠고 비슥이 관쓰고 기치 앞세워 / 명사길
순찰하는 광경 어떠한가" / 정도로 된다. 여기에서 동일한 성분적 어
휘의 병렬은 "관동별경"을 수식하는 관형어 "물겹겹"과 "산첩첩", 그
리고 "순찰"을 수식하는 "옥대띠고", "관쓰고", "기치 앞세워" 등 부사
어이다. 이처럼 여기서는 병렬이 거의 약화되고, 병렬이 된 것도 사물
의 명칭이 아니고 관형어 · 부사어이다. 즉 이 시의 1,2,3행은 "순찰경"
의 화려하고 장엄한 모습을 시각적으로 충실하게 그리는 걸 자신의
내적 기능으로 삼고 있는 것이다.[136]

　　박일용의 주장은 전대절의 개별적 병렬적 나열로 보이는 '해천
중'이나 '산만첩'도 실상은 '관동별경'을 드러내기 위해 사용된 종
속적 문장 성분에 불과하며, 관동별경 또한 제 4행의 '순찰경'을 위
해 봉사하는 수단적 기능을 하고 있다는 것이다. 그는 이와 같은
개별적 사물의 나열로 보이는 1, 2, 3행은 '이 순찰하는 광경 어떠
합니까. 참으로 대단합니다'라는 감탄적인 표현에 대응시키기 위
해 선택 배열된 것으로 파악한 것이다. 결국 개별적 요소들의 나열
은 작품내의 통사적 체계에 참여함으로써 시적 의미를 조직하고
있다는 기본적인 사실을 적절하게 지적한 것이라 할 수 있다.[137]
　　그런데 주목되는 것은 '사물의 나열'이 그 뒤의 포괄화의 원리로
일컬어지는 "위" 이하 구절에 대응되어 찬탄을 드러내는 '종속적
역할'만을 하는 것이 아니라는 점이다. 즉 '전대절'(1~4행)의 시어

---

136) 박일용, 「경기체가의 장르적 성격과 그 변화」 『한국학보』 46, 1987년
　　봄, 46~47쪽.
137) 김동욱도 1, 2, 3행의 사물 제시가 단순한 열거가 아닌 4행의 '경'이라
　　는 주어에 수렴되는 관형어 내지 부사어인 종속적 성분으로 파악하고
　　있다(김동욱, 앞의 책, 150~153쪽 참조). 한편 김학성, 김흥규, 성호경
　　등은 이를 시인의 심미적 욕구충족을 위해 과장적으로 제시된 것으로
　　파악하고 있다.

들이 개별적 '사물의 나열'처럼 보이지만 실제 작품 문맥에서는 시적 화자가 지향하는 정서를 표출하는 기능을 수행하고 있다는 사실이다. 이를 구체적으로 살펴보면, 1연의 제 1, 2행 "海千重 / 山萬疊 / 關東別境"과 "碧油幢 / 紅蓮幕 / 兵馬營主"에서 '해천중', '산만첩'과 '벽유당', '홍련막' 등은 '바다가 첩첩이고, 산이 겹겹으로 둘러싸인'이라는 뜻과 '푸른 휘장과 붉은 장막 속의'라는 각각의 의미를 지니고 있는 동시에 이들 구절 자체에 단어 자체의 의미 이외의 암시적 의미가 포함되어 있는 것이다. 이러한 문맥적 의미가 작용하여 '관동별경'과 '병마영주'를 수식하고 이는 다시 '위 ~ 경 긔엇더ᄒ니잇고'와 호응되어 '感嘆'의 정서를 드러내게 되는 것이다.

그렇다면 개별 사물의 나열에 불과한 것처럼 보이는 시어들의 문맥적 의미를 살펴보자. 1행에서 '해천중 산만첩'은 동해안 지역에서는 우리가 쉽게 볼 수 있는 자연 경관인데, 이것만 가지고 '관동지방의 특별한 절경(關東別境)'이라고 말하기 어려울 것이다. 그럼에도 이를 특별한 정경이라 한 것은 이 안에 문면에는 드러나 있지 않지만 문맥상 화자나 독자가 암묵적으로 인정하고 있는 요소가 있을 것으로 짐작할 수 있다. 그리하여 '관동 지방은 물이 겹겹이 둘러 있고, 산이 첩첩으로 쌓여 바다와 물이 한데 어우러져 특별한 절경을 이루고 있다' 정도의 의미가 내재되어 있는 것이다.[138]

---

138) 이와 같이 단순한 나열처럼 보임에도 시적 의미가 내재되어 있는 경우의 예로 박목월의 「도화」와 한때 대중적 인기를 모았던 「독도는 우리땅」 등을 들 수 있다. 박목월의 시에 관해서는 이미 박노준이 언급한 바 있다. 그리고 대중 가요 「한국을 빛낸 100명의 위인들」에서도 이러한 나열을 통한 정서 표출이 들어 있다. 「독도는 우리땅」과 「한국을 빛낸 100명의 위인들」의 경우 인물이나 지명의 나열임에도 우리는 여기 쓰인 어휘들의 내포적 의미를 익히 알고 있기 때문에 이들 노래에 공감하게 된다.

1연은 관동지방 존무사로서 순찰하는 광경을 전대절에서는 '순찰경'으로 제시하고 후소절에서는 전대절에서 제시된 별경들을 순찰하면서 얻은 감회와 포부를 '왕화중흥경'으로 제시하고 있다. 이는 전대절에서 제시된 관동지방의 순찰을 통해서만이 가능한 것이지 결코 머릿속에서 상상으로 그려내는 포부가 아니다. 이런 점들이 신흥사대부인 안축이 지닌 현실적 인식태도에 바탕을 둔 면모를 보여주는 것으로 이해된다. 이때 '왕화중흥경'은 '변방지방의 민심과 물정에 왕화를 베풀어 의리를 사모하는 풍속을 일으킴으로써 중흥의 길을 열었기 때문'139)이라는 해석보다는 순찰을 시작하는 시점에 서 있는 화자가 순찰에 임하는 각오를 이렇게 표현한 것으로 볼 수 있다.

이때 표출된 정서는 어떤 것이었을까. 제 1연은 鐵嶺關에서 和州를 거쳐 竹島에 이르기까지의 노정을 두고서 노래한 것이다. 그럼에도 제 1연에는 구체적인 지명이 등장하지 않고 있다. 단지 '관동별경'과 '삭방민물'이라는 표현에서 관동지방이면서 북쪽 변경지역임을 짐작할 수 있을 뿐이다. 그 까닭은 1연이 관동지방의 뛰어난 경관(관동팔경)을 종합적으로 제시하는 기능을 담당하고 있는 '序詞'로서의 기능을 수행하고 있기 때문이다. 서사의 역할을 하면서 '王化中興景'이라는 표현을 통해 임금의 은덕을 이 지역에서 중흥시켜 보겠다는 관인으로서의 포부를 당당하게 드러내고 있다. 이렇게 볼 때 1연은 '관인지향'의 '흥'의 정서가 나타나고 있음을 알 수 있다.140) 이와 같은 관인지향적 정서는 1연 이하 9연까지

---

139) 김동욱, 앞의 책, 160쪽.
140) 이명구는 「관동별곡」의 '흥'은 자연에 스스로를 방척해버린 체념에서 우러나오는 그러한 흥이 아니라 어디까지나 당당한 관인으로서 스스로의 충족한 생활의 즐거운 흥이 자연의 미와 일치하면서 우러나오는 종류의 흥이라 하였다(李明九, 『高麗歌謠의 研究』, 新雅社, 1973, 123

의 시적 자아의 본능적인 정서를 제어하면서 관인의 공적인 입장
에서의 '흥'을 주로 표출하는 한편, 자신의 신분과 그에 따른 포부
를 먼저 공표함으로써 1연 이하에 드러나는 자유분방한 흥취의 정
서조차도 왕정을 수행하는 관인의 입장 안에서만 이루어지고 있다
는 것을 미리 밝혀 주는 기능을 수행하고 있다.

　2연은 관인지향의 정서에서 개인정서로 변모하고 있다. 관인지
향의 감탄적 흥취의 정서가 관동지방의 구체적인 지명, 명승고적
과 연결되어 확장되면서 여기에 시적 화자의 개인적 흥취의 정서
가 추가로 제시되고 있다.

鶴城東　元帥臺　穿島國島　　　轉三山　移十洲　金鰲頂上
收紫霧　卷紅嵐　風恬浪靜　　　爲　登望滄溟景　幾何如
桂棹蘭舟　紅粉歌吹　　　　　　爲　歷訪景　幾何如

학성 동쪽의 원수대와 천도와 국도,
삼신산을 옮아온 듯 十州를 옮아온 듯, 금자라가 이고 있는 삼신산
자줏빛 안개 걷히고 붉은 이내 사라져, 바람과 물결 고요한데,
아, 대에 올라 푸른 바다를 바라보는 광경, 그것이야말로 어떠합
니까!
계수나무로 저어가는 목란으로 꾸민 호화로운 배에는 기녀들의
노래와 피리소리 넘치는데,
아! 승지를 둘러보는 광경, 그것이야말로 어떠합니까!

「2연」

쪽). 이러한 관인지향의 정서는 송강 정철의 「관동별곡」에서도 발견
된다. 정철의 「관동별곡」에서는 관동팔경에 도달하기 전, 즉 산(금강
산)에서 보이는 지향과 바다(관동팔경)로 들어섰을 때의 정서적 지향
이 서로 구분되는데, 산에 올라와 있을 때에는 왕명을 수행하는 관리
로서의 정서가 주로 드러나고 있다. 그러나 바다에 들어서면서부터는
자연인으로서의 본능적 정서가 주로 드러나고 있다. 대립 갈등을 보
이던 두 정서적 지향이 작품의 결말 부분에 이르러서는 '조화'되어 해
결되고 있다.

　　2연에서는 원수대·천도·국도 등 세 섬을 동해의 三神山으로 보고 아침 해가 떠오르는 푸른 바다를 보는 광경 묘사와 그곳의 승지를 둘러보는 광경을 머릿속에 그리면서 예찬하고 있다. 관동별경의 일부분인 이곳의 경관을 찬탄하면서 실제 자신은 이곳에서 한가로이 유람할 수 없지만 마음은 "계수나무로 저어가는 목란으로 꾸민 호화로운 배에서 기녀들의 노래와 피리소리를 들으며" 마음껏 놀고 싶은 개인의 본능적 욕망이 노출되어 있다.

　　안축 자신은 이와 같은 명승지에서 자신의 직분을 잊어버리고 마음껏 호탕하게 놀아 보고도 싶지만 '관인으로서 사명감' 때문에 현실적인 욕망을 억제하고 이를 마음속으로만 생각하고 만다. 이때 관인으로서의 공적 임무와 본능적 욕망이 내면에서 충돌을 일으켜 갈등을 빚게 된다. 하지만 관인이라는 신분과 유학자라는 명분이 본능적 욕망을 제어하고 있기 때문에 공적인 입장을 우선하게 된다. 더욱이 이와 같은 별경이 오히려 민중들에게 폐를 끼치고 있는 상황을 목도한 후 명승지가 속해 있는 지역의 주민들이 겪는 참혹한 실상을 누구보다도 잘 간파하고 있기 때문에 자신이 흥겹게 놀 생각은 엄두도 못 냄은 물론이고, 다른 관리들이 이곳에 놀러와 이곳 백성들에게 가혹한 짐을 안겨 줄 것을 염려하고 있는 것이다. 그리하여 이곳을 물에 잠기게 해달라고 기원하거나(「국도시」), 벼락이 떨어져 이곳을 없애 버렸으면(「천도시」)하는 기대에까지 이르게 된다. 이런 점에서 2연에 드러난 정서는 표면적으로는 '유흥'의 호탕한 정서로 보이지만, 실제로는 실행할 수 없는 유흥으로서 이상적인 유흥인 것이다.

　　이와 같은 유흥적 표현을 통해 얻고자 한 대리 만족은 작품의 6연까지 이어진다. 현실이 어려우면 어려울수록 더욱 비현실적인 세계를 지향하게 마련이다. 안축이 가는 곳마다 관리들의 수탈과 이에 따른 백성들의 가난이라는 이중적인 고난이 생민들을 위협하고 있다. 경치가 뛰어나고 잘 알려진 곳일수록 그 폐해와 참상은 더 심하다. 2연의 천도, 국도는 물론이고 3연의 총석정, 금란굴. 4연의 삼일포, 사선정. 5연의 선유담, 영랑호. 6연의 설악, 낙산, 양양에 이르기까지 모두 이름난 명승고적지이다. 이 아름다운 곳에서 안축은 실제 마음껏 놀 수 없기에 이상적인 흥취를 가졌던 중국의 고사와 신라 화랑들의 유흥을 끌어들여 자신의 흥취와 기상을 표현하고 있다.

3연에서는 2연에 표출된 유흥의 정서가 한층 고조되어 나타난다.

叢石亭 金幱窟 奇巖怪石　　顚倒巖 四慕峰 蒼苔古碣
我也足 石巖回 殊形異狀　　爲 四海天下 無豆舍叱多
玉簪珠履 三千徒客　　　　爲 又來悉 何奴日是古

총석정, 금란굴의 기암괴석들.
전도암, 사선봉엔 푸른 이끼 낀 옛날 비석들.
아야차, 바윗돌이는 모양도 이상하구나
아, 천하에 어디에도 없는 절경이도다!
옥비녀 꽂고 구슬 신발 신은 많은 나그네들.
아, 또 오실 어느 날이닛고.

「3연」

총석정과 금란굴, 전도암 사선봉 주위의 기암괴석들을 보는 시적 화자의 감탄의 정서가 고조되어 '천하의 어디에도 없는 절경'이라고 찬탄하면서 중국의 '玉簪珠履 三千徒客' 고사를 들어 마치 자신이 그들보다도 더 호탕한 풍류를 즐기고 있다고 과시하고 있다.

그런데 3연의 4행과 6행에는 '~경'이라는 공식구가 없다. 전대절에 '~경'이 없는 연은 3연과 4연이고 후소절에 없는 연은 3, 4, 5, 6, 8연이다. 이는 사물이 경물화 된 모습은 찾아볼 길 없고, 지은 이의 정감이 그대로 노출되어 있는 것으로 앞서 언급한 것처럼 '~경'이 있는 부분의 반복으로 생긴 단조로움을 극복해 주는 역할을 한다.

　3연의 전대절 4행은 천하에 없는 절경을, 후소절인 6행은 수많은 유상객들이 이 경치를 보고 또 다시 찾아올 정도의 절경이라는 것을 드러내고 있다. 그리고 전후절의 4행과 6행이 서로 호응을 이루고 있다. 그러나 이를 자세히 살펴보면 전대절의 경관은 자신이 마음껏 즐길 수 있지만, 후소절에 등장하는 나그네들은 인생의 덧없음을 표현하기 위한 소재로 사용되고 있다. 이 구절에는 경관의 아름다움을 자랑하고 과시하면서도 자신도 언젠가는 '玉簪珠履' '三千徒客'처럼 덧없는 인생이 될 것이라는 안타까움이 들어있다. 이런 점에서 전대절과 후소절의 대립이 시적 긴장을 일으켜 정서를 일으키는 역할을 한다고 할 수 있다. 필자는 이러한 대립이 외적 형태상으로 나타나기도 하지만 오히려 시적 화자의 내면적 대립과 갈등이 더욱 긴장감을 형성한다고 본다.

三日浦 四仙亭 奇觀異跡　　　　彌勒堂 安祥渚 三十六峰
夜深深 波瀲瀲 松梢片月　　　　爲 古溫貌我隱伊西爲乎伊多
述郎徒矣 六字丹書　　　　　　　爲 萬古千秋 尙分明

고성 삼일포, 사선정의 전설 깃든 좋은 경치에.
미륵당, 안상저, 서른 여섯 봉우리들.
밤이 깊고, 물결은 잔잔한데, 소나무 끝에 매달린 조각달
아, 고운 모습 나와 비슷하오이다.
화랑 述郎徒가 바위에 새긴 六字丹書는
아, 오랜 세월에도 오히려 분명합니다.

「4연」

　4연은 선인들의 풍류를 자신이 같이 하고 있다는 자부심이 드러

난 연이다. 오랜 세월에도 변치 않고 뚜렷하게 남아 있는 신라 사선들의 여섯 글자의 모습에서 사선의 풍류를 느낌과 동시에 자신의 개인적 흥취가 표현되고 있다.

4연에서도 3연과 마찬가지로 경기체가의 중요한 표현 방식인 '~경 긔 엇더ᄒ니잇고(景 幾何如)'가 없으면서 감정이 직접적으로 표출되고 있다. 이는 그만큼 시적 화자의 감정이 고양되어 있음을 뜻한다. 그러면서도 이 3연에서는 후소절의 6행 '又來悉何奴日是古(또 오실 어느 날이닛고)'라 하여 이와 같은 풍류가 다시는 오지 않을 것이라는 덧없음이 드러나고 있으며, 4연에서도 마찬가지로 사선의 풍류를 흠모하고 찬양하면서도 '소나무 끝에 매달린 조각달(松梢片月)'과 사선들이 남긴 '六字丹書'의 뚜렷한 자취가 무상감을 느끼고 있다. 이와 같은 덧없음은 자부와 과시적인 풍류를 드러낸 전절의 풍류와는 대조적이다. 이러한 정서의 대립은 시적 화자가 지향하는 풍류의 세계와 신라 화랑들의 풍류와는 다른 데서 오는 것으로 해석할 수 있다. 명승지를 유람하면서 자유롭게 수양과 수련을 하였던 사선들의 호탕함과 자유로움을 흠모하는 한편 그러한 풍류도 이제는 자취만 남아 있는 모습에서 무상감을 느끼고 있다.[141]

---

141) 박노준은 4연의 "밤 깊고 물결 잔잔 소나무 조각달(夜深深波瀲瀲松梢片月)"과 "아 고운 모습 나와 비슷하오이다(爲 古溫貌我隱伊西爲乎伊多)" 부분을 孤山의 「五友歌」와 관련시켜 해석하고 있는데, 불굴·불언의 군자의 미덕 내지 정신세계의 높은 경지를 표현한 것으로서 안축이 그 자신을 이와 같은 높은 경지에 포함시키는 오만에 가까운 '자기 혹애'가 표현된 것이라 했다. 또한 "밤 깊고 물결 잔잔 소나무 조각달"에는 현재 시간의 그의 기품이요, 기상이 드러나 있으며 그것이 찬기파랑가의 달과 잣가지에 맞닿아짐에 따라 작자인 안축은 과거의 영광까지도 자기의 것으로 만들어서 체험의 공간을 확장시키는 것으로 파악하고 있다(朴魯埻, 앞의 논문, 222~223쪽).

　5연과 6연에서는 개인적인 흥취가 두드러지게 나타난다. 맛있는 요리와 술에 흠뻑 취하여 노닐자는 표현에서 조금 전에 지녔던 '무상감'은 사라지고 아름다운 정경 속에서 마음껏 즐기면서 현실을 잊어버리자는 흥취가 나타난다.

　5·6연의 전대절에서는 양양 일대의 경관에 감탄한 시적 화자가 이곳에서 마음껏 노닐고 있는 장면이 제시되고 있으며, 후소절에서는 자신의 유흥과 흥취가 중국의 고사에 비겨 손색이 없다는 것을 과시하고 있다. 5연과 6연에 이르러서 유흥의 정서가 최고조에 이른다. 그런데 이렇게 고조된 유흥의 정서는 7연에 이르러서부터는 차분하고 편안한 모습에서 경관을 감상하고 즐기는 모습으로 변모한다. 이와 같은 변모는 물론 7연의 강릉과 8연의 정선이라는 지명과 연관지을 수 있다. 강릉의 옛 풍속과 경관에 흠취되어 자신도 차분한 마음으로 이곳 경관을 감상하고 노닌다. 이와 같은 유흥은 5연과 6연의 유흥과 구별된다. 5, 6연의 유흥이 감정을 마음껏 발산하는 종류의 유흥인데 비하여 7, 8연은 즐거운 감정을 내면화시키면서 조용히 음미하는 그런 류의 유흥이라 할 만하다. 특히 7연의 후소절의 해돋이 모습을 보기 위해 누대에 불 밝히고 새벽녘까지 기다리는 모습(燈明樓上 五更鍾後//爲 日出景 幾何如)에서는 취흥보다는 광명을 기다리는 엄숙함을 발견할 수 있다. 송강의 「관동별곡」에서 망양정에서 광명을 상징하는 달을 기다리는 엄숙하고 경건한 자세에 연결된다고 할 수 있다.

　　　五十川 竹西樓 西村八景　　　翠雲樓 越松亭 十里靑松
　　　吹玉簫 弄瑤琴 淸歌緩舞　　　爲 迎送佳賓 景何如
　　　望槎亭上 滄波萬里　　　　　爲 鷗伊鳥 蘇甲豆斜羅

　　　오십천, 죽서루, 서촌 팔경
　　　취운루, 월송정, 십리의 푸른 솔

옥저 불고, 가야금 타며, 청아한 노래에 우아한 춤추며,
아, 정다운 손님을 맞고 보내는 모습 어떠합니까!
망사정 위에서 창파 만리 보노라면
아, 갈매기들도 반갑다고 하는구려!

「8연」

유흥의 정서는 8연에까지 이어져 전대절에서는 歌舞를 감상하
는 모습으로 드러나다가, 결국 자연과 내가 혼연일체가 되는 경험
을 하게 된다. 망사정 위의 갈매기가 자신을 알아보고 자신 또한
갈매기를 반갑게 맞이한다.

江十里 壁千層 屏圍鏡澈　　倚風巖 臨水穴 飛龍頂上
傾綠蟻 聳氷峰 六月淸風　　爲 避暑景 幾何如
朱陳家世 武陵風物　　爲 傳子傳孫景 幾何如

강은 십리, 절벽은 천 층, 거울 같이 에워싸고
풍암, 수혈 곁에 두고 비룡산에 올라
좋은 술 기울이며, 용빙봉에서 불어오는 시원한 바람 맞으며
아, 더위를 피하는 이 모습 그것이야말로어떠합니까!
중국의 朱氏와 陳氏가 더불어 무릉의 풍물 대대로 전하듯
아, 좋은 풍속을 자손대대로 전하는 모습 그것이야말로 어떠합니까!

「9연」

제 1연의 '삭방민물' '모의기풍'—'왕화중흥경'의 기상과 포부를
실현한 곳이 9연이다. 7연과 8연부터 자연경관을 그저 흥취의 대상
으로만 보는 것에서 벗어나, 자연의 가르침과, 그 속에서 미풍양속
과 전통을 지키며 평화스럽게 살아가는 주민들의 모습을 발견하게
된다. 관인지향의 포부와 실현이라는 공적인 정서와 자연인으로서
의 자유 분방한 흥취의 정서가 대립 갈등을 보이다가 드디어 9연
에 와서 자신의 본래의 신분인 관인으로 돌아와 자신이 제 1연에
서 포부였던 '왕화중흥경'의 모습을 경관 속에서 발견한 것이다.

결국 관인지향의 정서가 승리한 것으로 볼 수 있다. 이는 또한 자신의 존무사로서의 임무의 실현이라는 공적인 정서와 자연인으로서의 분방한 정서, 그리고 자연 경관이 뛰어난 곳에 거주하는 생민들의 고통과 질곡을 외면할 수 없는 시적 화자의 대립된 정서가 내면적으로 갈등을 빚다가 결국 9연에 이르러 흥취의 정서가 부정적 정서를 지양, 극복하고 '왕화중흥경'의 실현된 이 좋은 모습을 자손만대에까지 전하겠다는 기상과 포부로 나타나게 된 것이다.

지금까지 살펴본 것처럼 「관동별곡」에서 지향하는 정서는 한시와 다르다. 이러한 차이는 안축이 애민의식을 우선하고 그 이후 자신의 즐거움과 흥취를 마음껏 발휘한다는 의식이 작용했던 것으로 짐작해 볼 수 있다. 먼저 백성을 근심하고 자신의 흥취는 그 다음에 드러내겠다는 태도는 '先憂後樂'에 다름 아니다. 이런 점에서 볼 때 『관동와주』 한시와 경기체가인 「관동별곡」은 따로 떼어서 볼 것이 아니라, 상호 연관 속에서 파악해야 할 것으로 생각된다.

한시와 경기체가의 정서적 지향이 서로 다르게 나타나는 것은 한시의 음영문학적 성격과 경기체가의 장르적 속성, 즉 노래문학이라는 특성의 차이에 기인한다고 할 수 있겠는데, 閔丙秀의 다음 언급은 시사하는 바가 크다.

> 詩는 원래 心情의 指向을 단어로 표현하면 그만이다. 그러나 노래문학인 시조는 聽覺에 호소하는 본래적 속성 때문에 성급하게 서두르거나 비틀고 꼬집을 필요도 없으며, 애써 심각한 의미를 부여하는 일도 걸맞지 않다.[142)]
> 시조는 작가의 삶의 한부분으로 또는 즐길거리로 소중한 것이므로 고려말 유신들의 회고가는 바로 자신들의 恨을 노래로 풀어야 할 절박한 것이었지만, 이후의 작가에게 고려의 왕업이나 松京은 그들의

---

142) 閔丙秀, 「懷古歌 「五百年 都邑地…」에 대하여」, 백영 정병욱 선생 10주기 추모논문집, 『한국고전시가작품론』 1, 집문당, 1992, 478쪽.

> 삶의 주변에서 이미 멀어진 역사 속의 사실일 뿐이다. 시조는 심각미
> 를 좋아하지 않는 노래문학이므로 절박하고 답답하고 가슴아픈 현실
> 과 마주할 때일수록 이에서 벗어나려는 몸짓으로 오히려 힘들이지 않
> 고 한가롭고 悠長하고 流暢하게 부르는 노래로서 소중한 것이다.[143]

민병수에 따르면 가문학은 시문학과 달리 청각에 호소하기 때문
에 심각한 의미를 부여할 필요가 없으며, 또한 작자 자신의 삶의 한
부분으로 즐길거리이기 때문에 다른 사람에 관한 내용을 표출하지
않고 있다는 것이다. 그의 견해는 물론 시조에 한정된 것이지만, 고
려 후기에 지어진 경기체가에서도 고려말에 지어진 시조의 내용처
럼 일반 생민들의 참상이나 고통의 현실을 반영하고 있는 작품이
없다는 점에서 그의 견해를 「관동별곡」과 「죽계별곡」에 적용시켜
볼 수 있지 않을까 한다. 이러한 적용이 허락된다면, 가창문학의 특
성상 경기체가는 현실적 고통이나 고민을 애써 표현할 필요가 없었
다고 할 수 있다. 그렇다면 한시와 경기체가의 내용적 차이가 안축
의 현실인식이나 세계관이 이중적이어서가 아니라 가창장르가 가
진 본래적 속성 때문이라는 논리가 성립할 수 있을 것이다.

이러한 시와 가의 성격상의 차이를 인식한 안축은 먼저 애민적
정서를 한시로 표출하고 난 후 경기체가 「관동별곡」에 개인적 흥
취를 표현하였다고 할 수 있다. 말하자면 「관동별곡」은 흥취의 정
서를 주로 표현하는 장르이기 때문에 한시에서 보이는 생민의 현
실적 고통과 이에 대한 연민의 정서가 겉으로 드러나지 않은 것뿐
이지, 생민의 고통을 외면한 채 유흥의 정서만 드러내고 있었던 것
은 아니라고 볼 수 있을 듯하다.

ㄴ '즐거움[樂]'의 정서

「관동별곡」에는 유흥과 더불어 경관을 감상하고 놀이를 하는 즐

---

143) 같은 논문, 480쪽.

거움[樂]의 정서가 집중적으로 표출되고 있다. 즐거움은 대개 유흥과 함께 표현되고 있다.

雪嶽東 洛山西 襄陽風景　　　降仙亭 祥雲亭 南北相望
騎紫鳳 駕紅鸞 佳麗神仙　　　爲 爭弄珠絃景 幾何如
高陽酒徒 習家池館　　　　　　爲 四節 遊伊沙伊多

설악산 동쪽과, 낙산 서쪽에 있는 양양의 풍경,
강선정, 상운정, 남북으로 마주 섰고
자색 봉황 타고, 붉은 난새 탄, 아름다운 신선같은 사람들이
아, 다투어 주현을 켜는 모습 그것이야말로 어떠합니까!
고양의 풍요로운 술꾼들, 습욱의 池館 같은 좋은 경치 속에서
아, 사철 놀아 봅시다 그려!

「6연」

제 6연은 산과 바다의 경관이 뛰어난 襄陽에서 珠絃을 켜고 飮酒歌舞하며 노는 즐거움을 표현하고 있다. 절경을 배경으로 노닐고 있는 자신들이 마치 신선이라도 된 듯 흥겹게 놀이를 즐기고 있다. 마치 중국 高陽의 술꾼들처럼 마음껏 취해 사철 놀아 보자는 '遊興'과 '遊樂'이 함께하고 있다.

五十川 竹西樓 西村八景　　　翠雲樓 越松亭 十里靑松
吹玉簫 弄瑤琴 淸歌緩舞　　　爲 迎送佳賓 景何如
望槎亭上 滄波萬里　　　　　　爲 鷗伊鳥 蘇甲豆斜羅

오십천, 죽서루, 서촌 팔경
취운루, 월송정, 십리의 푸른 솔
옥저 불고, 가야금 타며, 청아한 노래에 우아한 춤추며,
아, 정다운 손님을 맞고 보내는 모습 어떠합니까!
망사정 위에서 창파 만리 보노라면
아, 갈매기들도 반갑다고 하는구려!

「8연」

8연에는 6연의 호탕한 놀이보다는 분위기가 한층 淸雅해진 놀이 장면이 제시되고 있다. 손님을 맞이하고 배웅하면서 계속적으로 놀이가 진행되고 있다. 즐거움의 정서는 특히 후소절 5, 6행에서 더욱 고조된다. 속세의 티끌을 떨쳐 버리고 望槎亭에서 萬里滄波를 바라보는 화자가 갈매기를 반갑게 맞이하는 장면은, 자연과 내가 일체가 되는 '물아일체'의 경지라 할 수 있을 듯하다. 신흥사대부들의 자연관은 자연을 관조의 대상으로만 볼 뿐 자연과의 합일의 경지에까지는 이르지 못했다. 하지만 이 대목에서는 시적 화자가 자연과의 합일에 나아가려 하고 있다는 점에서 의의가 있다고 할 수 있다. 그런데 8연에서는 인간이 자연과 합일을 위해서는 속세의 티끌을 버려야만 가능하다는 것을 깨닫게 해주고 있다. 갈매기는 바닷가를 변함없이 날고 있었지만 자신의 마음이 세속에 얽매어 있을 때에는 발견할 수 없었다. 그런데 물욕을 버리고 "망사정 위에서 창파만리를 바라볼 때" 비로소 갈매기가 자신을 반갑게 맞아주고 있음을 발견한 것이다.

8연이 자연을 벗 삼아 노니는 '개인의 즐거움'이 최고조에 이른 연이라면, 9연은 '관인으로서의 즐거움'이 최고조에 이른 연이라 할 수 있다. 그것은 1연에서 비쳤던 '왕화중흥경'이라는 포부를 마침내 실현할 수 있게 되었거나 또는 실현했다는 데에서 오는 즐거움이다.

江十里 壁千層 屛圍鏡澈　　倚風巖 臨水穴 飛龍頂上
傾綠蟻 聳氷峰 六月淸風　　爲 避暑景 幾何如
朱陳家世 武陵風物　　爲 傳子傳孫景 幾何如

강은 십리, 절벽은 천 층, 거울 같이 에워싸고
풍암, 수혈 곁에 두고 비룡산에 올라
좋은 술 기울이며, 용빙봉에서 불어오는 시원한 바람 맞으며
아, 더위를 피하는 이 모습 그것이야말로 어떠합니까!

> 중국의 朱氏와 陳氏가 더불어 무릉의 풍물 대대로 전하듯
> 아, 좋은 풍속을 자손대대로 전하는 모습 그것이야말로 어떠합니까!
> 「9연」

　9연은 무릉도원 같은 풍물을 자자손손 전하듯 좋은 풍속을 후손에게 전할 수 있도록 자신이 교화와 선정을 베풀었다는 자부심과 즐거움이 드러난 연이다. 관인으로서 가졌던 선정에의 포부가 마침내 이곳 朱陳(정선)에서 실현(되었거나, 또는 되기를 희구하는)의 즐거움을 표현한 것이다.

　지금까지 「관동별곡」에 드러난 정서를 고찰하였다. 그 결과 안축은 즉흥적으로 지을 수 있는 한시를 통해서는 생민들의 고통을 함께 나누어 가지려 하였다면, 가창문학인 「관동별곡」을 통해서는 관인으로서의 포부와 유흥 및 즐거움을 표출하고 있음을 알 수 있었다. 이러한 정서의 차이는 詩와 歌라는 양식상의 차이로 말미암은 것으로 볼 수 있다. 그렇지만 「관동별곡」에 나타난 유흥과 즐거움의 정서 등은 결코 생민들의 아픔과 고통을 외면한 데서 오는 것이 아니라, 백성의 고통과 그 극복을 위해 노력한 다음에 얻을 수 있는 그러한 정서라 할 수 있다. 즉 신유학자이자 관인으로써 자신의 직무를 온전히 수행한 후에 즐거움을 누리겠다는 '선우후락'에 충실한 자의 기대감에서 오는 즐거움으로 해석할 수 있다. 비록 즉흥적으로 노래하는 가창문학의 특성상 興·樂의 정서가 주조를 이루고는 있지만, 그것은 어디까지나 신흥사대부로서의 절제된 서정이라고 볼 수 있을 것이다.

② 정서 表出方式

㉠ 序詞−本詞−結詞 構造

앞서 언급했듯이 「관동별곡」은 안축이 존무사의 임무를 수행한

후 제작되었다. 그 근거로는 첫째, 전 9연 가운데 제 1연이 서사의 구실을 하면서 전 작품을 통괄하고 있는 짜임새 있는 구조를 갖추고 있다는 점. 둘째, 2연 이하 9연까지에 등장하는 지명이 각각 다르다는 점. 셋째, 작품에 등장하는 관동지방의 별경이 안축이 순력했던 순서와 달리 안변－통천－고성－간성－양양－강릉－삼척－정선의 순서로 표현되어 있다는 점 등을 들 수 있다. 이는 안축이 관동지방의 순력을 마친 후 전체 관동별경에 대한 감흥을 자신이 정한 순서에 따라 배열했기 때문일 것이다.144)

　1연은 전체의 序詞에 해당한다. 관동지방의 경치를 구체적으로 드러내지 않고 “海千重 山萬疊 關東別境”으로 포괄하여 표현하고 있다. 그리고 나서 자신의 임무가 여행이 아니라 “巡察”임을 4행에서 밝히고 있다. 그리하여 지방백성들이 흠모하여 의를 기리는 “朔方民物 慕義起風”이 일어나 “王化中興하는 경지”를 만들겠다는 관인으로서의 포부를 밝히고 있다. 전체의 주제는 “왕화중흥”이라 할 수 있다.

　2연에서부터 8연에 걸쳐 관동지방의 경관이 구체적으로 표현되어 있다. 2연에는 “鶴城東 元帥臺 穿島 國島”이 3연에는 “叢石亭 金幱窟 四慕峰”이 4연에는 “三日浦 四仙亭 彌勒堂 安祥渚 三十六峰”이 5연에는 “仙遊潭 永郞湖”이 6연에는 “雪嶽東 洛山西 降仙亭 祥雲亭”이 7연에는 “臨瀛古邑 鏡浦臺 寒松亭 燈明樓”이 8연에는 “五十川 竹西樓 翠雲樓 越松亭”이 구체적으로 드러난다. 이를 정리하면 등주·흡곡—통천—고성—양양—임영(강릉)—삼척·울진·평해의 순서로 연이 전개되고 있다.

---

144) 안축이 관동 지방 존무사로서 관동지역을 순력했던 순서와 관동별곡의 순서가 다른 것에 주목한 김동욱은 그 원인을 교화의 과정이 진행되는 순서 즉, 왕명의 전달 순서에 따른 것으로 파악한 바 있다.

9연은 「관동별곡」의 결사 부분이다. 1연과 마찬가지로 구체적인 지명이 등장하지 않고 중국의 이상향인 徐州의 古澧縣과 武陵桃源이 제시되고 있다. 1연에서 9연까지에 이르는 "순찰"을 통한 교화의 포부가 달성되어 9연에서 "朱陳家世 武陵風物 傳子傳孫景"으로 마무리되고 있다.

마지막 聯에 武陵桃源과 같은 이상향을 제시한 것은 "王化中興景"에 도달했다는 의미보다는 안축의 理想이 반영된 것이라 할 수 있다. 그리하여 「관동별곡」은 안축 자신의 포부와 이상이 서사—본사—결사의 구성을 이용하여 표현되고 있다.

ⓛ '~景'과 '이두어' 사용

'~景'은 경기체가 장르의 특징적 요소라 할 수 있다. 전대절 4행의 '~경'은 1~3행에서 제시된 경물이나 경물에서 감흥한 내용을 포괄하여 하나의 어휘로 정리하여 표현한다. 이때 경물은 장면의 제시는 물론이고 그 장면을 통해 얻어진 여러 가지 감정·흥취 등의 정서도 포함된다. 한편 후소절의 '경'은 전대절에서와 같은 역할을 하는 한편으로 이에 부가하여 전대절에서 제시된 경물과 정서 등을 한 차원 더 승화시켜 작자의 경탄과 거기에서 발흥하는 감흥 및 흥취 등을 표현하면서 시상을 마무리하는 역할을 한다. 따라서 전후절의 '~경'을 필자는 '事(景)物化'라는 용어 대신 '情景化'로 부르기로 한 바 있다. 한편 '이두어'를 이용하여 정서를 직접적으로 드러내기도 한다. 먼저 '정경화'의 원리를 통한 정서표출 양상에 대해서 살펴본다.

「관동별곡」의 정서는 주로 '~경'으로 이루어진 부분에서 표출되고 있다. 이때 후소절의 '~경'은 전대절의 '~경'을 반복할 뿐만 아니라 이를 한 차원 높은 수준으로 이끌어 올리는 기능을 한다. 1연의 전대절의 "巡察景"은 후소절의 "王化中興景"으로 고양된다.

순찰을 통해 얻은 자부심과 포부가 '왕화중흥경'으로 표출되고 있는 것이다. 여기에는 목민관으로서의 화자의 포부와 자부심과 백성들의 기대감이 반영된 것이다. 백성들이 기쁨과 유흥에 동참하지 않는 한, 안축 자신은 『관동와주』 한시에서 표현했던 '酷吏'나 '畏吏', '毒吏'와 차이가 없게 될 것이다. 따라서 농민들을 위로하면서 동시에 자신의 자부를 펼치겠다고 하는 대목이 바로 '王化中興景'이다.

2연은 '登望滄溟景'과 '歷訪景'으로, 7연은 '遊賞景'과 '日出景'으로, 그리고 9연은 '避暑景'과 '傳子傳孫景'으로 표현되어 있다. 이 중에 9연을 살펴보면, 전대절은 산과 강에 둘러쌓인 경관 속에서 좋은 술을 기울이며, 시원하게 지내는 '避暑景'이 제시된다. 신선의 흥취가 부럽지 않을 정도이다. 이런 곳에서 한 번쯤은 신선에 빗대어 자신의 호탕한 풍류를 과시할법한데 그렇지 않다. 흥취를 논하는 것이 아니라 아름다운 경관 속에서 오히려 좋은 풍속을 발견하고, '전대전손경'하겠다는 것으로 나타난다. 이는 '서사'에서 제시한 '왕화중흥경'의 포부에 호응하는 '결사'이기 때문으로 볼 수 있다.

앞서는 '정경화'의 원리를 이용한 정서표출 양상을 살폈거니와 다음은 이두어의 사용을 통한 정서표출 양상을 살펴보기로 하겠다. 「관동별곡」은 3, 4연의 전후절과, 5, 6, 8연의 후절에서 '경'에 의한 '정경화'가 이루어지지 않고 있다. 대신 '이두어'를 사용하여 정서를 직접적으로 드러내고 있다. 이러한 이두어 사용은 감정을 직접적으로 표출할 수 있으며, '경'의 반복 사용에서 오는 단조로움을 극복하는 기능을 한다.145)

---

145) 김동욱은 '～경'이 없이 표현되는 부분을 경기체가의 특징적 성격을 잃은 것으로 파악하였다(김동욱, 앞의 책, 169쪽). 그런데 이를 경기체가

叢石亭 金幱窟 奇巖怪石//顚倒巖 四慕峰 蒼苔古碣//
我也足 石巖回 殊形異狀//爲 四海天下 無豆舍叱多//
玉簪珠履 三千徒客//爲 又來悉 何奴日是古//

「3연」

　전대절과 후소절에 '~景幾何如' 대신에 쓰인 "(사해천하) 없두
샷다"와 "또 오실 어느 날이닛고"의 '이두어'는 당시의 '관용적 표
현'이라 할 수 있다. 이러한 '관용적' 어휘는 화자의 흥취를 돋우어
줄 뿐만 아니라, 듣는 사람들이 흥취에 바로 동참할 수 있도록 한
다. 반면에 전절 또는 후절에서 제시된 사상을 통해 보다 내면화한,
고양된 정서를 드러내는 데에는 한계를 지니고 있다.
　전대절의 "四海天下 無豆舍叱多"는 "이곳 경관이 천하 어디에
도 비길 곳이 없도다"라는 감탄이 직접적으로 표출하고 있다. 그런
데 후소절의 "又來悉 何奴日是古"는 전절에서 발흥된 감흥을 좀더
고양시키고 승화시키는 역할을 하는 것이 아니라, '玉簪珠履 三千

　의 형식적 특성의 소멸로 보기보다는 경기체가 형성기에서부터 비롯된
일종의 경기체가 장르의 개방적 특성으로 볼 수도 있다. 성기옥도 장르
규범으로 "형식, 미학적 특성, 표현 세계" 등과 함께 장르 규정에 대한
적용의 포용력으로 "뒷 절의 전환부에 흔히 파격이 올 수 있음은 「한
림별곡」에서, 앞절의 반복부에 음절수의 넘나듦이 있을 수 있음은 「관
동별곡」, 「죽계별곡」에서, 마지막 장 전체에 걸친 파격이 올 수 있는
소지는 「한림별곡」에서 이미 마련되어 있었던 것"으로 파악했다(성기
옥, 「경기체가」『국문학신강』, 새문사, 102쪽). 이 말은 경기체가 '위 ~
경 긔엇더ᄒ니잇고'는 장르의 형성기에서부터 탄력적으로 운용할 수
있도록 되어 있었다는 것으로 해석할 수 있다. 경기체가에서 '위 ~경
긔엇더ᄒ니잇고'와 같은 엄격한 형식적 규제 장치조차도 실제 가창에
서는 변화를 줄 수 있었기 때문에 가능했을 것이다. 더욱이 이러한 변
화가 최초의 작품인 「한림별곡」에서부터 보인다는 것은 '위 ~경 긔엇
더ᄒ니잇고'가 규범적 장치로 기능하고 있었기는 하지만, 그것이 엄격
한 틀로 작용하지 않고 유연성을 지니고 있였던 것으로 볼 수도 있다.
이러한 특성을 '장르의 개방성'이라 부를 수 있을 것이다.

徒客'처럼 과거사가 되어, 다시는 찾아올 수 없을지도 모른다는 아쉬움이 배어 있다. 즉 무한한 자연경관과 유한한 인간사가 대비되면서 내적 갈등을 일으키고 있는 것이다. 이러한 자연 내지 사물과의 대립 관계는 '경' 없는 부분에서만 드러난다고 할 수 있다.

> 三日浦 四仙亭 奇觀異跡//彌勒堂 安祥渚 三十六峰//
> 夜深深 波瀲瀲 松梢片月//爲 古溫貌我隱伊西爲乎伊多//
> 述郞徒矣 六字丹書//爲 萬古千秋 尙分明//
>
> 「4연」

4연에서도 3연과 마찬가지로 '~경 긔 엇더ᄒ니잇고(景 幾何如)' 가 없으면서 감정이 직접적으로 표출되고 있다. "소나무 끝에 매달린 조각달(松梢片月)" "고운 모습 나와 비슷합니다(古溫貌我隱伊西爲乎伊多)"라 하여 달과 자신을 빗대어 표현하고 있다.

후소절의 '六字丹書'의 자취는 화자에게 흠모와 덧없음을 동시에 제공하고 있다. 이때 '덧없음'은 신라 사선들의 모습은 이미 사라지고 그 자취만 남아 있기 때문이다. 비유적 표현이나 정서의 직접적 표출은 '경'이 없는 대목에서 두드러지게 나타난다고 할 수 있다.

그런데 '~경'이 쓰이지 않고, 비유적 표현이나 이두어, 관용적인 표현을 쓴 대목이 많은 작품을 경기체가 장르의 소멸되는 과정의 파격인 작품으로 파악하고 있는 경우가 있다. 최초의 작품인 「한림별곡」에서부터 선초 악장에 이르기까지 이와 같은 표현이 쓰이고 있다는 것은, 후대에 변형되어 나타나는 표현이 아니라 장르 형성기부터 있어온, 경기체가 장르의 독특한 표현법 중의 하나라고 생각한다. 말하자면 '爲 ~景 幾何如' 이외에 다른 표현이 가능하도록 처음부터 있었던 장치, 즉 '개방적 구조'로 보아야 한다고 생각한다. 개방적 성격이 조선 전기의 유학자들에게 규범적으로 작용하여, 정제된 틀 안에서만 작품을 제작, 사용하였기 때문에 음절수는 물론 '～景 幾何如'라는 공식구도 고려 시대 작품보다 더 엄격하게 적용된 것으로 보인다.

전절에는 '경'을 사용하였지만 '경'이 없는 후절에서는 '경' 대신에 대부분 이두어로 된 관용적 표현을 사용하고 있다. "羊酪 豈勿 參爲里古"(5연), " 四節 遊伊沙伊多"(6연), "鷗伊鳥 藩甲豆斜羅"(8연) 같은 관용적 표현을 사용했기 때문에 좀더 고양된 정서를 드러내기는 어렵다. 하지만 즉흥적으로 일어나는 감흥을 드러내는 데에는 이와 같은 관용적 표현이 유효했을 것으로 생각된다. 5연은 '양젖'과 비교하여 '순채국'과 '농어회'가 맛있다는 것을 표현하였으며, 6연은 유흥을 '사철 놀아봅시다'로, 8연은 자연경관을 바라보는 자신을 '갈매기도 반갑게 맞아주는구려'라는 감탄어로 직접 표현했다. 8연에서 '갈매기'를 '白鷗'라는 한자어를 쓰지 않고 '鷗伊鳥'라는 이두어로 사용한 점이 특이하다. '鷗伊鳥'는 갈매기를 뜻하는 어휘로 널리 알려진 이두어였기 때문에 이를 사용한 것으로 짐작된다.146)

---

146) 「관동별곡」 전대절(4행)과 후소절(6행)의 '～경' 위치에 나타난 어절을 정리하여 제시하면 다음과 같다.

聯 \ 前後節	전대절	후소절
1연	巡察景	王化中興景
2연	登望滄溟景	歷訪景
3연	◎　　　四海天下無豆舍叱多	◎　又來悉何奴日是古
4연	◎　古溫貌我隱伊西爲乎伊多	◎　　萬古千秋尙分明
5연	泛舟景	◎　羊酪豈勿參爲里古
6연	爭弄朱絃景	◎　　四節遊伊沙伊多
7연	遊賞景	日出景
8연	送迎佳賓景	◎　鷗伊鳥藩甲豆斜羅
9연	避暑景	傳子傳孫景

참고: ◎ 표시는 '～경' 없이 이두어나 관용적인 표현으로 대체되고 있는 부분임.

지금까지 살펴본 것처럼 '경'이 사용되지 않는 구절은 주로 이두어를 사용하였다. 그 기능은 주로 즉흥적으로 발흥되는 감정이나 정서를 드러내는 데 효과적이었으며, 이를 위해서 관용적인 표현을 이용했다. 관용적 표현을 쓰지 않았을 경우에는 비유적 표현을 사용할 수도 있다. 이런 점에서 '경' 없는 부분은 장르 형성기부터 있었던 일종의 '개방적 성격'을 지니고 있는 것으로 볼 수 있을 듯하다.

그런데 '~경'이 쓰이지 않고, 비유적인 표현이나 이두어, 관용적인 표현을 쓴 대목이 많은 작품을 경기체가 장르가 소멸되는 과정의 파격적인 작품으로 파악하고 있는 경우가 있다.

그렇지만 최초의 작품인 「한림별곡」을 비롯하여 바로 그 뒤를 잇는 「관동별곡」과 「죽계별곡」과 선초 악장에 이르기까지 이와 같은 표현이 쓰이고 있다는 것은 후대에 변형되어 나타난 것으로 보기보다는 장르형성기부터 있어온, 경기체가 장르의 독특한 표현법 중의 하나라고 생각된다. 말하자면 '위 ~경 기하여' 이외에 다른 표현이 처음부터 가능하도록 되어있는 구조, 즉 개방적 구조로 볼 수 있지 않을까 한다.

본래 개방적이었던 구조가 조선 전기의 유학자들에게는 규범적인 것으로 수용되어 정제된 틀 안에서만 작품을 제작 사용하였기 때문에 음절수의 규칙성과 아울러 '~경기하여'라는 공식구도 고려 시대 작품보다 더 엄격하게 적용된 것으로 생각해볼 수 있을 듯하다.

이상에서 살펴본 것처럼 「관동별곡」은 관인으로서의 포부를 기반으로 한 '흥·락'의 정서가 그 기반임을 확인할 수 있었다. 이는 애민의식을 우선하고 그 이후 자신의 즐거움과 흥취를 마음껏 발휘한다는 '선우후락' 의식이 작용하고 있음을 알 수 있었다. 이런 점에 근거할 때『관동와주』한시와 경기체가인 「관동별곡」은 따로 떼에서 볼 것이 아니라, 두 장르의 상호연관 속에서 종합적으로 파악되어야만 두 작품의 온전한 평가가 이루어질 수 있을 것이다.

(2) 「竹溪別曲」의 정서와 表出方式

「죽계별곡」 또한 특정 지역 주민들의 집단적 정서를 표출하고 있다는 견해가 우세하다. 그런데 「죽계별곡」을 '집단적 정서'가 표출된 작품으로 볼 경우 몇가지 문제점이 드러난다. 우선 특정 지역을 소재로 한 작품에 해당지역민들의 집단적 정서가 들어 있다고 한다면, 「관동별곡」에는 관동지방 사람들의 집단적 정서가, 「구월산별곡」에는 구월산지역민들의 정서가 들어있어야 한다는 논리가 된다. 안축이 관동지역을 순찰하면서 얻은 감흥을 표현한 「관동별곡」은 관동지역민들의 집단적 정서를 드러내고 있는 것이 아니라, 이를 형상화한 안축이라는 신흥사대부의 개인적 정서와 안축이 속한 사회적 집단의 정서가 내면화되어 표출되어 있다.

박경주는 경기체가 유형을 악장계열과 비악장계열로 구분한 바 있다. 이를 제시해 본다.

「악장 계열」
* 악장으로 불린 작품
「翰林別曲」「霜臺別曲」「華山別曲」「歌聖德」「祝聖壽」
「五倫歌」「宴兄弟曲」「配天曲」―「翰林別曲」 유형
* 악장적 성격이 변모된 작품
1) 가문을 칭송하는 노래 : 「竹溪別曲」「九月山別曲」「錦城別曲」―
　　　　　　　　　　　　　　「竹溪別曲」 유형
2) 불교의 포교를 위한 노래 : 「彌陀讚」「安養讚」「彌陀經讚」「騎牛
　　　　　　　　　　　　　牧童歌」「西方歌」―「彌陀讚」 유형
3) 유교 의식을 위한 노래 : 「道東曲」「六賢歌」「儼然曲」「太平曲」
　　　　　　　　　　　　　―「道東曲」 유형

「비악장 계열」
* 악장 제작 시기의 작품

「關東別曲」「不憂軒曲」－「關東別曲」 유형
 * 악장 제작 종식 이후의 작품
「花田別曲」「獨樂八曲」「忠孝歌」－「獨樂八曲」 유형[147]

「죽계별곡」은 가문을 칭송하는 유형에 포함되어 있다. 이러한 분류론도 결국 「죽계별곡」이 집단적 정서를 지니고 있다는 것을 전제로 한 것으로 보인다. 이런 점에 유의하면서 「죽계별곡」의 정서와 그 성격을 중심으로 고찰하기로 한다.

「죽계별곡」의 구조는 「한림별곡」과 별다른 차이가 없지만 후소절의 5행이 「한림별곡」은 4·4조 2음보가 반복되어 재창되고 있는 것과는 달리 「죽계별곡」에는 4·4조 2음보만으로 되어 있다. 그러나 이는 「관동별곡」과 마찬가지로 2음보로만 되어 있는 것이 아니라 반복 표지가 생략된 것으로 볼 수 있다.

① '誇示'와 '興·樂'의 情緒

㉠ 自負와 誇示

「죽계별곡」에는 자신과 가문에 대한 자부와 고장에 대한 자긍심이 충만하게 드러나고 있다. 먼저 1연은 순흥의 지리적 위치를 밝히면서, 임금의 胎를 안장한 영광으로 말미암아 중흥하게 된 순흥을 자랑하면서, 자신 및 가문에 대한 자부심이 잘 드러나 있다. 「관동별곡」 제 1연과 마찬가지로 전체의 序詞에 해당한다.

竹嶺南 永嘉北 小白山前　　千載興亡 一樣風流 順政城裏
他代無隱 翠華峰 王子藏胎　　爲 釀作中興景 幾何如!
淸風杜閣 兩國頭銜　　爲 山水淸高景 幾何如

竹嶺의 남쪽과 永嘉(옛 안동)의 북쪽, 소백산 앞,

---

147) 박경주, 앞의 책, 63~64쪽.

천년의 흥망에도 한결같이 풍류를 지닌 順政城 안에,
다른 데 없는 翠華같이 우뚝 솟은 봉우리에는 왕의 安胎 가 되므로,
아, 이 고을을 중흥시킨 광경, 그것이야말로 어떠합니까!
淸白之風을 베풀어 고려와 元나라의 관함을 지니매,
아, 산 높고 물 맑은 광경, 그것이야말로 어떠합니까!

「1연」

경관이 수려한 이곳 순흥에 충목왕의 胎가 안치되어 자랑스럽고, 더욱이 순흥 안씨 자신의 가문에서 두 사람이 원나라와 고려 양국에서 벼슬을 하게 되어 순흥을 더욱 빛나게 했다는 자부가 드러나 있다.148)

安軸과 그의 아우 安輔는 元 制科에 급제하였다. 이를 호기있게 자랑한 대목이 바로 "淸風杜閣 兩國頭銜"이다.149) 청백의 기풍으로 선정을 베푸는 가문에다가, 고려와 원 양국에서 벼슬(兩國頭銜)을 하게 되어 貫鄕인 순흥을 빛나게 한 업적, 즉 산이 높고 물이

---

148) '천자장태'는 왕자의 태를 묻는 것으로, 생후 제 7일에 백번 세척하여 백자 항아리에 담아 놓고 길방에 안치해 두었던 태를 胎峰을 선정하여 묻는 의식을 이른다. 安胎의 시기는 생후 5개월째 되는 달에 행한다. 태의 처리는 왕실의 권위와 사치를 과시하고 있다. 왕자녀의 생후 50일이면 태봉을 가려서 이를 묻는데, 그 과정이 거창하다. 갖은 약품과 향료를 넣어 백번 세척을 하고, 이중의 항아리에 고이 넣어 밀랍으로 밀봉을 하고 40명 가까운 인원으로 장태행렬을 지어, 멀리 삼남지방까지 가는 경우도 있다(김용숙, 『조선조궁중풍속연구』에서 참조함). 소백산 아래 죽계(순흥)에 왕자의 태를 안치했다는 것은 『세종실록』이나 『동국여지승람』에 기록되어 있다.

149) 원의 제과에 합격하고 원의 관직을 받은 것을 민족의식의 결여라는 측면으로 보는 견해가 있다. 하지만 이는 당시의 사정에 비추어 볼 때 원에 의탁해서 자신의 사리사욕을 취하고자 하지 않고 오히려 이들 안축이나 이제현 같은 留元人士들은 국익을 위해 많은 활동을 했다. 이에 대한 상세한 내용은 李慧淳, 「高麗後期 士大夫文學과 元代文學의 關聯樣相」 『韓國漢文學研究』 8, 韓國漢文學會, 1985을 참조바람.

맑은 모습과도 같은 업적이 과연 어떠냐? 라는 것이다. '山水淸高'
는 소백산이 높고 죽계수가 맑은 모습을 뜻하는 것이면서, 또한 안
축 형제의 벼슬이 소백산처럼 뚜렷하고 청백의 가풍이 죽계수 물
처럼 맑은 것을 빗대어 나타낸 말이다. 소백산과 죽계수라는 자연
을 빗대어 관인으로서의 기상과 청백리로서의 자부심을 드러낸 것
이다. 이처럼 자신의 治績을 거리낌 없이 표출하는 안축의 기상을
엿볼 수 있다. 전절에서의 '釀作中興景'의 영광보다도 개인과 가문
의 영광이 더 중요한 의미를 지니고 있다는 것을 소백산의 기상과
죽계수의 맑음에 빗댄 후절의 표현을 통해 알 수 있다.

특히 '他代無隱'이라는 이두식 표기가 주목되는데 '다른 데 없
는'이라는 뜻이다. 경기체가의 형식적 특성상 제3행의 첫마디에 이
두를 사용해야 할 특별한 이유가 있어 보이지 않는다. 더욱이 3·3·
4의 음수율도 벗어나고 있다. 그럼에도 '他代無隱'을 사용한 것은
'王子藏胎'가 '다른 곳에는 없다는 것'을 강조하기 위해 의도적으
로 사용한 것으로 생각해 볼 수 있다.

1연은 序詞로서 이하 연의 내용이 '釀作中興景'의 은덕과 '山水
淸高'한 '淸風杜閣'과 '兩國頭銜'을 달성에 대한 자부심과 이로 인
한 흥취가 드러나게 되리라는 것을 예고하고 있다.

宿水樓 福田臺 僧林亭子 　　　草庵洞 郁錦溪 聚遠樓上
半醉半醒 紅白花開 山雨裏良 　　爲 遊興景 幾何如
高陽酒徒 珠履三千 　　　　　　爲 携手相遊景 幾何如

宿水寺의 누각과 福田寺의 樓臺 그리고 僧林寺의 정자,
소백산 안 草菴洞와 郁錦溪, 聚遠樓 위에서,
술에 반쯤은 취하고 반쯤은 깨었는데, 붉고 흰 꽃이 핀 산에는
비가 내리는 속에,
아, 절에서 노니는 광경, 그것이야말로 어떠합니까!
習郁의 高陽池에서 노는 술꾼들처럼, 春申君의 珠履三千客처럼,

　아, 손잡고 노니는 광경, 그것이야말로 어떠합니까!
「2연」

　1연이 자신과 가문에 대한 자부심을 드러냈다면, 2연에서 5연까지에는 호탕한 풍류를 표출하고 있다. 앞서도 언급했듯이 이와 같은 풍류는 먼저 백성의 근심을 위로하고 난 후에야 취하는 '先憂後樂'에 바탕을 둔 것으로 볼 수 있다. 특히 2연은 순흥 주위의 경관과 근교 사찰을 배경으로 흥겹게 노니는 '遊興'이 마치 진나라의 翏郁의 高陽酒徒나 초나라 春申君의 珠履三千의 고사에 비견되는 것처럼 극히 호화롭게 펼쳐지고 있음을 과시하고 있다. 이와 같은 호방한 풍류는 자신의 호탕함에다가 가문과 관향에 대한 자부심이 한데 어우러져 발흥된 것이라 할 수 있다. '高陽酒徒'와 '珠履三千'은 筵席의 호화로움을 뜻하는 '관용적'인 표현이라 할 수 있다. 이때의 놀이 공간은 사찰(승림사)인데, 고려 시대에는 사찰이 유흥의 공간이자 社交의 공간으로 자주 활용되고 있었음은 여러 기록을 통해 알 수 있다.

　　彩鳳飛 玉龍盤 碧山松麓　　　低(紙)筆峰 硯墨池 齊隱鄕校
　　心趣六經 志窮千古 夫子門徒 爲 春誦夏絃景 幾何如
　　年年三月 長程路良　　　　　爲 呵喝迎新景 幾何如

　彩鳳이 날아오르려는 듯, 玉龍이 빙빙돌아 서린 듯한 소나무 산기슭을 안고,
　紙筆峰(靈龜峰)과 硯墨池를 모두 갖춘 향교
　마음과 뜻 六經에 두고, 천고성현을 궁구하는 孔子의 제 자들이여,
　아, 봄에는 시 읊고 여름에는 거문고 타는 광경, 그것이야말로 어떠합니까!
　해마다 삼월이면 긴 노정으로,
　아, 떠들썩하게 신임자를 맞는 광경, 그것이야말로 어떠합니까!
「3연」

　3연은 지세와 산세가 빼어난 곳을 배경으로 한 향교의 모습을 제시하고 이곳에서 '春誦夏絃의 학습에 열중하고 있는 선비들의 모습을 그리고 있다. 학문의 전당인 향교를 두드러지게 나타내기 위해 文房四友와 연관되는 紙筆峰, 硯墨池라는 지명을 배경으로 제시하고 있다. 이곳에서 3월이 되면 새 스승과 학생을 맞는 유자들의 생활(呵喝迎新)이 잘 표현되었다. 문방사우와 향교에서의 춘송하현, 그리고 가갈영신 등은 모두 학문에 열중하는 선비의 모습과 관련되어 있는데, 이와 같은 학풍을 진작시킨 것은 정작 安氏 가문이라는 자부심과 긍지가 배어있다.

楚山曉　小雲英　山苑佳節　　　花爛熳　爲君開　柳陰谷
忙待重來　獨倚欄干　新鶯聲裏　爲　一朶綠雲　垂未絶
天生絶艶　小紅時　　　　　　　爲　千里相思　又奈何

楚山曉와 小雲英과 동산후원에서 노닐던 좋은 시절에,
꽃은 만발하여 난만하게 그대 위해 피었고,
훤히 트인 버드나무 그늘진 골짜기로,
홀로 난간에 기대어 거듭 님 오시기를 기다리네,
새로 나온 꾀꼬리 울음 속에서,
아, 한떨기 꽃그림자 드리워졌네!
아름다운 꽃들이 조금씩 붉어질 때면,
아, 천리 먼곳의 님 그리워함을, 또 어찌하면 좋으리오!

「4연」

　4연은 동산에 꽃이 무르녹을 정도로 만발할 때를 배경으로 천하절색 '楚山曉'와 '小雲英'을 그리워하는 내용이다. 그런데 4연은 '초산효'와 '소운영'에 대한 그리움 못지 않게 이곳의 빼어난 여름 경관을 자랑하고자 하는 의도가 잘 드러나고 있다. 즉 초산효·소운영과 정답게 노닐던 장면을 떠올리게 할 정도의 아름다운 경관이라는 것을 강조하고 있는 것으로 볼 수 있다. 한편으로는 지금은 천리 먼 곳에 떨어져 있기 때문에 이처럼 아름다운 곳에서 함께 노닐지 못하는 아쉬움과 그리움의 정서가 짙게 배어 있다. 결국 4연은 승경을 예찬하면서 고향에 대한 자부심, 그리고 옛 임에 대한 그리움을 표현하고 있다.

> 紅杏紛紛 芳草萋萋 樽前永日　綠樹陰陰 畵閣沉沉 琴上薰風
> 黃菊丹楓 錦繡春山 鴻飛後良　爲 雪月交光景 幾何如
> 中興聖代 長樂太平　　　　　爲 四節 遊是沙伊多

> 붉은 살구꽃이 어지러이 날리고,
> 향긋한 풀은 만발한데, 술잔을 기울이고
> 녹음 우거진 속에, 단청 올린 다락 고요한데,
> 거문고 타는 위로 불어오는 훈풍,
> 노란 국화, 빨간 단풍이 청산을 비단처럼 수놓을 제,
> 기러기 날아간 뒤에,
> 아, 눈과 달빛이 어우러지는 광경, 그것이야말로 어떠합니까!
> 중흥하는 성스러운 시대에 길이 태평을 즐기느니,
> 아, 사철을 놀아 봅시다.

「5연」

　5연은 이 작품의 結詞로써 죽계의 사계절이 등장하고 있다. 봄의 상징인 붉은 살구꽃, 향긋한 풀, 여름의 상징인 綠水가 우거진 그윽한 단청 다락에서 거문고를 탈 때 불어오는 훈풍, 가을의 상징인 황국과 단풍과 맑은 밤하늘을 울어예는 기러기떼, 그리고 겨울의 상징인 눈 위에 빛나는 달빛, 이렇게 좋은 사계절을 태평성대와 더불어 길이길이 즐기자는 내용이다.

　5연은 2, 3, 4연에서 제시된 공간과 계절을 배경으로 '長樂太平'을 '四節' 누리자는 내용이다. '四節'의 '長樂太平'의 이면에는 이러한 놀이가 가능하도록 이 고장의 '中興'을 이루는데 기여한 자신과 가문의 업적에 대한 자랑과 과시가 포함되어 있으며, 또한 관향

인 순흥에 대한 애향심이 자리하고 있음을 알 수 있다.

　이상과 같은 자신의 가문에 대한 자랑과 과시는 일견 집단적 정서를 대변하고 있는 것으로 보이지만 실상은 안축 개인의 정서를 표출하고 있다고 할 수 있다. 자신의 가문과 지역에 대한 자부심은 해당 지역민들의 공감을 얻을 수는 있지만 그렇다고 해서 그 지역민들의 정서는 아니기 때문이다. 더욱이 안축이 표출하고 있는 집단적 성격의 정서도 실상은 자신의 개인적 정서를 드러내는데 부수적으로 작용하고 있는 것으로 볼 수 있다. 자신의 형제가 가문이 안씨 문중을 중흥케 함은 물론 죽계로 불리는 순흥의 중흥을 가져오게 한 것이다. 그렇다면 결국 자신이 안씨 문중과 순흥을 중흥케 한 것이라는 자부심을 드러내고 있다고 볼 수 있겠다. 이러한 판단은 전체의 서사에 해당하는 1연에서만 자신과 자신의 아우에 대한 내용(兩國頭銜)이 들어있을 뿐 그 밖의 연에서는 자신의 정서만이 드러나고 있기 때문이다. 그리고 2연에서 보이고 있는 순흥의 모습도 결국 자신이 발신하게 된 고향으로서의 모습이자, 이를 본받아 자신의 뒤를 이어 후학들이 학문에 열중하고 있다는 자신에 대한 자부심의 발로로 볼 수 있다.

　ⓛ 유흥과 즐거움

　「죽계별곡」은 죽계의 명승에 마음껏 노닐자는 유흥이 주로 표현되어 있다. 여기서 이 노래가 안축의 만년에 지어졌다는 것을 상기할 필요가 있다. 평생의 관료생활을 오로지 백성들을 위해 노력했다는 자부심과 긍지가 이 노래에 담겨 있다. 이제는 이를 마음껏 자랑하고 과시할 수 있게 된 것이다. 안축이 만년에 致仕한 후 이 노래를 지었다는 사실에서 '先憂後樂'하는 태도를 확인할 수 있다.

　半醉半醒 紅白花開 山雨裏良/爲 遊興景 幾何如//

高陽酒徒 珠履三千/爲 携手相遊景 幾何如//

「2연」 후반

中興聖代 長樂太平/爲 四節 遊是沙伊多//

「5연」 후반

2연은 '半醉半醒'한 시적 화자150)가 '홍백화가 피어있는 산' 즉 자연 속에 들어가 그속에서 비를 맞으며 즐겁게 놀고 있다. 이때 '山雨'는 자연 속에서 혼연일체가 되어 손을 잡고 노니는 즐거움을 배가시키는 역할을 한다. 너나없이 자연의 혜택[山雨] 속에서 유흥과 즐거움을 만끽하고 있다.

「관동별곡」에서도 보이는 '爲 四節 遊是沙伊多'가 표현되어 있는 5연은 聖君을 맞이하여 중흥을 이룩하매, 長樂太平을 마음껏 누리고 사철 노닐자라는 유흥의 정서가 한껏 발산되고 있다. 상투적 표현에 가까운 듯이 보이는 이 표현151)에서 태평을 이루는데 기여한 화자의 성취감과 함께 경관이 뛰어난 이 고장에서 발흥되는 즐거움이 마음껏 발산되고 있다.

지금까지 살펴본 바에 따르면, 「죽계별곡」은 죽계의 승경을 예찬하기 위한 목적이기보다는 이곳에서 발신하여 '釀作中興'과 '長樂太平'을 이루어 '一樣風流'를 유지하게 한 자신의 가문에 대한 자랑과 과시가 주로 나타나고 있음을 알 수 있다. 그렇다고 자신의 가문과 같은 훌륭한 인물을 나게 한 죽계의 산세와 지세를 소홀히 다루고 있는 것은 아니다. 오히려 「죽계별곡」처럼 천년의 흥망 속에서도 풍류를 간직한, 내력 있는 고장에 대한 자부 속에서 즐거움

---

150) 술에 취한 것을 의미하기도 하지만 산의 경취에 취한 모습 또는 술과 경취 둘다에 취한 것으로 보아도 무방할 듯하다.
151) 梁柱東은 四節의 行樂은 羅代 이래의 古習이라 한 바 있다(梁柱東, 『麗謠箋注』, 乙酉文化社, 1957, 415쪽).

과 흥취를 마음껏 누리자는 의도가 반영되어 있다. 이런 점에서 「죽계별곡」에는 고향에 대한 애정과 자신의 가문에 대한 자랑과 과시 그리고 안축 개인의 遊樂과 遊興의 정서가 주로 표출되고 있다고 하겠다.

② 정서 表出方式
㉠ 반복과 순환 구조

「죽계별곡」은 '순흥의 경관과 안씨 가문 예찬(자부)→유흥과 즐거움→자신의 업적과 이로 인한 학풍의 진작(자부)→계절감과 상사→유흥과 즐거움'의 순서로 전개되고 있다.

1연은 전체의 序詞로, '竹嶺南 永嘉北 小白山前'에 위치한 '順政城'에 왕의 胎가 안장되고 順興府로 승격하는 중흥을 이룩하고, 천년의 흥망 속에서도 한결같은 풍류(千載興亡 一樣風流)를 지닐 수 있었다는 자부와 과시가 드러난다. 「죽계별곡」은 이러한 공간을 배경으로 유흥과 계절이 반복 순환되는 구조로 되어 있다.[152] 이때 '반복'은 강조를, '순환'은 일시적인 것이 아니라 영원무궁하다는 의미를 지니고 있다.

2연은 꽃이 만발하고 봄비가 내리는 山寺에서 반쯤 취하고 반쯤 깬 상태에서 서로 손을 잡고 흥겹게 노는 '携手相遊'의 유흥과 즐거움이 봄을 배경으로 제시되고 있다.

3연은 '碧山松麓'과 '紙筆峰' '硯墨池'를 배경으로 자리한 향교에

---

152) 「관동별곡」이나 「죽계별곡」은 일정한 질서에 따라 시상이나 내용이 전개되고 있다. 이때 '질서화'란 하나의 독립된 정서를 표현하기 위해 질서화했다는 것을 말하며, '순환구조'라는 것은 이러한 독립된 정서를 효과적으로 표출하기 위한 장치로써 '순환구조'를 취했다는 것을 의미한다. 이는 무제한적으로 길어지는 것이 아니라 질서에 의해 종결되는 구조로 이루어진 작품이라는 것이다.

서 '春誦夏絃'하는 선비들의 아름다운 모습을 제시하고 있으며, 해마다 삼월이면 거행하는 신임자(스승과 학생)를 맞이하는 떠들썩한 광경이 제시되고 있다. 향교에서 학문을 습득하는 모습과 인재가 지속적으로 배출되는 모습이 생동감 넘치게 제시되고 있다.[153] 이와 같은 학풍 진작의 연원이 자신의 가문에 있음을 자부하고 있으며, 인재가 계속 배출되고 있는 것에 대한 긍지가 들어 있다.

4연은 유흥의 정서와는 다른 양상의 相思가 드러난다. 楚山曉와 小雲英이란 기녀들과 함께 놀던 그때 계절과 경관이 그녀를 생각나게 한다는 내용이다. 이때 상사를 유발하는 요인은 계절과 경관에 있다. 꽃과 새가 어우러져 있는 아름다운 경관을 한가로이 바라보다가 옛일을 떠올리게 된 것이다. 말하자면 상사가 드러나기는 하지만 그 이면에는 예전에 즐기던 아름다운 동산과 비교될 만한 곳이라는 뜻이 자리하고 있다.

5연은 結詞로서 전대절에 사계절이 순차적으로 나타나 있으며, 후소절은 이를 '四節'로 종합하고 있다. 1행의 '紅杏紛紛' '芳草萋萋'는 봄의 정경을, 2행의 '綠陰'과 '薰風'은 여름을 나타낸다. 3행의 '黃菊丹楓'과 '鴻飛'는 가을을, '雪月交光'은 겨울을 나타낸다.

순환의 의미를 지닌 사계절은 두 가지 의미로 해석할 수 있다. 먼저 사계절은 일년 내내 즉 사시사철을 의미하는 것으로 이곳의 경치가 일시적인 것이 아니라 '一樣風流'로써 영원히 지속된다는 것을 뜻하며, 다음으로는 이곳의 경관이나 유흥이 특정 계절에 구애 받지 않는다는 뜻으로 해석할 수 있다. 즉 사계절 내내 유흥과 즐거움을 누리자는 뜻을 지니고 있다.

───────────────

153) 김동욱은 3연의 시간을 '春誦夏絃'에서 봄·여름으로 파악하고 있다 (김동욱, 앞의 책, 179쪽). 그러나 '춘송하현'은 특정한 계절을 의미하는 것으로 보기보다는 '봄여름 내내 또는 사계절 내내' 학문에 열중한다는 뜻으로 해석하고자 한다.

이를 정리해보면 다음과 같다.

> 1연 - 양작중흥의 자부(불변의 시간)
> 2연 - 유흥과 즐거움(봄)
> 3연 - 학풍의 진작과 풍취에 대한 자부(사계절)
> 4연 - 상사(여름)
> 5연 - 유흥과 즐거움(사계절)

「죽계별곡」은 1연의 불변의 시간과 '양작중흥'을 중심에 두고 2연에서 5연까지가 유흥과 즐거움이 계절과 함께 순환하는 구조를 이루고 있다. 이러한 유흥과 즐거움, 계절의 순환구조는 결국 유흥과 즐거움을 강조하는 동시에 '양작중흥'을 이루어 유흥과 즐거움을 누리게 한 것이 자신들의 功績임을 자랑하고 과시하기 위한 장치이다. 결국 「죽계별곡」에 드러나는 유흥과 즐거움은 향리인 죽계에서 발신한 自身이 있었기에 가능한 것임을 강조하기 위한 장치라 할 수 있다.

ⓒ 공간적 전개

「죽계별곡」은 시간적 전개 방식과 함께 공간의 전개에도 주목할 필요가 있다. 1연에는 竹嶺南, 小白山, 그리고 永嘉北쪽에 위치한 順政城(순흥)이 원경으로 제시되면서, 淸風杜閣, 兩國頭衙을 지냈다는 과거 시간이 제시된다. 즉 순정성을 둘러싼 외곽을 넓게 보여주고 있다. 2연에서 5연까지는 원경에서 근경으로, 大에서부터 小로 시선이 이동하는데 따른 공간적 전개방식이 동원되고 있다.

2연에는 宿水樓, 福田臺, 僧林亭, 草庵洞, 郁錦溪, 聚遠樓 등 순정성 안에 있는 계곡과 누각 등이 보인다. 3연에는 紙筆峰, 硯墨池와 함께 향교 등의 공간이 제시된다. 지필봉과 연묵지는 모두 향교를 연상시키는 공간적 소재들이다. 4연에는 楚山曉와 小雲英이라는 인물이 등장한다. 그런데 이들은 지금 이곳에 있는 것이 아니라 천리 먼 곳에 떨어져 있다. 꽃이 피고 새가 우는 계절에 이곳처럼 뛰어난 경관에서 지냈던 인물들을 연상하고 있다. 4연에는 꽃이 피고 버드나무 있는 공간이 제시되고 있다. 5연에는 사계절의 시간과 자연과 인간이 어우러지는 공간이 드러난다. 눈빛, 달빛, 꽃, 단풍, 술잔, 거문고, 바람, 여기에 인간이 함께 하면서 일체가 되어 즐겁게 노니는 것이다. 결국 1연에서부터 4연에 이르기까지 제시된 공간은, 5연에 집약되어 자연과 인간이 어우러지는 장면의 배경적 역할을 하고 있는 것이다. 이를 효과적으로 수행하기 위해 원근법을 이용하고 있다.154) 이를 정리해 보면 다음과 같다.

<pre>
1연   죽령남, 소백산, 영가북, 순정성(순흥)
       왕자장태, 청풍두각, 양국두함 ─────────────── 遠(시간, 공간)·大
2연   숙수사, 복전대, 승림사, 초암동, 욱금계
3연   지필봉, 연묵지, 향교   ↓   ↓
4연   초산효, 소운영(인물), 경관
5연   자연과 어우러지는 모습 ───────────────── 近(시간, 공간)·小
</pre>

결국 「죽계별곡」에는 자연과 어우러지는 인간의 유흥과 즐거움이 표출되고 있음을 알 수 있다.

ⓒ '～경'과 '이두어' 사용

이밖에 '～경'으로 표현되고 있는 대목의 언어적 자질을 검토해 보기로 하자. 먼저 「죽계별곡」 1연의 '정경화'에 대해 알아보자.

竹嶺南 永嘉北 小白山前
千載興亡 一樣風流 順政城裏
他代無隱 翠華峰 王子藏胎

---

154) 원근법은 시간과 공간 동시에 이루어지고 있다. 시간적으로는 과거(1연)에서부터 지금(5연)으로 옮겨지고 있으며, 공간적으로는 먼 원경에서부터 가까운 경관으로 이동하고 있다.

　　爲 釀作中興景 幾何如
　　淸風杜閣 兩國頭銜
　　爲 山水淸高景 幾何如

「1연」

　전대절을 해석하면 "죽령남쪽 영가북쪽 소백산앞쪽/천년의 흥망에도 한결같은 풍류를 간직한 순정성안에/다른 곳에 없는 취화봉에는 왕자의 태가 안장되었네/아! 釀作中興한 광경 그것이야말로 어떠합니까!"가 된다.　여기서 3행까지 제시된 9개의 어절이 모두 합쳐져 '양작중흥'이 된 것이다. 즉 4행의 釀作中興景은 1~3행에서 제시된 경물이나 경물에서 감흥한 내용을 포괄하여 '양작중흥'으로 포괄된 것이다. 그런데 3행까지의 9어절을 자세히 살펴보면 8개의 어사가 '王子藏胎'에 집중되고 있음을 알 수 있다. 그러니까 순흥이 중흥하게 되었다고 하는 근거가 되는 표현이 바로 '王子藏胎'이다. 이렇게 볼 때 1행~3행까지의 어절이 모두 '왕자장태'를 꾸며주는 수식어 역할을 하고 있는 것이다. 결국 소백산 자락의 경관이 뛰어난 순흥성 취화봉에 왕자의 태가 안치되는 영광을 입었기 때문에 이곳이 중흥하였다는 뜻이다. 이때 '양작중흥경'이라는 표현의 이면에는 이곳 출신임을 자랑스럽게 생각하는 '자부'가 담겨 있다.

　그러면 후소절의 '~경'을 살펴보자. 淸白之風을 지닌 杜衍처럼 높은 집에 高麗와 元 나라의 벼슬을 지녔으니//아! 山水淸高한 광경 그것이야말로 어떠합니까!// 淸風杜閣하여 두 나라에서 벼슬을 한 것은 산 높고 물맑은 광경과도 같다는 뜻이다. 청백의 기풍을 갖추고 양국에서 벼슬한 것(人事)이 山水淸高景(自然)이 같다고 한다면, '산수청고경'(자연)은 직유와 의인법을 사용한 비유적 표현이라 할 수 있다. 이처럼 비유적인 표현이 등장하고 있다는 사실은 경기체가의 표현이 단순한 나열이 아님을 알게 해주는 것이다.

이때 '釀作中興'과 '山水淸高'의 둘 가운데 무게 중심이은 후소절의 '산수청고'에 있다. 이는 단순히 후소절에 주제가 집약되어 있을 것이라는 일반론에 바탕을 두고 있는 것이 아니다. 산이 높고 물이 맑은 소백산 자락인 순흥에 왕자의 태가 안치되었다. 그리하여 이곳이 중흥을 이루게 되었다. 그런데 안축 일가가 중국과 원나라에서 벼슬을 했다. 그 청백의 기풍과 관리로서의 명망이 마치 산처럼 높고 물처럼 맑았다. 따라서 이곳 순흥이 안씨 가문으로 해서 중흥하게 되었다. 이에 더하여 안씨 가문이 양국에 이름을 떨치매 순흥이 더욱 발흥할 수 있었다. 안씨가 바로 순흥을 근거로 생겨났기 때문에 안씨의 발흥은 곧 순흥의 발흥에 다름 아니기 때문이다. '양작중흥'의 영광은 향리인 순흥은 물론 가문의 영광이 더욱 중요한 의미를 지니고 있음을 안씨 가문을 소백산의 기상과 죽계수의 맑음에 빗댄 후절의 표현을 통해 알 수 있다.

2연의 전대절은 '遊興景'이고 후소절은 '携手遊興景'으로, 전대절의 '유흥'에서 한걸음 더 나아가 손에 손을 잡고 함께 즐기는 유흥과 즐거움을 표현하고 있다. 즉 전대절보다 고조된 유흥을 나타내고 있다. 3연은 전대절의 '春誦夏絃景'과 후소절의 '呵喝迎新景'은 별도의 정경을 표현하고 있는 것처럼 보이지만 '춘송하현경'의 학업을 마친 다음 '가갈영신경'하는 의미로 볼 때 후소절에 더 비중이 놓인다고 볼 수 있다. 4연은 전후절에 '정경화'의 표현이 없으며, 5연은 전대절에만 있다. 그런데 5연의 '경'은 다소 특이하게 느껴진다. 1행은 봄의 정경을 2행은 여름바람을, 3행은 가을 단풍을 제시하고 있다. 그런데 4행은 이를 포괄하여 정경화하지 않고 겨울의 정경을 드러내는데 그치고 있다. 그 이유는 후소절의 '경'이 없는 대신 '四節 遊是沙伊多'라는 이두어를 통해 집약적으로 드러냈기 때문이라 생각된다. 4연과 5연에는 전후절 모두 '～경'이 없는

데, 이는 화자의 정서가 직접적으로 표출되고 있기 때문이다.

　이러한 파격적인 표현은 잔치의 끝판에 무르익는 흥취를 마음껏 표현하기 위해 '사철 즐겁게 노닐자'라는 '관용적인 표현'을 이용한 것으로 볼 수 있다.

　다음으로 '이두어'나 '관용어'라는 언어적 자질을 통한 정서 표출방식을 살펴보기로 하자. 「죽계별곡」은 4연의 전후절에, 5연의 전절에 '～경'으로 포괄하는 '정경화'가 이루어지지 않고 있다. '～경'이 없는 부분에는 지은이의 정감을 표현하는 데에는 널리 알려진 구절을 이용하거나 이두어를 쓰기도 한다.

忙待重來　獨倚欄干　新鶯聲裏//爲　一朶綠雲　垂未絶
天生絶艶　小紅時//爲　千里相思　又奈何
「4연」 후반(밑줄 - 필자)

　4연은 전후절 모두 '위' 다음에 '～경 긔엇더ᄒ니잇고'가 사용되지 않았다. 전절 4행은 '～경' 대신 "一朶綠雲　垂未絶"(한떨기 꽃처럼 검은 머릿결이 구름처럼 끊임없이 흘러내리는데)이 쓰였고, 로, 6행은 "千里相思　又奈何"(천리상사 또 어찌합니까)가 쓰이고 있다. 여기서 '一朶綠雲'과 '又奈何'는 자주 쓰이는 관용어구들이다. 이를 통해 시인의 '相思'라는 주관적 감흥이 그대로 나타나있다.

中興聖代　長樂太平
爲　四節　遊是沙伊多
「5연」 후반

　5연의 후소절에서도 '위 ～경 긔엇더ᄒ니잇고' 대신 "爲　四節 遊是沙伊多"라는 관용어구가 사용되었다. 이는 중흥을 이룩한 태평성대에 '사철 즐겁게 노닐자'라는 뜻이다. 시인의 주관적 흥취가 직접적으로 표출되고 있는 것이다. '~경'을 이용하지 않고 시적화자의 주관적 정서를 직접 표출하고 있다. 그런데 이와 같은 관용구를 이용한 표현들은 주관적 정서를 직서할 수 있다는 장점을 지니고 있으나 이를 정경화하여 정리한 후 차분한 상태에서 드러내는 정서보다는 함축적인 뜻을 드러내는 데에는 적합하지 못할 수도 있다. 하지만 경기체가가 가창형식이라는 것을 고려할 때 이와 같은 직접적인 표현은 흥취를 돋우는데 적절했을 것이다. 더욱이 잘 알려진 관용적인 표현은 감정을 더욱 고조시키는 역할을 했을 것으로 생각된다.

　이와 같은 관용어구를 통한 정서 표출은 경기체가가 지닌 표현상의 단조로움으로부터 벗어나 생동감을 얻게 해주기도 하며, 감흥을 고조시키기도 한다. 이를 통해 경기체가가 가지는 표현의 한계성을 어느 정도 극복할 수 있다. 무엇보다 이러한 표현은 '시적화자의 정서'를 표현하는 데 있어서니 독자의 공감을 얻는데 유효하게 사용되고 있다는 것이다. 이와 같은 공식구적 표현 이외의 어휘를 동원하는 표현 방법은 「한림별곡」 1, 6, 7, 8연에서도 보이고 있다. 최초의 작품인 「한림별곡」에서도 장르상의 특성을 대표하는 '爲 ~景 幾何如'조차 다른 표현으로 대체할 수 있다는 것은 경기체가가 비록 정형시이지만 형식적인 면에서는 개방적인 면모를 지니고 있는 것으로 볼 수 있다.

3. 결　론

　이상으로 「죽계별곡」의 정서와 이를 표출하기 위한 문학적 구조를 살펴보았다. 「죽계별곡」에는 흥락과 자부, 그리고 과시의 정서가 잘 드러나 있다. 이는 그가 『관동와주』한시에서 보였던 백성에 대한 애정과 연민의 정서와는 상당한 거리가 있다고 볼 수 있는데, 안축의 한시와 경기체가의 정서적 지향이 이처럼 서로 다르게 나타나는 것은 한시의 음영문학적 성격과 경기체가의 장르적 속성, 즉 노래문학이라는 특성의 차이에 기인한다고 할 수 있겠다. 한시와 경기체가의 내용적 차이가 안축의 현실인식이나 세계관이 이중적이어서가 아니라 가창장르가 가진 본래적 속성 때문이라는 논리가 성립할 수 있을 것이다.

이러한 시와 가의 성격상의 차이를 인식한 안축은 먼저 애민적 정서를 한시로 표출하고 난 후 경기체가 「관동별곡」이나 「죽계별곡」에서 개인적 흥취를 표현하였다고 할 수 있다. 말하자면 「관동별곡」과 「죽계별곡」은 흥취의 정서를 주로 표현하는 장르이기 때문에 한시에서 보이는 생민의 현실적 고통과 이에 대한 연민의 정서가 겉으로 드러나지 않은 것뿐이지, 생민의 고통을 외면한 채 유흥의 정서만 드러내고 있었던 것은 아니라고 볼 수 있다.

지금까지 살펴 본 것처럼 「죽계별곡」은 개인적 정서가 드러나지 않다거나, 문학성이 떨어지는 작품이 아니라, 오히려 자신의 정서를 표출하기 위해 당대 사대부 문학 장르인 경기체가를 선택하여, 자신이 드러내고자 하는 의도에 맞게 반복·순환 구조, 시간적, 공간적 전개 및 이두어와 관용어구 등을 사용하여 문학적 구조를 긴밀하게 조직한 작품이라는 것을 알 수 있다.

4) 「關東別曲」「竹溪別曲」의 歌文學的 性格

경기체가는 신진 사류 및 신흥사대부 문인들에 의해 창안된 歌文學이다. 이들에게 있어서 음영문학인 한시만으로는 예전의 가문학이 담당했던 가창욕구를 충족시킬 수 없었기에, 시와 가를 일치시키고자 노력한 결과가 바로 경기체가라 할 수 있다.[155] 이들이 창안한 경기체가에는 현실을 낙관적으로 바라보았던 신흥사대부층의 철학적 세계관이 작용했다고 할 수 있다. 제 모순에 가득찬 현실을 긍정적으로 받아들이고자 했던 신흥사대부층은 이러한 현실을 표현할 가창문학이 필요했을 것이다. 경기체가는 바로 신흥사대부의 현실 긍정적 세계관를 반영하고 있는 가문학이라 할 수 있다. 그렇기 때문에 한시의 정서와는 상당한 차이가 있다. 지배층에 향유되던 고려까지의 시문학과 가창문학의 관계를 도식화하면 다음과 같다.

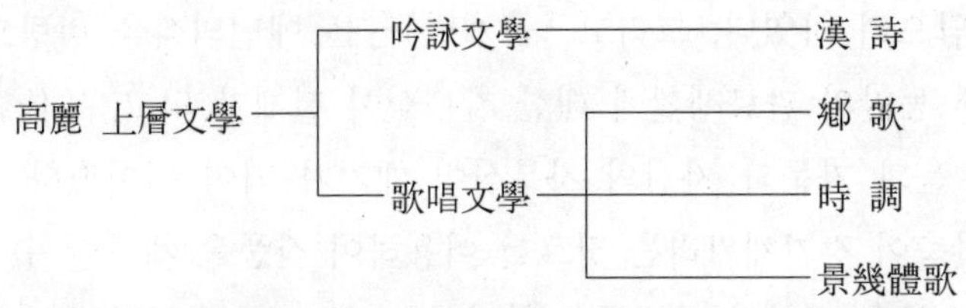

음영문학인 한시는 내용은 변화를 거듭하였지만 형식은 어느 정도 고정성을 지닌 채 안축이 활동하던 고려 후기까지 전개되어 왔다면, 이에 대응하는 고유의 가창문학은 시대와 현실에 맞게 내용이나 형식상의 변화를 거치면서 전개되었다.

안축은 고려시대 한시와 경기체가를 동시에 남긴 문인이다. 안

---

155) 박경주는 경기체가 창안의 동기를 사대부층의 詩觀에 근거한 것으로 보고 있다. 신흥사대부층은 대상의 옳고 그름에 따라 시의 옳고 그름이 결정된다는 성리학적 시관에 의거해 옳은 이치를 담고 있는 대상으로 여겨진 자연을 가까이했고, 거기서 느껴지는 흥감과 비약하는 자신들의 과시욕구를 연결시켜 경기체가로 표현한 것이라 했다. 참고할 만한 견해라 할 수 있다(박경주, 앞의 책, 166쪽).

축이 남긴 가창문학인 경기체가는 문학사적으로도 중요한 의미를 지니고 있지만, 안축 개인에게 있어서도 중요한 장르였다고 본다. 안축의 입장에서 詩와 歌는 자신이 지닌 유교적 가치관을 수행하는데 없어서는 안 될 중요한 문학형태였기 때문이다. 유학의 근본 이념인 민본주의적 입장에 서 있던 그는 자연과 농촌의 현장에서 촉발되는 감흥을 시만으로는 표현할 수 없어서 그 효과를 더욱 극대화할 수 있는 가창의 양식을 이용한 것으로 볼 수 있다. 안축은 존무사로서 관동지방을 순찰하며 파악한 자연의 가르침과 백성들의 실상을 어떤 방식으로든 표현해야 했다. 그리하여『관동와주』는 백성들의 참상을 왕과 위정자들을 권계하기 위한 방편으로 저작하였으며,「관동별곡」은 백성을 위로하면서 자신의 포부와 理想을 담으려 하였다. 그리고「죽계별곡」은 애민의식을 바탕으로 한 일생 동안의 관료생활에 대한 자부심이 전제가 되고, 致仕客의 자유로움과 가문과 자신의 자부심이 계기가 되어 지어졌다.

안축이 경기체가라는 장르를 이용하여 작품을 제작할 수 있었던 것은 안축 이전에 사대부층에 이와 같은 노래 유형이 전승되고 있었기 때문에 이를 이용했을 것이다. 그리고 안축은 음악에 조예가 있었을 것으로 짐작할 수 있다. 경기체가 형식이 한자어+이두어 구조로 되어 있다는 것에서 안축을 비롯한 고려시대 경기체가 창작층은 우리 노래에 대한 인식이 투철했을 것으로 생각되는데,156) 이러한 계기가 안축이 元 文人들과 교유하는 동안에 얻었을 수도 있을 것이다.157)

---

156) 경기체가에는 고유어를 사용하고 있는 대목이 많이 있다. 경기체가 장르의 중요한 표현구절인 '景 幾何如'의 '幾何如'도 실상은 우리말의 '긔엇더ᄒ니잇고'를 한자어로 표기한 것이며, '경' 없이 이두식으로 표기된 단어 역시 고유어였다. 우리 노래의 필요성에 대한 인식이 경기체가를 제작하게 되는 動因이 될 수 있었을 것이다.

안축의 경기체가 중「관동별곡」「죽계별곡」의 악곡은 전해지지 않고 있다. 기존의 악곡인「한림별곡」에 얹어서 노래를 불렀는지 아니면 새로운 곡조를 창안하여 불렀는지 지금으로서는 알 수 없다. 만일「관동별곡」이나「죽계별곡」의 곡조가 이전의「한림별곡」과 다른 악곡을 제작하여 여기에 얹어서 불렀다면 안축은 음악에 대한 조예가 대단히 깊었을 것이다. 현전 고려시대의 경기체가는 세 작품에 지나지 않는다. 그 이유가 작품의 수효가 적어서인지 제작된 작품이 많지 않아서인지는 분명히 알 수는 없다. 하지만 악곡 제작이 쉽지 않았다는 내용에 비추어 볼 때 작품의 수효가 그리 많지 않았을 수도 있다. 그것은 마치 詞文學이 우리나라에서 활발히 제작되지 못한 이유와 같은 이치로, 음악적인 측면과 관련되었기 때문일 것이다. 악곡의 제작에는 높은 수준의 음악적인 소양이 필요했다.

이 때문에 조선초 악장에 속하는 경기체가의 일부가 새로운 악곡을 제작하기보다는「한림별곡」의 곡조에 얹어서 불렀다.[158] 그렇기는 하지만「한림별곡」을 비롯한 경기체가의 연행은 활발하였던 것으로 보인다.[159] 최근 私的인 연회에서도 연행되고 있었음을

---

157) 고려 후기 문인들의 원과의 영향관계에 대해서는 이혜순, 앞의 논문과 成昊慶,「高麗詩歌에 끼친 元 散曲의 影響에 대한 考察」『국어국문학』112, 1994을 참조 바람.

158) 張師勛에 의하면, 조선초 악장에 쓰인「華山別曲」「歌聖德」은「한림별곡」의 악곡에 얹어서 불렀는데, 세종 초기의 음악에는 엄밀한 의미에서 창작곡이 없었다고 한다. 악곡 제작의 어려움을 짐작케 한다(張師勛,『世宗朝音樂硏究』, 서울大出版部, 1966, 43~45쪽).

159) 경기체가 가운데「翰林別曲」만이 유일하게『高麗史樂志』에 실려 전하고 있다.「한림별곡」은 고려 무신정권기에 제작된 것으로 주로 공적인 연회에서 불렀다. 조선조에 와서도 '許參免新之禮'나 '新來初拜職設宴'과 같은 자리에서 활발하게 불렀으며, 그 演行이 明나라에까지 알려져 사신들을 대접하는 잔치에서도 자주 불렀다는 기록이 남아

밝혀주는 자료가 발굴되었다.

李荇(1478~1534)의 「快心亭序」에는 1520년 전주에서 한림연을 베풀고 「한림별곡」을 제창했다는 내용이 담겨 있다. 私的인 酒席에서 「한림별곡」을 부르고 있다는 점에서 16세기 초반 경기체가 연행 상황을 알 수 있는 자료가 된다.

> 정덕 경진년(1520)에 내가 봉사로 영남을 거쳐 호남을 두루 돌았다. 전주부윤 鄭順朋(1484~1548)이 快心亭 위에서 나를 모셨다. 때는 마침 閏八月 보름이고, 자리에 모인 사람이 모두 翰林의 옛 선생이었다. 술이 다하고 달이 오르자 드디어 다시 차려서 翰林宴으로 삼았다. 내가 가장 오래되었다고 생각하여 추대하여 上官長으로 삼고 나머지는 각각 차례로 나누어 맡았다. 府尹公은 봉교 종사관을 맡고, 崔重演은 도사, 李弘幹(1486~?)은 대교, 구례현감 安處順(1493~1543)은 검열을 맡았다. 꽃을 올리고 술을 돌리고, 술잔 하나는 古風으로 소라 껍데기로 만든 술잔을 써서 앵무잔이라 일컫고 마음속으로 받아 들이게 했다. 위 아래가 셀 수 없이 이미 취해, 모두 일어나 상관장을 위해 주례를 행하고 「한림별곡」을 함께 불렀다. 늘어선 기생이 서로 화답했으며, 소리가 멀리까지 퍼졌다. 머리를 돌려 보니 흰 달이 이미 하늘 가운데 있었다. 이는 참으로 세상에 보기 드문 기이한 모임이라. 전하지 않을 수 없어 드디어 절구 한 수를 짓고 여러 사람들에게 권하여 이어 화답하게 하여 「快心亭翰林會題名記」로 삼는다. 덕수 이아무개는 쓴다.[160]

있다.

[160] 李荇, 「快心亭」 『容齋集』卷7, 『韓國文集叢刊』20, 민족문화추진회, 1988, 480~481쪽. “正德庚辰 予奉使 由嶺南 歷湖南 全州府尹鄭公順朋 侯予於快心亭上 時適閏八月之望 而在座者 皆翰林舊先生 酒闌月上 遂更設爲翰林宴 以予爲最舊 推爲上官長 餘各以次分占 府尹公當奉敎從事官 崔君重演都事 李君弘幹待敎 求禮縣監安君處順檢閱 薦花行酒 一遵古風 用螺盃稱鸚鵡盞 以爲傳心 上下無筭 旣醉 共起爲上官長行酒禮 齊唱翰林別曲 列妓相和 響徹寥廓 回視白月已中天矣 此眞曠世奇會 不可以無傳 遂作一節 屬諸僚丈繼和 以爲快心亭翰林會題名記 德水李某書.” 최재남, 「경기체가 장르론의 현실적 과제」 『韓國詩歌硏究』2, 韓國詩歌學會, 1997, 16쪽에서 재인용.

酒席에서 「한림별곡」을 함께 불렀다는 것은 악장에 쓰였던 이 노래가 그 당시 사대부층에 널리 알려져 연행이 되고 있었음을 의미한다고 하겠다. 이밖에도 周世鵬이 명종 3년(1458) 경상감사로 부임하는 棗溪 鄭萬鍾(字 仁甫)을 보내면서 쓴 「奉送鄭公仁甫出按嶺南」에서 "藝林에서 모시는 자리를 함께 하고/試院에서는 외람되게 농지거리를 했지//元淳文을 소리높여 노래부르고/鸕鷀 구기(잔)에 함께 취했지"[161]라는 구절에서 「한림별곡」이 활발히 가창되었음을 알 수 있다. 여기서 "원순문"은 「한림별곡」을 지칭한다. 이처럼 「한림별곡」의 연행 상황을 알게 하는 자료는 전하고 있지만 안축의 「관동별곡」이나 「죽계별곡」의 연행 상황을 알려 주는 기록은 전하지 않고 있는 실정이다. 기록은 전하지 않지만 「관동별곡」이나 「죽계별곡」도 조선 사대부층에 널리 알려져 있었을 것으로 짐작된다. 그것은 이황을 비롯한 도학자들에 의해 비판을 받았다는 사실이 이를 방증한다.

민요든 예술적 노래이든 간에 대다수의 노래에서는 본디 가사가 중심이 되고 음악은 가사의 효과를 높이는 수단으로서 작용한다. 경기체가인 「관동별곡」「죽계별곡」도 한시문학과 마찬가지로 歌詞의 의미가 중심이 되고 있다고 할 수 있다. 그러면서 음영문학인 한시로는 표현하기 어려운 내용이나 정서를 표현하기 위해 가창문학을 이용한 것이다. 그렇다고 음악적인 요소가 중요하지 않다는 것은 아니다. 음악적인 요소를 가미하여 감흥을 고양시키기 위해 창안했던 것이다.

---

161) 周世鵬, 「奉送鄭公仁甫出按嶺南」『武陵雜稿』 원집 권1, 『한국문집총간』26, 민족문화추진회, 1988, 478쪽, "藝林及侍席 試院叨善謔 高唱元淳文 共醉鸕鷀杓."

V. 安軸의 漢詩文學과 歌文學

1. 新興士大夫에 있어서의 詩와 歌

우리시가사는 한시와 국문시가와의 교섭 양상 속에서 전개되어
왔다고 볼 수 있다. 우리나라의 한시의 전개 과정에서 한시의 형식
적인 변모는 극히 미약하며, 각 시대 상황에 맞는 내용상의 변화만
이 있었다고 할 수 있다. 우리나라 한시사의 변모 과정의 특성을
민병수는

> 중국어에 소원한 우리나라 시인들이 제작한 한시는 필연적으로 개
> 념의 시, 정신의 시가 될 수밖에 없었을 것이며, 때문에 우리나라 한
> 시에 있어서의 수사학적인 요구는 사실상 공소한 것이 되지 않을 수
> 없다"[162]

고 하였다. 이 말은 곧 우리나라에서 한시가 가창되었다 해도 그것
은 중국에서 가창했던 것과는 거리가 있다는 것을 의미하는 동시
에 우리 고유의 가문학과도 달랐을 것을 의미한다고 할 수 있다.
다시 말하면 한시가 가창 된다고 해서 우리나라에서 가창한 문학
양식인 향가나 경기체가 가사와 동질적인 가창문학은 아니었을 것
이다. 따라서 가창문학은 한시가 가창할 수 있었던 옛날이나 가창
할 수 없게 된 고려 중기 이후나 음영문학에 대응하는 양식으로 존
재해 왔다고 할 수 있다.

시와 가문학의 관계를 해명해주는 다음과 같은 기록이 전하고
있다.

---

162) 민병수, 「고려시대의 한시 연구」, 서울대박사논문, 1984, 4쪽.

도산 노인이 본디 음률을 잘 모르기는 하나, 오히려 세속적인 음악을 듣기에는 싫어하였으므로, 한가한 곳에서 병을 수양하는 나머지에 무릇 느낀 바 있으면 문득 시로써 표현하였다. 그러나 오늘의 시는 옛날의 시와 달라서, 읊을 수는 있으나 노래부를 수는 없다. 노래로 부르려면 반드시 우리말로 엮어야 한다. 대개 국속의 음절이 그렇지 않을 수밖에 없기 때문이다. 그러므로 李鼈의 노래를 의방하여 「도산육곡」을 지었다. 그 하나는 '言志'요, 그 둘은 '言學'이다. (중략) 아이들로 하여금 스스로 노래 부르고 스스로 춤추게 한다면, 거의 더러움과 인색함을 씻고 感發融通할 수 있어서, 노래 부르는 이와 듣는 이가 서로 유익하지 않을 수 없다.[163]

이황의 「도산십이곡발」이다. 가창문학에 속하는 時調를 지은 경위를 해명하고 있는 위 글에서 시와 가의 특성 및 양자의 관계에 관한 몇 가지 정보를 얻을 수 있다. 우선 옛날의 시는 가창할 수 있었으나 오늘날의 시는 노래로 부를 수 없다는 것과 가창하기 위해서는 '우리말'로 지어야 한다는 것을 들 수 있다. 그리고 가창의 효과를 "鄙吝(더러움과 인색함)을 씻고 感發融通할 수 있다"에 두고 있다는 것이다. 이황은 '詩'는 수양을 통해 느낀 바를 표현하는 수단으로, 시조인 '歌文學'은 '흥'을 표출하기 위한 수단으로써 사용되었다고 하였다. 이때 가문학인 시조를 가창할 때 얻을 수 있는 효과를 '感發融通'이라 하였다. 이럴 경우 「한림별곡」과 「관동별곡」 「죽계별곡」과 같은 경기체가에 나타나는 풍류는 '矜豪放蕩'하고 '褻慢戲狎'한 작품으로 평가될 수밖에 없다. 도학자의 시각에서 볼 때 이상이나 풍류를 숨김없이 표현한 것은 후세에 읊조리기에

---

163) 李滉,「陶山十二曲跋」『退溪集』卷43 "老人素不解音律 而猶知厭聞世俗之樂 閒居養疾之餘 凡有感於情性者 每發於詩 然今之詩異於古之詩 可詠而不可歌也 如欲歌之 必綴以俚俗之語 蓋國俗音節所不得不然也 故嘗畧倣李歌 而作陶山六曲者二言 其一言志 其二言學 … 亦令兒輩自歌而自舞蹈之 庶幾可以蕩滌鄙吝 感發融通 而歌者與聽者不能無交有益焉."

부적합할 지도 모른다.164) 하지만 고려 후기 신흥사대부층의 낙관
적 현실 인식이 가문학인 경기체가에 반영되었다는 사실은 문학사
적으로 의미가 있다고 하겠다.

시와 가의 관계에 대한 다음의 언급을 보자.

> 옛적의 노래는 반드시 시를 썼다. 노래를 글로 써 놓은 것이 시가
> 되고 시를 管絃에 올린 것이 노래가 되니, 노래와 시는 진실로 한가지
> 도인 것이다. 시경 3백 편으로부터 변하여 고시가 되었고, 고시가 변
> 하여 근체시가 되면서 노래와 시는 나뉘어 둘이 되었다. 漢・魏 이후
> 에 시 가운데 율에 맞는 것을 악부라 불렀으나 근대까지 鄕人・邦國
> 에는 쓰이지 못했다. 陳・隋 이후에 또한 가사별체가 있어서 세상에
> 전해졌으나 시 짓기만큼은 왕성하지 못했다. 대개 가사를 짓는 것은
> 문장과 성률에 정통하지 않으면 할 수 없는 까닭에, 시에 능한 사람이
> 라도 반드시 노래를 잘하지는 못하며 노래하는 자라고 반드시 시를
> 잘 짓는 것은 아니다.165)

조선 후기 金天澤에 의해 편찬된 歌集『靑丘永言』의 序이다. 이
기록에서 시와 가에 대한 중요한 몇 가지 사실을 알 수 있다. 첫 번
째로는, 노래를 문자화하면 시가 되고, 시를 관현에 올려 부르면
노래가 되었다는 데에서 앞서 이황의 언급과 같이 시도 가처럼 가
창될 수 있었음을 알 수 있다. 두 번째로는, 가창할 수 있는 한시―
樂府詩, 詞가 있었으나 이러한 가창 장르는 왕성하게 제작되지 못
했다는 사실이다. 중국의 한시가 가창성을 잃고 음영문학으로 바

---

164) 黃俊良, 「與周景游書」, 權鼈 編, 『海東雜錄』卷6, "且文貞珠履高陽之
曲 必出於一時善謔之餘."

165) 鄭來僑, 「靑丘永言序」, "古之歌者 必用詩 歌而文之者爲詩 詩而被之
管絃者爲歌 歌與詩固一道也 自三百篇變而爲古詩 古詩變而爲近體
歌與詩分而爲二 漢魏以下 詩之中律者 號爲樂府 然未必用之於鄕人
邦國 陳隋以後 又有歌詞別體 而其傳於世 不若詩家之盛 盖歌詞之作
非有文章 而精聲律 則不能 故能詩者未必有歌 爲歌者未必有詩."

뀐 이후, 우리나라에서도 거의 가창되지 못했다는 사실은 고려 후기 이전에 이미 가창성을 잃었거나 가창이 가능했지만 실제로는 가창이 되지 못했다는 것을 의미한다. 이에 준거할 때에 경기체가가 생겨나기 전에 한시와는 다른 가양식이 있었음을 의미한다. 그것이 바로 향가일 것이다. 그러니까 향가는 한시가 가창이 가능했거나 불가능했거나 관계없이 가창할 수 있었던 한시로는 부족했던 시적 정서를 표현하기 위해 필요했던 것이다. 그러다가 가창을 상실한 한시를 대신하여 가창할 수 있었던 양식의 필요성이 급증하자 이에 따른 여러 가창양식이 탄생되었을 것이다. 時調・景幾體歌・歌辭 등에 이에 해당한다고 할 수 있다. 그런데 이들 각각의 양식들은 독자적인 표현 영역과 내용을 지니고 있었다. 세 번째로는, 가사를 짓기 위해서는 文章과 聲律에 정통해야 한다는 것이다.

그러면 한시만으로도 충분히 자신들의 시적 욕구를 충족할 수 있었을 것임에도 불구하고 왜 경기체가와 같은 가창문학을 필요로 했을까. 노래를 통해 궁극적으로 추구했던 바는 무엇이었을까. 이 문제에 대해서는 申欽의 다음 글이 참고가 된다.

> 시로 말미암아 노래가 되니, 노래 역시 妙處에 이른다. 중국의 歌詞라고 하는 것은 古樂府의 新聲에 관현을 입힌 것을 말한다. 우리 나라의 경우인즉 音으로 발하고 文語로써 도움을 받는다. 이것이 비록 중국과 다르긴 하나, 만약 그 정경을 다 싣고 음악과 조화를 이루게 하여 사람으로 하여금 영탄케 하고 즐거워하며 손발을 움직여 춤추게 한다면 귀결되는 바 매 한가지다.166)

신흠은 노래를 통해 도달할 수 있는 것이 바로 '妙處'라 했다. 묘

---

166) 申欽, 「書芝峯朝天錄歌詞」『象村集』卷37, 471~2쪽, "由詩而歌而歌亦臻於妙也 中國之所謂歌詞卽古樂府及新聲被之管絃者俱是也 我國卽發之藩音協以文語 此雖與中國異而若其情境咸載宮商諧和 使人詠嘆淫佚手舞足蹈則其歸一也."

처는 음악에 맞추어 노래함으로써 사람의 흥을 돋우고 춤추게 하는 데까지 나아가는 것을 말한다. 이글에서 신흠은 노래는 우리나라의 말로써 우리의 정서를 표출하는 데 적합한 양식이라는 점을 분명히 함으로써 우리말 노래의 가치를 인정받고자 했던 것이다. 결국 노래는 '흥'을 돋우어 몸이 절로 춤을 추게 되는 경지를 말한다고 하겠다.

가창의 효과를 알 수 있게 하는 다음 글이 있다.

> 判官 金處는 그의 아버지가 타국에서 죽은 것을 상심하고 슬퍼하여 미친 병에 걸렸다. … 판관은 낮에는 술에 취해 있어 깨어 있는 경우가 드물었는데 문득 술이 깨면 「관동별곡」을 부르면서 소매를 떨쳐 춤을 추었고 춤이 끝나면 큰소리로 울곤 했다[167]

슬픔에 찬 判官 金處가 「관동별곡」을 부르며 춤을 추고는 크게 울었다는 내용이다. 여기서 우리는 이 노래가 개인의 가창으로 사용되었으며, 가창의 효과가 감정을 더욱 고조시켜 주는 역할을 하고 있다는 것을 알 수 있다.

앞서 언급했듯 이황도 '감발융통'이라 하여 가창의 효과에 주목하였던 것처럼 안축도 가창문학의 효용성을 인식하고, 한시만으로는 표현할 수 없었던 정서와 감흥을 표현하기 위해 가창의 양식을 활용한 것이다. 즉 「관동별곡」은 『관동와주』 한시로는 표현할 수 없었던 정감을 표현하기 위해 지은 것으로 볼 수 있다.

그러면 '흥'을 고양시키는 가창양식인 경기체가와 그 향유계층인 신흥사대부층의 관계에 대해 살펴보도록 하자. 고려 후기는 안축을 비롯한 신흥사대부들이 새로운 개혁세력으로 권문세족과 주

---

167) 成俔, 『慵齋叢話』卷3, "金判官處以其父死於異國 傷痛得狂疾 … 判官晝則多睡少醒 醒則自唱關東別曲 拂袖而舞歌 舞畢則大聲而哭."

도권을 다투던 시기다. 권문세족은 압도적인 경제력을 기반으로
지배력을 행사한 반면에 자신들의 지배체제를 합리화할 이념적인
기반을 갖추지 못했다. 그들은 불교에 기반을 두고 있었으며, 권문
세족들은 주관적 관념론적 사물인식 태도를 지니고 있었다. 이들
은 무신란과 원의 지배 하에서 비정상적으로 권력과 토지를 차지
하여 지배세력이 되었지만 상층 문화를 재건할 이념이나 능력을
가지지 못했다. 이들은 사장을 앞세우는 부화한 풍조를 즐겼다.

　권문세족과 달리 사대부층은 자신의 삶의 기반을 현실에 두고
있었으며, 성리학을 사상적 기반으로 사물을 객관적으로 인식하려
는 태도를 지녔으며, 사장보다는 경술을 중시하였다.[168] 신흥사대
부는 사물에 대해 객관적으로 인식하기 시작했다. 이들은 사물을
인간과 관련지어 해석하였으며, 인간의 삶과 관련되어 있을 때 비
로소 그 본래적 가치가 발현되는 것으로 생각하였다. 그리하여 자
신과 농민의 안정을 위해서는 전제개혁을 비롯하여 전주권을 쥐고
왕권을 擅斷하는 개혁의 걸림돌인 政房을 혁파하고자 하였다. 문
학이 모순된 현실을 비판하고 개혁하는 데 중요한 역할을 해야 한
다는 인식 아래 안축은 한시에서는 풍속의 득실에 관한 비판, 임금
에 대한 충간, 생민의 비참한 생활상을 고발하고자 했다. 이들은
권문세족들의 詞章 위주의 문학을 배격하고 문학을 통한 道를 실
현하는 방향을 끊임없이 모색하였다. 이러한 모색의 과정에서 신
흥사대부가 창안한 상층의 가문학이 경기체가다. 경기체가 「關東
別曲」「竹溪別曲」이 『謹齋集』에 安軸 작품으로 전한다는 것은 경
기체가가 新興士大夫 사회의 歌양식이었다는 증거가 된다.

---

168) 조동일은 심의 철학에서 물의 철학으로, 주관적 관념론에서 객관적
　　　관념론으로, 불교에서 신유학으로, 문벌귀족의 주도에서 사대부 주도
　　　로 전환되는 단초를 이규보에서 찾고 있다(조동일, 『한국의 문학사와
　　　철학사』, 지식산업사, 1996, 124쪽).

이런 점에서 경기체가 역시 신흥사대부의 도를 실현하기 위한 문학적인 모색에서 창안된 것으로 볼 수 있다. 결국 詩와 歌를 일치시키려 한 노력의 소산이 바로 경기체가인 것이다. 경기체가 형성의 배경에는 신흥사대부의 객관적 관념론이 자리하고 있다고 할 수 있다. 경기체가는 신흥사대부의 사물과 사실을 중시하는 가운데 현실 긍정적 사고를 주로 반영하고 있다. 그렇기 때문에 현실을 날카롭게 비판하고 있는 사대부들의 한시와는 달리 낙관적 정서가 주로 표출되고 있는 것이다. 이와 같은 시와 가의 관계나 가창문학의 특성을 고려하지 않을 때에 조선조 도학자들의 '矜豪放蕩' 또는 '善謔'으로 배척당하게 되는 것이다. 한편 경기체가에서 표출되는 양성의 낭만적 정조는 연행에서 가창되었던 가창문학의 특성과 밀접한 관련이 있을 듯하다. 일반적으로 모든 노래의 가창은 잔치 자리에서 쓰였다고 한다.

조선 후기 문인 申欽은 「放翁詩餘序」에서 "우리나라의 이른바 노래라는 것은 단지 손님을 청한 자리의 오락이 되기에나 족한 것"[169]이라 하였다. 여기서 "노래"는 가창문학 전반을 가리키며, "손님을 청한 자리"란 곧 宴會의 자리를 말한다고 하겠다.[170] 이렇게 筵席에서 가창이 소용되고 있다는 것은, 가창문학의 본질적 속성에 속하는 흥을 북돋워 주는 기능, 즉 감정을 고양시키는 기능을 지니고 있었다는 것을 말한다. 시조와 마찬가지로 경기체가 또한 흥취를 돋우는 것이 주된 역할이었을 것이다. 주로 사대부층의 고양된 감흥을 가창양식에 담아 표현하고자 하는 필요성에 의해 경기체가 장르가 생기게 되었다. 따라서 가사 내용이나 정서도 또한

---

169) 申欽, 「放翁詩餘序」, 沈載完 編, 『校本歷代時調全書』, 世宗文化社, 1972, 250쪽, "我國所謂歌者 只足以爲賓筵之娛."
170) 본고에서 말하는 '宴會의 자리'는 祝賀·慰勞·歡迎·惜別 등을 위하여 여러 사람이 모여서 酒食을 차려 놓고 즐겁게 노는 자리를 뜻한다.

밝고 고양된 내용이 주조를 이루었을 것이다. 이러한 이유로 해서 안축을 비롯한 경기체가 작품에는 슬픔보다는 즐거움과 흥취와 같은 긍정적 정서가 주로 표출되었을 것이다.

2. 安軸 漢詩와 歌의 關聯 樣相

『관동와주』한시가 지어진 다음에 「관동별곡」이 지어졌다고 할 때,『관동와주』한시는 「관동별곡」 형성에 영향을 주었을 것이다. 안축의 한시와 경기체가의 관련 양상을 검토하기 위해『관동와주』와 「관동별곡」에 공통적으로 등장하는 시어와 그 의미를 고찰해 본다. 그리고 더 나아가 「죽계별곡」과의 관련성도 검토할 것이다.

　안축의 「관동별곡」에는『관동와주』한시에 등장하는 관동지방의 지명이 많이 나타난다. 우선 詩에 나타난 지명을 歌와 대비시켜 살펴보기로 한다. 먼저 「관동별곡」 1연을 보자.

海千重 山萬疊 關東別境　　碧油幢 紅蓮幕 兵馬營主
玉帶傾盖 黑槊紅旗 鳴沙路　　爲 巡察景 幾何如
朔方民物 慕義起風　　爲 王化中興景 幾何如

바다가 겹겹이고 산이 첩첩인 관동의 별경으로
푸른 휘장 두르고 붉은 장막에 둘러쌓인 병마영주가 되어.
옥대를 띠고 日傘을 받으며, 검은 창과 붉은 깃발을 날리면서 명사길을 가는
아, 순찰하는 모습, 그것이야말로 어떠합니까!
이 지방 백성들 흠모하여 의를 기리는 풍속 일어나네.
아, 임금의 교화를 중흥하는 경지, 그것이야말로 어떠합니까!

「1연」

제 1연에는 전체의 서사에 해당되므로 구체적인 지명이 드러나

194 고려시대 시가의 탐색

있지 않다. 하지만 「관동별곡」에 쓰인 시어를 『관동와주』에서 발
견하게 된다.[171]

山萬疊 :
萬疊山圍四望中　　　　東溟隔岸水浮空

사방 시선 에워싼 만 겹의 산
언덕 너머 동해바다 물에 뜬 허공
　　　　　　　　　　　　　　「次和州本營詩韻」

關東別境 :
山水關東雖信美　　　　出城西笑馬蹄輕

관동의 산수 참으로 아름답지만
성 떠나는 행장 말발굽도 가볍다
　　　　　　　　　　　　　　「和州馬上偶作」

黑槊紅旗 :
路入關門眼暫開　　　　**紅旗黑槊**共徘徊

깊이 관문에 들자 잠시 눈길 트여
붉은 깃발 검은 창으로 잠시의 배회
　　　　　　　　　　　　　　「入鐵嶺關望和州作」

朔方民物 :
隣境兵塵犯塞垣　　　　**朔方民物**此來奔

이웃 경계의 병진이 변경을 침범해
삭방의 민물이 이에 달아났네
　　　　　　　　　　　　　　「竹島詩」

　　위에서 제시한 바와 같이 「관동별곡」의 지명이 『관동와주』 한

---

171) 김창규는 「관동별곡」에 나타난 표현과 지명을 『관동와주』를 비롯한
　　여타 문헌을 참고하여 상세한 주석을 달아놓았다(김창규, 한국 한림
　　시 평석, 1996). 본고는 이 성과를 참조하여 『관동와주』와 관련되는
　　내용만을 취하되, 한시 제목이 지명과 관련되는 경우는 제외한다.

시에 나타난 지명과 관련이 있음을 알 수 있다. 그런데「관동별곡」
의 내용과 한시의 내용과는 거리가 있다. 우선 '삭방민물'의 경우
를 살펴보자.「관동별곡」에서는 '흠모하여 따르고 의를 기리는 백
성'으로 그려지고 있으나,『관동와주』의「죽도시」에서는 '兵塵에
의해 쫓겨 가는 백성'으로,「관동별곡」과는 정반대의 상황으로 그
려져 있다. 그러면 2연을 살펴 보자.

鶴城東 元帥臺 穿島國島　　轉三山 移十洲 金鰲頂上
收紫霧 卷紅嵐 風恬浪靜　　爲 登望滄溟景 幾何如
桂棹蘭舟 紅粉歌吹　　　　　爲 歷訪景 幾何如

학성 동쪽의 원수대와 천도와 국도,
삼신산을 옮아온 듯 十州를 옮아온 듯, 금자라가 이고 있는 삼신산
자주빛 안개 걷히고 붉은 이내 사라져, 바람과 물결 고요한데,
아,대에 올라 푸른 바다를 바라보는 광경, 그것이야말로 어떠합
니까!
계수나무로 저어가는 목란으로 꾸민 호화로운 배에는 기녀들의
노래와 피리소리 넘치는데,
아! 승지를 둘러보는 광경, 그것이야말로 어떠합니까!

「2연」

　2연과 관련되는 지명과 시어를 보면 다음과 같다.

元帥臺 :
元帥臺前湖月滿　　　與君寒夜泛蘭舟

원수대 앞 호수에 달 가득하면
싸늘한 밤 그대와 꽃 배 띄우리

「到襄陽寄通州太守」

金鰲頂上 :
海上**金鰲頭**載瀛　　　珠宮此日入門屛

바다 위 금색 자라 머리에 인 삼신산
오늘에야 화려한 궁 문 안에 들어 왔네
「又次三日浦詩韻」

收紫霧 :
海上靑霞**紫霧**間   揖仙東望問三山

바다에서 이는 푸른 안개 붉은 노을 사이
동으로 신선께 절하고 삼산을 묻다
「次安昌驛亭許正言詩韻」

1연에서와 달리 「관동별곡」 2연은 위에 제시한 『관동와주』 한시의 시어와는 유사한 내용이 들어 있다. 호수에 달 가득할 때 배 띄워 놀겠다는 풍류를 읊고 있는 「到襄陽寄通州太守」의 "元帥臺", 자연의 영원함과 한가로움을 인간사와 대비시키고 있는 「次安昌驛亭許正言詩韻」의 "海上金鰲", 삼일포의 경관을 읊은 「又次三日浦詩韻」의 "紫霧"와 「관동별곡」 2연의 원수대와 이를 포괄한, '대에 올라 푸른 바다를 보는(登望滄溟) 광경'은 풍류를 즐기는 내용이나 분위기가 유사하다. 『관동와주』 소재 한시와 「관동별곡」과의 연관성을 알 수 있는 대목이다.

3연 이하 내용과 관련되는 사항을 정리해 보면 다음과 같다.

「관동별곡」

3연 : 叢石亭 :
條石列水中   **叢立**多異狀

가닥진 바위가 물 속에 벌여 있어
모여 선 모양이 하도 이상하구나
「叢石亭使臣有作」

石巖回 :
惟餘**石回**丹書在

오직 돌 벽에 붉은 글씨만 남아 있으니
「再遊三日浦次板上韻」

4연 : 奇觀異迹 :
疆呑弱吐歸樵話　　　異迹奇觀載史篇

강한 것은 삼키고 약한 것은 토하여 살아 돌아온 나뭇군 이야기
특이한 자취 신기한 경치 사책에 실려 있네
「次通州客舍詩韻」

5연 : 風煙十里 :
百年丘隴無情草　　　十里風煙有信鷗

백년의 구릉엔 무정한 풀
십리의 풍경에는 믿음 있는 갈매기
「登州古城懷古」

6연 : 鏡浦臺 :
鏡浦松亭容我住　　　不須蓬島更求仙

경포의 한송정 나 머물게 받아들이니
봉래산에 다시 신선 찾을 필요 없네
「次臨瀛公館東軒詩韻」

7연 : 海棠路 :
海棠花發白沙堤　　　紅艶紛紛沒馬蹄

백사장 둑에 핀 해당화
어지러이 곱게 붉어 말 발굽에 묻힌다
「海棠」

9연 : 倚風巖・臨水穴 :
風巖水穴非人世　　　洗盡塵痕骨已情

풍암과 수혈의 경치 인간 세상 아니니
속세의 때를 씻어 뼈속까지 맑아졌네
「次旌善公館趙元帥詩韻」

　　3연과 연관되는 「叢石亭使臣有作」은 생민들의 실상과 賓客들의
취흥 장면을 대조적으로 그려냄으로써 뛰어난 자연경관이 오히려

생민들의 고통을 가중시키는 것을 고발하는 작품이고, 「再遊三日浦次板上韻」은 사선을 회고하는 내용의 詩다. 「次通州客舍詩韻」은 나뭇군 설화의 내용을 표현하고 있는 것으로 「관동별곡」 4연의 '奇觀異迹'과 관계되며, 「관동별곡」 5연의 '風煙十里'는 「登州古城懷古」의 '병란이라는 역사적 사건을 잊고 있는 인간들과 달리 이를 기억하고 있는 갈매기'를 표현한 내용이다. 즉 병란의 흔적을 보고, 옛일을 회고하는 내용이다. 7연과 관계되는 「次臨瀛公館東軒詩韻」은 경포대의 경관을, 「海棠」은 해당화가 피어있는 백사장의 모습을 그리고 있다. 9연과 관련되는 「次旌善公館趙元帥詩韻」은 풍암과 수혈의 경치를 말하고 있다.

이상에서 살펴본 것처럼 지명어를 비롯하여 몇몇의 시어가 『관동와주』와 「관동별곡」에 함께 사용되고 있다.[172] 이는 「관동별곡」의 제작에 『관동와주』 한시가 영향을 주었다는 것을 의미한다.

앞서 언급한 「관동별곡」 1연의 '朔方民物'과 『관동와주』 한시에 나타난 '朔方民物'은 그 내용과 성격이 판이하게 다르다. 漢詩에는 병란을 당하여 폐허가 되어 유리걸식하는 변방의 백성을 의미(隣境兵塵犯塞垣/朔方民物此來奔)하는 것으로 쓰였는데, 景幾體歌 「관동별곡」에는 왕화를 입어 중흥하는 백성들의 '흠모하여 따르고 의를 기리는 모습(朔方民物 慕義起風/爲 王化中興景)'으로 표현되어 있다. 당시의 상황을 고려해 볼 때 '왕화가 중흥(1연)'되고 '무릉풍물(9연)'이 이루어져 '傳子傳孫景(9연)'할 정도의 德化가 달성되었다고 보기는 어렵다. 이것은 오히려 현실과 정반대의 상황이라 할 수 있다. 현실은 元의 압제와 권문세족의 가렴주구로 인해 고통스러운 상황에 처해있었다. 안축은 이러한 실상을 순력을

---

172) 동일한 시구가 아닌 유사한 시어, 지명, 비유어, 異名 등을 시와 가의 연관 내용에 포함시킬 경우 그 수효는 훨씬 많아진다.

통해 실제 목격했다. 그럼에도 '왕화중흥경'으로 표현한 것은 현실을 외면해서가 아니라 이와 같은 경지가 달성되기를 바라는 마음에서 이를 노래문학에 담아 불렀다고 보아야 할 것이다.

그런데 「관동별곡」이나 「죽계별곡」과 유사한 '興', '樂'의 정서를 지니고 있는 한시 작품은 그 수효가 적다. 비록 소수의 작품에 불과하지만 이러한 정서가 그의 가창문학에 영향을 주었을 것이다. 이러한 낙관적 전망을 담고 있는 한시는 「관동별곡」 「죽계별곡」을 제작하게 된 단서를 얻을 수 있을 것이다. 풍년을 구가하는 농부들의 즐거움을 표현하고 있는 「次興富驛亭詩韻」을 살펴보자.

千畦禾黍舞風前
喜見農家大有年
久倚陰軒足清爽
水禽飛過小溪烟

바람에 춤추는 천 이랑 벼 서숙
농부의 큰 풍년 기쁨으로 바라보다.
그늘진 난간에 기대자 발까지 시원하구나
작은 시내 아지랑이 날아가는 물새.

「次興富驛亭詩韻」

드넓은 이랑에 곡식이 잘 자라서 춤을 추고 있는 모습을 기쁨으로 바라보는 농부의 모습과 함께 이를 보면서 마음이 흐뭇해진 목민관의 모습이 겹쳐 나타나고 있다. 그리하여 발까지 시원한 '清爽'이라는 시어에서, 한결 여유로워진 관인의 모습을 볼 수 있다. 이러한 여유를 가질 수 있게 된 것은 다름 아닌 풍년 덕분이다. 풍년은 농민뿐만 아니라 목민관인 안축 자신에게도 흥겨움과 뿌듯함을 제공하고 있는 것이다. 이러한 풍년은 結의 "水禽飛過小溪烟"처럼 '물새'와 '아지랑이'와 같은 자연을 바라보는 여유로움까지 제공해 준다. 일에 쫓겨 그동안 바라보지 못했던 물새나 아지랑이와 같은 자연물을 감상할 수 있는 여유가 생긴 것이다. 「관동별곡」의 정서는 「죽계별곡」 5연과 유사하다. 하지만 흥겨움과 즐거움의 내용에서는 약간의 차이가 있다. 「죽계별곡」 5연의 '中興聖代 長樂太平'은 이를 달성하도록 한 것이 자신의 가문이라는 자긍심에 기인하는 것인데, 「차홍부역정시운」은 풍년에 기뻐하는 농부의 모습에서 기꺼워하고 있다.

그리고 「遊雲巖縣亭」도 전체적으로 밝은 분위기를 지니고 있어서 「차홍부역정시운」과 비교된다.

鞍馬長途困熱忙　　解衣亭上快風凉
儉年民事知誰恤　　喜見山田麥半黃

말 타고 긴 여행 몹시 바빠 피곤한데,
정자에 올라 옷 벗으니 시원한 바람.
흉년 든 백성들 누가 궁휼히 여겨 알아줄거나,
산전에 반 넘어 익어가는 보리 기뻐 바라보네.

「遊雲巖縣亭」

위의 시 起에서 "말 타고 긴 여행"은 존무사로서 순력하는 일을 뜻한다. 이 일이 바쁘고 피곤해도 承의 '民事知誰恤'이라는 표현과 같이 백성들의 어려움을 누가 알아줄까 걱정하고 있다. 그런데 시인의 이러한 걱정을 덜어주는 것이 바로 轉의 '보리가 반 넘어 익고 있는 산비탈 밭(山田麥半黃)'이다. 이때 '儉年'은 흉년을 의미한다. 그리하여 結에서는 보리가 익어 가는 모습을 보면서 그나마 백성의 근심을 덜 수 있다는 안도감에 이를 기쁘게 바라보고 있는 것이다. 특히 結句의 '喜見'이라는 표현은 『관동와주』 전체 작품을 통틀어 네 번밖에 등장하지 않고 있다. 그만큼 『관동와주』 한시에

드러난 지배적 정서는 밝고 즐거운 것이 아니라 부정적 속성의 정
서임을 알 수 있다. 하지만 이러한 부정적 정서가 지배적이라 해서
현실에 절망하고 낙담하는 것이 아니라 이를 긍정적으로 치환하여
낙관적인 전망을 유지하고 있다. 이러한 면모를 잘 보여 주고 있는
시가 바로 「是日馬上卽事」이다.

積雨難堪悶悶愁　　喜看晴日出雲頭
自然行處得佳景　　可是良辰兼勝遊
草野晚花香澹澹　　稻畦新葉綠油油
道傍聞說老農話　　今歲應逢大有秋

견디기 힘든 장마비 답답한 수심
기쁘게 보다, 구름 끝에 나온 개인 해.
자연으로 걷는 걸음 아름다운 경치 얻으니
이것이 바로 좋은 계절 좋은 놀이 겸함이겠지.
들판 늦은 꽃 향기도 담담
벼 밭의 새 잎 야들야들 푸르름.
길가에서 엿들은 늙은 농부 대화
올해는 응당 풍년 가을 만단다네.

「是日馬上卽事」

　　위 시는 通川에서 비 때문에 머물다가 날이 개어 高城으로 향하
는 도중 馬上에서 읊은 시다. 首聯은 장마비로 깊은 수심에 잠겨
있다가 구름 속에서 나온 해를 보고 기뻐하는 모습을 드러내고 있
다. 조금 전의 지리한 장마로 인한 근심은 씻은 듯이 사라지고 맑
게 갠 하늘의 청량함을 기쁘게 바라보고 있다. 그리하여 頷聯 이하
尾聯까지 밝고 희망찬 분위기로 일관하고 있다. 頷聯과 頸聯에서
는 장마가 그친 후 얻게 된 아름다운 경관 속에서 놀이가 표현되고
있다. 여기서 시인은 어려움을 겪은 다음에 즐거움이 온다는 자연
의 이치를 의도적으로 제시하고 있다. 頸聯은 촉각적 이미지와 시

각적 이미지가 적절히 결합하여 비 갠 직후의 싱그러운 대자연의 광경을 제시하고 있다. 尾聯에서는 이러한 자연과 인간사가 조화되는 '풍년'을 바라는 기대감이 드러나고 있다. 이러한 기대감은 시인이 직접 말하는 방식이 아니라 농부의 대화라는 서사적 요소와 결합하여 시적 성취를 얻고 있다. 이 시에서처럼 안축은 절망적 상황이나 고난 가운데서도 좌절하거나 절망하지 않고 이를 희망으로 전환시키는 기상을 지니고 있다.

그렇다면 그의 詩와 歌에는 그가 목도하게 깨달은 현실이 반영되어 있음은 틀림없다고 할 수 있다. 이런 점에서 詩와 歌를 분리해서 볼 것이 아니라 한데 묶어서 고찰해야 할 것으로 생각된다.

그러면 안축에게 있어서 시와 가는 어떠한 의미를 지니고 있었던 것일까. 전하는 기록이 없기 때문에 자세히 알 수 없다. 그런데 성호경의 다음 글은 시와 가의 관계를 해명하는 데 있어서 시사점을 준다.

> 노래에서는 본디 가사가 중심이 되고, 음악은 가사라는 골격을 둘러싸고 그것을 肉化시키는 수단으로서의 성격을 지니는데, 고려시대의 「西京別曲」 등이나 조선 후기의 일부 작품들을 제외하고는, 대체로 그 노래에서 가사가 중심이 되고 악곡(선율)이 부수적인 것이 되는 문학 위주의 양상(詞主曲從)을 많이 보였다.173)

인용문에서 '노래'는 가창문학인 우리의 鄕歌나 宮中俗樂歌詞, 時調, 景幾體歌 등을 가리킨다. 가창되는 문학이라 할지라도 중심은 가사 내용에 있다는 것이다. 이러한 견해를 수용하여 경기체가에 적용한다면 「관동별곡」, 「죽계별곡」의 경우도 음악적인 요소보다 내용적인 요소가 더욱 강조되었다는 것을 알 수 있다. 이때 음

---

173) 성호경, 「한국 고전시가의 존재방식과 노래」, 87쪽.

악은 가사의 효과를 높이는 수단으로서 작용한다. 안축도 시와 가 문학이라는 표현양식에 따른 시적 내용과 정서 표출의 차이를 인 식하고서 긍정적 정서를 표출하기 위해 한시문학이 아닌 가문학을 선택한 것으로 볼 수 있다.

이러한 가창양식을 선택한 것은 안축의 의식과 밀접한 관련을 맺고 있다고 할 수 있다. 신흥사대부들은 정치적으로 권문세족에 대항할 힘을 조직적으로 갖추지는 못했지만, 그들은 새로운 역사 의 담당층으로서의 자부심과 긍지를 지니고 있었다. 그들은 비록 현실에서 자신의 포부와 이상을 실현할 수는 없었지만 자신들이 역사의 주인공이라는 것을 인식하고 있었다. 이러한 의식으로 인 해 그들은 비극적 현실에 직면해서도 좌절하기보다는 오히려 이를 낙관적인 태도를 지닐 수 있었다.

이와 같은 긍정적이고 낙관적인 사대부의 성향에 대해 최재남은 이를 다음과 같이 설명하고 있다.

> 사대부는 그들이 살아가는 기반을 이상적 세계에 두는 것이 아니 라 현실적 삶에 두고 있다. …(중략)… 우선 지주로서의 물질적 토대 를 바탕으로 하고 있고 나아가 과거를 통한 벼슬살이를 지향점으로 삼고 있다. 그리고 현실을 이어가는 철학적 원리는 성리학을 핵심으 로 하는 유학에 근간을 두고 있다. …(중략)… 그런 점에서 사대부들 의 정서는 일단 현실 긍정적이다. 비록 힘겨운 일이 있어도 곧 극복될 수 있는 것으로 인식하며 그 극복의 방향으로 유학적 실천을 강조한 다. 유학적 실천의 정서적 범주가 이른바 사대부적 서정이라고 할 수 있다.174)

인용문에서 언급하고 있듯이 신흥사대부들은 현실을 긍정적으 로 바라보았다. 경기체가는 바로 이들의 낙관적인 전망을 담아 표 현하고자 했던 새로운 양식이었다. 한시에서는 드물게 산견되던

---

174) 崔載南, 『士林의 鄉村生活과 詩歌文學』, 國學資料院, 1997, 348쪽.

낙관적인 해결방법이나 현실긍정적인 태도 등이 이 歌에 집약적으로 표현되고 있는 것이다. 투철한 인식을 바탕으로 한, 부정적 현실 속에서도 대한 낙관적인 전망을 지녔던 신흥사대부층의 의식이 歌를 창작하고 이를 표현하게 한 근본 동력이었다. 그리하여 『관동와주』에서는 애민의식에 투철한 한시를, 「관동별곡」에서는 백성들에 대한 위로와 자신의 이상 및 자신이 속한 사대부층의 이상을 반영하였으며, 「죽계별곡」에서는 애민의식을 바탕으로 한 일생 동안의 관료생활에 대한 자부심과 이상을 가문학에 담아 표현하였다. 그렇기 때문에 "사물에 접하여 무절제하게 분출하는 것을 경계"175)했던 안축이 가문학에 이러한 감흥을 표출할 수 있었던 것으로 볼 수 있다.

이런 점에서 안축이 지닌 사실주의적 성격과 낭만적 성향 중에서 한시에는 사실성이 주로 담겨 있으며, 경기체가에는 낭만성이 주로 담겨 있다고 할 수 있다. 이렇게 본다면 안축은 사실성과 낭만성이 균형을 이루고 있는 인물로 평가할 수 있다. 안축의 詩와 歌文學에 담겨 있는 시적 성향과 정서적 관계를 다음과 같이 정리할 수 있다.

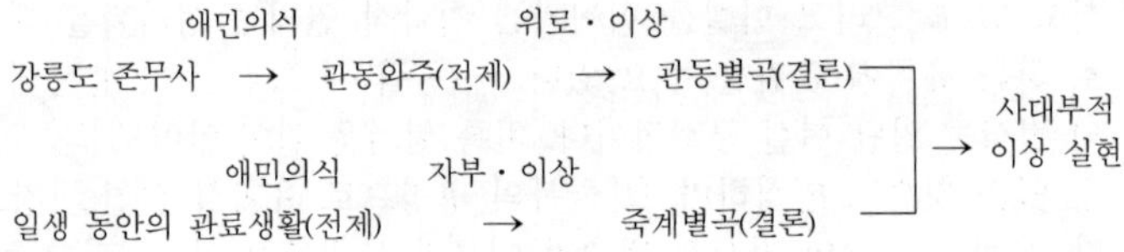

안축의 가문학은 『관동와주』나 애민의식에 근거한 관인으로서

---

175) 안축은 「臨瀛公館墨竹屛記」에서 "옛 군자는 그 마음을 바르게 하고자 일용하는 가운데 항상 사물에 접촉을 삼가고, 눈에 보이는 것에는 더욱 스스로 가려 택했다"(古之君子 欲正其心者 常於日用之間 愼其接物 而至於目之所覩 則尤自擇焉)고 하였다.

의 생활이 전제가 될 때 가능했다고 볼 수 있다. 이러한 이유로 해서 鮮初에 배격되었던 속악가사와 달리 새로운 이념을 구현하는 악장으로 채택되어 계승될 수 있었을 것이다.

詩와 歌에 대한 이러한 인식태도가 안축을 비롯한 신흥사대부 전반에 걸쳐 있었는가에 대해서는 상고할 길이 없다. 하지만 현전하는 경기체가의 수효로 볼 때 일반적이었다고 하기는 어려울 듯하다. 당시 경기체가를 바라보는 시각이 확고하게 정립되지 않았기 때문으로 보인다.

3. 文學史的 意義

고려 후기 원의 지배 하에 활동했던 안축은 사회가 안정되지 못했던 어려운 시기에 일생의 대부분을 지냈다. 특히 그가 강릉도존무사 재임시 농촌의 현장을 목격한 후, 이에 감분하여 지은 시편들에는 백성에 대한 애정과 함께 지배층에 대한 비판이 주조를 이루고 있다.『관동와주』한시에서 볼 수 있는 현실에 대한 강렬한 관심은 이러한 시대 상황을 신흥사대부의 세계관에 안축이라는 개인의 투철한 현실 인식이 결합되어 나타난 것으로 볼 수 있다. 안축은 모순된 현실의 한복판에 권문세족이 놓여 있음을 인식하고, 이들을 타파하는 일이 자신들의 사명이라는 것을 자각, 이의 실천을 위해 노력하였다. 그 실천의 한 방편으로 한시를 선택하였다. 안축은 한시를 통해 백성들의 입장을 반영하면서 모순된 현실을 개혁하고자 하였다. 음영문학인 한시를 선택한 것은 무엇보다 현실 문제 해결의 열쇠를 쥐고 있는 계층이 바로 한시를 향유하던 지배층이었다는 점에서 이들에게 각성을 촉구하는 데 유리했으며, 가창문학에 비해 의미를 전달하는 데 더욱 효과적이었기 때문이라 할 수 있다. 이와 같은 문학에 대한 안축의 태도는 '효용론적 문학관'이라 할 수 있는데, 이는 조선조의 재도론적 문학관의 성립에 일정한 영향을 주었다고 하겠다.

안축의 경기체가는 한시를 통해 표출할 수 없었던 감흥을 드러내기 제작된 것으로 볼 수 있다. 그런데 경기체가 작품 속에 들어 있는 유흥과 풍류의 정서는 현실 개혁과 그 실천을 모색하고자 했던 신흥사대부 안축의 고민과는 거리가 있어 보인다. 그리하여 기존 연구는 이를 사대부층의 양면적 태도로 파악하려 하였다. 하지만 안축의 생애와 문학활동을 추적해 본 결과 그것은 '충군애민'이라는, 그의 일관된 의식의 반영이라는 결론에 도달하게 되었다. 안축의 입장에서 한시는 물론 경기체가도 자신의 유학자적 목표를 실현하는데 있어서 중요한 장르였다. 유학의 가르침에 투철했던 그는 농촌의 실상을 한시를 통해 권계하고 풍자하는 한편 이들에게 위로를 제공하면서 동시에 자신의 이상과 포부를 담아 표현하고자 하였다. 이러한 안축의 의식이 반영된 것이 「관동별곡」과 「죽계별곡」이다. 조선조에 들어와 고려 속악가사들은 유학자들의 비판을 받아 배척되었지만, 경기체가는 도리어 많은 작품이 제작되면서 활발하게 연행되었던 것도 경기체가가 지닌 이와 같은 속성으로 인해서였을 것이다. 새로운 시대를 맞이하는 세력들의 이상과 포부의 정서를 표출하는데 경기체가가 적절했기 때문이었을 것이다. 이와 같은 경기체가의 활용에는 「한림별곡」을 비롯하여 안축의 「관동별곡」과 「죽계별곡」의 내용이 계기를 마련해 주었다고 할 수 있다. 특히 안축의 두 작품은 안축의 애민적 태도가 일관되게 작용하였다는 점에서 이러한 장르를 활용하는 데 더없이 좋은 선례가 되었을 것이다. 이런 점에서 안축의 경기체가는 조선시대 경기체가로 이어주는 중요한 역할을 하였다고 하겠다.

경기체가는 고려 후기에서부터 조선 중기까지 약 300여 년 동안 사대부층의 가문학장르로 향유되었다. 한시에 대응하는 가문학 장르인 속악가사·선초송축악장·시조·가사 등과 공존하면서 상층 지식인들의 정서를 표현하는 중요한 장르로 존속하였다. 고려 후기의 경기체가를 조선으로 이어주는 교량적 역할을 함으로써 조선조까지 연속성을 지니고 발전할 수 있었던 것이다. 그 계기를 마련해 준 것이 바로 안축의 경기체가이다.

안축의 경기체가는 조선조 시가에 많은 영향을 주었다. 정철의 「관동별곡」을 통해서 확인할 수 있다. 작품의 제목에서부터 송강의 「관동별곡」 도처에는 안축의 「관동별곡」과 같은 표현 내지 유사한 내용이나 배경 등이 다수 등장하고 있다. 이런 점에서 후대 가사문학에도 많은 영향을 주었다.176)

Ⅵ. 結 論

이상으로 고려말 신흥사대부 安軸의 한시와 가문학에 대하여 논의하였다. 지금까지 논의한 내용을 요약하는 것으로 결론을 삼고자 한다.

제Ⅱ장에서는 안축 문학의 배경에 대해 고찰하였다. 먼저 생애

---

176) 李樹鳳은 안축의 「관동별곡」과 「죽계별곡」의 기행적인 작품이 가사문학 장르를 새로이 설정시키는데 영향을 주었다고 하였다(李樹鳳, 「安軸論」, 黃浿江·蘇在英·秦東赫 共編, 『韓國文學作家論』, 螢雪出版社, 1995, 91쪽).

를 검토한 결과 안축은 실천적인 신유학을 적극적으로 수용, 일생 동안 이를 실천하기 노력하였다. 그는 왕실의 보존과 백성을 위한 '충군애민'의 자세로 일관하였는데, 네 번이나 士師가 되어 백성들 가운데 강압에 의해 억울하게 노예가 된 자를 양민으로 되돌아가게 해주었던 사실을 기록에 남겨 달라고 부탁했을 정도로 그는 투철한 애민의식을 지니고 있었다.

師友關係에 있어서 안축은 성리학을 최초로 도입한 안향의 후손으로, 안향에게 직·간접으로 수학하였으며, 당대의 대표적인 문인과 학자, 정치가들과 교유하였다. 안축과 교류가 있던 사람들로는 李齊賢·崔瀣·閔思平·李穀 등이 있었는데, 이들은 고려 말기에 있어 정치적·사상적으로나 문인으로 상당한 위치에 있었던 사람들이었다. 고려 성리학의 계보를 잇는 이들과의 교유와 이제현의 찬사로 보아 안축은 신유학에 깊은 조예를 지니고 있었다고 할 수 있다.

안축의 현실인식태도는 '충군애민'으로 요약될 수 있다. 그는 백성들의 삶에 고통을 가중시키는 지배세력에 대해서는 단호하게 비판하였다. 그리하여 민생안정과 왕실안정이라는 중세질서의 확립으로 집약되어 나타난다. 그런데 그는 모순된 현실의 배후에 자리한 元에 대해서는 깊이 인식하지 못하는 일정한 한계를 지니고 있다. 이러한 태도는 초기 사대부적 면모로 이해된다.

제 Ⅲ장에서는 안축의 현실인식이 반영된 한시문학을 고찰하였다. 안축이 1330년 江陵道存撫使로 재임할 때 지은 漢詩가 『關東瓦注』로 편찬되어 전하고 있는데, 이 시문집에는 이제현이 「關東瓦注序」에서 평한 바처럼 '美刺而勸誡'에 속하는 시가 대부분을 차지한다. 『관동와주』에는 백성들의 고통을 위로하면서 王과 權臣 및 자신을 권계하려는 의도가 반영되어 있다고 할 수 있다. 안축 한시를 둘로 나누어 분석하였는데, 첫째는 '생민지복'과 관련된 내용을 통해 목민관으로서의 사명감을 드러낸 시를 살펴보았다. 자연경관이 뛰어난 곳일수록 생민들의 고초가 극심했던 생민들의 생활상을 목도한 안축은 이를 구제하고자 하는 사명감에 충만하였으나, 모순된 현실구조 앞에서 좌절할 수밖에 없었다. 그리하여 낭만적인 해결책의 제시에 그칠 수밖에 없었다. 이러한 모습에서 신흥사대부층이 권문세족에 대항할 수 있는 세력이 되지 못했음을 의미하는 한편, 불합리한 현실 속에서도 좌절하지 않는 안축의 면모를 발견할 수 있다. 그리고 고종때 몽고에 패배했던 사건을 읊은 영사시를 검토해 보았다. 몽고가 침입했던 이 사건으로 인한 참상이 그대로 남아 있었다. 이에 감분하여 지은 작품들의 수효는 그리 많지 않지만, 안축의 애민의식과 민족의식을 살펴볼 수 있다는 점에서 의의가 있다. 안축은 詠史詩를 통해 지배층에 대한 각성 촉구와 목민관으로서의 사명감을 자각하였으며, 당시 원의 지배 하에 있던 우리 민족에 대한 의식 각성의 反面敎師로 삼고자 했다. 둘째는 민풍을 관찰하고 이를 권계하는 내용을 살펴보았다. 원과 지배층의 가혹한 공물 징발은 농민을 더 한층 고통스럽게 했다. 안축은 「삼탄」 「염호」등의 시로써 공물징발로 인한 폐해의 실상을 형상화하였다. 이 시들은 비교적 긴 호흡으로 서정과 서사를 긴밀하게 결합시켜 시적 성취를 얻고 있는 것으로 평가된다. 또한 당대의 가장 절박한 문제라 할 수 있는 원의 공녀 공출문제를 다루고 있는 「왕소군」은 절실한 문제를 소재로 다루었음에도 불구하고, 공녀의 아픔을 형상화하는 데에는 이르지 못한 것으로 보인다. 하지만 당시의 절박한 현안인 공녀문제를 깊이 인식하고 이를 시로 표현했다는 데 그 의의가 있다. 이와 같은 작품들을 통해 현실을 비판하고 지배층을 권계하고자 하였다.

다음으로 표현기교를 살펴보았는데, 먼저 시어의 특성을 검토하였다. 그 결과 안축 한시에는 첩어가 자주 쓰이고 있는데, 의태어가 대다수를 차지한다는 것을 확인할 수 있었다. 이것은 『관동와주』 한시가 관동지방의 승경을 묘사하는 내용이 많다는 데 기인한다. 시어에는 '民·吏'가 자주 등장한다. 이러한 시어가 많이 쓰이고 있다는 것은 안축의 주된 관심이 생민들의 삶에 집결되어 있음을 뜻한다. 그리고 감정을 표출하는 어휘 즉 '憐·憫·愧·哀·愁·悲'가 높은 빈도수를 보이는데 이는 백성들의 참상을 목격하고도 이를 구제하지 못하는 '가엾음, 안타까움, 부끄러움'을 드러낸 것으로 볼 수 있다.

다음으로 『동문선』 소재 12수를 중심으로 표현 기교를 고찰하였다. 안축은 다양한 심상과 대구를 사용하여 주제와 분위기 등을 효과적으로 그려내고 있으며, 이 가운데에 시각적 심상이 가장 두드러지게 나타났다. 시각적 심상은 주로 생민에 대한 '안타까움'이나 '시름'과 결부되어 나타난다. 對句는 주로 상반되는 개념을 이용하는 '反對'를 많이 사용하고 있다. 그것은 자신의 이상과 현실과의 괴리감에서 비롯된 것으로 짐작된다. 안축은 생민들의 참상이나 자연 경관을 묘사하는 데 주로 직유를 많이 사용하였다. 특히 『동문선』에 실려 있지 않은 「염호」 「차양주공관시운」 「국도시」 등에서 생민들의 간난신고를 해결하는 방책을 제시하고자 할 때에도 직유를 동원하고 있음을 알 수 있다. 이 밖에 애민의식이 투철한 작품들에서 다양한 표현기교를 사용하여 시적 생동감을 얻고 있는 작품이 상당수 전하고 있다. 『동문선』에 이러한 작품이 수록되지 않은 것은 내용보다는 사장 위주의 편찬의도와 관련이 있는 것으로 볼 수 있다.

안축은 자연을 동경의 대상으로 자연과의 합일이 아니라, 심성

수양의 대상으로써 修己, 치인할 수 있는 가르침을 주는 곳으로 보고 있다. 그 가르침을 통해 '생민지복'을 구현하는 것이라 할 수 있다. 그의 문학작품에 나타나는 '경물 묘사'는 자연에 대한 몰입하거나 賞自然하는 경지가 아니라, '풍속의 득실'이나 또는 '민생의 애환'을 표현하기 위한 소재로 이용되고 있다. 안축의 자연관은 권문세족들의 자연에 대한 주관적 관념론적, 불교적인 기존 태도를 탈피, 사대부층이 지닌 자연에 대한 객관적 인식태도를 반영하고 있다고 할 수 있다. 이러한 자연관은 자연이 인간의 삶과 밀접한 관련을 맺고 있다는 것으로서, 孔子의 자연관에 근접하는 것으로 볼 수 있다.「관동별곡」과「죽계별곡」에도 자연이 등장하고 있기는 하지만 자연과 인간이 하나로 묶이는 데까지는 나아가지 못하고 만다. 안축이 자연에 대한 관심을 시가로써 형상화 한 것은 자연미에 대한 자각이라는 면에서 이후 자연을 배경으로 하는 시가문학 형성에 크게 기여했다는 측면에서 의의가 있다.

안축의 문학관은 효용론적 문학관이라 할 수 있다. 이러한 성향은 당시 신흥사대부들에게는 보편적이었던 것으로 볼 수 있다. 안축의 효용론적 문학관은 한시에서는 生民之福을 추구하는 내용으로, 歌文學에서는 생민에 대한 위로 및 자부와 이상의 실현으로 나타났다.

지금까지 살핀 내용을 토대로 한시문학의 성격을 규정하였다. 안축 한시는 민풍적 성격을 지니고 있는데 그것은 관동지방 백성들이 겪는 고초를 시로써 형상화하여 권계하고자 했기 때문이다. 안축 한시에는 현실의 문제를 해결하기 위한 대책이 충분히 마련되어 있지 않았다. 이는 현실 개혁을 주도할 이념이나 역량을 미처 지니지 못했기 때문이다. 하지만 안축의 입장에서 한시는 모순된 현실에 대한 개혁과 신흥사대부층의 이상인 '생민지복'을 실현하기 위한 방도로 활용되었다. 그 해결방법을 낭만성에서 찾고자 한 안축의 방법론적 모색은 현실성과 낭만성이 조화를 이루는 것으로 평가할 수 있다.

제 Ⅳ장의 「관동별곡」, 「죽계별곡」을 분석하였다. 먼저 장르적 특성에서는 교술시로 보려는 기존 견해와 달리, 개인적 정서가 표출된 서정장르로 규정하였다. 교술시 이론에 따르면 경기체가는 주관적 정서를 표출하는 방식이 존재하지 않는 것처럼 여겨왔다. 그런데 경기체가 구조를 면밀히 검토한 결과 정서를 표출하는 것은 물론 이를 표출하는 구조적 방식이 존재함을 알 수 있었다. 따라서 본 연구에서는 「관동별곡」과 「죽계별곡」의 정서와 이를 표출하는 방식을 중심으로 고찰하였다.

먼저 「관동별곡」과 「죽계별곡」의 공통적 특질을 ① 연장체 ② 전후 분절과 반복구조 ③ 한자어 + 고유어 구조 ④ '爲 ~景 幾何如'의 네 항목으로 나누어 설명하였다. 이 가운데 ④ '爲 ~景 幾何如'는 경기체가의 장르적 특성을 규정할 만큼 중요한 '언어적 자질'로 안축의 「관동별곡」과 「죽계별곡」에서 드러난 정서를 기존 '사물화'나 '경물화'의 원리로 설명하기에는 미흡하다. '~경'은 경물을 제시하는데 그치는 것이 아니라 경물을 통해 얻어진 고양된 감정, 정서까지를 포함하고 있으므로 이를 '정경화'의 원리로 규정하였으며, 또한 정경화의 원리가 나타나지 않는 '~경'이 없는 부분에서도 정서가 두드러지게 나타나고 있음을 알 수 있었다. 「관동별곡」 1연의 전대절의 '순찰경'은 후소절의 '왕화중흥경'으로 심화 발전하고 있음을 발견하게 된다. 이 '王化中興景'에는 경관을 통해 얻은 감흥은 물론 이곳 명승지에 남아있는 옛 선인들의 풍류의 흔적 및 그것에 대한 회포, 이와 관련된 중국의 고사, 그리고 이곳에서 생활하는 백성에 대한 시적 화자의 정서와 목민관으로서의 사명감 등이 복합적으로 표현되어 있다. 이처럼 '~경'은 경물을 제시하는데 그치지 않고 이를 통해 시적 화자의 감흥과 정서를 포함하여 드러내고 있다.

다음으로 「관동별곡」과 「죽계별곡」의 정서와 그 표출방식을 위주로 논의하였다. 「관동별곡」은 집단적 정서로 규정하고 조선조 「독락팔곡」에 이르러 개인적 정서로 변모하고 있다는 도식적 전개론과는 시각을 달리했다. 「관동별곡」의 정서를 분석한 결과 관인으로서의 포부와 유흥, 즐거움의 정서가 '서사―본사―결사'의 구조와 '정경화', 그리고 '공식구적 표현'을 통해 표출되고 있었다. 「관동별곡」에서 지향하는 정서는 한시의 '애민의식'의 발현이라는 것과는 전혀 다르다. 이러한 차이에서 우리는 안축이 애민의식을 우선하고 나서야 자신의 즐거움과 흥취를 마음껏 발산한다는 의식이 작용했던 것으로 짐작할 수 있다. 먼저 백성을 근심하고 나서 자신의 흥취를 드러내겠다는 태도를 '先憂後樂'이라 할 수 있다. 이런 점에서 볼 때 『관동와주』 한시와 경기체가인 「관동별곡」은 따로 떼어서 볼 것이 아니라, 상호 연관 속에서 파악해야 할 것으로 생각된다. 이와 같이 한시와 경기체가의 정서적 지향이 서로 다르게 나타나는 것은 신흥사대부 안축의 이중성이나 양면성에 기인하는 것이 아니라 음영문학과 가창문학의 특성의 차이에 따른 것으로 볼 수 있다.

「죽계별곡」의 정서는 자부와 과시, 유흥과 즐거움의 정서가 반복과 순환구조, 시간과 공간적 전개 방식, 그리고 '공식구적 표현'을 사용하여 효과적으로 드러내고 있다. 그런데 이러한 정서는 그 이면에 안축이 일생 동안 백성들을 위해 활동했던 관료생활에 대한 자부심에 바탕을 둔 것임을 알 수 있었다.

그리고 안축의 歌文學的 성격을 검토하였다. 경기체가는 신흥사대부의 낙관적 세계관이 반영된 문학이다. 안축의 입장에서 詩와

歌는 자신이 지닌 유교적 가치관을 수행하는데 없어서는 안될 중요한 문학형태였다. 유학의 근본이념인 민본주의적 입장에 위치해 있던 그는 자연과 농촌의 현장에서 촉발되는 감흥을 시만으로는 표현할 수 없어서 그 효과를 더욱 극대화할 수 있는 가창의 양식을 이용한 것이다. 그리하여 「관동별곡」은 백성을 위로하면서 자신 의 포부와 理想을 담기 위해, 「죽계별곡」은 애민의식을 바탕으로 한 일생 동안의 관료생활에 대한 자부심이 전제가 되었고, 치사객의 자유로움과 가문에 대한 자부심이 계기가 되어 지어졌다.

제V장에서 경기체가는 詩와 歌를 일치시키려 한 노력의 결과로 생겨난 것으로 볼 수 있었다. 즉 경기체가 역시 신흥사대부의 '도'를 실현하고자 하는 모색에서 창안된 것으로, 사물과 사실을 중시하는 신흥사대부의 사고가 반영된 歌文學이다. 그렇기 때문에 현실을 날카롭게 비판하고 있는 한시와 달리 낙관적 정서가 주로 표출되고 있는 것이다. 그리고 그 바탕에는 권문세족의 주관적 관념론과는 다른 신흥사대부의 객관적 관념론이 자리하고 있었음을 알 수 있다. 사대부층의 객관적 관념론은 기존 시와 가의 변화를 가져왔는데, 이러한 변화를 적극 수용한 문인이 바로 안축이라 할 수 있다.

이런 관점에서 필자는 안축의 詩와 歌와의 관련 양상을 검토한 결과 한시의 지명어나 주요한 표현어구 뿐만 아니라 성격이 다른 시어 또는 흥락의 정서 등이 「관동별곡」에 영향을 주었음을 알 수 있었다. 특히 한시에서 드러난 정서는 대체적으로 부정적 속성인데 반해서 경기체가에서는 긍정적 정서가 주로 나타나고 있다는 것은 부정적 현실에 대해 절망하지 않고 여기서 낙관적 전망을 발견하려 했던 안축의 의식이 적극 반영되었기 때문일 것이다. 결국 한시에서 산견되던 현실에 대한 낙관적 전망이나 현실 긍정적인 태도가 가문학에 집약적으로 나타나고 있다고 하겠다.

그것은 애민의식을 바탕으로 한『관동와주』가 배경이 되어 가문학에 자부와 이상 등을 표현할 수 있게 했던 것이다. 그렇기 때문에 한시에는 사실주의적 성격이 두드러지게 나타나게 되었으며, 경기체가에는 낭만적인 성격이 주로 나타나게 된 것이라 할 수 있다. 이런 점에서 안축은 사실주의적인 요소와 낭만성이 조화를 이루는 인물로 평가될 수 있다.

안축의 경기체가는 한시를 통해 표출할 수 없었던 감흥을 드러내기 위해 제작된 것으로 볼 수 있다. 안축의 생애와 문학활동의 궤적을 추적해 본 결과 그것은 일관된 의식의 반영이라는 결론에 도달하게 되었다. 안축의 입장에서 한시는 물론 경기체가도 유학자적 목표를 실현하는데 있어서 중요한 장르였다. 유학의 가르침에 투철했던 그는 농민의 실상을 한시를 통해 권계하고 풍자하는 한편 이들에게 위로는 물론 자신의 이상과 포부를 담아 표현하고자 하였다. 이러한 안축의 의식이 반영된 것이「관동별곡」과「죽계별곡」이다. 그렇기 때문에 조선조에 들어와 고려 속악가사들은 비판을 받아 배척되었지만, 경기체가는 오히려 조선조에 와서 새로운 시대를 맞이하는 세력들의 이상과 포부를 표출하는 데 적극 활용될 수 있었다. 이런 점에서 볼 때 안축의 경기체가는 경기체가를 조선시대 경기체가로 이어주는 교량적 역할을 수행했다는 점에서 특히 의의가 있다. 고려 고종대에 지어진「한림별곡」한 작품만으로는 계승되지 못했을 시가 전통이 안축의「관동별곡」과「죽계별곡」에 의해 이어질 수 있었다는 점에서 그 문학사적 의의를 발견할 수 있다.

안축의 경기체가가 조선조 시가에 영향을 주었음은 정철의「관동별곡」을 통해서 확인할 수 있다. 작품의 체목뿐만 아니라 정철의

「관동별곡」 도처에 안축의 「관동별곡」과 같은 내용이나 유사한 표현이 자주 등장하고 있다. 이러한 유사성은 정철이 안축의 「관동별곡」을 익히 알고 있었기 때문에 가능했을 것이다. 이런 점에서 안축의 가문학은 후대 歌辭文學에 많은 영향을 주었다고 할 수 있다.

경기체가는 고려 후기에서부터 조선 중기까지 약 300여 년 동안 사대부층의 가문학장르로 향유되었다. 한시에 대응하는 가문학 장르인 속악가사·선초송축악장·시조·가사 등과 공존하면서 상층 지식인들의 정서를 표현하는 중요한 장르로 존속하였다. 고려 후기의 경기체가를 조선으로 이어주는 교량적 역할을 함으로써 조선조까지 연속성을 지니고 발전할 수 있었던 것이다. 그 계기를 마련해 준 것이 바로 안축의 경기체가이다.

안축의 문학은 시와 가를 공시적·통시적으로 종합하여 논의할 때 비로소 안축문학의 온전한 이해가 가능할 것이다. 본 연구에서는 안축이 활동했던 전시기와 이후의 시기를 아우르는 통시적인 고찰은 이루어지지 못했다. 다음 과제로 남겨 두고자 한다.

제2장

「雙花店」과 「三藏」의 관계 고찰

I. 序 論

「雙花店」은 현전하는 高麗時代의 宮中俗樂歌詞 중에서 「滿殿春別詞」와 함께 조선조 유학자들에 의해 '男女相悅之詞'의 대표적 작품으로 거론되어 왔다. 『樂章歌詞』에 수록된 전 4연의 작품 내용이 그러하며, 『高麗史』樂志 二 俗樂條에 실려있는, 「雙花店」의 제 2연과 같은 내용의 한시 「三藏」과 그에 붙여져 있는 '作歌之意'의 기록에서도 그러한 논란이 전혀 터무니 없는 貶下만은 아니라는 것을 알 수 있다. 이러한 음사의 내용으로 인해 조선조 초기 '舊樂整理' 때에 「쌍화점」은 「履霜曲」「北殿」과 함께 '淫褻之詞'로 규정되어 본래 「쌍화점」과는 전혀 다른 내용인 '王의 福德을 칭송하는 頌祝歌'의 한문 가사로 改删되었으며, 작품 제목 또한 「雙花曲」으로 바뀌어 『時用鄕樂譜』에 전하고 있다.

조선조 유학자들이 '淫詞'로 규정한 이래 「쌍화점」은 '男女相悅之詞'라는 측면에서 주로 논의되었고, 이러한 맥락에서 「쌍화점」 제 2연과 동일한 내용인 「삼장」도 '淫詞'의 내용을 뒷받침해주는 자료로써 이해되었다. 그 결과 두 작품이 자연스럽게 같은 노래로 인정되었고, 충렬왕의 퇴폐적인 歌舞趣向을 충족시켜 주기 위해 제작되었다는 「삼장」의 '作歌之意'를 「쌍화점」에도 적용시켜 해석함으로써 '남녀상열지사'로서의 성격이 더욱 확고하게 되었다.

이러한 「쌍화점」과 「삼장」이 같은 노래라는 것을 전제로 기존의 연구 경향은 작품의 해석 및 작자 추정에 상당한 기여를 했음은 주지의 사실이다. 그런데 최근에 이르러 「쌍화점」과 「삼장」은 별

개이며「삼장」의 기록은 단지「삼장」에만 해당할 뿐「쌍화점」과
는 무관하다는 주장과「쌍화점」→「삼장」의 한역 관계가 아니라「
삼장」→「쌍화점」으로 '가요화'되었다는 견해가 꾸준히 제기되고
있는 상황에서「쌍화점」과「삼장」의 관계에 대한 보다 명확한 구
명이 요청된다 하겠다.

　만일 이러한 주장이 타당성을 획득하게 된다면「雙花店」=「三
藏」을 전제로 한 기존 연구는 입론의 근거를 상실하는 결과를 초
래하게 될 것이다. 이런 점에서「雙花店」과「三藏」의 관계에 대한
면밀한 고찰이 요청된다고 하겠다.

　이에 필자는 선행 연구 가운데「쌍화점」과「삼장」의 관계를 천
명한 기존 논의를 검토하면서, 검토 과정에서 드러난 문제점을 지
적 보완하고,「쌍화점」과「삼장」의 관련된 몇 가지 사항에 대해
필자의 견해를 피력하고자 한다.

Ⅱ. 기존 논의의 검토

　「쌍화점」과「삼장」의 관계에 대한 기존 접근은 크게 세 가지 관
점에서 이루어졌다. 하나는 이 두 노래의 관계가 의심할 바 없는
동일한 노래라는 것이며, 다른 하나는 이 두 노래가 서로 다른 노
래로 전해지다가 어느 시점에 이르러 가요화 내지 한역화되어 같
은 내용을 가지게 되었다는 관점이다. 이밖에 두 견해의 절충적인
입장도 있다. 먼저 두 노래가 처음부터 같은 노래라는 견해를 살펴
보자.

「쌍화점」과 「삼장」의 관계를 최초로 논급한 연구자는 양주동이다. 그는 『여요전주』에서,

> 麗史樂志 및 列傳吳潛에 漢譯記載된 「三藏」은 本歌(「쌍화점」을 가리킴—인용자) 第二聯이니 本歌가 忠烈王朝 所産임을 確知할 수 잇다[1]

고 했다. 그의 견해는 「쌍화점」과 「삼장」은 동일한 노래라는 사실과 「삼장」은 「쌍화점」의 제 2연이 한역된 노래이며, 이 노래가 충렬왕대의 소산이라는 것이다. 그런데 그는 두 노래의 관계에 대한 별다른 해명 없이 「쌍화점」과 「삼장」을 동일한 노래로 규정하고 있으며, 「삼장」의 제작 시기를 「쌍화점」에도 적용시켜 충렬왕대로 단정 짓고 있다.

그의 입론은 단지 「삼장」의 내용이 「쌍화점」의 제2연과 일부 일치하고 있다는 사실에서 추론한 것으로 보인다. 이 논의에서 그는 「삼장」의 한역가 여부에 대한 면밀한 검토는 없었지만 「삼장」을 한역가로 규정하고 있다. 그가 「삼장」을 한역가로 규정한 것은 설득력 있는 견해로 볼 수 있다. 이는 아마도 「삼장」의 내용이나 구조상 한시라 규정하기에는 미흡한 점이 많았기 때문이었을 것으로 짐작할 수 있다.

양주동이 규정한 兩歌가 동일한 노래라는 주장은 이후 초기 어학자를 비롯하여 趙潤濟·鄭炳昱 등에 의해 전적으로 수용된다. 특히 정병욱은 「쌍화점」을 「삼장」과 관련시켜 동일한 노래로 규정하고 「삼장」이 충렬왕대에 창작되었다는 기록에 근거하여 「쌍화점」을 창작가요로 규정하였다.

이상에서 제기한 바 논거들을 통하여 이 『쌍화점』은 명백히 고려

---

1) 梁柱東, 『여요전주』, 을유문화사, 1947, 253쪽.

충렬왕대의 작품임을 알 수 있고, 그 작자는 충렬왕대의 행신들 오 잠·김원상·석천보·석천경의 합작이거나 그 중 한 사람의 작임에 틀림없다는 사실을 밝히 알 수 있었다고 생각한다. 그리고 그 내용으로 보아 본가(쌍화점 – 인용자)는 경도 부근의 속요가 아니라 오히려 창작문예로서의 가치를 충분히 갖추고 있음을 우선 충렬왕의 증언을 빌어 명백해졌을 줄로 생각한다.[2]

이 논문에서 그는 「삼장」에 관한 『고려사』 악지(이하 『악지』로 칭함), 열전 등의 기록 검토를 토대로 하여 「쌍화점」은 창작 가요이고, 창작의 주체는 행신들이거나 그들 가운데 한 사람이라는 것을 실증적 자료를 바탕으로 분석해내고 있다. 그의 주장은 「쌍화점」의 창작가요설을 최초로 주장했다는 점에서 선구적 의의를 지니고 있다. 그러나 그가 내세운 「쌍화점」이 창작가요라는 입론의 결정적 근거인 「삼장」과 이에 관련된 기록들이 「쌍화점」과 어떤 면에서 동일한가에 대한 구체적 언급이 전혀 없다는 점이 아쉬움으로 남는다. 이는 아마도 양주동의 所論을 그대로 수용했기 때문으로 풀이된다.

또한 여증동은 「쌍화점」에 관한 일련의 연구 논문을 통해 정병욱의 창작가요설을 받아들이면서 이 노래가 충렬왕을 위해 무대에서 상연된 劇歌였다는 주장을 일관되게 견지해오고 있는데, 그의 입론의 근거도 다름 아닌 「삼장」과 이에 부수된 '作歌之意'의 기록들이다. 그는 『악지』 기록을 통해 다음과 같은 견해를 밝히고 있다.

　　　이 기록이 충실하지 아니하나, 該記를 통해 알 수 있는 것은, ①「雙花店」과 「蛇龍」노래가 忠烈王朝 소작이다. ②忠烈王은 군소배를 친압하면서 好宴 好樂한다. … ⑦왕은 이 노래(「雙花店」·「蛇龍」)을 閱하고는 群小輩와 더불어 밤낮을 가리지 않고 가무하며 설만하니, 군신의 예라고는 찾아 볼 수도 없었고(이하 생략)[3]

---

2) 정병욱, 「쌍화점고」 『한국고전시가론』, 신구문화사, 1977, 119쪽.

위의 인용문 가운데 ①과 ⑦의 「쌍화점」은 『악지』 원문에는 「삼장」으로 되어 있다.4) 그럼에도 「삼장」을 「쌍화점」으로 대체한 것은 「쌍화점」과 「삼장」이 동일한 노래라는 것을 전제로 이루어진 것임을 알 수 있다. 하지만 그도 「삼장」을 「쌍화점」으로 대입한 이유를 분명히 밝히고 있지 않다. 이러한 예는 그의 논문 곳곳에서 발견된다.

> 「大平曲」이 金元祥條에 실려 있음과 병행하여 「雙花店」(삼장)이 간신 '吳潛'條에 실려 있음을 흥미롭게 볼 수 있다.5)

주지하다시피 『고려사』 오잠조에 실려 있는 노래는 「쌍화점」이 아니라 「삼장」이다.

이와 같은 「쌍화점」과 「삼장」이 본래부터 동일한 노래라는 주장에 대해 처음으로 반론을 제기한 것은 朴炳圭다. 그는 『악지』 속악조 범례의 "高麗俗樂 考諸樂譜載之 其動動及西京以下 二十四篇 皆用俚語"라는 기록의 검토를 통해 『악지』 소재 31편의 속악 중 俚語體(우리말) 노래가 24편 漢語體 노래가 7편이라고 추론하면서, 이 가운데 「삼장」은 한어체 노래로서 「쌍화점」과는 별개의 노래라 하였다.

> '雙花店'은 『高麗史』의 기록으로 보아 오히려 絶句體 '三藏'을 그 일부분을 삼고, 당시의 노래에 慣用되던 餘音을 삽입하면서 이루어진 四聯體의 가요 형태라고도 볼 수 있기 때문이다. …
> 그리하여 원래 漢語體였는지 그렇지 않으면 원래 俚語體였지만 번역되어 譯詩 내지는 解詩로 전했든지간에 상당기간 동안 漢詩로 전

---

3) 려증동, 「쌍화점고구」 『향가여요연구』, 반도출판사, 1985, 553쪽.
4) 『高麗史』 樂志, "(三藏, 蛇龍) 右二歌 忠烈王朝所作 王狎群小好宴樂."
5) 려증동, 앞의 글, 555쪽.

하여 당시 사회에 漢詩로만 認知되어 왔기 때문에, 鄭麟趾 등도 이를
漢語體로 여기고,『高麗史』에서까지 餘他의 漢語體 俗樂과 同軌로
처리하였다고 보아야 할 것이다.[6]

그의 주장에 따르면「쌍화점」은 국문시가이고「삼장」은 절구체
한시인 별개의 노래로, 두 작품이 달리 전승되어 오다가 충렬왕대
에「삼장」의 내용을 일부분으로 삼고, 당시 유행되던 여음을 삽입
하면서 이루어진 노래가「쌍화점」이라는 것이다. 말하자면 두 작
품이 충렬왕 이전까지는 별개의 노래였으며『고려사』편찬자들도
이 가운데「삼장」을 한어체(한시)로 인정했다는 것이다.

그러나 그의 견해는『악지』범례 기록만을 검토하여 내린 결론
으로「쌍화점」과「삼장」의 내용에 대한 고려가 없다는 점이 지적
될 수 있다. 이점은 그가「삼장」을 한어체 즉 한시로 규정하고서도
스스로 ‘「삼장」이 원래 한어체였다고 보기에는 다소의 난점이 있
다’[7]고 토로한 데에서도 잘 드러나고 있다. 그런 까닭에「쌍화점」
과「삼장」가운데 어느 것이 원가 즉 古形인가에 대한 결론은 유
보하는 태도를 보이고 있다. 그렇지만 그의 주장은 그간 양주동 이
래 무비판적으로 수용했던「삼장」과「쌍화점」이 동일가요라는 주
장에 대한 보다 면밀한 검토의 필요성을 확인시켜 주었다는 점에
서 의의가 있다고 하겠다.

최용수도 “「三藏」과「雙花店」은 처음에는 별개의 작품이던 것
이「雙花店」생성 당시「三藏」이 합성된 것으로 볼 수 있다”[8]고
하여 이전까지는 서로 다른 노래였다가 어느 시점에「삼장」을 토
대로「쌍화점」이 제작되었다고 한 박준규의 견해에 동조하고 있

---

6) 朴焌圭,「高麗俗樂 31篇에 대하여」『高麗歌謠研究』, 정음사, 1979, 166쪽.
7) 같은곳.
8) 최용수,『고려가요연구』, 계명문화사, 1993, 252~3쪽.

다. 그는 「쌍화점」과 「삼장」이 별도의 시가로 전해지면서 두 작품 가운데 「삼장」이 먼저 있었고 이를 합성한 것이 「쌍화점」이라는 견해를 밝히고 있다.

그러나 그의 견해도 앞서 밝힌 바처럼 「삼장」을 독자적인 한어체 즉, 한시로 보기 어렵다는 약점이 있다.

한편 金學成은 궁중속악가사와 관련된 기록 가운데 新聲·新調·新詞라는 기록에 주목하였다. 이 과정에서 '新聲'이라는 용어를 해석하면서,

> 新聲이라 해서 가르친 것은 단순히 재래의 민요를 속악가사로 재편한 노래라는 의미보다는, 그 가사를, 「삼장」과 「사룡」에서 보듯이 순한시체로 완전히 새롭게 개작한 노래라는 의미로서 해석해야 온당할 것이다.9)

라 하고 두 작품의 전승체계가 이원적이기 때문에 『고려사』와 『악장가사』에 각각 별도로 전해지게 되었다고 하였다. 즉 민요에 해당하는 「쌍화점」이 처음부터 있었고, 이를 순한시체로 완전히 개작한 노래가 「삼장」이라는 것이다.

한편 姜哲中은 『악지』와 열전에 '敎閱此歌' '敎以新聲'이라는 기록된 것에 주목하여 논의를 진행하면서 「쌍화점」은 "새로 창작하여 이를 남장별대에게 가르친 것이 아니라 새로운 음악 형식으로서 「삼장」을 교습시킨 것"10)이며, 이때 "「삼장」은 민요로 존재하던 「쌍화점」을 음악적 요구에 맞게 漢詩體로 개작한 노래말"이라 하여 김학성의 견해에 동조하면서 『악지』 등의 "「삼장」에 관한

---

9) 金學成, 「高麗歌謠의 作者層과 受容者層」 『國文學의 探究』, 成均館大出版部, 1987, 23쪽.
10) 姜哲中, 「雙花店 小考」 『한국고전시가작품론』 1 ─ 白影 鄭炳昱 先生 10週忌追慕論文集, 集文堂, 1992, 316쪽.

기사는 「삼장」에만 해당되는”[11]내용이기 때문에 「쌍화점」과는 무관한 작품으로 파악하였다.

이들 연구자의 견해는 먼저 민요인 「쌍화점」이 있었으며, 이를 충렬왕대에 한시체로 개작한 것이 「삼장」이라는 것이다. 그러나 「쌍화점」이 새로이 창작된 노래라는 견해가 여전히 제기되고 있다는 점에서 이에 대한 좀더 심도 있는 논의가 진행되어야 할 것으로 보인다.

한편 이 두 견해를 절충한 입장의 견해도 나타나는데, 대표적인 논자는 최동원이다. 그는 「삼장」은 「쌍화점」 제2연의 ‘解詩’인데, “이 역시 당시에 널리 구송 전파되어 있던 독립된 노래일지도 모를 일이다”[12]라고 하여 민요인지 창작가요인지에 대한 확실한 결론을 유보하고 있으며, 조동일 또한 민요와의 관련성과 오잠, 충렬왕 등의 관련성을 동시에 인정하는 절충적 입장을 취하고 있다.[13]

이러한 견해들은 초기에 「쌍화점」과 「삼장」의 관계를 막연히 같은 노래로 취급하여 「삼장」과 관련된 기록들을 무비판적으로 「쌍화점」에 대입시켜 해석하려 했던 연구 경향에 대한 반성적인 차원에서의 논의라 할 수 있는데, 「쌍화점」과 「삼장」의 관계와 제작 시기 등에 대해 보다 명확한 규명의 필요성을 다시 한번 인식시켜 주었다고 할 수 있다.

---

11) 위의 글, 319쪽.
12) 최동원, 「고려속요의 향유계층과 그 성격」『고려시대의 가요문학』, 새문사, 1984, Ⅱ-98쪽.
13) 조동일, 『한국문학통사』 2, 지식산업사, 1983, 140쪽.

Ⅲ. 「雙花店」과 「三藏」의 관계 구명

본 장에서는 기존 논의의 검토 과정에서 드러난 가장 핵심적인 문제라 할 「쌍화점」과 「삼장」의 동일관계 여부를 논의하고자 한다. 이와 관련하여 두 노래의 선후관계 및 한역인지 가요화인지에 대한 것과 한역 내지 가요화의 경우 그 시기 및 주체는 누구인가 하는 문제를 함께 다루어보고자 한다.

특히 「삼장」이 한시이냐 한역시인가를 밝히는 작업이 이러한 문제 해결의 관건이라 할 수 있겠는데 이를 위해 기존 논의에서 다루지 않았던 두 작품의 구조와 내용 분석을 통해 문제해결에 접근하고자 한다. 각 작품의 구조와 내용상의 대비를 위해 「三藏」과 이에 관련된 기록을 제시하고, 다음으로 及庵『小樂府』의 한역시, 그리고 「雙花店」 제 2연을 소개한다.

먼저 「三藏」은 「蛇龍」과 함게 『高麗史』 七十一 樂 二에 해설 기사와 함께 기록되어 있다.

三藏 :
三藏寺裏點燈去
有社主兮執吾手
倘此言兮出寺外
謂上座兮是汝語

三藏寺 안에 등불을 켜러 갔더니
사주가 있어 내 손목을 잡았다
이 말이 절간 밖으로 새어 나간다면
上座에게 네가 한말이라고 이르겠노라

蛇龍 :
有蛇含龍尾
聞過太山岑
萬人客一語
斟酌在兩心

뱀이 용의 꼬리를 물고서
태산의 묏부리를 지나갔다고 들었다
만 사람이 각각 한 마디씩 하여도
짐작하는 것은 두 마음에 달려 있다

　위의 두 노래(三藏과 蛇龍)는 忠烈王朝에 지어진 것이다. 왕이 群
小輩를 친근히 하고 宴樂을 좋아했다. 倖臣 吳祁와 金元祥, 內僚 石
天補와 石天卿 등이 聲色으로 왕을 기쁘게 해주기에 힘썼다. 管絃房
의 太樂才人으로도 부족하다 하여 여러 고을에 倖臣을 보내서 官妓
로 자색과 伎藝가 있는 자를 고르고, 또 城中에 있는 官婢와 무당으
로 歌舞를 잘하는 자를 골라다가 궁중에 등록해서 두어두고는 비단
옷을 입히고, 馬鬃笠을 씌워서 따로 한 隊를 만들어 男粧이라 칭하여
이 노래들을 가르쳐 군소배들과 밤낮으로 가무를 하고 난잡하게 구니
군신 사이의 예가 전연 없어졌다. 그 뒤를 대어 賞給 등을 내려주고
하는 비용이 이루 기록할 수 없을 정도로 많았다.[14)

　「三藏」과 「蛇龍」 두 노래는 '忠烈王朝所作'으로 '男粧別隊'를
새로이 편성하여 이들에게 이 노래를 가르쳤으며, 이 노래와 함께
王과 신하들이 밤낮으로 歌舞를 하고 난잡하게 놀아서 군신사이의
禮가 없을 정도였다는 것이다. 그런데『樂志』내용과 같은 기사가
『高麗史』列傳38 姦臣1 吳潛條에도 보이고 있다.

---

14) 車柱環 譯,『高麗史 樂志』, 乙酉文化社, 1972, 245~6쪽. "右二歌 忠烈
　　王朝所作 王狎群小好宴樂 倖臣吳祈 金元祥 內僚石天補天卿等 務以
　　聲色容悅 以管絃房太樂才人不足 遣倖臣諸道 選官妓有姿色伎藝者 又
　　選城 中官婢及女巫善歌舞者 籍置宮中 衣羅綺 戴馬鬃笠 別作一隊 稱
　　爲男粧 敎閱此歌 與群小日夜歌舞褻慢 無復君臣之禮 供億賜與之費
　　不可勝記."

　　吳潛의 초명은 祁요 同福縣人이니 父 璿은 벼슬이 贊成事에 이르렀다. 潛은 忠烈王 朝에 登第하고 累官하여 承旨에 이르렀다. 王이 뭇 소인을 친압하여 宴樂을 좋아하였으므로 潛이 金元祥, 內僚 石天補 天卿 等과 더불어 嬖倖이 되어 聲色으로써 임금을 즐거워하도록 힘써 管絃坊 大樂에 才人이 부족하다고 하여서 倖臣을 나누어 보내어 諸道의 妓로 色과 藝가 있는 자를 뽑고 또 서울의 무당 및 官妃로 歌舞 잘하는 자를 뽑아 宮中에다 登籍하여 두고 羅綺를 입히고 馬尾笠을 씌워 따로이 一隊를 지어 男粧이라 일컬으며 새로운 소리를 가르치니 그 詞에 이르기를 (「雙花店」 2연의 일부와 「蛇龍」의 한역가 생략) 高低와 緩急이 모두 곡조에 맞았었다 王이 壽康宮에 행차하매 天補 等이 宮곁에 장막을 베풀고 각각 名妓를 私通하면서 밤낮으로 노래하고 춤추매 음란하여 다시 君臣의 禮가 없고 供億과 상주는 비용을 가히 다 헤일 수 없었다.15)

　　동일한 내용이나 향락에 빠진 생활이 『樂志』의 기록보다 상세히 기록되어 있다.

　　다음으로 급암 소악부의 한역시, 그리고 「쌍화점」을 차례대로 소개한다.

　　　　三藏精廬去點燈　　　執吾纖手作頭僧
　　　　此言若出三門外　　　上座閑談是心應

　　　　　　　　　　　　　　　　　　　『及庵 소악부』

　　　　三藏寺애 브를 혀라 가고신딘
　　　　그 뎔 社主ㅣ 내손모글 주여이다
　　　　이 말스미 이 뎔 밧긔 나명들명

---

15) 『譯註 高麗史』, 동아대학교 고전연구실, "吳潛初名祁 同福縣人 父璿 官至贊成事 潛忠烈朝登第累官至承旨 王狎昵群小好宴樂 潛與金元祥 內僚石天補天卿等爲嬖倖 務以聲色容悅 謂管絃坊大樂才人不足分遣 倖臣選諸道妓有色藝者 又選京都及官婢善歌舞者 籍置宮中 衣羅綺 戴馬尾笠 別作一隊 稱爲男粧 敎以新聲 其詞云…高低緩急 皆中節簇 王之幸 壽康宮也 天補等 張幕宮側 各私名妓 日夜歌舞褻慢 無復君臣之禮 供億賜與之費 不可勝記."

다로러거디러
죠고맛간 삿기上座ㅣ 네마리라 호리라
더러둥셩다리러디러다리러디러다로러거디러다로러
긔 자리예 나도 자라 가리라
위위다로러거디러다로러
긔잔듸 ᄀ티 덦거츠니 업다

『樂章歌詞』

이를 토대로 하여 다음과 같은 <표>를 만들어 제시한다.

〈표〉

對比素(『악장가사』소재〈쌍화점〉)			①三藏		②及庵『小樂府』	
1행	ⓐ	三藏寺	●	三藏寺	●	三藏精廬
	ⓑ	브를 혀라	●	點燈	●	點燈
	ⓒ	가고신딘	●	去	●	去
2행	ⓐ	그뎔 사주	●	寺主社主	●	作頭僧
	ⓑ	내 손모글	●	吾手	●	吾纖手
	ⓒ	주여이다	●	執	●	執
3행	ⓐ	이 말ᄉ미	●	此言	●	此言
	ⓑ	이 뎔 밧긔	●	寺外	●	三門外
	ⓒ	나명들명	●	倘出	●	若出
4행		다로러거디러	○		○	
5행	ⓐ	죠고맛간	○		○	
	ⓑ	삿기 상좌	●	上座	●	上座
	ⓒ	네 마리라	●	是汝語	●	閑談
	ⓓ	호리라	●	謂	●	是心應
6행		더러둥셩다리러디러다리러디러다로러거디러다로러	○		○	
7행	ⓐ	긔 자리예	○		○	
	ⓑ	나도 자라	○		○	
	ⓒ	가리라	○		○	
8행		위위다로러거디러다로러	○		○	
9행	ⓐ	긔 잔듸ᄀ티	○		○	
	ⓑ	덦거츠니	○		○	
	ⓒ	업다	○		○	

앞의 <표>는 「삼장」과 「쌍화점」, 그리고 及庵『소악부』의 한 역시를 구조적으로 대비시켜 정리한 것이다. 각 행의 음보 단위를 기준으로 하여『악장가사』소재「쌍화점」을 對比素로 삼고 각 작품의 내용 및 어휘를 비교 검토하였다. <표>에서 ●표시는 각 작품에서 일치하고 있는 부분을 의미하며, ○표시는 서로 일치하지 않거나 특정한 작품에 없는 부분을 뜻한다.

<표>의 이해를 위하여 각 작품이 수록된 문헌의 성격을 개략적으로 살펴 보면『악장가사』는 궁중에서 연주되던 雅樂과 俗樂의 歌詞를 수록한, 편찬자 및 연대 미상의 歌集이다. 여기에는 조선시대를 포함하여 그 이전 왕조에서 사용된 宮中樂의 가사가 채집되어 수록되어 있다. 이 가운데「쌍화점」을 비롯한 국문가사는 歌詞 上에 수록되어 있다.

①이 수록된『高麗史』樂志는 고려왕조에서 사용하던 樂舞에 관한 기록으로『고려사』全 12 志 가운데 樂에 관한 기사이다.『고려사』는 조선 文宗 元年(1451년)에 완성된 사서이다.『고려사』는 조선조 유학자들이 중국 중심 유교 문화에 입각한 유교주의라 할 수 있으며,『악지』또한 유교의 禮樂的 사관에 근거하여 기술되었다. 그리하여 俚語로 된 부분이나 불교적인 내용에 대해서는 의도적으로 제외시키고 있다. 하지만『악지』凡例의 "高麗俗樂考諸樂譜載之"한 기록에서 알 수 있는 것처럼 사실조차 의도적으로 왜곡시켜 서술하려 했던 것만은 아닌 듯하다[16].

『樂志』에 실려 있는 고려의 樂舞는 雅樂·唐樂·俗樂의 셋으로

---

16) 崔美卿도『樂志』의 편찬의식에 관해 이와 동일한 입장의 견해를 밝힌 바 있다. "어다비리라 하여 리어 사용의 속요들이 그 가사의 전모를 이어라는 이유만으로 기록되지 못하였지만, 그렇다고 그 기록내용의 의도적 개필은 행하지 않은 것으로 보인다."(高麗史 樂志 所載 高麗俗謠의 性格」, 梨大碩士論文, 1992, 12쪽).

유분되어 있는데「三藏」은 이 가운데 '俗樂'의 歌詞에 해당한다.

②의 급암『소악부』는 益齋 李齊賢(1287~1367), 謹齋 安軸 1282~1348)과 가까이 지냈던 及庵 閔思平(1295~1359)의 한역시이다. 이『小樂府』는 益齋의 여러 차례 요청에 의하여 급암이 지은 것으로, 여기에 칠언절구 6편의 작품이 한역되어 실려 있다. 이 가운데 <표>의 ②에 있는 작품은 소악부 6편 가운데 4번째 작품에 해당하는 것으로 내용상「삼장」과 일치한다. 그런 까닭에 급암 소악부의 한역시는「쌍화점」과「삼장」의 관계 구명에 단서를 제공해 줄 수 있다는 점에서 관심을 끌어왔다.

그러면 <표>를 통해 각 행을 대비 검토하여 보기로 한다.

제 1행의 ⓐ는 ①에서는 '三藏寺裏'로 되어 있고 ②는 '삼장정려'로 한역되어 있다. 여기에서 '精廬'는 '精舍', 즉 '학문을 닦거나 책을 읽는 곳'으로 이는 '寺'와 같은 뜻이라 할 수 있다. ⓑ와 ⓒ는 ②와 ③이 각각 동일하다. 제 1행의 문장 배열은 ①은 우리말 어순으로 ②는 한문 구문으로 되어 있다.

제 2행은 ⓐ는 ①에서는 '有社主兮'로 ②에서는 '作頭僧'이라 했다. ①의 '社主'는 '寺主'와 같은 의미로 절의 주지를 뜻한다.[17] '兮'는 노래 후렴 혜, 어조사 혜로 가창과 관련된 기능의 허사 내지 음수율을 맞추기 위해 쓰인 것으로 볼 수 있다.[18] ②의 '作頭僧'의 '作頭'는 '목수의 우두머리'라는 뜻으로, '作頭僧'은 '중의 우두머리' 즉 '절의 주지를 의미'한다고 하겠다.

---

17) 양주동은『여요전주』에서 "'寺'를 '社'로 칭(내지 俗書)함은 麗代의 한 習俗이었다."라고 하여 '寺'와 '社'를 동일한 어휘로 이해하였으며, 이우성은 '社主'를 '寺院住持'의 의미로 추정하고 있다(「高麗末期의 小樂府」, 250쪽).

18)『辭源』에 따르면 兮는 "語氣助詞 用於韻文語句中間或末尾." 相當於 現代漢語 "啊." 풀이되어 있다.

ⓑ '내손모글'을 ①은 '吾手'로 ②는 '吾纖手'로 표현하고 있다. 특히 ②의 '吾纖手'는 '여성의 가냘픈 손'을 강조하기 위한 푠현이라 할 수 있다.

ⓒ는 ②와 ③이 동일하다. 제 2행의 ②는 '執(잡다)'이 맨 첫머리에 배열된 도치문이다. 이는 두 가지 의미를 지닌 것으로 해석할 수 있는데, 하나는 압운법의 운자를 맞추기 위한 것으로, 다른 하나는 여성의 손목을 '잡는' 행위를 강조하기 위한 것으로 볼 수 있다.

제 3행의 ⓐ는 ①에 어조사 '兮'가 삽입되어 있을 뿐 ①과 ②가 같다. ⓑ는 ①의 '寺外'로 ②는 '三門外'로 되어 있다. '三門'은 '절의 본당 앞의 다락문' 즉, '山門'을 이르는 말이다. ⓒ는 '(소문이)만약 밖으로 나간다면'의 의미인 '倘出'과 '若出'로 각각 되어 있다.

제 5행 ⓐ는 ①과 ②에 대응하는 해당하는 한(역)시 구절이 둘 다 없다. 이는 '상좌'와 관련지어 해석할 수 있겠는데, ①과 ②에 동일하게 해당 시구가 없다는 것은 하나의 작품을 原歌(저본)로 ①과 ②가 한역되었을 가능성을 시사해준다.

이는 「쌍화점」에서 '죠고맛간 삿기'는 上座를 수식하는 관형어구로, 작품의 분위기로 볼 때 미묘한 감정을 촉발시킬 수 있는 중요한 모티브가 될 수 있을 것이다. 게다가 '上座'는 본래 계행이 높은 중을 호칭하였으나, 후대에 와서는 老少를 막론하고 호칭되었기 때문에 '죠고맛간 삿기 상좌'라 한 것은 의도적으로 미묘한 느낌을 주기 위해 표현된 것으로 볼 수 있다. 즉, '죠고맛간 삿기 상좌'는 三藏寺에서 일어나고 있는, 주지와 관련된 은밀한 사건을 호기심 가득 찬 눈으로 바라보는 조그마한 '행자'라 할 수 있겠다.19)

___

19) '상좌'는 본래 『한국불교대사전』에 따르면 "毘尼母에 이르기를 無夏에서 부터 九夏에 이르는 것을 下座라 하고, 十夏에서 十九夏까지를 中座라 하 며, 二十夏에서 三十九夏까지를 上座라고, 五十夏 이상은 一切의 沙門과 國王이 존경하는 것으로 耆舊長老"라 하나 "今時에 禪衆

이럴 경우 독자 내지 청자에게 더 많은 호기심을 자극하는 효과를 얻을 수 있으며, 당시 사원의 타락상을 나이 어린 상좌의 눈을 통해 더욱 적나라하게 풍자하는 효과도 줄 수 있을 것이다. 그럼에도 중요한 '죠고맛간 삿기'가 한(역)시에서 빠진 것은 '죠고맛간 삿기'가 한역과정에서 원가인 「쌍화점」이 드러내고자 했던 의도를 인식하지 못한 채 한역했기 때문이거나, 그렇지 않으면 '상좌'가 '죠고맛간 삿기'를 포함하는 것으로 생각하여 굳이 이를 한역하지 않아도 되었기 때문으로 추정할 수 있다. 필자는 이 가운데 전자에 더 많은 비중을 두고 싶다.

ⓑ는 ①과 ②가 동일하고, ⓒ는 ①에서는 직역한 것으로 보이는 '是汝語'(이것은 네 말이라)로, ②에서는 '閑談'으로 한역되어 있다. '閑談'은 '閑話'와 동의어로서 1. 조용히 이야기함 또는 그 이야기 2. 쓸데없는 말 이라는 의미다. 이를 「삼장」에서 일어난 사건과 관련지어 해석해 본다면 1의 뜻에 더 가깝다고 할 수 있다. 이렇게 본다면 '한담'은 '삼장사에서 일어났던 은밀한 사건에 대해 넌지시 이야기를 퍼뜨리는 행위'로 해석할 수 있다.

제4행·6행·8행은 『樂章歌詞』 소재 「쌍화점」에만 있는 여음20)으로, 이는 『樂章歌詞』에 수록되어 있는 궁중악의 가사라는

은 老少를 無論하고 上座라 稱하니 누가 下座가 되는지 알 수 없다"고 하여 원의와 다르게 사용되고 있음을 밝히고 있다. 한편 박병채는 '상좌'를 절에서 아직 중이 되지 않은 행자'로 풀이하고 있다(박병채, 『새로 고친 고려가요의 어석연구』, 국학자료원, 1994, 254쪽).

또한 '행자'는 ①불도를 수행하는 사람 ②선림의 말로 방장의 시자. 아직 중이 되지 않고 절에 있으면서 여러 소임 밑에서 일을 돕고 있는 사람. ③여러 곳의 성지를 돌아다니면서 참배하는 사람을 이르는 말(『불교대사전』 권7)로 여기서는 ②에 해당하는 것으로 볼 수 있다.

20) 정병욱은 「雙花店」의 여음을 악기와 구음의 의성어로 이루어진 것으로 파악하였다.그에 의하면 이 가운데 '더러'와 '다리러디러' 그리고 '다로러'는 젓대의 구음이고, '거더러'는 해금의 구음법에 해당하며,

점에서 볼 때 음악적인 필요에 의해 만들어진 것이라 할 수 있다. 이밖에 제7행과 9행은 「쌍화점」에만 있는 부분으로 전 4연에 동일하게 들어있는 반복 후렴구로서 이 또한 음악적인 특성으로 인해 생겨난 것임을 알 수 있다.

이 가운데 제 9행의 ⓑ'덦거츠니'는 명확한 의미 해독이 이루어지지 않은 난해어로 연구자들의 견해가 다양한 실정이다.

이상으로 <표>를 통해 ①과 ②의 어휘를 대비소와 비교 고찰한 결과 ①과 ②의 제 1~5행 가운데 여음에 해당하는 4행을 제외한 나머지 부분은 거의 일치하고 있다. 이 사실은 이들 작품이 서로 다른 노래가 아니라는 것을 증거하고 있는 것으로 볼 수 있다.

이들 세 작품이 서로 일치하는 이유를 두 가지 경우로 상정할 수 있는데, 그 하나는 한시 작품(「삼장」)을 원가로 '가요화'(「쌍화점」)한 후 이를 及庵이 『小樂府』로 재차 한역한 경우이고, 다른 하나는 우리말로 된 가사 「쌍화점」를 원가로 하여 「삼장」과 급암 『소악부』가 한역되었을 경우이다. 필자는 다음과 같은 이유로 후자의 경우에 동조한다.

첫째, 만일 「삼장」이 한시라면 한역가보다는 시의 짜임이 유기적으로 이루어져야 함에도 오히려 급암의 한역시보다 「삼장」이 그렇지 못하다는 점.

둘째, 첫 번째와 관련되는 것으로서 「삼장」은 한시 구문이라기보다는 우리말 어순 구조에 가깝다고 할 수 있다. 게다가 그 내용에 있어서도 앞서 살펴본 것처럼 우리말을 한문으로 직역해 놓은 정도에 불과하고, 의도적으로 가창과 연관되거나 음수율을 맞추기

'둥셩'은 북소리와 징(또는 바라)소리의 의성어로 볼 수 있다고 하였다 (정병욱, 「악기의 구음으로 본 별곡의 여음구」 『한국고전시가론』, 신구문화사, 1977, 147쪽).

위한 것으로 보이는 어조사 '兮'가 세 차례나 삽입되어 있다는 점.

셋째, 절구체 한시의 기본적 요소인 押韻이 맞지 않는다는 점(及庵『小樂府』의 한역시는 압운이 燈, 僧, 應이다)과 평측법이 고려되고 있지 않은 점.

넷째, 만일 「삼장」이 본래 한시로 제작되고 이를 '가요화'한 것이 「쌍화점」이라면 이 노래의 제작과 불가분의 관련을 맺고 있는 忠烈王(재위 1274~1308)과는 근접한 시대의 인물인 及庵도 이를 알고 있었을 텐데, 굳이 한시로 존재하는 「삼장」을 두고서 재차 이를 한역할 필요는 없었을 것이라는 점 등을 들 수 있다.

이런 점에서 「삼장」은 본래 한시로 지어진 것이라기보다는 우리말 가사인 原歌,를 직역한 한역시로 이해하는 편이 近理인 듯하다. 이때 원가는 다름 아닌 「쌍화점」이었을 것이다.21) 그리고 「삼장」과『소악부』한역시는 한시 절구체 형식에 맞추기 위해 후렴 부분은 생략한 것으로 볼 수 있다.

이를 정리해 보면 「쌍화점」이 먼저 전하고 있었고, 이와 동시에 한문 가사의 필요성에 의해 이를 저본으로 한역한 것이 「삼장」이며, 여러 경로를 통해 「쌍화점」과 「삼장」의 존재를 인지한 급암이 「쌍화점」을 원가로 하여 한역한 것이『소악부』라 할 수 있다. 이때 及庵이 原歌인 「雙花店」을 알 수 있었던 것은 及庵이 宮中宴樂에 참관하였거나 또는 다른 경로를 통해서 들엇을 것으로 추론해 볼 수 있다.

---

21) 박혜숙도『형성기의 악부시 연구』, 한길사, 1991, 48쪽에서 이와 같은 견해를 밝힌 바 있다.

Ⅳ. 「三藏」의 한역자 고찰

Ⅲ장에서 「삼장」은 「쌍화점」을 원가로 하여 이를 한역한 노래로 추단해 보았다. 그렇다면 「삼장」보다 더 나은 급암의 한역시를 왜 『樂志』에 수록하지 않았을까? 또 한역임에도 누구에 의한 '譯詩解之' '解之' 등을 어떤 이유로 밝히지 않았을까? 이러한 의문을 가지고 「삼장」의 한역자와 한역 시기를 추론해 보기로 한다.

『악지』의 편찬자들은 유교의 禮樂的 史觀에 입각하여 俚語 가사는 싣지 않고 이에 해당하는 한역이 있을 경우에는 한역한 시를 실었다. 『악지』 凡例의 "高麗俗樂考諸樂譜載之"한 기록에서 알 수 있듯이 『악지』는 여러 관련 문헌자료를 참고하여 기술하였다. 이에 따라 『악지』 편찬자들은 益齋의 『소악부』를 비롯하여 다른 사람의 '譯詩' 내지 '解詩'를 참고하였고 실제로 益齋의 『소악부』의 한역시가 여러 차례 인용되고 있음으로 보아 동시대에 활동했던 급암에 대해서도 알고 있었을 것이다.22) 그럼에도 급암이 한역한 「삼장」에 해당하는 한역시를 『악지』에 싣지 않은 까닭은 무엇일까?

필자는 이를 「쌍화점」과 「삼장」의 제작이나 연주, 공연 등에 직접 관련된 사람들과 한역자가 동일인이었기 때문일 것으로 추정해 본다. 이럴 경우 굳이 외부에서 한역한 시를 인용하여 기록할 필요는 없었을 것이다.

---

22) 이는 益齋의 『小樂府』에 及庵 閔思平에게 한역할 것을 권유했다는 기록이 나오고 있으므로 益齋의 『小樂府』를 접했던 『高麗史』 편찬자들은 그의 존재를 분명히 알고 있었을 것이다.

이러한 추론을 바탕으로 「雙花店」과 「三藏」의 제작 및 공연에 관계된 인물을 추정해 보면 『악지』 소재「삼장」의 기록에 보이는 인물인 吳潛 등 倖臣의 무리와, 宮中音樂擔當者들(樂士·樂工·女妓)이 이에 해당된다. 이들 중 吳潛은 비록 행신의 무리였지만 承旨를 지낼 정도의 인물이었고, 金元祥 또한 「太平曲」을 지을[23] 정도의 인물이었으므로 한시 정도는 능히 지었을 것이다. 그렇지만 한역의 수준으로 미루어 볼 때 이들의 한역으로 보기는 어렵다고 생각된다.

이외에 이 노래와 관계된 인물로는 같은 폐행의 무리(內僚 石天補 天卿 등등)와 '궁중음악담당자'들이 있는데 필자는 이들 중 '궁중음악담당자'들의 한역 가능성에 대해 주목하고자 한다. 음악담당자인 자신이 원가인 「쌍화점」을 제작하고 또 다른 필요성에 의해 「삼장」 한역에 관여했다면 자신들이 제작 내지 공연의 당사자들이기 때문에 이름을 밝힐 필요가 없었거나 이들의 신분상 밝힐 수가 없었을 것이다. 한역의 수준으로 볼 때 文人作品으로 보기는 어렵다는 점에서 樂士·樂工·女妓 등 '궁중음악담당자'들에 의해서 한역되었을 가능성이 충분하다고 본다.[24] 이들에 의한 한역이라면 누구에 의한 '作詩解之' '解詩' '譯詩'라는 것을 밝힐 필요도 밝힐 수도 없었을 것이다. 박혜숙도 「三藏」을 본래 우리말 노래를 한역한 '한역시'로 파악하면서, 한역시이기는 하지만 독자적 장르(악부시)라고 하기 어렵다는 견해를 밝힌 바 있다.

「구지가」, 「해가」, 「번화곡」, 「삼장」, 「사룡」, 「자하동」 등은 본래

---

23) 『高麗史』 卷 三十一 列傳 金元祥條. 金元祥 忠烈朝登第 … 元祥製新調太平曲.

24) 鄭尙均도 '女妓(倡妓)'들의 가요 제작 가능성에 대해 언급한 바 있다. (『韓國中世詩文學史 研究, 翰信文化社, 1986, 128쪽).

우리말 노래인데, 역사 기록 중에 한역되어 전한다. 이들 한역시에 있어 공통적인 점은 그 한역자(漢譯者)가 분명하지 않다는 사실이다. 바로 이점과 관련된다고 보이지만 이들 한역시는 한시작품을 만든다는 고려없이 그저 原歌의 대의를 옮겨놓는 수준인 바 따라서 독자적 장르로서의 악부시라 하기는 어렵다.[25]

한역되어 전하는 노래 가운데 「三藏」은 우리말로 된 노래인 原歌를 한역한 것이며, 한역의 수준은 대의를 옮겨놓은 정도라는 것이다. 이렇게 본다면 비록 음악에 정통한 전문가이지만 한시에 대해 전문적 조예는 부족했던, 이 노래의 제작이나 공연에 대해 누구보다도 잘 알고 있었을 樂士·樂工·女妓에 의해 原歌의 의미만을 옮겨 놓는 수준의 한역이 이루어진 것으로 추론해 볼 수 있을 것이다.

참고로 『악장가사』에는 '남녀상열지사'로 규정된 「만전춘별사」가 수록되어 전하는데, 1연을 한역한 金守溫(1409~1481)의 한역시가 『述樂府辭』에 전한다. 「삼장」과 대비해 볼 때 많은 시사점을 얻을 수 있다. 이해를 돕기 위해 이를 「만전춘별사」 해당 연과 함께 인용해본다.

> 十月層氷上
> 寒凝竹葉樓
> 與君寧凍死
> 遮莫五更鷄
>
> 　　　　　　　　　『술악부사』

> 어름우희 댓닙자리 보와 임과 나와 어러주글만뎡
> 어름우희 댓닙자리 보와 임과 나와 어러주글만뎡
> 정둔 오눓밤 더듸 새오시라 더듸 새오시라
>
> 　　　　　　　　　「만전춘별사」 1연

---

25) 박혜숙, 『形成期의 韓國樂府詩 硏究』, 한길사, 1991, 48쪽.

한편 한역자를 『고려사』 편찬자로 추정하기도 하나[26] 이 또한 한역의 수준으로 미루어 보거나, 이들의 문집이나 기록 등에 언급이 되고 있지 않다는 점에서 편찬자는 아닐 것으로 추정되지만, 추후 이 문제에 대한 더 많은 논의가 있어야 할 것이다.

또한 「雙花店」의 일부 가사만이 한역되어 전하는 까닭은 絶句에 맞추기 위한 것으로, 이는 李齊賢의 『小樂府』 가운데 「鄭瓜亭」의 일부만이 한역되어 있는 사실과 閔思平의 한역된 시에도 原歌의 일부만이 譯詩되어 전하고 있는 사례를 통해서 방증할 수 있다.

이밖에 「雙花店」 제 2연인 '三藏寺'에 관한 부분만이 한역되었는가 하는 문제는 忠烈王 당시의 시대상과 사회상을 살펴 볼 때 충렬왕 이하 행신들의 잘못을 호도하기 위해 불교의 폐해 및 요승들의 부패와 발호에 초점을 맞춘 것으로 추단해 본다.[27] 이럴 경우 왕 이하 행신들의 향락적인 놀이의 책임 등을 '三藏寺'를 비롯한 당시 부패한 승려들에게 전가시키는 효과를 거둘 수 있었을 것이다.

V. 結 論

이상으로 『악지』의 「삼장」과 급암 『소악부』, 『악장가사』 소재 「쌍화점」의 비교 검토를 통해 「쌍화점」과 「삼장」의 동일 가요에

---

26) 박혜숙, 위의 책, 148쪽.
27) 이에 대해 이임수도 이와 비슷한 견해를 보이고 있다. 그는 "고려말의 성리학자에 의하여 쌍화점 4 연 중에서 가장 풍자 대상으로는 적절하고 다른 연의 상징적인 비유보다는 한시로서의 이미지가 선명하므로 둘째 연이 한역된 것"이라 하였다. 이임수, 『고려가요 연구』, 경북대 박사논문, 1988, 16쪽 주 27번 참조.

대한 문제와 선후 관계, 그리고 한역이냐 가요화한 것이냐에 대해 고찰해보았다. 그리고 「삼장」을 한역한 것으로 이해하고 이의 한역 주체에 대해서도 시론적으로 추론해 보았다.

그 결과 「삼장」과 「쌍화점」은 별개의 작품으로 전해지던 것이 아니라 본래부터 같은 노래라 할 수 있다. 이때 「삼장」은 「쌍화점」을 원가로 한역한 '한역시'이며, 그 한역은 「쌍화점」의 생성과 동시에 한문가사의 필요성에 의해 한역되었을 것으로 추정할 수 있었다. 한역의 주체는 「쌍화점」 제작과 공연에 불가분의 관련을 맺고 있었던 '宮中音樂擔當者'였을 가능성을 타진해 보았다. 그 근거로는 첫째, 한역 수준으로 보아 문인의 작품으로 보기 어렵다는 점, 둘째, '作詩解之' '譯詩' 등의 기록이 없다는 사실을 들 수 있었다.

한편 급암의 『소악부』는 여러 경로를 통해 「쌍화점」을 인지했던 급암이 이를 한역하여 자신의 『소악부』에 수록한 것으로 파악하였다. 그리고 「쌍화점」의 일부만이 한역된 것은 한시의 絶句에 맞추기 위한 것으로 보았다.

본고는 「쌍화점」이 창작 가요라는 전제하에서 이루어진 졌으며, 또한 궁중음악담당자의 역할에 대한 자료가 소략한 실정에서 추론이 이루어졌다는 점에서 일정한 한계를 지니고 있음을 밝혀 둔다. 부족한 부분에 대한 논의는 후고를 기약한다.

「雙花店」의 형식적 특성에 관한 일고찰

I. 문제 제기

　「雙花店」의 기존 연구는 「雙花店」의 작자가 분명하지 않다는 점과 고려 宮中俗樂歌詞가 대부분 민요에서 수용되어 정착된 것이라는 관점에서 주로 민요계통의 노래로 파악되어 있다.

　민요로 민간에서 불리다가 궁중으로 흘러들어왔을 것이라는 주장을 처음으로 제기한 梁柱東은 「雙花店」을 京都 부근에서 유행된 俗謠의 채집[1]으로 보았다. 그리고 張德順은 「靑山別曲」「西京別曲」「가시리」「雙花店」 등은 서민층의 무명 작가의 작품이라 하면서 「雙花店」의 작자를 "이 남자에게서 저 남자에게로 전전하여, 그 동침한 자리를 못내 그리워하는 여인 즉 遊女들의 작"[2] 이라 하여 「雙花店」이 민요 계통의 노래이며, 그 작자는 여성일 것이라고 추정한 바 있다.

---

1) 梁柱東, 『여요전주』, 을유문화사, 1947, 253쪽.
　여기에서 사용하고 있는 '俗謠'라는 용어에 대해 呂增東은 「고려노래 연구에 있어서 잘못들어선 점에 대하여」(權寧徹・金文基 외 공편, 『韓國詩歌研究』, 螢雪出版社, 1981)에서 "—요라는 말 자체가 유행가나 어린이들의 노래를 가리키고 있기 때문에 또다시 시시하다고 우겨댈 필요가 없다"고 하면서 '속요'라는 용어 사용의 부당성을 지적하면서, "옛날 속악이라고 사용했던 것은 당악에 대하여 자기 낮춤의 겸덕에서 대귀로 쓴 것"이므로 속요라는 용어는 "전거가 없는 몹쓸 말"이라고 비판한 바 있다. 이러한 속요라는 용어 사용은 사실 고려시대의 궁중속악가사가 민요에서 유래한 것이라는 선입견 때문에 비롯된 것으로 여겨진다.
2) 張德順, 『國文學通論』, 新丘文化社, 1962, 125~128쪽.

또한 金學成은 吳潛의 무리들이 新聲으로 가르친 노래는 민요조 그대로가 아니라 궁중의 宴樂인 俗樂으로 재편된 노래[3]라 하고, 「雙花店」도 민요에서 출발하여 속악으로 재창작된 노래라는 견해를 밝히고 있다.

한편 『高麗歌謠의 研究』라는 단행본을 간행하여 高麗 宮中俗樂歌詞 전반에 걸쳐 논급하고 있는 朴魯埻은 「雙花店의 재조명」이라는 논문을 통해 「雙花店」의 작자와 궁중 이입 시기 및 구연 형식 그리고 忠烈王의 性情 등을 밝혀내고 있다. 그는 이 논문에서 「雙花店」은 吳潛의 무리에 의해 諸道에 파견된 倖臣들에 의해 수집된 것으로 민간에서 유행(특정 지역의 민요)하던 노래가 궁중으로 유입 정착된 것으로 파악하고 있다. 그리하여 이 노래는 吳潛 등이 忠烈王의 방탕한 취향에 맞추고 아첨하기 위해 의도적으로 채집시켜 宮中樂으로 도입한 것이라는 주장을 내세우고 있다.[4]

이러한 민요와의 관련 문제의 고찰과 함께 궁중악에 관한 고구가 선행되어야 할 것이다. 이는 현전하는 고려 宮中俗樂歌詞는 모두 궁중악에 사용되다가 조선조 기록 문헌에 남아 전승하고 있기 때문이다. 궁중악에 대한 이해 없이 이 노래들의 본질에 접근할 수는 없을 것이다.

---

3) 金學成, 「高麗歌謠의 作者層과 受容者層」 『國文學의 探究』, 成均館大出版部, 1987, 22~23쪽.
4) 朴魯埻, 「雙花店의 재조명」 『高麗歌謠의 研究』, 새문사, 1990, 166~167쪽.

Ⅱ. 宮中樂의 特性과 民謠

고려 宮中樂의 악곡이 어떻게 이루어진 것인지는 분명하지 않으나 宋樂을 수용한 것으로 보여진다. 『樂志』는 고려 宮中樂을 雅樂・唐樂・俗樂으로 유분하고 있는데 이 가운데 雅樂은 宋의 大晟雅樂으로 祭享樂이고, 唐樂은 중국 속악 중 宋詞의 樂, 慶賀와 宴饗을 위해 연주 상연하던 宋의 敎坊樂이며, 俗樂은 당악에 대응하는 우리의 敎坊樂이다. 그런데 李惠求에 의하면 한국에 남아 있는 唐樂은 宋樂이 수입된 이래 唐樂은 명칭 뿐이고 사실은 宋樂이었다[5]는 것이다. 이렇게 본다면 宋樂을 수용한 高麗의 俗樂도 그 악곡은 宋 宮中樂曲의 수용일 것으로 생각된다. 「雙花店」은 궁중 속악가사에 속해 있다.

이러한 노래가 궁중악으로 채용되는 과정은 악곡이 먼저 있고, 그 다음 詞를 그것에 맞추어 제정하는 순서로 진행된다. 이때 악곡에 맞추는 과정에서 ①예외 없는 餘音・후렴이 들어가고 ②원사의 일부가 반복되기도 하며 ③ 한작품의 일부가 다른 작품에 들어 있는 편사가 일어나기도 한다. 궁중속악가사는 그러한 악곡에 맞추어 제정된 歌詞라 하겠다. 「雙花店」도 물론 악곡에 맞추어 제작된 노래에 해당한다.

한편 외래악이 새로 전래되었을 때 詞를 그 외래악에 맞추는 과정을 金宅圭는 아래와 같이 제시하고 있다.

---

5) 李惠求, 『韓國音樂序說』, 서울大出版部, 1975, 69, 73쪽.

① 그 가락에 알맞는 在來의 사설을 찾아 새 형태의 우리말 사설이 지어지고,

② 在來의 사설과 新傳의 가락이 맞지 않을 때, 그 調節을 위한 여러가지 시도가 이루어질 것이며,

③ 나아가서 새로운 가락에 맞는 사설이 창작되어 定型律로서 토착화되어 갈 것이다.[6]

궁중에서 사용된 노래들 중에는 궁중악곡에 맞추어 가사를 새로이 지어낸 작품도 있음을 시사해주는 견해라 하겠다.

궁중악의 가사 제정과 채택의 준거에 해당하는 宮中樂의 악곡의 구체적인 모습은 알길이 없으나 조선조에 구악을 정리할 때 男女相悅之詞라도 樂曲은 쉽게 고칠 수 없으니 詞를 새로 지어 부르는 것이 좋겠다는 기록[7] 으로 미루어 볼 때, 악곡은 엄연한 制度로서 견고한 구조(틀)와 정형성을 가지고 있음으로 해서 變改가 쉽지 않았을 것이다. 또한 이러한 특성으로 인해 개인 또는 비전문음악인들에 의한 변개는 그렇게 간단한 일이 아니었을 것이다. 고려를 멸망시키고 조선이 건국된 한참 후에까지도 고려의 宮中樂이 여전히 사용되었는데, 이것은 오랫동안 사용되어 내려오고 있던 악제로서 사용되던 악곡이 단시일내 창안되기가 어려웠기 때문이며, 또한 바뀐 왕조에 맞게 宮中樂曲과 가사를 고쳐야 할텐데 그것이 전문가의 노력없이는 쉽사리 되는 일이 아니었기 때문으로 풀이 된다.

이러한 특성으로 본다면 많은 논자들이 주장한 것처럼 민요가 채집되어 곧바로 궁중악의 가사로 채택되고, 이를 그대로 궁중에서 연주하는 것은 아닐 것이다. "기생이 민요를 부르면 좋다 해서

---

6) 金宅圭,「別曲의 構造」『高麗歌謠研究』, 정음사, 1979, 297쪽.

7)『成宗實錄』卷 第二百十五 19年 4月條. 傳曰 宗廟樂如保太平定大業則善矣 其餘俗樂如西京別曲 男女相悅之詞 甚不可樂譜則不可卒改 依曲調別製歌詞 何如.

궁중악이 되고 그것이 구전되어서 문자로 정착되는 것은 아니다"
라는 온당한 지적[8]처럼 「雙花店」이라는 민요가 곧바로 궁중으로
유입되어 이 노래를 부른 기녀들에 의해 정착된 것으로 파악하기
에는 여러 가지 난점이 있다고 하겠다. 궁중 나름의 엄격한 악제가
엄연히 존재하고 있고, 또 충렬왕이 가무에 심취하기 전에 해당하
는 시기에 "委巷의 俚音을 배척하고 교방의 법곡을 진흥시키고 수
습하려한 노력이 있었음[9]을 보더라도 민요가 곧바로 궁중악이 되
지는 않았을 것이다. 宮中俗樂歌詞는 궁중악을 관장했던 典樂署,
管絃房 등에서 궁중악 담당자들에 의해 악곡에 맞추어 고치든지
다듬거나, 처음부터 새로 짓는 과정이 있고 나서 최종적으로 왕이
나 최고 책임자의 허가로 채택되어 궁중악으로 수용되는 것이라
할 수 있다. 이때 궁중악의 가사를 제정[10]하는 사람들은 악사 악공
이며, 이들 악사 악공은 궁중음악을 포함하여 여러 분야의 음악에
조예가 깊은 전문가들임은 말할 나위가 없을 것이다.

한 나라의 궁중악 제도를 "전래하는 민요를 재창작한 것에 불과
하며 그리하여 작자는 수용자일 따름이라든지 속요의 많은 작품들
은 지방민요가 일반 민요가 되고 그것이 궁중으로 상승하는 3단계
를 거친 것[11]이라는 주장은 고려 궁중속악가사를 민요의 수용으로

---

8) 鄭琦鎬, 「高麗樂章歌詞의 研究」『仁荷大 人文科學研究所 論文集』
   13집, 1987, 44쪽.
9)『節要』忠烈王 6年 3月條. 監察使又言 … 聲樂卽斥委巷之俚音 進教
   坊之法曲 一國之望也.
10) 鄭琦鎬는 '制定'이란 악곡에 맞추어 전래하는 삼국의 노래, 개인 창작
    의 노래, 무당의 노래, 민요 그 밖의 여러 유형의 노래를 고치고 다듬고
    바꾸고 하거나 처음부터 새로 지어 궁중속악가사로 만들었다는 뜻이
    라고 했다(鄭琦鎬, 「履霜曲 이해를 위한 몇 문제」『한국고전시가작품
    론』1, 白影 鄭炳昱 先生 10週忌 追慕論文集, 集文堂, 1992, 274쪽).
11) 김학성, 앞의 책, 31~32쪽.

이해하려는 견해가 반영된 것이라 하겠다. 이와 같은 민요 수용론은 宮中俗樂歌詞들의 작자를 알 수 없다는 이유로 해서 생겨난 추론으로 생각된다. 작자가 부전하면 모두 민요인지 생각해 볼 일이다. 궁중악제와 악곡이 엄연히 존재하고 있는 상황에서 민간노래가 바로 악제화될 수 있을까 의문이다. 설령 민요나 개인의 노래가 궁중악으로 수용되었다고 하더라도 궁중악으로 수용될 때에는 음악전문가들에 의해 궁중악곡에 맞추어 제정되는 과정을 반드시 거친 다음에 이루어지는 것이 순서일 것이다.

궁중악은 특성상 음악을 전문으로 하는 전문가에 의해서만이 곡조의 창안이 가능하기 때문에 창곡이 쉽지 않아서 조선이 건국된 한참 후인 새로운 왕조의 문물이 정비되고 예악이 갖추어지는 시기까지 고려의 궁중악을 그대로 사용하였던 것이다. 가사 또한 마찬가지였을 것이다. 이런 점에서 민요가 그대로 궁중악으로 수용되어 사용되었다는 논의는 궁중악이라는 확고한 제도적 틀(악제)을 지닌 사실을 도외시한 단순 논리라 하겠다.

「쌍화점」이 민요에서 채집된 것이라고 할 때 吳潛 등의 '敎閱此歌' '敎以新聲'을 어떻게 이해해야 할까? '敎以新聲'을 '새노래를 가르쳤다'라고 해석할 때, 「雙花店」과 같은 특정지역의 민요를 처음 대하는 관료 倖臣들이 과연 음악과 노래에 관한 한 전문가로 편성된 '男粧別隊'의 대원들에게 이 노래를 가르칠 수 있었을 지 의문이다. 그 까닭은 특정한 그 지역에서 선발된 '男粧別隊' 소속의 대원이 자신의 출신지역의 민요에 대해서는 누구보다도 잘 알고 있을 것이고, 吳潛 등의 행신에 의해 '敎閱'되기보다는 출신 지역에 해당하는 이들 대원에 의해서 다른 '男粧別隊' 대원들에게 교수되는 것으로 보는 편이 더 타당하다고 생각하기 때문이다. 아무래도 자기 출신지역에서 유행하던 민요의 곡조나 가사 또는 유래에 대해서는 吳潛 등의 관리들보다 이들이 더 잘 알고 있을 것임은 분명하다. 또 다음 장에서 상론하겠지만 민요에서 궁중에 들어온 노래를 과연 '新聲'이라 했을지도 의심스럽다.

그런데도 앞서 인용한 (가) (나)의 기록에서 이 노래를 가르친 사람이 倖臣인 吳潛 등이라면 이는 전후의 논리가 맞지 않는다. 吳潛 등은 제도 파견의 명을 내려 선가무자를 모으도록 명령을 내린 사람으로, 특정지역의 유행 노래에 불과한 이 노래를 잘 모르고 있었음이 당연할 터인데 오히려 이들이 과연 그 지역 출신도 포함된 '男粧別隊'의 전문가들에게 교습시킬 수 있었을까? 적어도 노래에 관한한 전문가라고 할 수 있는 그들을 교습시키려면 그들 교습 대상자보다도 더욱 해박한 지식이 필요할 것은 당연한 이치이다. 이런 점들로 미루어 '男粧別隊' 대원들이 敎閱을 받았다는 내용은 吳潛 등의 행신의 명에 의해 전문가들인 악공 악사들이 그들에게 가르친 것이 아닐까 추측해 본다.

또 『高麗史』 列傳의 '敎以新聲'한 노래가 고저와 완급이 모두 절조(악률)에 맞았다는 기록(高低緩急皆中節簇)을 볼 때 민요와 같은 노래의 가사의 채집 차원은 아닐 것이라고 생각한다. 만일 가사의 채집이라면 가사만 암송시키고 익히게 하면 되지 굳이 새 노래가 곡조에 맞았다고 말했을 리가 없었을 것이다. 게다가 節調(樂律)에 맞았다고 한 부분은 그 노래의 곡조가 기존의 전통적인 곡조나 어쩌면 이 노래를 위해 새로이 만든 곡조에 딱 들어맞았다는 것으로 해석하는 편이 더 타당하다고 생각한다.

Ⅲ. 「雙花店」의 形式的 特性

宮中樂으로서의 특성을 간과한, 특정 지역의 민요가 倖臣들에 의해 宮中樂으로 채택되었다는 견해는 이후 「雙花店」의 형식적 특성을 파악하는 관점에 있어서도 많은 문제점을 드러내게 된다.

「雙花店」의 연이 계속해서 반복되고 있는 점과, 동일한 내용이 거듭되고 있는 형식상의 특징을 근거로 朴魯埻은 이 노래를 민요에서 온 것으로 추정하고 있다. 이러한 견해에 부합시키고자 「雙花店」에 드러난 민요와는 다른 면을 띠고 있는 형식적 특성까지도 민요의 특성으로 취급하고서 이를 민요의 예외적인 특성이라고 하고 있다.

> 예의 민요는 연의 중첩이 계속되다가 끝에 가서는 하나의 귀결점으로 모아 지는 데 「雙花店」은 각각의 연이 시종 제각끔의 길을 가고 있을 뿐 나중에 어느 한 지점에 귀착되고 있는 양상을 보여주고 있지는 않다[12]

연이 계속 반복되고 또한 내용이 비슷하게 연속되어 전개되면 그것을 모두 민요라고 해야 할 것인지 다른 장르에는 없는 것인지 의문이다. 그리고 위의 인용에서 든 특성을 민요의 예외적인 내용으로 취급하고 있는데 이러한 특성은 민요의 예외적 특성이라기 보다 민요와는 구분되는 변별적 요소에 해당된다. 이러한 독특한 「雙花店」의 특성 (제각각의 서로 다른 내용으로 진행되는 각연이 별개라

---

12) 朴魯埻, 앞의 책, 192쪽.

는)은 민요에서는 찾아 볼 수 없기 때문에 이를 민요로 파악하기보다는 다른 시가 장르로 파악할 수도 있을 것으로 생각된다.

더욱이 「雙花店」에서 보이고 있는 특징 가운데 연의 중첩과 내용의 반복은 같은 고려시대의 문학장르인 '景幾體歌'라는 다른 시가에서도 보이고 있다. 특히 경기체가의 하나인 「翰林別曲」이 「雙花店」과 같이 『악장가사』에 전하고 있다는 것은 「雙花店」과 경기체가와의 연관성에 있어서 많은 것을 시사해 준다.

그러면 「雙花店」의 형식적 특질을 살펴보면서 민요와 관련된 문제를 검토해 보자. 「쌍화점」은 전 4연으로 각 연 6행으로 제 1~3행이 3음보 제 4행이 4음보, 5~6행이 3음보로 되어 있다. 내용상으로 보아 1~4 행이 전절, 제 5~6 행이 후절이 된다. 매우 정제된 형식을 갖추고 있음을 알 수 있다. 형식상으로 볼 때 경기체가와의 차이점은 후소절의 차사 "위"가 여음으로 되어 있을 뿐 아니라 전대절·후소절 사이에 여음이 있는 것이 다를 뿐이다. 즉 'ㅅ경긔엇더ᄒ니잇고'만이 없을 뿐 景幾體歌 형식과 흡사한 것을 알 수 있다. 이를 일목요연하게 조감할 수 있도록 제 2연의 행과 음보를 구분하여 제시하면 다음과 같다.

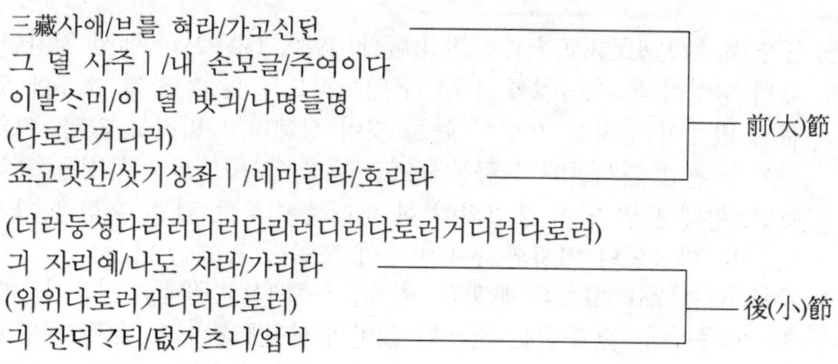

이와 함께 경기체가의 최초의 작품인 「한림별곡」을 제시해보면

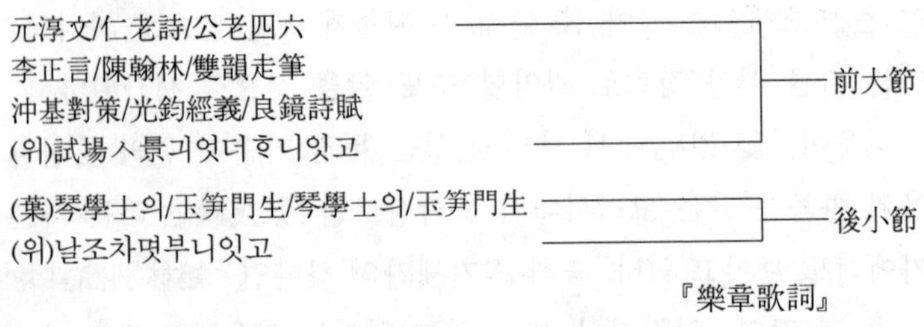

와 같다. 「쌍화점」에 민요의 형태상 특질 중 연의 중첩이든지 내용
의 반복성과 후렴이 있다는 점[13] 의 특징이 없는 것은 아니나 이러
한 제 특징이 민요에서만 보이는 것은 아니다. 이러한 특징은 위의
도식에서처럼 경기체가 장르에서도 발견할 수 있다.

전절과 후절로 분절이 된다는 점과 3음보 내지 4음보의 규칙적
인 음보율(민요에서는 노래 내에서의 음보의 변동이 드물다)과 형
식의 정제성 등을 고려해 본다면 경기체가의 특성과 많은 부분 일
치하고 있음을 알 수 있다. 특히 宮中俗樂歌詞 가운데 「雙花店」만
이 유일하게 전후 양절로 구분되는 점과 앞서 朴魯埻의 견해처럼
똑같은 내용이 계속해서 반복되는 구조상의 특징(「雙花店」에서는
후소절에 해당함)은 민요의 특징이라기보다는 「한림별곡」과 같은
景幾體歌 형식의 특성에 가까운 것[14]으로 보는 편이 나은 듯하다.

---

13) 任東權, 『韓國民謠研究』, 二友出版社, 1980, 230~231쪽에서 저자는 민
요의 형식적 특질을 첫째, 4.4조가 압도적으로 많고, 둘째, 초두에 있어
운의 반복이 심하고 후렴이 붙는 것이 상례라고 밝히고 있다. 이외의
민요에 관한 저서들에서 공통적으로 들고 있는 형식상 특징을 요약해
보면, 형태상 몇 연이 중첩되어 한 노래를 이루고 있고, 후렴을 가지고
있으며, 반복형의 가사와 관용어구의 쓰임을 들고 있다.

14) 李種出은 「高麗俗謠의 形態的 考究」 『高麗歌謠研究』, 정음사, 1979,
83~84쪽에서 "雙花店은 連詩形 일반의 分題聯章이요, 每聯마다 일정
한 後斂을 지니면서도 後斂 그 자체는 매우 복잡성을 지니고 있다 …
이러한 雙花店의 形態는 그 字數律이 俗謠에서는 유일하게 4 4 4 조로
된 것까지 景幾體歌의 形態와 軌를 같이하여 俗謠와 景幾體歌와의 形

경기체가 가운데 「한림별곡」과 같은 경기체가 형성기에 해당하는 작품에 경기체가 장르의 대표적 특징이라할 '景긔엇더ᄒ니잇고'의 부분이 4군데나 없다[15]는 사실로 미루어 볼 때 「雙花店」과 경기체가와의 유사성을 확인할 수 있다. 이처럼 당대 형성된 경기체가와 「雙花店」이 형식상의 유사하다는 것은 민요이기 보다는 경기체가처럼 작가에 의해 창작된 작품임을 알려주는 좋은 예라 할 수 있다.

한편 「雙花店」의 작자를 봉건 도시주민으로 추정하고 당시의 도시 유행가의 일종으로 吳潛 등이 편곡한 도시 인민의 민요라 하는 견해[16] 가 있지만, 이렇게 보기보다는 앞서 밝혔듯이 악사·악공들이 「雙花店」 제작이나 한역에 관여하여 「雙花店」의 수용자에 해당하는 왕 이하의 행신들의 의도에 따라 가사를 지어낸 것으로 이해하는 편이 근리인 듯하다. 이럴 때 문제가 되는 것은 사대부 문인들에 의해 향유된 경기체가 장르와 관련된 문제이다. 사대부가 아닌 악사 악공들이 과연 경기체가를 창안할 수 있었겠느냐가

態的 交涉을 示唆하는 것"으로 파악하고 있다. 그의 견해 가운데 속요와의 관련은 접어두고라도 「雙花店」이 景幾體歌의 形式과 유사하다는 주장에는 동감한다. 또 李明九도 속요가 경기체가 형식과 상통하고 있다는 사실을 지적(李明九,『高麗歌謠의 研究』, 新雅社, 1974)하고 있으며, 鄭琦鎬도 같은 견해를 보이고 있다.(鄭琦鎬,『高麗時代詩歌의 研究』, 仁荷大出版部, 1986, 193쪽). 이임수도(앞의 책, 47쪽) 같은 주장을 하고 있으며, 최근 成昊慶도 '쌍화점 각 연의 전절 (4행) + 후절(후렴 2행)' 구성은 한림별곡 등의 경기체가와 유사한 면을 보인다는 견해를 밝히고 있다(成昊慶,「高麗詩歌 의 文學的 形態 復元 摸索」『碧史 李佑成先生 停年退職紀念論叢』, 麗江出版社, 1990, 339쪽).

15) 李明九,「景幾體歌의 歷史的 性格 考察」『大東文化研究論集』 제1집, 成大大東文化研究院, 1963, 86쪽.
16) 과학원 언어문학연구소 문학연구실,『조선문학통사』(상), 과학원출판사, 1959 ; 화다, 1989, 206쪽.

해결해야 할 문제이다.

그런데 樂士·樂工들이 경기체가 장르를 알게 된 것은 궁중의 祭享이나 宴樂을 통해 귀족층과 교류하면서 자연스럽게 그들의 시가 양식을 접했을 것으로 생각된다. 그리하여 金元祥의 경우처럼, 노래로 왕의 환심을 사려는 행신 무리들의 요구(명)에 의해 제작되었을 가능성도 전혀 배제할 수만은 없을 것이다.

Ⅳ. 결 론

이상으로 宮中樂의 성격 고찰 및 「雙花店」에 대한 기록 검토와 형식적 특성을 통해 「雙花店」이 민요에서 수용된 것이라기보다는 오히려 새로이 창작된 노래임을 살펴보았다. 이를 정리해 보면 다음과 같다.

첫째, 궁중악이라는 악제의 특성을 살펴 보건대 단시일 내에 민요가 그대로 채용되어 궁중악으로 정착되는 것은 아니며, 누구나 할 수 있는 것도 아니다. 또 '忠烈王朝所作'이나 '新聲'이라고 한 것을 통하여 보더라도 민요는 아닐 것이다. 민요가 궁중악에 처음 사용된 것을 가지고 新聲으로 부를 리는 없다고 본다. 특히 각도에서 선발된 善歌舞者들에게 吳潛 등이 '새로운 노래를 가르쳤다'(教以新聲) 고 할 때 더욱 그러하다. 각도에서 선발된 '男粧別隊' 대원들은 자신의 출신지역의 노래, 즉 해당 지역의 민요에 대해 吳潛 등보다 숙달되었고 그러한 상태에서 그들이 吳潛 앞에서 연주하고, 다른 대원들에게 教閱했을 것이다. 이는 '男粧別隊'의 대원 편성 경위로 볼 때 별 무리없는 추론이라 하겠다.

둘째, 「雙花店」의 형식적 특성 가운데 연의 반복, 후렴 및 내용의 반복 등은 민요에서만 보이는 특성이 아니라 같은 시기에 향유되던 경기체가 형식에 더 가까운 것으로 파악된다. 특히 「雙花店」 자체가 경기체가처럼 3음보·4음보의 규칙적 음보율과 정연하고 정제된 형식적 특성이 있으며, 宮中俗樂歌詞 가운데 유일하게 前後節로 분절된다는 특성은 민요의 예외적 특성으로 보기보다는 민요와 변별되는 요소다.

결국 「雙花店」은 경기체가의 형식적 특징에 상당히 근접한 것으로 볼 수 있다.

제4장

「滿殿春別詞」의 文學的 構造考

Ⅰ. 문제제기

宮中俗樂歌詞로 쓰이던 「滿殿春別詞」는 속악가사 가운데 유일하게 별사라는 명칭이 附記되어 있다. 이 작품은 「쌍화점」「이상곡」과 함께 '남녀상열지사'의 대표적 작품으로 규정되기도 하였으며, 이 작품의 일부 연이 다른 작품(「정석가」)의 일부와 유사하다는 것과 관련된 제반 문제들이 집중적으로 거론되기도 했다. 「만전춘별사」는 이처럼 명칭상의 '특이성'과 내용상의 '외설성', 구조상의 '잡연성'이라는 문제 등으로 인해 비교적 이른 시기부터 연구자의 관심이 집중된 작품이다.

초기 연구자들은 대개 가사가 지닌 '외설성'과 구조상의 '잡연성'이라는 문제의 해명에 주력하였다.[1] 실제 이 작품은 '淫詞鄙俚'하다 하여 조선조 유학자들에 의해 '남녀상열지사'로 규정되었고, 이로 인해 궁중속악가사로 사용 여부에 대한 여러 차례의 논란을 겪기도 했다. 특히 世宗朝에는 「만전춘」의 악곡에 尹淮가 改撰한 「봉황음」의 가사가 얹혀져 사용되기도 했다. 그런데 가사가 교체

---

[1] 초기의 대다수 어학자들의 연구가 이에 속하며, 문학적 측면에서 이러한 입장의 대표적 연구는 다음과 같다.

전규태, 「만전춘별사고」, 김열규·신동욱 편, 『고려시대의 가요문학』, 새문사, 1982.

최정여, 「고려의 속악가사론고」 『청주대논문집』 4, 청주대, 1963.

김상억, 「고려가사연구」 3, 『청주대논문집』 7, 청주대, 1972.

박노준, 「만전춘별사의 제명과 작품의 구조적 이해」 『고려가요의 연구』, 새문사, 1990.

된 이후에도 이 가사를 '남녀상열지사' 혹은 '鄙俚之詞'라 한 기록
이 실록 등에 보이고 있는데[2], 이는 「봉황음」의 가사로 대체했음
에도 불구하고 이전의 가사에 익숙한 사용자들이 본래의 가사를
여전히 사용했기 때문으로 보인다.[3]

초기 연구자들은 '남녀상열'이라는 시각에서 이 작품에 나타난
남녀간의 노골적인 사랑 표현을 민요의 한 특성으로 이해하면서,
이러한 민요적 속성이 궁중속악가사인 「만전춘별사」에 개입될 수
있었던 요인을 해명하는 데 주력하였다.

한편 려증동은 「만전춘별사」의 이질성을 가극적인 요소로 판단
하였다.[4] 그의 논의 이후 「만전춘별사」가 지닌 '구조상'의 여러 문
제점을 해명하려는 노력이 경주되었다. 이들의 주된 관심사는 작
품의 전 6연 가운데 3연과 4연에 나타난 이질적 요소의 개입 원인
을 해명하는데 있었다.[5] 이 가운데 金尙憶은 구조상의 이질적 요

---

2) 「만전춘」은 '남녀상열지사'라 하여 世宗 때에 이미 「봉황음」으로 대체
   되었다. 그럼에도 成宗代에 가사의 鄙俚 문제로 개폐 논의가 다시 일
   었는데, 그것은 대체되기 이전의 「만전춘」 原詞가 계속 연회에 사용되
   고 있었기 때문일 것이다. 개폐 논의가 있던 당시 領事 李克培는 "滿殿
   春 등의 詞는 鄙俚之詞로 淫樂에 속하며, 妓女로 하여금 익히지 못하
   게 하는 것이 옳기는 하지만, 積習이 已久하니 갑자기 개혁함은 옳지
   못하다(領事李克培對曰 此言是也 但積習已舊不可遽革 - 成宗實錄 卷
   219)"라 하며 이 가사의 폐지를 반대하였다.
   남녀상열을 표현하고 있지만, 악곡을 襲用한지가 오래되었다는 점과,
   국가 제례와 같은 행사 이외의 "曲宴觀射行幸時"등에는 사용해도 무
   방하지 않겠느냐라는 건의가 받아들여졌기 때문에 폐기되지 않고 전승
   될 수 있었던 것이다.
3) 장사훈, 「만전춘형식고」 국어국문학회 편, 『고려가요연구』, 정음사,
   1979, 419쪽.
4) 려증동, 「만전춘별사의 가극론시고」 『진주교대논문집』 제1집, 1967.
5) 이후 구조상의 '이질성'에 주목하여 이를 구명하고자 한 연구는 다음과
   같다.
   장사훈, 앞의 글.

소를 「만전춘별사」의 불합리한 측면으로 이해하고서, 이질적 요소가 결합된 「만전춘별사」는 여타 속악가사 작품에 비해 문학적 가치가 미흡한 것으로 평가하였다.[6]

그렇지만 「만전춘별사」를 '歌劇'으로 보려는 려증동의 견해와 구조상의 불통일성을 지적한 김상억의 주장은 작품의 '각 요소들 간의 단절성'을 전제로 한 입론이어서, 이후 구조적 긴밀성을 바탕으로 논의를 진행한 연구자들의 반론을 받게 되었다.

「만전춘별사」가 구조적으로 긴밀성을 유지한 작품이라는 단초를 연 成賢慶은 각 연의 구조가 불합리하다는 견해에 대해 문제를 제기하였다. 그는 구조적 방법을 원용하여 「만전춘별사」가 '완결된 구조를 갖춘 작품'이며, 또한 '문학적 가치'가 있는 작품임을 밝혀내고자 하였다.

> 우리는 이상 「만전춘별사」가 통설과는 달리 내용상으로나 형식상으로나 정연성을 갖추고 있는 훌륭한 시가임을 말해 왔다. 한편 제 2련과 제 3련이 자설적이 아닌 타설적인 련으로서 이들이 외래적인 것일 수 있는 가능성을 배제하지 않고, 오히려 이를 수긍하는 입장에 섰다."[7]

그는 이 작품을 비록 이질적인 2연과 3연이 포함되어 있기는 하지만, 전체 구조로 보아 완결성을 갖춘 정연한 작품이라고 평가했

려증동, 「만전춘별사 가극론 시고」『진주교대논문집』 제1집, 1967.
성현경, 「만전춘별사의 구조」『고려시대의 언어와 문학』, 형설출판사, 1982 ; 「만전춘별사 재론」『한국고전시가작품론』 1, 백영정병욱선생 10주기추모논문집, 집문당, 1992.
김재수, 「만전춘별사의 문학적 우수성」『광주교대논문집』, 1982.
곽동훈, 「만전춘별사의 구조연구」『배달말』 7, 배달말학회, 1982.
현혜경, 「만전춘별사에 나타난 화합과 단절」『고려시가의 정서』, 개문사, 1986.
6) 김상억, 앞의 글, 71쪽.
7) 성현경, 앞의 글, 382쪽.

다. 그의 연구 성과에 힘입어 그동안 온당한 문학적 평가를 받지 못했던 「만전춘별사」는 새롭게 조명될 수 있게 되었다. 실제로 이후 연구는 「만전춘별사」가 긴밀한 구조를 이루고 있다는 토대위에, 비유와 상징이 의미하는 바를 전체 구조와 관련하여 해석하려는 논의가 활발히 진행되었다.[8]

그러나 그의 구조 분석 방법은 時調의 초·중·종장이라는 '三章 構造'를 지나치게 의식한 나머지 상호 이질적[9]인 요소로 보이는 3연과 4연을 한데 묶어 '중장', 5연과 6연을 '종장'으로 취급함으로써 이들 연이 지니고 있는 시상 전개상의 긴밀성을 놓치는 일부 한계를 드러내고 있다.

이밖에도 문학사회학적 접근을 통해 「만전춘별사」의 내용에서 보이는 '社會的 逸脫' 행위의 의미를 구명해 보고자 한 연구[10]를 비롯하여, 민속학적 측면에서 「만전춘별사」가 지닌 민속적 요소를 밝혀내고자 하는 노력[11]과, 「만전춘별사」에 나타난 정서를 밝혀보려는 논의[12]가 있으며, 난해어의 어석을 통한 문학적 의미 파악에 주력한 고찰[13]이 있다. 최근에는 「만전춘별사」의 남녀간의 사

---

8) 그리하여 「만전춘별사」에 대한 이전의 평가와는 다른 견해가 형성되게 되었다. 이처럼 구조적 완결성을 논하면서 「만전춘별사」가 훌륭한 작품이라는 점을 강조한 논자로는 성현경외에 김재수, 곽동훈 등이 있다.

9) 성현경은 『세종실록』 악보의 「만전춘곡」이 삼분단 되어 있는 사실에 주목하여 전체를 삼장형식의 구조로 파악하고 있는데, 3연과 4연은 시제상이나 시상전개상으로 보아 3연은 2연에, 4연은 5연과 연결시켜 분단하는 편이 근리일 듯하다. 이에 대한 세부적 분석은 구조 분석항에서 논급하기로 한다.

10) 장영우, 「만전춘별사의 일탈과 허위의식」 임기중 편, 『문학과 사회학』, 경운출판사, 1988.

11) 허남춘, 「고려속요와 민속」 — 처용가 만전춘별사를 중심으로, 『성대문학』 25, 1987.

12) 현혜경, 「만전춘별사에 나타난 화합과 단절」, 김대행 편, 『고려시가의 정서』, 개문사, 1993.

랑이 왕실의 송축으로 확대되어 송도, 송축의 노래 및 기원요로 변이되었다는 견해[14]도 있다.

이처럼 다양한 방법론적 접근 결과 「만전춘별사」의 구조, 해석 및 미적 가치 등에 대해서 어느 정도 해명이 되었다고 할 수 있다. 그렇지만 아직까지 몇몇 난해어구에 관한 해석과 구조 분석 가운데 시제상의 문제, 주제에 대한 해석 상의 차이 등이 미진한 채 남아 있다. 이러한 의문점의 많은 부분이 '구조 분석과 해석상'의 차이에서 기인하는 것으로 판단되는데, 이글에서는 이러한 문제들을 집중적으로 논의해 보고자 한다.

이를 위헤 『악장가사』에 실려 있는 「만전춘별사」를 텍스트로 삼고 작품의 구조를 논하고자 한다. 아울러 '滿殿春'이라는 제명에 대해서도 논의할 것이다. 이러한 고찰은 결국 「만전춘별사」에 대한 온당한 문학적 평가를 내리기 위한 과정이면서, 이 작품의 향수층과 작자층에 대한 하나의 단서를 찾기 위한 작업의 일환이라 할 수 있다.

Ⅱ. 「滿殿春別詞」의 題名에 대하여

1. '別詞'의 의미 고찰

「만전춘별사」는 현전 속악가사 가운데 유일하게 '別詞'라는 부제

---

13) 오정란, 「만전춘해석의 재고」『고대어문논집』 26호, 1986.
14) 강명혜, 「얼음과 녹음을 통한 소망의 美學」, 이정 정연찬선생회갑기념 국어국문학논총2, 『문학과 언어학』, 탑출판사, 1999.

가 붙어 있는 작품이다. 처음으로 '別詞'라는 명칭에 주목한 연구자
는 張師勛이다. 그는 『世宗樂譜』의 「만전춘별사」와 「鳳凰吟」, 그리
고 『樂章歌詞』의 「만전춘별사」를 비교 검토하여 다음과 같은 결론
을 내린 바 있다.

> '世宗樂譜' 및 『大樂後譜』 所載 '滿殿春'은 同一曲으로서 그 형식
> 은 A·B·A·B'·A"·B", 즉 그 餘音의 위치에 따라서 전부 여섯 마루로 구
> 분되어야 하고, 이러한 형식은 『樂章歌詞』 所傳 '滿殿春別詞(原詞)'
> 에서 온 것이라 하겠다.[15]

전 6단으로 분단되는 형식을 가진 노래인 「만전춘별사」의 곡은
본래 「만전춘」과 동일한 악곡을 가리키며, 가사 또한 별도로 지어
진 가사가 아니라 原詞라는 것이다.

「만전춘」 가사는 '음사'라 하여 세종 때 「鳳凰吟」 가사로 대체
되었다. 그럼에도 여전히 본래 「만전춘」 가사가 사용되고 있었던
것으로 추측된다. 그것은 成宗 19년 「後庭花」와 「滿殿春」 등의 작
품이 '鄙俚之詞'로 배척받았다는 실록의 기록을 통해서도 알 수 있
다.[16] 만일 송축의 내용인 「봉황음」 가사로 바꾸어 궁중악의 가사
로 사용되고 있었다면 鮮初 유학자들에게 '鄙俚之詞'로 배척당하
지 않았을 것이다. 그런데도 가사의 개폐에 대한 논란이 있었던 것
은 장사훈의 적절한 지적처럼 분명 개찬 이전의 「만전춘」의 가사
를 대상으로 한 것이었을 것이다.

그러면 改撰된 「만전춘」(「봉황음」 가사의 일부)의 가사는 이 왜
궁중속악가사로 사용되지 않았을까? 그 이유를 필자는 두 가지 경
우로 상정해 본다.

---

15) 장사훈, 앞의 글, 430쪽.
16) 주2 참조.

첫 번째는 곡조와 관련하여 생각해 볼 수 있다. 「만전춘」 '曲調'가 개찬된 「봉황음」 가사와 어울리지 않았기 때문에 가사의 내용은 좋으나 계속 사용하기가 곤란했을 경우다. 다시 말하면 「만전춘」곡은 본래 가사 내용[원사]에 맞추어 본능적이고 격정적인 분위기로 제작되었는데, 찬양과 송축의 경건하고도 엄숙한 분위기인 「봉황음」 가사 내용과 이와 같은 곡조가 서로 어울리지 않았기 때문으로 추론해 본다.

두 번째는 조선초에는 건국의 정당성 홍보가 국가적으로 중차대한 사업이었지만 세종·성종 이후 문물제도가 정비되고 안정되자 그 필요성이 감소했을 경우다. 그런데다가 곡에 잘 어울리지도 않는 가사를 굳이 계속 사용할 필요가 없었을 것으로 생각된다. 이와 같은 이유로 해서 「만전춘」의 원사가 보존되어 『악장가사』 편찬 당시까지 계속 사용되고 있다가 『악장가사』 편찬자들에 의해 別詞라는 명칭을 얻게 된 것으로 추정해 본다.

결론적으로 「만전춘」은 세종 때에 개찬된 가사를 뜻하는 것이고, 개찬된 「만전춘」(「봉황음」 가사의 일부)과 구분하기 위하여 「만전춘별사」는 『樂章歌詞』 편찬자들은 원사임에도 별도의 가사로 인식하여 '별사'라 칭한 것으로 볼 수 있다. 이때 '별사'라는 부제가 뜻하는 바는 原詞[正樂]와는 다른 별도의 노래 가사[別詞-邪樂]라는 의미로 해석해 볼 수 있겠다.

2. 「滿殿春」 題名考

일반적으로 작품의 題名은 그 작품이 드러내고자 하는 중심의도 즉, 주제와 밀접한 관련을 가진다. 그런데 '만전춘'이라는 제명과 작품의 내용이 서로 무관하게 지어졌다는 주장[17]이 있어서 관심을 끈다. 게다가 '만전춘'이라는 여타의 속악가사와 달리 독특하다는 점에서 제목은 어떤 뜻으로 해석되며, 또한 작품의 내용과는 어떠한 관련을 가지는가를 해명해 보기로 한다.

기존 연구의 제명에 대한 언급은 주로 작품의 내용과 구조를 논하는 자리에서 부수적으로 다루어져 왔다.[18] 다른 고려 속악가사들이 제명을 주로 내용과 연관하여 취하는 것이 일반적이나, 「만전춘」만은 거의 유일하게 외견상 내용과는 다르게 지어진 것처럼 보임으로 해서, 이 문제에 대해 본격적으로 논의될 필요가 있을 것으로 생각된다.

成賢慶은 '만전춘'을 글자 그대로의 의미인 '궁전에 가득찬 봄'으로 해석하고, 시상이 "滿殿春이라는 詩題와도 잘 조화를 이룸으로써 迫眞感, 現實感을 지닌다"[19]고 하여 제명과 내용, 주제와 밀접한 관련이 있다고 주장하였다.

려증동은 「만전춘별사」에서 '殿'은 宮殿을, '春'은 妓를 代稱하는 의미로 쓰였으며, '滿'은 참여자 무리[衆]를 가리키는 것으로 해석하였다. 그는 '만전춘'을 '무대는 宮殿, 배우는 妓隊로서 觀客과 더불어 참여자가 滿貝'[20]이라는 뜻으로 해석하였다. 결국 그도 제목과의 관련성을 인정하면서, 성현경과는 다른 시각에서 해석하고 있다.

李壬壽도 제명이 내용과 밀접한 관련이 있음을 지적하였다. 그에 따르면 만전춘의 '殿'은 '後殿' 또는 '後庭'을 의미하는 것으로, 이 노래는 후궁들의 고독감과 단절감을 노래한 '後宮의 노래'로 해석하였다.

---

17) 박노준, 앞의 글, 245쪽.
18) 제명에 관한 본격적인 언급은 박노준, 강명혜 정도이다.
19) 성현경, 「만전춘별사의 구조」, 382쪽.
20) 려증동, 앞의 글, 17∼18쪽.

만전춘의 전 또한 북전 후전 후정의 의미로 보이며, 여요 만전춘을
후전의 뜰에 봄이 가득한데 상대적으로 느끼는 궁녀의 수심을 노래한
서정시로 보고져 한다. 이렇게 봄으로 하여 지금까지 난해했던 작품
의 통일된 이미지 연결에 일관된 가능성을 부여해 주리라 믿는다.[21]

그리하여 「만전춘」을 '후전에 봄이 가득한데 상대적으로 느끼는
궁녀의 수심'을 뜻하는 것으로 파악하였다. 許南春도 "만전춘은 궁
궐에 봄의 생명력이 가득하기를 기원하는 민속을 노래한 자취"[22]
라 하여 제목과의 관련성을 주장하면서, '전'을 궁궐로 해석하였다.

이와는 달리 朴魯埻은 「만전춘」의 제명과 내용과는 무관하다는
견해를 보이고 있다. 그는 「만전춘」이라는 제명은 "고려 당시부터
조선조 때까지 관습화된 詞調名 붙이기에서 비롯된 것"[23]이라 하
면서, 한국과 중국 두 나라 詞文學의 詞調名과 題名은 작품 내용
과 무관한, 관례적인 것이라고 보았다.

박노준이 '詞'문학 장르가 고려 속악가사에 영향을 주었다는 주
장은 흥미롭다. 그렇지만 이 두 장르간의 영향관계에 대해서는 논
의가 더욱 진행되어야 할 것으로 생각된다. 우리나라 사문학은 羅
代에 처음 유입되었으며[唐詞], 고려시대에 와서는 宋詞가 들어오
기 시작했다. 그런데 신라 때부터 유입되기 시작한 詞文學은 오랜
기간 동안 본격적인 작사가가 등장하지 않고 있다가, 고려 후기 李
齊賢에 이르러서야 본격적으로 제작되기 시작했다. 하지만 본격적
인 作詞家라 할 이제현 이후에 이렇다 할 작자는 물론 작품조차
몇 안되는 실정이었다. 이 사실은 詞文學이 국내에서는 크게 유행
되지 못했다는 것으로 풀이된다. 실제로 사문학은 우리나라에서
그다지 호응을 얻지 못한 것으로 볼 수 있다.[24]

---

21) 이임수, 앞의 글, 202쪽.
22) 허남춘, 「고려속요와민속」, 75쪽.
23) 박노준, 앞의 글, 242쪽.

사정이 이렇다면 박노준 자신이 민요에서 수용한 노래[25]라 한 「만전춘」이 제명만을 귀족 문학인 한문학, 그 가운데서도 우리나라에서 크게 유행하지 않은 장르인 詞文學의 제명 짓는 방식만을 따르고 있다는 주장은 재고의 여지가 있다 할 것이다. 더욱이 그가 詞調名과 제명이 내용과 무관하다고 예시한 작품 중에도 작품의 내용을 직접적으로 드러내고 있기도 하며, 주제를 함축적으로 표현하고 있는 경우도 있다.

이를 밝혀 보기 위해 이제현의『益齋詞』를 살펴 본다.『鷓鴣天』이라는 詞調에는 5편의 益齋詞가 있다. 이 가운데 二 三의 작품을 예로 들어 보자.

> 二. 客裏良晨屢已孤. 菊花明日共誰娛. 閉門暮色迷紅草. 欹枕秋
> 聲度碧梧. 三尺喙, 數莖鬚. 獨吟詩句當歌乎. 故園依舊龍
> 山會, 剩肯樽前說我無.　　　　　　　　（「九月八日寄松京故舊」）

객지에서 좋은 때를 자주 외롭게 지냈지마는
국화를 내일 뉘와 함께 즐기나
문 닫으니 저녁놀 풀잎 위에 물들고
벽오동 지나는 가을 소리가 베갯머리에 들리네

석자나 빼문 입에
두어 줄기 수염하고

---

24) 車柱環은 우리나라에서 詞文學이 부진했던 이유를 다음과 같이 밝힌 바 있다. 이를 요약하여 제시한다. 1. 구조와 운율이 서로 같지 않은 사조가 대단히 많아서 그것을 소화하여 창작할 수 있는 단계에 이르기가 언어계통이 다른 한국지식인들에게는 극히 힘들었다. 2. 용어에도 세련된 속어까지를 교묘하게 운용하는 면 역시 쉬운 일은 아니었을 것이다. 3. 사는 시와 달리 입신양명하는 매개는 되지 않았기 때문에 詞作에 별로 열성을 기울이지 않았다(차주환, 「한국사문학연구」(1) 『아세아연구』, 1964, 9, 106쪽).

25) 박노준, 앞의 글, 247쪽.

홀로 시구 읊조려 노래에 대신한다
고향의 정원에선 전과 같이 용산의 모임 있을 테지만
그래도 술통 앞에 내가 없다고 말하려 들겠나26)
「9월 8일에 송도의 친구들에게 부치다」

三. 未用眞珠滴夜風. 碧篘醇酎氣相通. 舌頭金液疑初滿, 眼底黃
雲陷欲空. 香不斷, 味難窮. 更添春露吸長虹. 飮中妙訣人如
問, 會得吹笙便可工.　　　　　　　　　　　　　　「飮麥酒」

진주 같은 술방울을 밤바람 속에 떨구지 않았는데도
푸른 대통에 무르익은 술의 기운 통한다
혀에 닿는 금빛 진액으로 처음 가득찼다고 의심했는데
눈 아래 누런 구름 빠져 내려 텅비려 한다

향기는 끊어지지 않고
맛은 다할 줄은 몰라
다시 봄 이슬 보태서 긴 무지개 빨아들인다
마시는 비결을 사람들이 묻는다면
생황 불줄 알면 곧 잘할 수 있다

「보리술을 마시고서」

작품 二는 객지에서 重陽節 전날, 송도의 옛친구들과의 詩酒佳會
를 생각하면서 이를 그리워하는 내용이다. 이때 詞題인 「九月八日
寄松京故舊」는 이 작품의 내용과 분위기를 잘 드러내 주고 있다.
작품 三은 益齋가 '보리술'을 마신 특별한 경험을 풍류와 해학을
통해서 표현하고 있는데, 이 작품의 가장 핵심적인 내용이라 할 보
리술을 마신 경험을 '飮麥酒'라는 제목으로 설정한 것이다.
다음의 『太常引』 가운데 「暮行」이라는 작품은 주제를 간명하게
밝혀 주는 제목으로 볼 수 있어서 소개해 본다.

---

26) 『국역 익재집』 2, 민족문화추진회, 1980. 66쪽. 이하 국역은 이 책에 의함.

棲鴉去盡遠山靑. 看暝色・入林坰. 燈火小於螢. 人不見・笞扉半
扃. 昭鞍涼月, 滿衣白露, 繫馬睡寒廳. 今夜候明星. 又何處, 長亭
短亭.   「暮行」

잠자리 찾는 까마귀들 다 가 버리고 먼 산 푸른데
어둠이 교외로 들어가는 것이 보인다
등불은 반딧불보다 작고
사람이 보이지 않으며 이끼 낀 문짝이 반쯤 닫혀져 있다

말안장 비추는 서늘한 달
옷에 가득히 내린 흰 이슬
말을 매어놓고 추운 대청에서 잔다
오늘밤 새벽별 기다려
또 어디가 장정이며 어디가 단정일까
                                   「저물녘에 길을 가면서」

 이 작품은 '먼길을 떠나는 나그네의 저녁 무렵 정경을 노래'한
것으로 제목 「暮行」은 이러한 정황을 잘 표현하고 있다. 이런 점에
서 「暮行」이라는 제명은 주제와 제목은 무관한 것이 아니라 오히
려 작품의 내용을 요약적으로 제시하고 있다고 할 수 있다. 이처럼
詞작품 중에는 내용과 관련하여 제명을 취한 경우도 있음을 알 수
있다. '만전춘' 또한 이 경우와 마찬가지라 생각한다.
 그러면 '만전춘'이 의미하는 바를 살펴보기로 한다. '滿殿春'의
문자적 의미는 '궁전에 가득 찬 봄'이라 할 수 있는데, 이러한 해석
은 일단 작품 내용과는 관련이 없는 것처럼 보인다.

어름우희 댓닙자리 보와 임과 나와 어러주글만뎡
어름우희 댓닙자리 보와 임과 나와 어러주글만뎡
정둔 오ᄂᆞᆳ밤 더듸 새오시라 더듸 새오시라
耿耿 孤枕上애 어느 ᄌᆞ미 오리오
西窓을 여러ᄒᆞ니 桃花ㅣ 發ᄒᆞ두다.
桃花ᄂᆞᆫ 시름업서 笑春風ᄒᆞᄂᆞ다 笑春風ᄒᆞᄂᆞ다

넉시라도 임을흔디 녀닛景 너기다니
넉시라도 임을흔디 녀닛景 너기다니
벼기더시니 뉘러시니잇가 뉘러시니잇가
올하 올하 아련 비올하
여흘란 어듸 두고 소해 자라 온다
소콧 얼면 여흘도 됴ᄒ니 여흘도 됴ᄒ니
南山애 자리보와 玉山을 벼여누어
錦繡山 니블안해 麝香각시를 아나누어
南山애 자리보와 玉山을 벼여누어
錦繡山 니블안해 麝香각시를 아나누어
藥든 가슴을 맛초ᄋᆸ스이다 맛초ᄋᆸ스이다
아소 임하 遠代平生애 여힐술모르ᄋᆸ새

「만전춘별사」 전문

전체 작품을 통해서 보아도 궁전의 이미지를 가진 연이나 시어
를 찾을 수 없다. 그럼에도 대부분의 논자들은 '殿'을 사전적 의미
그대로 '궁전'으로 해석하고 있다. 특히 이 가운데 이임수는 '殿'을
'北殿' 내지 '後殿'으로 해석하고,[27] 이와 연관하여 이 작품의 주제
를 궁녀들의 외로움, 고독을 노래한 것이며 작품 역시 그들에 의해
서 지어졌다고 주장하였다. 이러한 해석은 4연의 '늪'과 '여흘'이라
는 시어가 '궁녀'를 의미하며, 5연에 등장하는 물건들이 그들과 관
련된 것이라는 해석을 토대로 하고 있다.

'殿'을 후궁들이 사는 '후전'을 뜻한다는 해석에 일단 동의한다
하더라도 작자계층까지도 '후궁'으로 단정하는 것은 논리의 무리
가 있어 보인다. 즉, '만전춘'의 뜻을 '후궁들이 거처하고 있는 궁
전에 봄이 가득했다'라고 해석이 된다고 하여 이 작품의 작자마저

---

27) 이임수는 '後殿'은 「後庭花」의 後庭과 같은 의미를 가진 것으로, 궁녀들이
   거처하는 後宮을 의미하는 것으로 보았으며, '殿'과 '玉山', '麝香각시' 등
   의 어휘 및 시어의 상징성을 고려하여 이를 궁녀들 작품이거나 이들 부류
   를 대상으로 한 작품으로 파악하였다(이임수, 앞의 글, 128~138쪽).

도 후궁으로 보려는 주장은 지나친 비약으로 보인다. 다른 계층에
의해서도 후궁들의 고달픈 삶이 얼마든지 노래될 수도 있는 것이
다. 그런데도 작자를 '후궁'으로 한정시켜 보는 것은 고려 속악가
사의 작자층을 지나치게 최상류층으로만 파악하려는 그의 접근방
식에 기인한 듯하다.[28]

　「만전춘별사」의 배경을 궁전으로 보고 작자를 궁녀라고 하는 주
장뿐만 아니라 "궁궐에 봄의 생명력이 가득하기를 기원하는 민속
을 노래한 자취"[29]라는 해석도 있다. 민속학적인 측면에서 남녀간
의 사랑은 풍요를 상징하는 것으로 볼 수 있지만, 이 작품에 대해
조선초 '남녀상열지사'라 하여 '음사' 내지 '비리지사'로 배척당했
다는 기록으로 미루어 볼 때 무리가 있어 보인다.

　「만전춘」이라는 제명은 전체 작품의 치밀한 분석을 통해 이를
바탕으로 해석하는 것이 합당할 것이다. 그래야만 제명 의미하는
바가 온당하게 드러날 것이다. 그렇지만 이 글의 논지 전개상 작품
분석은 다음 장으로 미루고 먼저 '만전춘'이 의미하는 바를 제시해
본다.

　「滿殿春」의 '殿'은 실제의 궁전을 뜻할 수도 있지만, 그보다는
작품 전체의 문면을 고려할 때 서민들이 이상향으로 상정한 공간
으로서의 '궁전'으로 보는 편이 근리일 듯하다.

　이 때 만물이 소생하는 계절인 봄[春]은 이상적 공간인 '궁전'에
서 임과 재회하는 기쁨을 상징적으로 표현한 계절적 배경이라 할

---

28) 이임수는 고려 속악가사 대부분이 귀족계층과 궁중에 소속된 상류층에
　　의해 제작된 것으로 이해하였다. 이와 같은 관점은 궁중속악가사 대부
　　분이 민요에서 수용되었다는 기존 견해에 대한 설득력 있는 반론이 될
　　수 있지만, 한편으로는 이 가운데 당시 민중들의 진솔한 삶을 표현한
　　작품들의 가치를 간과할 우려를 동시에 내포하고 있다.
29) 허남춘, 「고려속요와 민속」, 75쪽.

수 있다. 시적 화자는 자신이 간절히 기원했던 재회를 위해 온갖
화려하고 아름다운 물건으로 치장하고 있는 것이다. 5연의 시어에
서 알 수 있듯이 가장 소중하고 아름다운 물건들로 치장하고서 임
을 기다리고 있는 것이다. 이 장식품들은 시적 화자가 실제로 소유
하고 있는 물건이라기보다는 자신이 가지고 싶었던 가장 이상적인
물건들일 것이다. 일반 서민들이 소유할 수 없는 값지고 화려한 것
이라 해서 이를 '궁녀'의 호화로운 생활과 연관지어 해석하려는 태
도는 앞서 언급한 것처럼 이 작품이 드러내고자 한 솔직담대하고
적극적인 당시의 사랑 표현을 간과할 우려가 있다.

　한편 「만전춘별사」의 시적 화자가 지니고 있는 고독감, 단절감
은 이임수의 지적처럼 수많은 후궁들 사이에서 임금의 총애를 받
기가 어려운 그들의 생활로 미루어 볼 때 수긍되는 일면도 있다.
그러나 전통적으로 임의 부재로 인한 '여성적 고독감'은 여성들의
일반적 정서라 할 수 있으며, 작품의 문맥상 궁녀나 왕궁의 생활을
노래한 것으로 보기 어려운 대목이 곳곳에서 보이고 있음으로 해
서 선뜻 수긍하기는 어려운 측면이 있다. 더욱이 여성 화자가 처한
임이 부재하는 현실을 소재로 문학적으로 형상화한 '이별시'는 우
리 詩歌史의 한 전통으로 계승되고 있다는 점에서 작자층을 굳이
여성으로 못 박을 필요는 없을 듯하다.

　따라서 '만전춘'의 '만'은 '가득하다, 가득차다'라는 의미로 해석
되며, '殿'은 시적 화자가 열망하던 임과 재회의 기쁨을 맘껏 누릴
수 있는 이상적인 공간, 즉 '궁전'을 비롯하여 여타의 공간을 상징
한다고 볼 수 있으며, 또한 '春'은 이상적 공간에 아름다운 향기와
그윽한 분위기를 제공해 주는 '시간적'인 의미를 지니는 동시에,
임과의 사랑을 꽃피울 수 있는 계절적 배경으로 볼 수 있다. 봄이
라는 계절적 배경을 설정한 것은 이 작품에서 추구하는 사랑이 비

극적 이별로 그치는 것이 아니라, 겨울이 가고 봄이 오는 계절의 변화처럼 희망적인 사랑으로 전이될 여지를 남겨 주고 있는 것으로 해석된다.

Ⅲ. 「滿殿春別詞」의 構造 分析

「만전춘별사」는 『악장가사』에 6단으로 分段되어 수록되어 있다. 그런데 연구자들의 편의에 맞춰 이를 5연으로 분단하거나, 때로는 4연으로 나누어 분석하기도 하였다.[30]

5연으로 나누려는 주장[31]은 대개 「만전춘별사」의 제 6연이 1행으로 되어 있어서 다른 연과의 형평을 고려할 때 1행 = 1연이라 하기에는 뭔가 미흡하다는 전제가 작용한 것으로 볼 수 있다. 한편 6연으로 분단된 이 작품을 시조와 같은 3장 형태로 묶으려는 견해도 있다.[32]

이처럼 분단에 이견을 보이는 것은 「만전춘별사」가 『악장가사』에 6단 형식으로 분단[33]되어 있음에도 마지막 6연이 다른 연과는

---

30) 김사엽, 『국문학사』, 정음사, 1954, 280쪽.

31) 조윤제, 전규태, 박병채 등은 전 5장으로, 김사엽은 전 4연(6으로 분단하고 있음)으로 나누어 파악하였다. 전체를 4연 또는 5연이라는 견해에 대한 반론은 성현경에 의해 충분히 밝혀져 있으므로 여기에서는 다루지 않는다.

32) 성현경, 「만전춘별사의 구조」, 375~376쪽. 이러한 3장 분단은 시상 전개나 시제에 대한 충분한 고려 없이 전 6연을 2연 1장으로 묶어 파악하려는 데에서 파생된 문제로 볼 수 있다.

33) 「만전춘별사」는 『악장가사』에 전 6연으로 분단되어 있으며, 『악학편

달리 단 1행으로 되어 있어서 이를 독립된 연으로 인정하기 어려웠기 때문으로 생각된다. 그러나 1행이라 해서 무시하거나 또는 5연에 편입시켜 전 5연으로 묶어 취급할 것은 아니다.

「만전춘별사」는 『악장가사』에 6단위로 분단되어 있다. 장사훈에 따르면 「만전춘별사」의 각 연은 시행의 장단에 관계없이 각각 독립된 가치를 지닌다고 하였다.[34] 즉 하나의 작품을 구성하는 요소로서 그 비중이 시행의 많고 적음에 관계없다는 것이다. 악곡에 쓰인 가사라는 입장에서 본다면 「만전춘별사」는 전 6연이 모여야 비로소 완전한 하나의 노래를 이룰 수 있다는 것이다.

작품의 각 연들은 전체 구조가 드러내고자 하는 주제에 통괄되어 유기적인 역할을 수행한다. 그 비중은 행의 많고 적음에 달려 있는 것이 아니라 전체 구조 속에서 어떤 역할을 하느냐에 달려 있다. 「만전춘별사」를 이루고 있는 요소들이 불합리하다고 하여 이러한 부분적인 면만을 다루려는 경향은 「만전춘별사」를 단편적이고 지엽적으로 해석할 우려가 있다. 이런 까닭에 전체적인 맥락을 중시하야 분석해야 할 것이다

이해를 돕기 위해 전문을 옮겨 본다.

  1. 어름우희 댓닙자리 보와 임과 나와 어러주글만뎡

고』에는 「만전춘별사5장」이라 하여 5로 분단하면서 마지막 5장을 0표하여 둘로 나누고 있다. 5연으로 분단하는 견해들은 이를 따른 것으로 짐작된다.

34) 장사훈은 "선율에 있어서도 1(1연의 전연)·3(2연의 전연)·5(3연)와 2(1의 후련)·4(2연의 후련)·6(4련)이 각각 동일 선율이며, 6은 2 또는 4의 축소형이고, 5는 1 또는 2의 선율과 동일함을 알 수 있다"라고 하여 음악적인 길이의 차이는 있지만 동일한 가치를 지닌 것으로 보았다. (앞의 책, 429쪽) 이로 보아 각 연은 음악적인 측면에서만이 아니라 문학적으로도 등가의 가치를 지닌 것으로 볼 수 있다.

어름우희 댓닙자리 보와 임과 나와 어러주글만뎡
정든 오눐밤 더듸 새오시라 더듸 새오시라

2. 耿耿 孤枕上애 어느 ㅈ미 오리오
西窓을 여러ᄒᆞ니 桃花ㅣ 發ᄒᆞ두다.
桃花ᄂᆞᆫ 시름업서 笑春風ᄒᆞᄂᆞ다 笑春風ᄒᆞᄂᆞ다

3. 넉시라도 임을혼ᄃᆡ 녀닛景 너기다니
넉시라도 임을혼ᄃᆡ 녀닛景 너기다니
벼기더시니 뉘러시니잇가 뉘러시니잇가

4. 올하 올하 아련 비올하
여흘란 어듸 두고 소해 자라 온다
소콧 얼면 여흘도 됴ᄒᆞ니 여흘도 됴ᄒᆞ니

5. 南山애 자리보와 玉山을 벼여누어
錦繡山 니블안해 麝香각시를 아나누어
南山애 자리보와 玉山을 벼여누어
錦繡山 니블안해 麝香각시를 아나누어
藥든 가슴을 맛초ᅌᆞᆸ스이다 맛초ᅌᆞᆸ스이다

6. 아소 임하 遠代平生애 여힐술모ᄅᆞᅌᆞᆸ새
(연 구분－인용자)

「만전춘별사」 2·3연은 다른 연과 달리 他說的이라는 점에서 편장가사로 볼 수 있다. 그렇다고 문학적 가치가 떨어지는 것은 물론 아니며. 임에 대한 열렬한 사랑이라는 주제 아래 통일성을 갖춘 작품이라 할 수 있다. 「만전춘별사」에 드러난 비유와 고도의 상징적인 표현은 차치하더라도 궁중속악가사의 하나로 전승되고 있다는 사실 하나만 보아도 이 시가 표현하고자 하는 바를 충분히 드러내고 있는 문학 작품인 것이다. 「만전춘별사」는 오히려 편장자의 뛰어난 안목을 보여 주고 있다는 점에서 편장자에 대한 연구의 필요성을 제고시켜 주는 작품이라 하겠다.35)

1. 시간 구조에 대하여

「만전춘별사」 작품이 통일성 있는 구조를 갖춘 작품이라 할 때
시간 구조는 작품 분석에 중요한 의미를 지닌다. 그것은 시제를 어
떻게 보는가에 따라 해석의 편차가 커지기 때문이다. 시제에 관한
기존 견해를 소개하면 다음과 같다.

먼저 성현경은 작품에 나타난 시간을 3차원적인 시간으로 파악
하고 초장 : 과거 → 중장 : 현재 → 종장 : 미래로 이동한다고 하
였다.36) 한편 곽동훈은 1·6연은 미래지향시제(더듸새오시라, 遠代
平生), 제 2연은 현재, 제 3연은 과거, 제 4·5연은 현재시제로 되어
있으며, 이 작품에서 상상의 출발점은 제 5연인데 제 1·6연의 미래
지향은 제 5연의 현재가 있기 때문에 가능하다고 하였다.37) 이임수
는 1연 : 과거, 2연 : 현재 → 3연(과거) → 4연(현재) → 5연(미래)

---

35) 정기호는 현전 고려 궁중속악가사들은 아래 그림과 같은 制定 과정을
통해 궁중으로 수용된 후 비로소 오늘날의 형태로 전승될 수 있게 되
었음을 밝힌 바 있으며, 이에 따른 속악가사의 제정 담당 가관과 제정
과정에 대한 연구의 필요성을 강조하였다.

위의 제정과정에 의거한다면 「만전춘별사」는 2의 改詞 내지 編詞의
과정을 거쳐 만들어진 작품으로 볼 수 있다(정기호,『고려시대 시가의
연구』, 인하대출판부, 1986, 218쪽).

36) 성현경,「만전춘별사의 구조」, 381쪽.
37) 곽동훈, 앞의 글, 210쪽.

→ 6연(시간을 초월한 呪辭)로 진행되고 있다고 보았다.[38]

그런데 지금까지 대개의 연구자들이 1연의 '더듸새오시라'를 미래의 소망(이임수는 오히려 과거로 파악함)으로 해석하고 있으나 필자가 보기에는 '현재 시점(2연)'에서 시적화자가 '더듸새오시라'라고 기원했음에도 무정하게 지나가버렸기 때문에 지금의 처지가 되고 말았다는 '과거 회상'으로 판단된다.

2연은 고독감과 단절감을 느끼는 '현재'의 상황이며, 작품 전체의 기준시제가 된다. 3연 또한 임이 떠난 현재의 시점에서 과거의 일을 돌이켜 보고 있는 것으로 생각해 볼 수 있다.

4연은 대부분의 연구자들이 '현재'로 파악하고 있지만 임이 시적 화자를 다시 찾아오는 상황을 설정한 것은 실제 현실이 아닌 시적 화자의 '상상' 속에 그려보는 장면이라 할 수 있다. 이는 실제 현실 속에 일어난 일이 아니라 미래에 있었으면 좋겠다는 시적 화자의 간절한 소망을 '상상적 체험'으로 표현한 것으로 해석된다. 5연 또한 미래에 이루어질 사랑을 구체적으로 그려 보고 있다.

마지막 6연은 전체 구조를 마무리하면서 현실적으로 이루지 못한 임과의 사랑이 언젠가는 이루어질 것을 소망하며 더욱 간절한 이상적 사랑으로 승화시키고 있다.

이상의 내용을 정리하면, 1연은 임과의 관능적, 육체적인 경험을 토로하고 있는 '과거'로 볼 수 있으며, 2·3연은 '현재'로서 1연에서 겪었던 사랑을 회상하는 내용으로 전체의 기준 시제라 할 수 있다. 4·5연은 '미래' 시제로 임이 돌아올 것이라는 믿음을 가정적 상황을 빌어 표현하고 있다. 이와 같은 미래 가정적인 '재회'라는 상황 설정은 이 노래의 결말인 6연에서의 미래 지향적이며, 이상적인 사랑으로 승화될 수 있는 가능성을 제시해 주는 역할을 한다. 이를

---

38) 이임수, 앞의 글, 130쪽.

정리하면 다음과 같다.

1연(과거) ← 2·3연(현재) → 4·5연(미래) → 6연(미래)

2. 작품 분석 및 해석

6연으로 된 이 작품은 3단 구성 내지 4단 구성으로 연구자의 시각에 따라 달리 파악되고 있다.[39] 필자는 시제와 시상의 긴밀한 흐름 등을 고려하여 4단 구성(기·승·전·결)의 짜임을 가진 것으

---

39) 「만전춘별사」의 구조는 연구자의 시각에 따라 다양하게 파악되고 있다. 기존 견해 가운데 대표적인 견해를 요약해 보면 다음과 같다. 먼저 성현경은 초장(1, 2연), 중장(3, 4연), 종장(5, 6연)의 3장 양식의 정제된 시가라 하였다. 한편 김재수는 전체 구조를 기(1연) 승(2, 3연) 전(4연) 결(5, 6연)의 4단 구성으로 보고 각 연의 짜임이 이상에서 현실로(기), 현실에서 환상으로(승), 환상에서 일탈로(전), 일탈에서 행복과 기원으로(결) 질서 정연하게 연결되는 작품이라 하였다.
곽동훈은 전체구조를 서사(1연)와 본사 (2, 3, 4, 5연) 결사(6연)로 크게 나누고 본사를 다시 기·승·전·결 네 부분으로 나눌 수 있는 복합구조라 하였다. 그리고 이임수는 내용과 형식 양면에서 1·2연은 자연과 인간의 대비를, 3·4연은 임과 자신에 대한 원망의 대비를, 5연에서는 1·2·3·4 연의 상상적 극복을 통해 만족을 얻고자 하는 작가의 심정을 형상화하고 있으며, 6연은 주술적 기원으로 매듭지어져 있다고 하였다. 시간적으로는 1·2연과 3·4연이 각각 과거와 현재를 대비하고 있으며 5연에서는 상상적 미래를, 6연은 전연에 걸쳐 존재하는 상시적인 주술적 願詞라 하였다.
박진태는 1·2·3연과 4·5·6연이 의미구조에 알맞게 심층적인 율격구조도 대응되는데, 병행과 반복에 의해서 전반부와 후반부의 단조로운 대칭을 회피하면서 1연과 5연을 5행으로, 2·3·4연은 각각 3행으로 하여 형태적인 균제미를 부여함으로써 본사의 성격을 띠게 하고, 6연을 1행으로 결사가 되도록 변형시킨 것이라 하였다(박진태, 「만전춘별사와 정석가의 구조」『인문과학논문집』 2집, 대구대, 1983, 31~71쪽).

로 파악하고자 한다. 그렇지만 기존 견해와 달리 기(1연), 승(2·3연), 전(4·5연), 결(6연)의 4단계로 나누어 보고자 한다.

1연은 전체의 도입으로, 충격적인 성애 장면의 제시를 통해 독자의 관심을 유도한다. 특히 이 장면은 시적 화자인 나와 임과의 사랑은 육체적이고 즉물적인 사랑으로서 비극적 종말을 예감케 하여 독자에게 긴장감을 제공하고 있다. 이러한 긴장감은 '얼음 위에 댓닙자리'라는 극단적인 상황 설정으로 효과적으로 표현되고 있으며, 반복과 속도감 있는 진행으로 이를 극대화시키고 있다. 반복되는 시행은 임과 지내는 사랑의 행위가 다시는 기약할 수 없는 것이기에 오늘밤 다 태워버리고야 말겠다는 시적 자아의 정열적 사랑의 의지를 표현한 것으로 이해된다. 실상 임에 대한 시적 화자의 적극적, 격정적인 사랑의 행위 이면에는 임과의 사랑이 오늘밤 이후에 다시 이룰 수 없다는 절박감이 짙게 배어 있다. 또한 성애의 장면의 반복은 정든 임과 지내는 오늘밤[40]이 시적 화자의 기대와는 달리 더욱 빨리 지나가고 말았다는 것을 의미한다. 이처럼 첫 연은 적극적인 육체적 사랑의 행위와 그 이면에 담겨 있는 아쉬움과 미련을 표현하고 있다.

승(2·3연)은 전개에 해당한다. 이 가운데 2연은 전체 연의 '기준시제'가 된다. 시적 화자의 고독감과 단절감에 잠겨 있는 2연의 상황제시가 의미하는 바는 1연에서 이루어졌던 임과의 결합이 이별에 의해 더 이상 지속될 수 없게 된 현실을 보여주고 있다. 이때 고독감을 더욱 효과적으로 드러내기 위해 봄이라는 계절적 배경을 등장시키고 있다. 봄은 만물이 소생하고 재생의 기쁨을 느끼는 환희의 계절이다. 도화가 만발하고 춘풍이 미소를 띠는 계절이 돌아

─────────────────────

40) 이때의 오늘밤은 현재시가 아니라 시적 자아와 사랑을 나누는 사건시로서 현재를 기준으로 본다면 과거에 해당한다.

왔지만, 자신의 심정은 얼음처럼 차가운 겨울 속에서 벗어나지를
못하고 있는 것이다. 자신의 내면 심리와 계절적 배경과의 대비,
반복된 시행은 시적 화자가 겪는 고독감과 단절감을 더욱 극명하
게 드러내 주고 있다.

3연은 고독감을 느끼는 근본적 이유는 자신에게서 비롯되는 것
이 아니라 임이 자신을 떠나간 것에서 기인하고 있음을 암시하고
있다.[41] 그런데 「만전춘별사」의 시적화자가 이별을 수용하는 태도
는 여느 이별시에서 보이는 순종적, 수동적인 태도와는 전혀 다르
다. 임이 다시 돌아오기만은 마음속으로 애타게 기원하며 기다리
고만 있는 것이 아니라, 당시 세간에 널리 알려져 있을 것으로 짐
작되는 '忠臣戀主之詞'에 해당하는 「鄭瓜亭」을 인용함으로써 임
에 대한 자신의 사랑이 육체적 사랑만이 아니었음을 우회적으로
강조하기도 하고, 임의 의사와 무관하게 5연에서는 재회를 나누는
장면을 상상하는 등 적극성을 보이고 있는 것이다.

결국 승에서 시적 자아는 임에 대한 간절한 그리움을 강조함과
동시에 관능적인 쾌락만을 좇는 사랑이 아니었다는 점을 적극적으
로 해명하고 있다.

전에 해당하는 4연은 3연에서 보였던 자칫 빠지기 쉬운 怨望의
정서에 매몰되지 않고, 오히려 이를 임에 대한 희망적인 기대감으
로 전환시키고 있다. 4연은 다른 연들에 비해 해석이 분분하다. 이
는 고도의 비유를 통해 형상화되었기 때문이며, 동시에 전체 구조
가운데 4연의 비중이 그만큼 크다는 것을 뜻한다.

먼저 각 시어들의 의미를 살펴보자. '비오리'는 남성에 해당하고

---

41) 성현자는 이러한 임과의 이별, 즉 임이 자신을 두고 떠나가 버린 상황
　　을 '棄婦' 모티브로 파악하고 「만전춘별사」에 나타난 기부 모티브를
　　비교 문학적 관점에서 고찰한 바 있다(성현자, 「만전춘별사에 나타난
　　기부모티브에 관한 연구」『동방학지』 33집, 1982).

‘여흘’과 ‘늪’은 여성을 상징한다.[42] 시적 자아는 여성을 상징하는 ‘늪’이다. ‘늪’은 靜的인 이미지를 지니고 있으며, 다른 곳으로 움직이지 않고 영원히 한 곳에 머무르면서 임을 기다리는 여인에 比擬되고 있다. 이는 임이 떠난 후에 다시 돌아올 경우를 대비하여 변함없는 사랑으로 기다리고 있는 시적 화자의 정절을 뜻하는 것으로 해석된다.

이때 시적 화자가 단독 여성[43]이라는 사실이 매우 중요한 의미를 지닌다. 시적 자아인 ‘늪’ 앞에 임(오리)이 다시 나타난다. 그토록 열망하던 임이라 반가움에 어쩔 줄을 모른다. 그러나 그 동안 자신이 가슴 졸이며 불면의 밤을 지새웠던 것을 생각하면 순간적으로 미움과 증오의 감정이 솟구침을 부인할 수 없다. 그러나 이러한 원망도 잠시뿐, 임의 얼굴을 보는 순간 눈 녹듯 사라지고 오히려 열렬한 사랑의 감정이 솟아난다. 지금까지 가졌던 원망의 마음이 더욱 열렬한 사랑으로 轉化되는 한편, 다시 온 임이 또 가버리면 어쩌나 하는 불안감이 싹튼다. 그리하여 ‘만일 내가 그를 거부한다면 그는 훌쩍 또 떠나 가버리겠지요. 여울이 좋다고 가버리겠지요’ 하고 되뇌어 보다가 ‘그렇지만 저는 당신에 대한 변치 않는 사랑을 가지고 있답니다. 당신이 비록 나를 버리고 여흘과 일시적인 사랑에 빠졌더라도 나는 당신을 받아 줄 수 있습니다’라는 뜻으로 해석된다. 이 때의 대화는 실상 시적 자아의 내면적 독백에 해당한다고 보아야 할 것이다.

---

42) 성현경, 앞의 글, 377쪽.

43) 오정란과 박노준은 4연에 타설적인 내용이 개입되어 있는 것으로 파악하고, 이를 남녀의 대화조로 해석하고 있으나, 이보다는 여성화자가 자신의 사랑하는 임이 다시 돌아오는 상황에서 임에 대한 그 동안의 원망어린 심정을 토로해 보다가 결국 자신의 내면세계로 돌아와 독백조로 술회하는 것으로 해석하는 편이 근리인 듯하다.

　그리하여 4연은 열렬한 사랑의 감정을 다시 정리할 마음의 자세를 가질 기회를 제공함은 물론, 임을 향한 사랑이 어떠하였던가를 '戀敵'이라 할 수 있는 '여흘'과 비교해 보고, 이를 통해 자신을 반성한다. 이러한 전환은 결국 「만전춘별사」의 사랑이 결코 감각적이고 관능적인 사랑만을 의미하는 것은 아니라는 것을 암시한다. 4연에서의 시적 화자의 반성적 어조는 다음의 5연에서처럼 재결합의 가능성을 보여 주고 있다.

　5연에서는 그토록 갈망하던 재회가 꿈결 같은 환상적인 분위기 속에서 상상으로 이루어진다. 임과 재결합을 이루는 공간에 온갖 아름다운 물건이 배열되고 있다. '麝香 각시'는 아름다운 향기를 지닌 여성으로 시적 자아 자신을 지칭한다고 할 수 있다. 그런데 여성인 시적 화자가 '사향 각시를 아나누어'라고 할 수 있느냐 하는 문제인데, 이는 자신을 객체화 내지 객관화[44]한 것으로 파악할 경우 해결될 수 있을 것이다.

　자신을 찾아 돌아온 임에 대한 시적 화자의 원망이 드러나게 되면, 돌아온 임은 다시 떠나가 버릴지도 모른다. 그렇기 때문에 여성화자는 임을 위해 아름다운 미소를 머금고, 우아한 분위기와 향기 풍기는 분위기를 연출하고 있다. 南山·玉山·錦繡山·麝香이라는 시어들이 이에 해당한다. 이때 사용된 어휘들이 궁녀들만이 가질 수 있는 값진 것들로 이해하여 "궁녀(후궁)들의 그리움을 드러낸 것"[45]이라는 해석하기보다는 임과 이별을 체험한 여성(물론 궁녀도 포함될 수 있겠다)이 재회시에 가질 수 있는 최상의 봉사라는 의미로 해석하는 편이 나을 듯하다.

　5연은 한 여인의 비극적 사랑이 보편적인 사랑으로 전화되어 아

---

44) 곽동훈, 앞의 글, 215쪽.
45) 주 18)과 동일.

름다운 사랑으로 승화되는 계기가 되는 연이다. 1연에서 드러났던 관능적 사랑이 정신적 성숙 과정을 통해 한결 정화된 사랑으로 승화되고 있다. 1연에 보였던 죽음도 불사한 정도의 관능적 사랑과는 전혀 다른 차원의 순화된 사랑으로 변화한다. 이는 물리적인 변화에 그치는 것이 아니라 화학적 변화라 할 수 있다. 이러한 사랑은 6연으로 계속 이어진다.

마지막 6연에서는 사랑의 소중함을 깨달은 서정적 자아가 영원한 사랑을 지향하는 것으로 끝맺는다. 주제는 바로 6연에서 드러난다. 영원한 사랑을 희원하는 시적 화자의 간절한 소망이 1행 속에 함축적으로 표현되고 있다. 단 1행으로 된 결말은 독자에게 여운을 주어, 임에 대한 사랑이 종결형이 아니라 '진행형'임을 암시한다.

이를 간략히 정리하면, 1연은 도입부에 해당하며, 2연과 3연은 임과 이별한 후에 느끼는 고독감과 단절감을 드러내고 있다는 점에서 작품 전체의 전개부라 할 수 있을 것이다. 4연과 5연은 起에서의 육체적이고도 관능적인 사랑이 깨지고 이별을 겪고 난 후 정신적인 성숙함을 얻고서, 임과 재회를 꿈꾸는 장면에 해당한다. 따라서 4·5연은 시적 '전환'에 해당한다. 이와 같은 성숙한 사랑으로의 전환은 마지막 6연에서 임에 대한 불변의 사랑으로 승화되는 계기를 마련해 준다.

따라서 1연은 起(시상의 도입), 2와 3연은 承(시상의 전개), 4연과 5연이 轉(시상의 극적 전환)에 해당하며, 6연이 結(시상의 완성)에 해당한다. 이 가운데 6연은 작품 전체의 시상을 마무리하는 역할을 하는 결연으로 주제연에 해당한다. 비록 1행에 불과하지만 다른 연과 같은 비중을 가지고 있다. 오히려 시상을 마무리하고 주제를 간명하게 드러내고 있다는 점에서 더 큰 비중을 차지한다고도 할 수 있다.

지금까지의 분석한 결과를 간단히 정리하면 다음과 같다.

1연 : 임과의 열정적 사랑(과거-회상)	─ 기
2연 : 임 없는 밤의 고독감(현재-현실)	┐
3연 : 임 부재의 이유 제시와 임에 대한 원망(현재)	┘ 승
4연 : 임과의 재회 장면 제시(미래)	┐ 전
5연 : 임과의 재화합을 상상(미래)	┘
6연 : 임과의 영원한 사랑을 염원(미래 지향적)	─ 결

결국 이 작품의 주제는 처음에는 육체적 관능적 사랑에서 출발했지만 별리의 아픔을 통해 정신적 사랑으로 승화[46]되어 영원한 사랑을 지향하는 일종의 戀歌라 할 수 있다. 이때 정신적 사랑으로 승화된 6연에서는 淫詞鄙俚한 '남녀상열'이 아니라 이상적인 사랑을 추구하는 戀歌로 전이된 노래라 할 수 있다. 그렇기 때문에 남녀상열로 낙인 찍혔던 몇몇 작품들이 폐기되지 않고 전승될 수 있었을 것으로 생각된다.[47]

이렇게 본다면 「만전춘별사」는 순애보적인 전통시가와는 달리 임에 대한 적극적인 사랑을 노래한 작품이라 할 수 있다. 1연에서

─────────────

46) 성현경도 이 작품의 주제를 "고운 남녀가 영육을 불태우는, 감미로운 구원한 사랑으로 승화"되는 사랑으로 해석하였다(성현경, 「만전춘별사의 구조」, 382쪽).

47) 조선 성종조의 李世佐는 가사의 내용을 '男女相悅之詞' '忠臣戀主之詞' '祖宗頌功德之詞'의 세가지로 구분한 바 있다. 김영수는 이 중 '충신연주지사'나 '조종송공덕지사'는 '남녀상열지사'를 명분에 따라 변이시킨 형태라 하였다.(김영수, 「남녀상열지사고」『한문학논집』 제4집, 단국대학교 한문학회, 1986). 남녀 간의 '상열지사' 작품이 해석자의 의도에 따라 때로는 '戀主'의 내용으로 전환되어 해석될 수 있음을 시사하는 견해라 하겠다. 그렇기 때문에 많은 개폐 논의 속에서도 그 가사가 남아 있게 되지 않았을까 추정해 본다. 이 문제에 관한 詳考는 다음 기회로 미룬다.

의 격정적이며 노골적인 사랑 표현은 하나의 증거가 된다. 또한 적극적인 사랑의 이면에는 한 남자에 대한 변함없는 정절이 포함되어 있다는 점도 아울러 고려되어야 할 것이다.

이와 같은 고도의 비유적, 상징적 표현과 긴밀한 짜임, 그리고 유기적인 시상 전개 방식으로 보아 「만전춘별사」는 여타의 고려 궁중속악가사에 비해 결코 손색이 없는 우리의 소중한 문학 유산이라 할 수 있다.

Ⅳ. 결 론

이상으로 「만전춘별사」 작품에서 '별사'가 지니고 있는 의미 고찰과 제명과 내용과의 관련성을 살펴보았으며, 구조의 분석과 작품 해석을 시도했다. 그 결과 「만전춘별사」의 '滿殿春'이란 제명은 작품의 내용과 무관하게 지어진 것이 아니라 여느 속악가사와 마찬가지로 작품 내용을 심각하게 고려하여 지어진 것으로 볼 수 있었으며, 제명이 의미하는 바는 '이상적 공간을 형상화한 궁전에 희망찬 봄이 찾아와 사랑의 재기약을 다짐하는 희망'을 표현하고 있는 것으로 해석하였다.

또한 「만전춘별사」의 시간 구조는 과거 → 현재 → 미래의 단순한 전개가 아니라 현재를 기준으로 과거에 대한 회상과 미래의 상상적 장면이 시상 전개와 함께 긴밀하게 연결되어 있음을 알 수 있었다.

「만전춘별사」의 구조는 각 요소들과의 긴밀한 상호 연락으로 짜여진 복합구조로 이루어져 있으며, 이러한 작품 구조는 주제 형성에 유기적으로 기여하고 있음을 알 수 있었다.

　주제 또한 이제까지의 통상적 해석이라 할 수 있는 '남녀의 邪戀을 표현한 것'이라는 견해에서 한걸음 더 나아가, 비록 邪戀에 가까울 정도의 관능적 사랑에서 출발했지만 한 남성만을 기다리는 전통적 한국 여인의 정절적 사랑으로 승화된 작품으로 파악하였다. 이와 같은 사랑의 의미변화는 당대 민중들의 진솔한 적극적 사랑의 표현에서 기존 가치관에 입각한 규범적 사랑으로 제도화되어 버린 약점도 아울러 지닌다. 이런 까닭에 '남녀상열지사'라는 평가를 받았음에도 전승될 수 있었을 것으로 판단된다.

　「만전춘별사」가 유기적으로 잘 짜여진 완결된 구조의 작품이라 할 때, 이를 편장한 궁중 음악 담당자의 안목을 높이 평가해야 할 것이다. 궁중 음악 담당자의 참여 없이 속악가사의 樂制化는 불가능한 일이었을 것이다. 이런 점에서 앞으로는 음악분야 연구 성과에 힘입어 이에 대한 깊이 있는 연구를 기대해 본다. 악제화 과정에 대한 논의는 후고를 기약한다.

제5장

「履霜曲」의 '題名'과 '서린석석사리'에 대하여

Ⅰ. 序 論

 「履霜曲」은 高麗 宮中俗樂歌詞로서「雙花店」「滿殿春別詞」와
함께 조선초 유학자들에 의해 男女相悅之詞[1]로 규정되었던 작품
이다. 남녀상열지사로 규정된 작품 가운데「쌍화점」「만전춘별사」
에 관한 논의는 활발하게 이루어졌으나「履霜曲」에 관한 논의는
상대적으로 소략한 편이다. 그것은「履霜曲」이 다른 작품에 비해
단형임에도 해석상 난해한 구절이 많이 있기 때문으로 풀이된다.
하지만「履霜曲」의 형식상의 특징을 구명하려는 논의는 비교적
활발한 편이다. 본고에서는「履霜曲」이라는 題名의 유래와 그 의
미를 고찰해 보고, 아울러 題名과 관련지어 해석된「履霜曲」의 한
구절 '서린석석사리'에 대한 해석을 시도하고자 한다. 이에 따라
본고는 선학들의 논의가 주로 어휘적인 해석에 치중한 데에서 오
는 단점을 보완하는 측면에서 어휘 뿐만 아니라 문맥적 상황, 시적
상황을 고려하여 이 대목을 해석하고자 한다. 이러한 시도는 '서린
석석사리'라는 구절과 '履霜曲'이라는 題名과는 직접적인 관련이

---

1) '男女相悅之詞'는 조선초 유학자들이 禮樂政治를 내세우면서 治國理
　念의 道를 강조하는 가운데 고려 시대 및 그 이전의 노래 가운데 '남녀
　간의 사랑'을 노래한 가사를 부정적 시각에 근거하여 규정한 것으로
　볼 수 있다.
　　현전「履霜曲」은『樂章歌詞』『樂學編考』『大樂後譜』에 각각 가사가
　전하고 있으며,『世宗實錄』과『成宗實錄』, 그리고『經國大典』에도 鄕
　樂 呈才에 채용되면서 개찬되었다는 기록이 보이고 있다. 본고는 이들
　문헌 가운데『樂章歌詞』에 실린 작품을 텍스트로 삼아 題名과 아울러
　'서린석석사리'에 대해 해석하기로 한다.

없는, 단지 작품 내용을 이해하는데 하나의 단서에 불과하다고 생각되기 때문이다.

이와 같은 해석 방법은 자칫하면 주관적인 판단의 오류를 범할 우려가 있다는 점에서 일정한 한계를 지니고 있음에도 시어가 지닌 다양한 의미를 밝혀낼 수도 있다는 점에서 나름의 의의가 있을 것으로 본다.

Ⅱ. 「履霜曲」의 題名에 대하여

「履霜曲」에 관한 기존 논의는 형식상의 논의2)와 작자에 관한 논의3), 그리고 어석 연구4), 그리고 題名에 관한 논의5) 등으로 대별된다.

---

2) 형식에 관한 논의는 주로 시가사적 측면에서 논의되었다. 단련체 형식인 「이상곡」을 10행으로 분단하여 향가의 계승 작품으로 파악(兪昌均, 「韓國 詩歌形式의 基調」『大邱大論文集』6집, 대구대, 1966, 20쪽)하거나 12행(이임수, 「履霜曲에 대한 文學的 接近」『여가연구』, 형설출판사, 1988, 225쪽), 13행(박노준, 「履霜曲과 윤리성의 문제」『고려 가요의 연구』, 새문사, 1990, 208쪽), 그리고 9행으로 분단(崔美汀, 「別曲에 나타난 竝行體에 대하여」『韓國詩歌文學研究』白影 鄭炳昱先生還甲紀念論叢, 新丘文化社, 1983, 108~9쪽)한 경우와 악곡과 관련된 부분을 제외하고 本詞만을 8행으로 분단하려는 견해(정기호, 「이상곡 이해를 위한 몇 문제」『한국고전시가작품론』1 백영 정병욱 선생 10주기 추모논문집, 집문당, 1992, 280쪽) 등이 있다. 한편 시조, 가사의 전단계 작품으로 인정하려는 견해도 있었다(張孝鉉, 「履霜曲 生成에 관한 考察」『국어국문학』92, 국어국문학회, 1984). 이들 형식에 관한 논의는 주로 고려 속악가사의 시가사적 자리매김과 장르 규정에 관한 논의라 할 수 있다.

3) 작자에 관한 논의는 조선 후기 瓶窩 李衡祥의『瓶窩先生文集』의 기록

(…高麗侍中蔡洪哲作 淸平樂 水龍吟 金殿樂 履霜曲 五冠山 紫霞洞 鄭叙作 鄭瓜亭 翰林諸儒作 翰林別曲 我國 鄭道傳作 與民樂 洛陽春 步虛子 豊安曲 靖東方曲 倡義詞 鳳凰吟 尹淮作 致和平 鄭麟趾作 滿殿春 醉豊亨…『甁窩先生文集』)에서 발단되었다. 문제는 기존 작자 미상으로 취급했던 이 작품의 작자를 고려 蔡洪哲로 기록하고 있을 뿐만 아니라 작자가 분명한 몇몇 작품에 대해 명백한 오류를 범하고 있기 때문에 비롯되었다. 그리하여 '채홍철 소작'에 관한 주장도 그 신빙성이 의문시되고 있다. 그러나 채홍철 소작을 인정하지 않으려는 여러 반론에도 불구하고 「이상곡」이 이전 귀족 계층의 시가인 향가의 계승이라는 형식상의 특성과 시적 표현이 민중과 일정한 거리가 있는 유식계층일 가능성이 짙다는 점, 그리고 속악가사라는 특성상 악곡에 관한 어느 정도의 지식이 요구된다는 점에서 '채홍철' 제작에 대한 개연성을 버리지 못하고 있다.

甁窩의 기록이 당착을 보이고 있는데 따라 채홍철 소작을 부정하고 있는 견해로는 姜銓燮(「筆寫本 樂學編考에 대한 管見」『藏菴池憲英先生古稀紀念論叢』, 1980), 이임수 등이 있으며, 金學成(「고려가요의 작자층과 수용자층」『한국학보』31, 일지사, 1983)은 전래의 가요를 채홍철이 약간 수정했을 것이라는 절충론을 제기하였다. 한편 몇 군데 오류를 보이고 있음에도 불구하고 채홍철의 음악적 소양 및 정황을 고려하여 채홍철을 작가로 인정하려는 견해로는 權寧徹(해제『악학편고 』, 형설출판사, 1976), 김선풍, 박노준, 장효현(1984) 등이 있다. 이에 대해 尹榮玉은『甁窩先生文集』의 기록은 가사 제작에 관한 언급이 아니라 악곡의 제작자에 관한 언급으로 보았다(「죽음마저 기약하는 이상곡」『한국의 고시가』, 문창사, 1995).

4) 語釋에 관한 논의는 초기 주석 연구자들에 의해 이루어졌다. 이를 토대로 이후의 어학자들은 주로 난해어라 할 수 있는 '서린석석사리' '깃돈' '죵죵' '잠짜간 내 니믈'과 '열명길' 등에 집중되었다. 한편 그동안 무의미한 구절의 나열로 취급되었던 여음에 해당하는 제 3행 "다롱디우셔 마득사리마두너즈세(너우지)"를 '유의미'한 시어의 하나로 인식하고 이를 해석해 보려는 장효현의 시도도 있었다(「履霜曲 語釋의 再考」『語文論集』 22집, 고려대, 1981). 또한 별 무리 없이 수용되던 '열명길'에 대해 최근 姜明慧는 작품 전체의 문맥적 상황을 고려하여 새로운 해석을 제시하였다. 그는 '열명길'을 '十忿怒明王'이라는 기존의 해석과 달리 '어두운 새벽길(薄明길)'로 해석하였다. 그리하여 '열명길'이란 '지금은 세상에 없는 사랑하는 님'의 대체적 인물인 '새로운 님'으로 상징

속악가사의 題名에는 地名이나 人名으로 되어 있는 노래가 많이 있는데, 그렇지 않은 작품들은 작품 속의 반복 구절을 취하여 이를 題名으로 하거나(動動, 靑山別曲), 그렇지 않으면 첫 구절의 어휘를 취하여 붙이거나(西京別曲, 鄭石歌, 가시리), 주제와 관련지어 제목을 정하는(滿殿春別詞) 방식을 이용하기도 한다. 그런데 「履霜曲」은 여타의 고려 俗樂歌詞 題名法과는 이질적인 성격을 지니고 있어서 이 문제를 다루고자 한다.

기존 제명에 관한 논의는 주로 「履霜曲」이라는 題名의 의미와 그 유래에 관한 문제에 집중하였다. 그 결과 대다수의 연구자들은 '履霜'의 어원이 중국에서 유래하였으며, 그 의미도 중국의 경서나 문학 작품의 틀 안에서 해석하고자 했다.

한편 최근에는 「이상곡」 제 2행의 일부 구절 ─서린석석사리─에서 제명을 취했다는[6] 견해가 지배적이라 할 수 있는데, 이 문제는 '서린석석사리'의 해석과 맞물려 있는 것으로 생각된다.

필자는 「履霜曲」의 題名이 중국에서 유래한 것으로 중국의 어원적 의미나 문학 작품의 내용을 수용했다고 보는 견해나 '서리(霜)'와 관련지어 해석한 기존의 견해와는 입장을 달리 한다. 다음 장에서도 언급되겠지만 「履霜曲」이라는 제목은 작품의 2행에서 취한 것이 아니라, 작품의 전체 내용과 주제, 그리고 작품의 정서까지도 고려한 상징적인 표현[7]으로 보여지기 때문이다. 이말은 중

된다고 하였다.(姜明慧, 「履霜曲硏究」 『한양어문연구』 제13집(한양대학교어문연구회, 1995)

5) 제명에 관한 논의는 어석이나 작품 구조를 논하는 가운데 부수적으로 다루어졌다. 본격적인 논의로는 이임수, 윤영옥, 崔美汀(「履霜曲의 綜合的 考察」 成均館大學校人文科學硏究所 編, 『高麗歌謠硏究의 現況과 展望』, 集文堂, 1996) 등의 논문이 있다.

6) 남광우가 선편을 잡은 이후, 장효현, 최미정 등이 이에 해당한다.

7) 이임수도 「이상곡」 제목이 뜻하는 바는 "어머니를 잃고 들에 방황하는

국의 어원적 의미와도 거리가 있음을 뜻하는 것이기도 하다.

'이상'과 관련된 사항을 김창룡이 정리한 바에 따르면 다음과 같다.8)

한편『사원』에서는

> 履　霜 : ① 行於履霜. 詩魏風葛屨 : "糾糾葛屨, 可以履霜"
> 　　　　: ② 見 "履霜堅冰至"
> 履霜操 : 樂府曲調名. 相傳爲周尹吉甫子伯奇所作.
> 　　　　伯奇因後母進讒言而被逐, 自傷無罪, 淸晨在霜地上徘徊, 鼓琴作曲, 因名履霜操. 見初學記二漢蔡邕琴操.『樂府詩集』57
> 易　坤 : "履霜堅冰至". 意思是行於霜上而知嚴寒冰凍將至, 比喩防微杜漸, 及早敬惕.9)

으로 설명되어 있다. 이 밖에『事文類聚』에는 "霜露旣降 君子履之 必有悽愴之心 非其寒之謂也"10)라고 하였다.

위의 기록으로 미루어 볼 때 '이상'은『詩經』을 비롯하여『周易』,『禮記』에서 유래한 것으로『주역』에서는 '順' 또는 '馴致其道'의 뜻으로 사용되었으며,『시경』에서는 生活苦(毛傳), 바느질 노래(朱子)라는 뜻으로, 周의 윤백기의「履霜操」에서는 '자신의 억울함을 호소하는 내용'으로,『事文類聚』에서는 '서리를 밟는 것과 같은 심정, 곧 '처창지심'의 뜻으로 쓰였음을 알 수 있다. 이는 '이

백기의 신세와 독수공방하는 여인의 고통을 비유하여 지은 것"이라 하였고(이임수, 앞의 논문, 219쪽), 윤영옥도 이상이라는 제명이 지닌 특이성을 지적하고 이는 "단순히 주제를 나타낸 것이 아니라, 작품에 흐르고 있는 정서까지도 상징적으로 표현한 것"으로 파악하고 있다(尹榮玉, 앞의 논문, 425쪽).

8) 김창룡,「履霜曲의 比較文學的 考察」『민족문화』5집, 한성대, 1991, 13쪽.

9) 이상의 내용은『辭源』(수정본1～4 合訂本. 商務印書館出版社, 1991)에서 인용함.

10)『事文類聚』前集 卷34, 天道部 霜條.

상’이 서리를 밟는다는 字義的인 해석에 국한하지 않고 ‘履霜’이
상징하는 다양한 의미로 쓰여왔다는 것을 알 수 있다.

그러면 ‘이상’이라는 구절이나 의미상 연관성을 지닌 것으로 생
각되는 문학작품으로는 윤백기의 琴曲歌詞 ‘履霜操’라 하겠다. ‘이
상조’의 배경 설화와 그 가사는 다음과 같다.

琴操曰 履霜操, 尹吉甫子伯奇所作也. 伯奇無罪, 爲後母讒而見
逐, 乃集芷荷以爲衣, 探樽花以爲食, 晨朝履霜, 自傷見放, 於時授
琴鼓之, 而作此操, 曲終投河而死.

履朝霜兮採晨寒來　　　考不明其心兮聽讒言
孤思別離兮摧肺肝　　　何辜黃天兮遭斯愆
痛歿不同兮恩有偏　　　誰說顧兮知我冤

아침 서리를 밟으니 새벽 추위 다가오네
아버님 마음 밝지 못해 참언을 들으셨네
홀로이 떨어져 헤매이니 폐간이 찢겨지네
무슨 허물을 하늘에 지었기에 이 벌을 만나는가
이토록 핍박하니 죽어지는 것과 다름없도다
누가 내 원을 알아 말해 줄 것인가

설화의 내용은 ‘周 사람 尹伯奇가 계모의 참소를 입어 쫓겨나게
되었는데 이를 괴로워 하던 윤백기는 거문고를 타면서 이 노래를
부른 후 스스로 물에 빠져 죽었다’고 되어 있다. 이때 지은 琴曲「
履霜操」의 첫구절 “새벽 서리 밟으니 춥기도 해라(朝履霜兮採晨
寒)”에서 ‘履霜’이라는 제목을 취하였으며, 작품 내용은 ‘서리를 밟
는 추운 상황과도 같은, 참소를 입은 자신의 억울한 처지’에 대한
호소를 담고 있다.

이 작품 이외에도 ‘서리 밟는 상황(履霜)’이나 이와 같은 처지를
문학적으로 형상화한 작품으로는 위진시대의 丁廙妻와 潘岳의 작

품이 있다.11)

지금까지 ‘이상’의 유래와 그 의미를 살펴본 결과 본래적 의미 [字義]라 할 수 있는 ‘서리를 밟는다(履霜)’는 의미가 琴曲歌詞 ‘履霜操’에 와서는 그 뜻이 ‘서리를 밟는 추운 상황과도 같은, 참소를 입은 자신의 억울한 처지’로 쓰였으며, 이후 앞서 살핀 바와 같이 문맥적 상황에 따라 뜻이 달리 사용되어 왔음을 알 수 있다. 여기서 우리는 ‘履霜’이 ‘서리를 밟는 상황 그 자체가 중요한 것이 아니라 서리 내리는 계절처럼 자신의 처지가 황량하다는 것’을 상징적으로 보여주려 하고 있음을 알 수 있다. 그리하여 ‘이상’의 어원적 의미 가운데에서 ‘님을 그리워하는 여인의 간절한 비원을 그린’ 작품에 「履霜曲」이라는 題名을 붙인 것으로 볼 수 있다. 따라서 실제 서리를 밟는 상황이 등장했기 때문에 「履霜曲」이라 했다는 주장과는 견해를 달리한다.

결론적으로 ‘이상’은 중국에서 유래했지만, 그 뜻을 전적으로 수용한 것이라기보다는 해당 작품의 문맥을 더욱 중요시하여 그 의미를 부여한 것이라 하겠다. 즉 「履霜曲」이라는 題名은 제 2행의 ‘서리를 밟는(履霜)’ 상황이 등장하기 때문에 이를 題名으로 택한 것이 아닌, ‘서리를 밟는 것과 같은 황량한 처지를 당한 시적 화자가 님에 대한 연모의 정을 토로’하는 전체의 내용과 분위기, 심상 등을 충분히 고려한 제목이라 할 수 있다.

이 작품이 선초 유학자들에 의해 ‘남녀상열지사’로 규정된 것은 “투기나 연정, 님을 향한 끈질긴 집념 등을 내적으로 수렴하지 않고, 自傷의 모습으로 드러내는 것”12), 즉 ‘여성 화자의 사랑에 대한

---

11) 김창룡은 이 두 작품과 고려 속악가사 「이상곡」과의 공통적인 요소를 추출하여 그 연원을 측정하고자 했다(김창룡, 앞의 논문, 5～7쪽).

12) 金榮洙, 「女流文學硏究의 몇가지 檢討」『國文學論集』12輯(檀國大國文學科, 1985), 92쪽.

지나친 집착'을 드러냈기 때문에 '남녀상열지사'로 판정을 받게 된
것으로 볼 수 있다.

Ⅲ. '서린석석사리'의 해석

기존 논의 가운데 본고에서 다루고자 하는 '題名'과 유관한 것으
로 보이는 '서린석석사리'는 梁柱東이 '서린 또는 서리어 있는 藪
林'으로 해석한 이래 별 다른 이견 없이 수용되어 왔으나, 남광우
의 문제 제기[13] 이후 몇몇 연구자들이 이 부분에 관한 재해석을 시
도하기에 이르렀다. 그 결과 활발한 논의를 거쳐 상당한 성과를 거
두었다.[14] 그럼에도 불구하고 부분적으로는 타당한 면을 지니고
있지만, 본 노래의 주제 내지는 전체 내용과는 긴밀하게 연결되지
않는 일면도 있다. 따라서 이와 같은 약점을 극복하려는 의도에서
기존의 시각과는 다른 시각에서 접근하고자 한다.

「履霜曲」은 행구분이 없이 전승되고 있는 까닭에 분단에 관한
견해는 매우 다양하다. 필자는 기존의 분단 가운데 10행 분단[15]을
따른다. 「履霜曲」 전문을 소개하면 다음과 같다.

    비오다가개야아눈하디신나래

---

13) '서린'을 양주동은 서리(盤·蟠)의 連體形으로 본 것에 대해 그는 제목
    (履霜曲)과 눈 온 뒤에 다시 서리가 내리는 '雪上加霜'이라는 작품 상황
    과 연관시켜 '서리(霜)는'으로 상정하였다. 南廣祐, 「高麗歌謠 註釋上의
    問題點에 관하여」 『高麗時代 歌謠文學』, 螢雪出版社, 1979, 63쪽.
14) 張孝鉉(「履霜曲 語釋의 再考)과 김창룡, 앞의 논문이 이에 해당한다.
15) 10행 분단법은 해석상의 편의에 따른 것이다.

> 서린석석사리조븐곱도신길헤
> 다롱디리우셔마득사리마두너즈세
> 너우지잠짜간내니믈너겨
> 깃돈열명길헤자라오리잇가
> 죵죵벽력싱함타무간고대셔싁여딜내모미
> 죵벽력아싱함타무간고대셔싁여딜내모미
> 내님두숩고년뫼롤거로리
> 이러쳐뎌러쳐이러쳐뎌러쳐기약이잇가
> 아소님하흔디녀졋기약이이다 (『樂章歌詞』)

　작품 제 1행은 '비가 오다가 개어 아아 눈이 많이 내린 날에'라는 해석으로 연구자들 간에 별 이견이 없다. 그렇지만 제 2행의 '서린 석석사리'에 대해서는 의견이 다양하게 제기되었다. 양주동이 처음으로 '서린(蟠·盤) 또는 서리어 있는 수풀(藪林)'[16]로 해석한 이래 별 무리없이 통용되었다.[17] 그러다가 南廣祐가 양주동의 해석에 대해 처음으로 의문을 제기하였고, 뒤이어 장효현이 남광우의 견해를 수용하여 '서린석석사리'를 재해석함으로써 이 구절에 대한 논의가 활발하게 전개되었다.

　남광우는 양주동의 '서린(서리어 있는) 수풀'이라는 해석에 의문을 표시하면서 이를 '서리(霜)는'으로 해석하였다. 그 근거로 첫째, 「履霜曲」에 서리(霜)가 등장해야 할 가능성이 있고, 둘째, 古來로 '설상가상'이란 말이 있는 것처럼 눈 온 위에 서리가 덮인다는 點

---

16) 梁柱東, 『麗謠箋注』, 乙酉文化社, 1957, 350쪽.
　　서린 「서리」(蟠·盤)의 連體形.
　　이 흔쌜 고즌 불휘 사계에 서리어(南明集下·五五)
　　큰 ᄀᆞ르미 바횟미틔 셔롓ᄂᆞ니(大江蟠嵌根) (杜言卷六·四六)
　　千年老龍이 구비구비 서려이셔(松江歌辭·關東別曲)
　　盤　서릴(石峯千字·十八)
　　석석사리 未詳. 하마 「藪林」의 義.
　　* 慶州地方 現行方言은 「灌木의 枝幹이 얼크러진 藪林」을 「석석사리」라 함.
17) 박병채, 이임수, 박노준, 김창룡 등이 이에 해당한다.

과, '석석사리'는 「鄭石歌」의 '삭삭기'처럼 "버석버석하는 눈 위에 다시 서리가 덮여 얼어 붙은 위를 걷는 발자욱소리를 象徵한 것"이라는 점을 들고 있다.[18]

한편 장효현은 이 부분에 대한 논의를 더욱 심화시켜 논의하였다. 논의를 위해 그의 해석을 요약하여 소개하면 다음과 같다.

> ① '서린' : 서리(霜)「名詞」+ㅡㄴ「助詞」로 보았다.
> ② '석석' : ㉠자동사 '석석하다'(버석버석하다)의 어간. ㉡부사 '바삭바삭' '푸석푸석' '서걱서걱'의 의미를 지닌 의태어 의성어. 이는 「정석가」에서의 '샥샥기 셰몰애 별헤'의 '삭삭'과 같은 의미이면서 음상이 對蹠하는 '석석'으로 파악했다.
> ③ 사리 : 아래의 용례에서처럼 용언의 어간이나 체언에 연결되어 語基를 부사화하는 접미사로 파악하였다.[19]
> '어렵사리' '쉽사리'의 'ㅡ사리'[sari]
> '괜시리'의 'ㅡ시리'[siri]
> '급작스리'의 'ㅡ스리'[siri]
> '공연스레' '이상스레'의 'ㅡ스레'[sire]

그리하여 '서린석석사리'를 '서리(霜)는 버석버석'으로 해석하여 남광우가 앞서 제기한 주장을 뒷받침 해주는 결론에 이르렀다.

그럼에도 그가 결론적으로 제시한 '서리는 버석버석'이라는 해석은 의미상 어색할 뿐만 아니라 각각의 시행을 관류하는 이미지의 연결도 어색하다. 이 점은 박노준과 김창룡도 이미 지적한 바 있다.

> …당분간 양주동 등의 통설을 따르기로 한다. 그 까닭은 기후 조건에 관한 서술은 첫째 줄에서 일단 끝난 것으로 보고, 둘째 줄은 '길'의 상태 즉 공간 조건을 제시하고자 한 것이 화자의 진의라고 생각되는 바 그러므로 여기에 다시 기상 상태와 유관한 '서리'가 개입될 이유는

---

18) 남광우, 앞의 글, 63쪽.
19) 장효현, 「이상곡 어석의 재고」, 311~314쪽.

거의 없다고 판단하는 것이 상식적인 해석이 될 수 있기 때문이다.[20]

마치 한시에서의 對句를 연상시킴과 같은 관계성 위에 놓여 있다. 부언하여, A행에 나타나는 바 '비, 개임, 눈'이 주는 어휘들은 한결같이 기후적 조건, 즉 天候를 지칭한 표현들이다. 또한 B행에 나타난 바 '서리어 있는 숲, 좁은 곱돌아가는 길'은 지리적 조건, 즉 地勢를 지칭한 표현들이다. 그런데 그 어휘들은 그 어떤 일정한 이미저리를 표출해 내기 위한 목적 위에서 긴밀히 造構되어 있다. ……(중략)……

한마디로 A는 時개념으로서의 天時險을 B는 空개념으로서의 地勢難을 극명히 강조한 뜻으로 최종 집약된다. 공교롭게도 각 행의 말미는 각각 날(日;天개념)과 길(路;地개념)의 가장 핵심적 要語로써 매듭을 맺은 채 있다.[21]

박노준, 김창룡의 주장의 요점은 제1행과 2행이 대구를 이루고 있으며, 1행은 기후에 관한 배경제시를, 2행은 공간적 배경을 드러내는 것으로서 1행에서 기후에 관한 사항이 이미 제시되어 있는 터에 굳이 2행에서 다시 한번 기후를 제시할 개연성이 없다는 점과, 雪上加霜을 미리 염두에 두고서 서리(霜)를 끌어들인 점 등의 한계를 지니고 있다는 것으로 요약된다.

필자는 장효현의 해석에 이의를 제기한 이들의 반론—1행은 기후에 관련된 내용, 2행은 공간적 배경에 관한 사항—에 기본적으로 동의한다.

그러면 '서린석석사리'에 대한 필자의 입장을 밝혀 본다.

먼저 '서린'은 양주동의 해석을 취한다. 남광우와 장효현의 해석대로 '서린'을 '서리(霜)+ㄴ'으로 볼 경우 몇 가지 문제점이 드러나기 때문이다. '서리(霜)'로 해석하고 있는 견해들은 '雪上加霜'과 연관한 것인데, 앞서 살핀 바대로 '履霜'의 뜻이 '서리를 밟는 것과 같은 황량한 처지를 당한 시적 화자의 상황'으로 볼 경우 '엎친 데 덮

---

20) 박노준, 앞의 글, 211쪽.
21) 김창룡, 앞의 글, 24쪽.

친 격'이라는 의미를 적용시키는 것은 다소 무리가 있어 보인다. 그리고 '서리는(霜)'으로 해석할 경우 '−는'은 차이 보조사인데 문맥상 차이(대조의 상황을)를 드러낼 만한 대응 구절을 찾을 수 없다

'서린'은 후행 명사(석석사리)를 수식하는 관형어로서 '서린(서리어 있는)[蟠·盤]'으로 해석할 수 있다. 이때 '서린'은 "(일정한 생각이)마음 속 깊이 자리 잡아 간직된다"22)의 의미이다.

그 다음 '석석사리'에 관해서 살펴 본다. 박병채는 '석석'(ㄴ섭섭)「명사」+'사리'「명사 아래 붙는 접미사」로 분석했다. 실제 언어 사용에 있어서 '−사리'는 접미사로 흔히 사용되고 있다. 예를 들면 '쉽−사리' '어렵−사리' '살림−사리' '하루−사리' 등이다.

그러나 접미사로 취급하여 해석할 때에도 여전히 몇 가지 의문점이 남는다. 첫째, '서리는(霜)'으로 해석할 경우 '−는'은 차이 보조사인데 문맥상 차이(대조)를 드러낼 만한 대응 구절이 없다는 점. 둘째, '석석사리'가 '서리는'의 서술어로 사용된 것이라기보다는 '서리는, 서린'이 수식어(내지 서술어)로 보는 편이 바로 다음 구절을 고려할 때 문맥적 상황에 더 적절하게 생각된다는 점, 그리고 '섭섭'의 선행 형태가 '석석'이었다는 증거가 불충분하다는 점이다.

이 문제는 아래와 같이 2행 전체를 앞 구절과 뒤 구절로 대응시킬 때 보다 명확해질 수 있다. 즉, 뒷 구절 '조본 곱도신 길혜'의 '조본', '곱도신'과 관련지어 해석할 때 이 문제에 용이하게 접근할 수 있다. 2행의 앞 뒤 구절이 대구를 이루고 있다고 생각되기 때문이다.

---

22) 신기철·신용철 편저, 『새우리말큰사전』(삼성출판사, 1985). 조선말사전(동광출판사, 1990)에 '서리다'는 ①사리다 ②(어떤 가는 선이) 한군데로 많이 얼크러지다 ③(김, 안개, 그을음 등이) 잔뜩 끼다 ④(어떤 표정이나 자연 현상 등이) 어리여 나타나다 ⑤(어떤 생각이) 깊이 자리잡아 간직되다로 풀이되어 있다. ④와 ⑤의 뜻이 이에 해당된다.

　　　서린 : 조본
　　　석석 : 곱도신
　　　사리 : 길혜

　이러한 대응 관계가 성립된다면 '서린'은 '좁다'와 마찬가지로 용언의 어간(서리-)에 관형형 어미(-ㄴ)가 결합된 형태이고, 조본은 '좁-'(형용사 어간) + '-온'(관형형어미)(온은 매개모음 'ㅇ'+ 'ㄴ'(관형형어미)의 결합형이다. 그리하여 이들은 각각 후행하는 명사 '사리'와 '길'를 수식한다.23)

　그 다음으로 '석석'은 '곱도신'처럼 체언을 한정하는 관형어가 되어야 하며, 대응관계를 고려할 때 '사리'는 '길혜'와 마찬가지로 앞의 '석석'의 꾸밈을 받는 명사가 되어야 순리라 할 수 있다.

　이렇게 놓고 볼 경우에도 여전히 남는 문제는 '석석'이 관형어로 쓰인 예를 들 수 없다는 것이다. 이 문제는 '석석사리'를 합성명사로 볼 경우 간단히 해결된다. 즉 '석석사리'는 '석석(어간)+사리(명사)가 결합한 합성명사라는 것이다. 이때 합성명사를 이루는 선행 요소인 어간은 후행 요소인 명사를 한정해 준다.

　국어의 합성명사는 그 요소의 통사범주에 따라 대략 다섯 가지 유형으로 분류된다.

(1) 명사(-ㅅ)+명사 : 고추잠자리, 쌀밥, 불고기, 물ㅅ고기, 햇빛, 잔칫날…

(2) 어근(-ㅅ)+명사 : 보슬비, 넓적다리, 어둑새벽, 굴렁ㅅ대, 패씸ㅅ죄…

(3) 동사·형용사의 관형형+명사 : 건널목, 디딜방아, 앉은키, 큰절, …

---

23) 최용수는 '서린'은 '서리는(霜)'으로 해석하고, '석석사리'를 '석석하다' 와 '사리다'가 합해진 합성어로 파악했다. 기존 견해 가운데 유일하게 '석석사리'를 두 단어의 합성어로 파악하였다. 그는 '석석'은 의성어로, '사리'는 '사리다(蟠)'의 어간형 부사로 보았다. 그리하여 '서린석석사리'를 '서리가 석석 소리 나고 서려 있는'의 뜻이라 했다(최용수, 『고려 가요연구』, 계명문화사, 1993, 207~208쪽).

(4) 관형사+명사 : 첫사랑, 새엄마, 온몸, 딴말, 제자리…

(5) 동사·형용사의 어간+명사 : 접칼, 묵밭, 늦더위, 붉돔…[24]

위 다섯 유형 가운데 '석석사리'는 동사·형용사의 어간과 명사가 결합되어 형성된 다섯 번째 합성명사 유형에 속한다.

이때 '석석'은 '석석ᄒ다'라는 동사의 어근으로서 후행 요소인 명사 '사리'를 꾸며주는 수식어적 성격을 지니고 있다. 이때 '석석하다'의 뜻은 "① 거침없이 가볍게 비벼지거나 쓸리는 소리가 잇달아 나다 ② 거침없이 거볍게 비어지는 소리가 자꾸 나다"[25]로서 그 어간(어근)인 '석석'은 '버석버석한' '바삭바삭한 소리가 날 정도의 무미건조한, 또는 각박한' 정도로 해석된다.

'사리'는

① 명사. '살림'. ② 접미사. '쉽-사리' '어렵-사리' 등의 경우처럼 어근과 결합하여 파생 부사로 사용된다. ③ 파생명사. 동사 살다(生活)의 어간(어근)인 '살-'과 명사파생 접미사 '-이'의 결합형. 살림의 뜻. ④ '사리다'(蟠)의 어간형.

이 ④ 가지 의미 가운데 '님과 이별한 후 홀로 외로이 지내는 여

---

24) 김창섭, 『국어의 단어형성과 단어구조 연구』, 國語學會, 1996, 23쪽. 한편 정원수도 합성명사(복합명사) 구조 규칙을 다음과 같이 다섯으로 들고 있다.

가. $N° → N°N°$(눈물, 봄비, 시냇물, 고깃배, 까치걸음, 노름돈, 마소…)

나. $N° → V°N°$(뜬구름, 볶음밥, 앉은키, 죽을힘, 작은아버지, 큰집…)

다. $N° → Det°N°$(새색시, 이것, 첫눈, 허튼수작, 옛날, 오른손…)

라. $N° → V-^1N°$(깎낫, 굳기름, 늦바람, 접칼, 후릿고삐, 들숨…)

마. $N° → N-^2N°$(곱슬머리, 딱성냥, 깜박불, 부슬비, 산들바람…)

이 가운데 '석석사리'는 '라'의 규칙에 해당한다(『국어의 단어 형성론』, 한신문화사, 1992, 26쪽).

25) 『우리말큰사전』에 의함. 이하 단어의 뜻은 별도로 밝히지 않는 한 우리말큰사전에 의거함.

성화자의 정황을 제시하고 있는 부분'이라는 題名과 작품 전체의 의미를 고려할 때 단독 명사인 ①의 뜻이 가장 近似하다고 생각된다.26) 그리하여 명사인 '사리'는 동사의 어간인 '석석'과 결합되어 합성명사를 이루고, 동시에 '석석'의 수식을 받고 있는 것이다.

지금까지의 논의 내용을 정리하면 '석석사리'는 합성명사로서 어간인 '석석'과 명사 '사리'가 결합되어 '버석버석한 살림살이(生活)', 다시 말하면 존재하지 않는(이별 또는 사별로 인한) 님 때문에 '정서적으로 각박하고 무미건조한 삶을 살고 있는 신세'를 의미한다. 따라서 제 2행은 '(정한과 염원이)서리어 있는 버석버석한 인생살이'이자 '좁디 좁은 굽어 도신 길에'로 표현되는 인생의 험로에 님이 오시기만을 기원하는 여성화자의 간절한 심정을 표현하고 있는 것으로 볼 수 있다. 이런 점에서 「履霜曲」은 여성의 사랑에 대한 강렬한 기원이 담긴 노래로 볼 수 있다. 이와 같은 사랑에 대한 강렬한 집착 부분이 조선조 유학자들의 가치관에 어긋나 결국 '음사' '남녀상열지사'의 판정을 받게 되고, 刪改의 과정을 겪게 된 것으로 추정해 볼 수 있다.

Ⅳ. 結 論

이상으로 '題名'과 '서린 석석사리'에 대한 고찰을 시도해 보았다. 지금까지의 논의 결과를 요약하여 제시하는 것으로서 결론에

---

26) 기존 연구에서는 이를 단독 명사 아닌 파생 명사로 보아 왔다. 의미상 별다른 차이가 없으나 필자는 이를 단독 명사로 파악한다. 이럴 경우 '석석사리'는 '석석'과 '사리'의 합성어라 할 수 있다.

대신한다.

「履霜曲」의 題名은 중국의 '이상조'의 영향을 받은 것으로 생각되나 주제의 동일성에 근거했다기 보다는 작품의 내용을 고려하여 나름 대로의 독자성에 의한 題名 설정으로 보인다. 이때 그 의미는 '자신에게 닥친 시련을 서리를 밟는 상황으로 상징한 것'으로 추정할 수 있다.

'서린'은 '서리다(蟠·盤)'의 어간 '서리-'에 관형사형 전성어미 '-ㄴ'이 결합한 형태이며, 문장 성분은 관형어로서, 뒤의 체언 '사리'(生活)를 수식하는 기능을 한다. 그 뜻은 (님과의 이별로 인하여 외로이 지낼 수밖에 없는 여성화자의 한과 소망이)'서리어 있는 (蟠)'으로 해석할 수 있겠다.

'석석사리'는 '석석'과 '사리'가 결합하여 형성된 합성명사이다. 이때 '석석'은 '석석하다'의 어간으로 명사 '사리'를 수식하는 관형어와 같은 역할을 하고 있는데, 그 뜻은 '버석버석한, 또는 무미건조한'의 의미를 지닌다. '사리'는 생활을 의미하는 단독명사이다.

따라서 '석석사리'는 여성화자가 삶의 의미를 상실한 채 무미건조한 생활을 지내고 있다는 뜻으로서의 '버석버석한·무미건조한 생활'을 하고 있는 시적 화자의 상황을 표현하고 있다고 할 수 있다.

결국 님과 이별한 후 자신이 겪고 있는 외로운 정황을 1행과 2행을 통하여 제시하고 있다고 볼 수 있겠다. 이렇게 본다면 제 1행과 2행은 다음 상황의 전개를 예비하는 전체의 도입 부분이라 할 수 있다.

제6장

「靑山別曲」 考
―詩的 話者의 移動 經路 考察을 通한 接近―

Ⅰ. 序　論

1. 問題提起

　「靑山別曲」은 「西京別曲」과 더불어 宮中俗樂歌詞[1](高麗歌謠)
가운데 문학성이 가장 뛰어난 작품으로 평가되고 있다. 全 8聯으
로 구성된 이 작품은 고도의 상징적·비유적 표현과 뛰어난 음악
적 효과를 지닌 시어와 후렴구, 그리고 정연한 형식미 등을 갖추고
있다. 국문학 연구 초창기부터 「청산별곡」의 문학적 본질을 구명
하기 위한 다각적인 접근이 시도되었다. 그 결과 작품 분석 및 해
석에 상당한 진전을 이룰 수 있었다. 이와 같은 연구 성과에도 불
구하고 자료의 한계와 고려시대의 언어에 대한 학자들 간의 완전
한 합의가 도출되지 못한 까닭으로 인해 일부 難解語와 作者層에
관한 논의는 여전히 異見이 분분한 현실이다.

　본고는 「청산별곡」이 작자의 절박했던 추체험을 바탕으로 형상
화한 작품이라는 전제하에, 시적 화자가 겪은 체험의 현장을 중심
으로 접근하고자 한다. 이를 위해 기존 연구의 성과를 바탕으로 청
산별곡의 서사적 짜임에 주목하여 '詩的 話者의 移動 經路'를 밝
혀 보고, '話者의 正體'를 추론해 보고자 한다.

---

1) '宮中俗樂歌詞'라는 용어는 통상 고려가요를 의미하는 것으로, 궁중의
　 속악에 사용되던 '가사'라는 점에 주목하여 본고에서는 '속악가사'라는
　 용어를 사용한다.

2. 旣存 論議의 檢討

「靑山別曲」에 관한 초기 연구는 주로 어학적인 해석에 치중하였다. 梁柱東은 「靑山別曲」은 「西京別曲」과 함께 麗謠의 絶調에 속하는 작품으로 짝사랑의 애상을 중심으로 생의 悲哀를 노래한 것[2]이라 하였다. 朴炳采는 生의 苦惱를 노래하되 諦念的 哀調와 自慰的 諧謔이 있는 노래[3]라 하였다. 李仁模는 이 노래를 사랑을 못 이룬 데 대한 哀歡·悲愴이 도처에 나타나고 있음으로 해서 '사랑의 실패'를 드러낸 노래가 틀림없다[4]고 하였다.

문학사회학적 관점에서 접근을 시도한 연구자들은 「청산별곡」에 나타난 시적 상황이나 작자층을 역사적 현실에서 찾아내려고 했다. 張志暎은 「청산별곡」은 고려 중기 이후 말기에 이루어진 것으로, 患亂에 부대끼는 무리들이 世事를 벗어나 보려고 노력해 보는 노래[5]라 하였고, 高昌植은 張志暎의 주장을 수용하면서 "塗炭에 빠진 百姓이 民生苦에 허덕이며 現實詛呪, 厭世, 隱遁, 逃避해야 할 社會相의 反映과 呼訴[6]의 작품이라 하였다. 鄭炳昱은 삶의 고뇌를 풀기 위해서 산과 바다를 헤매며 기적과 위안을 구하면서도 집요하게 삶을 추구하는 지식인의 술노래[7]라 하였으며, 李勝明은 外戚·權臣의 跋扈와 외적의 침입 등 겹치는 內憂外患으로 民

---

2) 梁柱東, 『麗謠箋注』, 乙酉文化社, 1947, 307쪽.
3) 朴炳采, 『高麗歌謠의 語釋研究』, 半島出版社, 1984, 216쪽.
4) 李仁模, 「靑山別曲 內容의 再檢討」 『국어국문학』 58~61합병호, 국어국문학회, 1973, 119쪽.
5) 장지영, 「옛 노래 읽기(靑山別曲)」 『한글』 108호, 1955, 11~20쪽.
6) 高昌植, 「靑山別曲 解釋에 대한 管見」 『국어교육』 3, 국어교육연구회, 1962, 95쪽.
7) 정병욱, 『한국고전시가론』, 신구문화사, 1976, 111~112쪽.

生은 塗炭에 빠져 疲弊해질 대로 疲弊해진 高麗人들이 언젠가 훗날 좋은 때를 기다리면서 청산과 바다로 피하며 부른 노래라 하면서, 작자 계층은 정치적인 까닭으로 실의 낙향하였거나 현직에 있으면서도 신분을 감추고 있는 상당한 학식을 갖춘 귀족 계급이었을 것으로 추정하였다.[8] 申東旭은 「청산별곡」은 삶의 터전을 잃고 유랑하는 민중들의 슬픔을 다소간은 체념적으로 또는 자포자기의 태도로 혹은 자조적으로 노래한 작품이라 할 수 있으며, 話者는 민중층의 男性일 것으로 생각된다고 하였다.[9] 金學成도 역사적 史實에 근거하여 작품의 배경을 파악하고자 했다. 그는 특히 제 5연의 시적 상황을 고려 후기의 절박한 사회상과 결부시켜 화자의 신분 계층을 추정하였다. 그는 고려 후기에 빈발했던 민란에 가담한 농민·어민·서리·노예·광대 중 어느 하나나 또는 혼합 집단이 이 노래를 지었을 것이며, 반란민들의 노래였기 때문에 조선조 왕실에 의해서 금기되었을 것이라 하였다.[10]

金學成의 뒤를 이어 朴魯埻도 「청산별곡」의 창작과 관련된 사항을 역사적 사실을 바탕으로 하여 해명하고자 했다. 그는『高麗史』列傳 卷第四十二 崔忠獻 기록을 근거로 하여, 이 작품은 蒙古와의 戰亂 중 '又遣使諸道 徙民山城海島'의 命令이 내려진 高宗 19年 6月 이후 산과 바다로 난리를 피하며 헤매던 피난민이 지은 노래라고 하였다. 그리고 작자인 피난민은 양반계층이 아니라 양민들[11]이라는 주장을 제기했다. 이와 같은 작자층에 대한 구체적

---

8) 李勝明, 「靑山別曲 硏究」『高麗時代의 言語와 文學』, 螢雪出版社, 1975, 125～134쪽.

9) 申東旭, 「청산별곡과 평민적 삶의식」『高麗時代의 가요문학』, 새문사, 1982, Ⅰ, 36～38쪽.

10) 金學成, 『韓國古典詩歌의 硏究』, 圓光大出版局, 1980, 133～139쪽.

11) 朴魯埻, 「靑山別曲의 再照明」『高麗歌謠의 硏究』, 새문사, 1990, 95～117쪽.

인 그의 주장은 작자층과 작품의 제작 동기에 대한 논의를 한층 심화시키는 계기가 되었다고 볼 수 있다.

필자는 작품의 배경을 당대의 사회적 배경과 관련지어 해석하려는 이들의 견해에 동의한다. 구체적인 역사 기록에서 해명하고자 한 金學成 朴魯埻의 견해는 민중들이 겪는 삶의 절박한 모습을 생생하게 표현하고 있는 이 노래의 창작 가능성 및 작자(층) 구명에 단서를 제공하고 있다는 점에서 상당한 의의가 있다.

하지만 작자층을 민란 가담자들로 보려는 金學成의 시각과는 입장을 달리 한다. 왜냐하면 「청산별곡」의 시적 화자는 거대한 횡포 세력에 맞서지 못한 채 피해다녀야만 하는 힘없는 백성들의 고달픈 모습으로서, 탐관오리들의 집단적 횡포에 대항하고자 했던 민란 가담자들의 적극적 성격을 발견해낼 수 없기 때문이다. 또한 그의 주장처럼 반란민들의 노래였기 때문에 朝鮮朝에서 금기시했다면, 계속해서 속악가사로 사용을 금지했거나 아예 기록조차 남기지 않았을 것이다. 그럼에도 『樂章歌詞』에 수록되어 전승되고 있다는 사실은 반란민들의 노래로 보기 어렵다는 점을 오히려 방증하는 것으로 볼 수 있다.

한편 시적 화자가 '나라의 명령으로 산과 바다로 이동했다'고 한 朴魯埻의 주장에도 선뜻 동의하기 어려운 점이 있다. 왜냐하면 조정의 명령에 의해 갑작스런 피난길에 오른 백성들은 목숨을 부지할 만한 山村이나 漁村 또는 農村 가운데 한 곳을 선택했을 것이다. 그리고 자신이 선택한 그곳이 역시 '위험한 곳'이라면 그때는 또다시 새로운 살 곳을 찾아 나설 것이다. 그런데 작품의 어느 문면에서도 산속에서의 생활이 患亂으로 인한 공포 때문이거나, 아니면 생계를 유지할 수 없을 정도로 척박한 곳이어서 이동할 수밖에 없었다는 단서를 찾아 볼 수 없다. 또 삶의 고독감은 작품 문면에 드러나 있지만, 그 고독감의 직접적 원인이 戰亂에 의해 비롯된 것인지에 대한 판단은 쉽지 않다.

이러한 전후 사정을 고려해 본다면, 시적 화자는 조정의 이주 명령에 의해 마지못해 다른 곳으로 떠난 것이 아니라 현실의 어려움을 이겨보고자 화자 자신의 선택에 의하여 더 나은 공간을 찾아 이동한 것이라 해석하는 편이 나을 듯하다.

한편 북한의 문학사에서는 「청산별곡」을 봉건 지배층의 "착취로 인한 농민들의 대량적인 토지 이탈의 정형을 반영"[12]한 작품으로, "봉건적 수탈에 시달리던 유랑민들이 살길을 찾아 이리저리 떠돌아다니는 과정에서 얻은 체험을 노래한 것"[13]이라는 경제사적 관점에서 접근하고 있다. 이들의 주장은 사회학적 현실과 문학적 현실을 동일선상에서 파악하려는 사회학적 편향을 드러내고 있는 일정한 한계가 있음에도 불구하고, 일부 속악가사가 창작된 작품일 가능성이 높다는 사실을 인정하고 있다는 점과 작자의 신분계층을 도시 인민으로 보려는 관점 등은 속악가사에 대한 접근에 새로운 시각을 제공하고 있다는 점에서는 의의가 있다.

이밖에도 궁중에 잡혀온 官妓나 官婢 혹은 女巫의 恨과 孤獨이 담겨 있는 노래라는 견해[14]와 절박한 상황과는 무관한 고려 남성의 하루 일과를 그린 노래[15]라는 입장, 속세를 떠나 청산에 기거하게 되었던 작자가 산속의 고적함을 이기지 못하고 현실로 돌아오

---

12) 과학원 언어문학연구소 문학연구실, 『조선문학통사』(상), 과학원출판사, 1959 ; 화다, 1989, 208쪽.
13) 김일성종합대학 편, 『조선문학사』 1, 김일성종합대학출판사, 1982 ; 천지, 1989, 156쪽.
14) 成賢慶, 「靑山別曲考」 『국어국문학』 58~60합병호, 국어국문학회, 1972, 237~242쪽.
15) 尹江遠, 「靑山別曲의 새로운 이해」 『廣場』 116호, 세계평화교수협의회, 1983, 53쪽.

는 과정을 상상해본 현실애착의 노래[16]라는 견해 등이 있다.

필자는 이 노래는 艱難과 고통의 시대상황으로 인해 유랑체험을 한 후 이를 바탕으로 지어진 개인 창작 노래로 생각한다. 따라서 본고는 고려 후기의 혼란스러운 역사적 사회적 상황을 작품의 배경으로 파악하고자 한 기존 견해를 비판적으로 수용하면서, 그동안 간과하고 있었던 시적 화자의 '이동경로'와 이에 따른 시상의 전개 과정을 고찰하고자 한다. 아울러 유랑을 떠날 수밖에 없었던 화자의 처지와 신분도 함께 살펴 볼 것이다. 화자의 '移動 經路'를 통한 「청산별곡」에 대한 접근 방법은 무엇보다도 「청산별곡」의 構造와 몇몇 難解語 해명에 유용할 것으로 판단되기 때문이다.

Ⅱ. 詩的 話者의 移動 經路

전 8聯의 「靑山別曲」은 흔히 '청산곡'과 '바다곡'의 두 부분으로 구성된 노래로 취급되어 왔다. 이 작품은 정교한 대응구조를 지닌 노래라는 형식적인 측면에 지나치게 얽매인 결과 제 5聯과 6聯이 바뀌었다는 주장[17]까지 나오게 되었다. 그러나 聯이 바뀌었을 것

---

16) 李東根, 「靑山別曲의 再攷」『冠岳語文研究』제9집, 서울大國語國文學科, 1984, 259쪽.

17) 金宅圭(「別曲의 構造」『高麗時代의 言語와 文學』, 螢雪出版社, 1982)와 金尙憶(「靑山別曲 研究」『국어국문학』 30, 국어국문학회, 1965), 鄭炳昱(「靑山別曲의 分析」『한국고전시가론』, 신구문화사, 1977) 등에 의해 제기되었고, 최근에 김명호(「청산별곡의 속악적 이중성」『한국고전시가작품론』 1, 집문당, 1992)는 이를 수용하는 입장을 취하고 있다.

이라는 견해는 수용하기 어렵다고 판단된다. 그것은 국가의 祭禮나 宴禮에 쓰이는 宮中樂의 歌詞를 대부분 기록하고 있는 『樂章歌詞』 속에 실린 작품이 한 단어 한 구절 정도라면 모르지만 聯 전체가 바뀐다는 것은 아무래도 납득할 수 없다. 무엇보다도 이 작품 시상의 흐름을 보거나 전체 歌意로 볼 때 『악장가사』에 전하는 그대로라야 일관된 흐름을 견지할 수 있다는 판단 때문이다.[18] 「청산별곡」은 화자가 '청산'을 懇求하며, 유랑했던 체험을 그려낸 작품으로, 남성 화자라는 일정한 시선으로 자신의 이동 경로에 따라 시상의 일관된 흐름이 유지되고 있다.

그러면 시적 화자의 이동 경위와 이동 행로를 살펴보자.

「청산별곡」의 구성은 시적 화자의 이동과 이에 따른 시상의 전개라는 측면을 고려해 볼 때 起 : 1연, 承 : 2·3·4연, 轉 : 5연, 結 : 6·7·8연의 4단계 구성 방식[19]으로 구분할 수 있다.

그러면 시적 화자의 이동경로에 유의하면서 각 연의 구성 단계, 의미 등을 고찰해 보자.

> 1연 : 살어리 살어리랏다
>   청산애 살어리랏다
>   멀위랑 ᄃ래랑먹고

---

18) 申東旭도 「청산별곡」의 화자가 일인칭 주인공으로서 변함이 없으며, 제 1연에서 제 8연까지 일인칭 시선이 고정되어 있다는 사실에서 이 작품이 통일성을 유지하고 있는 증거가 된다고 하였다(申東旭, 앞의 글, Ⅰ-37쪽).

19) 宋政憲은 전 8연 가운데 時空關係를 고려하여 각 2연씩을 대응시켜 한시와 같은 4단계의 起承轉結로 구성된 작품이라 하였으며(宋政憲, 「靑山別曲 研究」 『忠北大學 論文集』 第十五輯, 1977, 45～46쪽), 북한의 『조선문학사』 1에서는 이 작품을 기승전결의 흐름으로 보면서 3개 부분으로 구분하였다. 첫 부분은 제 5분절(聯)까지, 둘째 분절은 6, 7분절(聯), 셋째 부분은 제8분절(聯)로 나누고 있다(156쪽).

>   청산애 살어리랏다
>   얄리얄리얄랑셩얄라리얄라
>   『樂章歌詞』20)

1연은 청산을 향하여 출발하려는 화자가 각오를 마음 속으로 거듭 다짐하는 내용21)으로써 전체 시상의 '발단'부분에 해당한다. 화자는 현실의 삶이 만족스럽지 못하기 때문에 청산을 향하여 떠나려 한다. 이때 '청산'은 현실의 고통에서 벗어나 좀더 자유롭게 살 수 있는 곳으로, 지금의 현실보다 더 나은 공간이라 할 수 있다. 화자는 왜 삶의 터전인 이곳 도시(도회지)22)를 벗어나 청산으로 향하고자 하는가.

高麗 後期는 무신들의 장기집권으로 인한 문신들의 몰락과 이에 따른 민심의 동요, 민란의 빈발 등 혼란의 시기로 대변된다. 게다가 몽고의 침입으로 인해 전 국토가 전란의 소용돌이 속에 빠지는 등 극도의 혼란을 겪어야 했다. 특히 몽고의 부마국이 된 충렬

---

20) 이하 제 2연에서부터 8연까지 동일한 문헌에 의해 인용함. 이하 후렴구는 생략함.
21) '살어리랏다'에 대한 기존 해석은 다음과 같다.
   양주동 : '살아갈것이러라'의 감탄형.
   김형규 : '살어리라'(종결) + ㅅ다(감탄종결).
   박병채 : 서재극: '살리로다', '살아갈것이로다'. 감탄형 요소가 내포된 종결어미.
   이인모 : '살았을것이로다'(살았겠도다, 살았더라면 좋았을 것인데)
   이승명 : (산에라도 가서)'살자', '살아 보자'라는 의미의 강한 의지의 표현.
   필자는 삶에 대한 강한 집착을 지닌 화자라는 입장에서 이승명의 견해에 전적으로 동감한다.
22) 시적 화자가 정착하여 살던 곳을 도시라고 보는 근거로는 첫째로, '청산'(작품에서는 농촌이나 산촌으로 생각됨)과 대립되는 공간은 바로 도시이며, 둘째로는, 작품에 표현된 시적 어휘의 세련성 및 유식층의 어휘로 보이는 표현 등이다.

왕 이후의 시기는 내우외환의 이중고를 겪어야만 했다. 이 가운데 忠烈王 집권기는 왕을 비롯한 왕실들의 향락적 생활과 권신들의 발호, 불교의 타락 등은 민중을 더욱 도탄에 빠지게 하였다.23)

「청산별곡」은 이처럼 혼란했던 고려 후기를 배경으로 지어진 작품으로 볼 수 있다. 그것은 무엇보다도 시적 화자가 고단한 현실에서 벗어나 청산에 안착하여 살고 싶어하는 시적 화자의 삶에 대한 끈질긴 집념에서 알 수 있다.

그렇다고 해서 작품의 배경을 굳이 특정한 역사적 사실(예컨대, 農民 叛亂軍 또는 奴隷 革命에 가담한 무리들, 蒙古의 침입으로 인한 피난길에 오른 高麗人들)에 직접 대입시켜 해석할 필요는 없다고 생각한다. 그 이유는 삶의 험난함과 이를 극복하고 했던 노력들은 어느 시대건 존재했을 것이기 때문이다. 게다가 작품 文面에 삶의 고단한 모습이 보이고 있지만, 그 원인을 꼭 民亂이나 몽고군의 침입으로 인한 戰亂의 慘狀으로 보기 어렵다는 점, 시적 화자의 유랑이 외부적인 원인에 의한 피동적인 강요에 의한 것이 아니라 자발적 의지에 의한 결단에 의한 것으로 보인다는 점에서 전란이나 민란과 관련지은 해석에 선뜻 동의하기는 어려운 측면이 있다.

> 2연 : 우러라 우러라 새여
>   자고니러 우러라 새여
>   널라와 시름 한 나도
>   자고니러 우니로라

2연은 삶의 터전을 떠나온 화자가 새로운 공간에 도착하여 새로운 생활을 하고 있는 장면을 제시하고 있다. 이곳은 시적 화자 이

---

23) 李基白, 『韓國史新論』, 개정판, 一潮閣, 1980, 169~92쪽.
　　金庠基, 『高麗時代史』, 東國文化社, 1961, 514~30쪽.

외에 오직 새소리만이 들리는 인적이 드문 산간 마을이나 외딴 농
촌 지대일 것으로 생각된다. 현실을 탈출하여 어렵게 정착한 이곳
이 청산과 다르기 때문에 '나'는 시름에 잠긴다. 이곳은 화자가 생
각했던 청산이 결코 아니다. 낮에는 외로움을 잊고 지낼 수 있었지
만, 밤이 되면 견딜 수 없는 외로움에 시름겨워 한다. 이 때 '울며
지낸다'는 표현은 실제로 눈물을 흘리는 행위라기보다는 눈물이
날 정도의 외롭고 고달픈 삶의 연속임을 의미한다.

> 3연 : 가던새 가던새 본다
>   믈아래 가던새 본다
>   잉무든 장글랑 가지고
>   믈아래 가던새 본다

　2연이 화자의 고독감을 표현하고 있는데 반해, 3연은 낮동안의
활동상황을 객관적인 시각으로 제시하고 있다. '나'는 아침이 되면
밤동안의 시름을 털어내고 생존을 위해 노동을 해야 한다. 그래서
오랜 동안 내버려 두어 녹이 슨 쟁기[24]를 들고 일을 하러 나간다.
그렇지만 그의 일손 끝에는 자신이 떠나온 고향(물론 도시지만)에
대한 그리움이 언제나 묻어 있다. 따라서 일하는 틈틈이 물아래로
향하는 새를 물끄러미 바라다보곤 한다.
　그런데 3연은 이러한 하루 일과를 객관적으로 그려내고 있음에
도 '본다'라는 행위 속에는 더 나은 삶에 대한 선망의 정서가 짙게
배어 있다.

------

24) 3연의 구절들 가운데 1. '잉무든 장글란'은 ① 이끼 낀 쟁기 ② 녹슨 병
　　기 ③녹슨 농기구 등의 해석이 있으며, 2. '가던 새'는 ① 가던 새 ②
　　갈던 사래로 나뉘어지며, 3. '본다'는 ① 보느냐? ② 본다의 경우가 있
　　다. 이중에서 필자는 언어의 의미는 문맥에 따라 결정된다는 점에서 1
　　－③, 2－①, 3－②를 취한다.

　　4연 : 이링공 뎌링공 ᄒᆞ야
　　　　　나즈란 디내와손뎌
　　　　　오리도 가리도 업슨
　　　　　바므란 ᄯᅩ엇디 호리라

　4연에는 2연의 시름이 더욱 심화되어 이곳에서의 생활 자체에 대한 회의로까지 발전한다. 낮에는 노동하느라 잡념을 가질 시간적 여유가 없었지만 일을 마치고 집으로 돌아 온 그에게 반겨주는 이는 없고, 오히려 밤의 외로움만이 찾아온다. 이 밤을 또 '어떻게 지낼 것인가'의 문제가 큰 고민이 아닐 수 없다.

　고민을 거듭하던 화자는 마침내 이곳을 떠날 결심을 한다. 화자는 이곳이 피난처도 안식처도 될 수 없다는 것을 깨달은 것이다. 물론 처음부터 낙원을 기대하고 온 것은 아니다. 고난과 시련이 있으리라는 것을 충분히 예상하고서 이곳에 온 것이다. 따라서 어떻게 해서든지 이곳에 적응하면서 주어진 환경을 극복하려고 노력해 보았다. 그러나 도회지에 삶의 기반을 두고 있었던 화자에게는 생활 터전도 없는데다가, 인적마저도 드문 낯선 이곳 생활이 오히려 도시생활보다도 더 중압감을 느끼는 고단한 생활이 되고 만 것이다. 결국 4연은 이와 같은 상황에 대한 근원적인 물음을 자신에게 던지고 있는 것으로 볼 수 있다.

　이상의 2·3·4연은 도시의 삶을 떠나 이동한 후 산촌 내지 외따른 농촌이라 생각되는 곳에서 정착을 결심하고 얼마간 살다가 다시 새로운 삶터를 찾아 떠나 이동하기까지의 과정을 표현한 것으로 '承'단락이라 할 수 있다.

　　5연 : 어듸라 더디던 돌코
　　　　　누리라 마치던 돌코
　　　　　믜리도 괴리도 업시
　　　　　마자셔 우니노라

5연은 다시 새로운 곳을 찾아 나섰다가 어느 마을에서 돌에 맞는 비운을 표현하고 있다. 화자가 처한 더욱 어려운 삶의 체험을 누군가 던진 '돌에 맞는' 비운의 인물로 표현하고 있다. 여기서 '돌에 맞는' 사건은 실제 돌에 맞는 것을 표현할 수도 있지만, 돌에 맞는 것처럼 아픔과 충격을 느낀다는 상징적인 표현일 수도 있다. 5연은 이곳 저곳을 유랑하는 시적 자아의 비애를 비탄조로 표현하였다.

그런데 5연에서 주목할 것은 시적 화자가 지니고 있는 삶에 대한 의욕이나 태도는 변하지 않고 있다는 사실이다. '청산'이라 생각되는 이곳까지 와서 오히려 삶의 고단함을 맛보았지만(2·3·4연) 좌절하지 않고 다른 곳에서 새로운 삶을 개척하기 위해 떠난다. 이런 까닭에 5연은 '시적 전환(轉)'에 해당한다고 할 수 있다. 그 이유는 다음 6연에 지금까지 생활했던 농촌 또는 산촌을 벗어나 전혀 새로운 공간인 바다에 가서 살겠다는 의지를 반복적으로 표현한 것에서 유추할 수 있기 때문이다.

5연에서 시적 화자가 '돌에 맞는' 사건은 이 작품의 제작 배경과 시적 화자의 정체를 구명하는데 있어서 중요한 단서가 될 수 있다. 그런 점에서 돌에 맞는 사건의 의미를 좀더 자세히 살펴보면, 먼저 '돌에 맞는다'는 표현이 지닌 의미는 ① 실제로 돌에 맞았다는 뜻과 ② 돌에 맞는 것처럼 아픔과 충격을 맛보았다는 뜻의 두 가지 경우가 있을 수 있다.

그러면 돌을 던지는(아픔과 고통을 제공하는) 주체는 누구이며, 돌을 던지는 이유는 무엇일까. 이를 몇 가지 경우로 추론해 본다.

첫째, 시적 화자의 외모가 오랫동안 떠돌이 생활로 인해 몰골이 형편 없게 된 채 어느 마을에 들어 가게 되었는데, 당시와 같은 긴박한 사회적 상황하에서 마을마다 외부인에 대한 경계심을 갖고 있었기 때문에 낯설고 험상궂은 사람이 나타나자 이를 쫓아내기 위해서 돌을 던졌을 경우. 이때 돌을 던지는 주체는 마을 사람들이 된다.

둘째, 시적 화자의 겉모습이 거지와 흡사해서 이를 본 아이들이 장난 삼아 그에게 돌을 던지는 경우이다. 위의 두 가지 경우일 때에는 돌에 맞고도 자신을 탓할 뿐 누구를 미워하거나 원망할 수도 없을 것이다.

셋째, 마을과 마을 사이에 벌어지는 편싸움인 석전놀이[擲石戲]일 수도 있다.

그러나 집단적인 민속놀이인 돌싸움이라면 '어디를 맞추던 돌인가. 누구를 맞추던 돌인가'라는 탄식을 할 리가 없을 뿐 아니라 그 대상이 누구인지 모를 리가 없을 것이다. 더욱이 그 뒤에 나오는 '미워할 이도 사랑할 이도 없이 울고 있다'는 표현과도 어울리지 않는다고 생각한다.

넷째, 실제 돌에 맞는 것이 아니라 돌에 맞는 것과도 같은 아픔을 극적으로 부각시키기 위한 관용적인 표현이라 할 수 있다. 그 슬픔의 원천이 지배자들의 집요한 박해의 손길[25]이거나, 자신이 찾고자 했던 청산과는 너무나 거리가 멀기 때문일 수도 있다.

이와 같이 여러 상황 가운데 어떤 경우에 해당하는지를 판단하기는 쉽지 않다. 그렇지만 '믜리도 괴리도 업시'라는 진술에서 알 수 있듯이, 이러한 고통스러운 유랑의 길을 선택한 자신의 책임이기에 남을 탓할 수 없다는 체념 내지 '恨'의 내면화가 작용하고 있다는 것이다.

    6연 : 살어리 살어리랏다
         바르래 살어리랏다
         ㄴ모자기 구조개랑 먹고
         바르래 살어리랏다

---

25) 과학원 언어문학연구소 문학연구실, 앞의 책, 209쪽.

돌에 맞아 울면서 되돌아 나온 화자는 그래도 삶을 포기하지 않고 오히려 또다른 삶의 터전을 찾아 나선다. 6연은 새로운 삶을 개척해 보려는 화자의 충만한 의욕이 표현되고 있는 연이라 할 수 있다. 고난을 겪으면서도 좌절하거나 포기하지 않는 그는 계속해서 더 나은 삶의 터전을 찾기 위해 유랑을 계속하다가 드디어는 바닷가 어느 마을에 도착한다. 낯선 곳, 이곳에서의 삶도 역시 힘겨울 것이 분명할 테지만 오히려 이곳에서 '살아보겠다'라는 강한 의지를 드러낸다. "살겠노라 살겠노라 이 바닷가 마을에서 나문재와 구조개랑 먹으면서라도 살아 보겠노라"라고 다짐해 보는 것이다. 이러한 각오가 있기까지는 그가 이곳에 도착하기까지 겪었던 시련과 고난이 좋은 경험이 되었을 것이다. 이런 점에서 본다면 6연은 이 노래의 결말 단락의 '絶頂' 부분에 해당된다고 할 수 있다.

이곳 바다는 삶의 유랑길을 따라서 오게 된 終着驛과도 같은 더이상 갈 곳이 없는 막다른 골목이다. 더이상 갈 수도 없는 이곳에 어렵사리 정착한 그는 새로운 환경에 적응하느라 바쁜 일과를 보내면서 살아간다. 삶의 터전인 고향을 등지고 떠나 왔기 때문에 일을 하지 않으면 생계를 꾸려 나갈 수가 없는 것이다.

    7연 : 가다가 가다가 드로라
          에졍지 가다가 드로라
          사스미 짒대예 올아서
          奚琴을 혀거를 드로라

그러던 어느날 도회지에서나 볼 수 있는 광대들의 공연[26](山臺

---

26) 金完鎭은 假裝動物에 의한 놀이 즉, 山臺雜戱 중에 오늘날의 竹馬에 해당하는 놀이라 하였으며,(金完鎭, 「靑山別曲에 대하여」『古典文學을 찾아서』, (金烈圭 외 3인 편), 문학과지성사, 158쪽) 徐在克도 山臺劇 가운데 假面劇과 같은 것이라 하고 있다.(徐在克, 「麗謠註釋의 問題點

雜戱 가운데 百獸戱와 같은)이 외딴 이 마을에까지 와서 공연을 하는 것이 아닌가. 귀에 익은 그 소리에 끌려 공연을 구경하게 되는 연이 바로 7연이다. 잊고 있던 도시(고향)에 대한 향수를 불러일으키는 이 공연을 본 후, 그는 고향에 대한 그리움으로 인해 마음의 안정을 잃고, 일조차 손에 잡히질 않는다. 그러던 차에 술 빚는 냄새에 마음이 끌려 그곳으로 발걸음을 옮긴다.

> 8연 : 가다니 빈브른 도긔
>   설진 강수를 비조라
>   조롱곳 누로기 미와
>   잡ᄉ와니 내엇디 ᄒ리잇고

8연은 바로 술에 의지하여 현실의 중압감과 고향에 대한 그리움을 잠시 동안만이라도 잊고 지내려는 화자의 몸부림으로 해석된다.

그러나 이러한 상황에서도 결코 절망하거나 삶을 체념하는 듯한 태도가 전혀 보이지 않고 있다는 사실을 놓쳐서는 안될 것이다. 1연부터 7연까지에서 볼 수 있었던 시적 화자의 일련의 행동들이 이를 증거한다.

기존 연구 가운데 이 작품을 삶의 중압감으로 인한 좌절과 체념을 표현한 작품으로 보는 견해도 있지만, 술을 마시는 행위만을 가지고 체념이나 좌절을 운위하는 것은 그동안 1연에서 7연까지의 과정을 전혀 고려하지 않은 견해라 할 수 있다. 이 작품의 어떠한 구절을 보아도 절망감이나 체념과 같은 厭世的 態度, 運命順應的인 態度를 찾아 볼 수 없다. 특히 '내엇디 ᄒ리잇고'의 진술조차도 현실에 굴복하여 술에 탐닉하겠다는 체념적 태도의 표명이 아니라

分析」『어문학』19호, 1968) 그러나 북한 문학사에서는 주로 탐관오리에 해당하는 인물을 비유적으로 표현한 것으로 해석하고 있다.

현재의 주어진 상황에 충실하겠다는 태도의 표명으로 볼 수 있다.[27] 이러한 태도야말로 새로운 삶을 개척하고자 하는 시적 화자의 '意志의 表出'에 다름 아니다.

필자가 삶에 대한 의욕 표출이라고 해석하는 까닭은 화자가 겪은 그 동안의 고통스러운 체험은 그에게 현실을 바라볼 수 있는 안목을 심어 주는 계기가 되었을 것으로 생각하기 때문이다. 또한 경쾌하고 발랄한 후렴구도 근거가 될 수 있겠다.

시적 화자는 고통스러운 현실의 삶을 극복하기 위해 여기저기 떠돌아다니는 유랑 생활을 해 보았다. 그런데도 이상적이라 할 수 있는 공간은 찾을 수 없었다. 여기서 그는 '청산'이라는 곳이 현실 세계에서 더이상 존재하지 않음을 깨닫게 된다. 그럼에도 화자는 패배주의자의 모습을 보여주는 것이 아니라 오히려 삶의 욕구를 강렬하게 드러낸다. 포기할 수 없는 생에 대한 욕구가 곳곳에 드러나고 있다. 이와 같은 열정이 있었기 때문에 그는 삶에 대해 투정도 해보고 회의도 가져 보며, 때로는 눈물도 흘리며, 술에 의탁해 보기도 하는 것이다. 특히 8연은 삶의 중압감에서 벗어나 잠시 그것을 잊고자 하는 마음에서 오늘 같은 날 단 하루만이라도 마음껏 술을 마시고 싶은 심정을 그린 것으로 이해된다. 다음 날이면 다시 일상으로 돌아와 노동을 하면서 나, 혹은 가족의 생계를 꾸려 나가야 할 처지이기 때문이다.

7~8연은 바닷가 마을에 정착하여 그런 대로 적응하는 생활을

---

27) 청산별곡을 짝사랑의 애상적 정서를 드러낸 작품으로 파악하고 있는 양주동도 "이 엇디 흐리잇고 調는 羅代以來 歌謠의 한 傳統的인 形式이니, 一見 諦念的·消極的인 듯하나 其實 含蓄的·達觀的인 悠遠한 情緒를 表白한 것으로서 우리先民의 根底깊은 人生觀의 底流를 보인 것이다."으로 해석한 바 있다. 이는 '엇디 흐리잇고'가 소극적인 체념, 그 이상의 의미가 있음을 시사해 주는 것으로 볼 수 있다.

표현한 단락으로 전체의 '結末'이다. 그런데 8연의 '내엇디 ᄒ리잇고'는 앞으로의 생활에 대한 여운을 남겨 둔 표현으로써, 화자의 삶이 술에 탐닉하는 것으로 종료되는 것이 아님을 암시하고 있다고 볼 수 있다.

이상으로 작품 분석을 통해 볼 때 청산별곡의 시적 화자에게는 고향과 삶의 터전을 버리고 외지로 이주한다는 것은 실로 감내하기 어려운 결단이었을 것이다. 그럼에도 이런 고통을 감수하고 과감히 새로운 청산을 찾고자 하는 화자의 행동은 결연한 의지의 발로라 할 수 있다. 이런 까닭에 작품의 題名도 '靑山'을 지향하는 작자의 의도에 맞춰 '靑山'별곡이라 명명했을 것이다.

지금까지 살펴 본 화자의 이동 경로를 간략하게 도시화하면 다음과 같다.

　도시의 힘든 생활
　→ 청산이라 여겨지는 외딴 곳(산촌 내지 외딴 농촌)에 정착하여
　　생활함
　→ 새로운 터전을 찾아 이동
　→ 바다에 접해 있는 마을까지 오게 됨

III. 話者의 正體

앞서 살펴보았듯이 「청산별곡」은 당대 현실의 질곡을 벗어나 '청산'이라는 이상적 공간을 찾고자 하는 백성 가운데 전형적 인물이라 할 수 있는 화자의 눈물어린 분투가 담긴 인생 체험을 핍진하

게 표현한 '체험 노래'라 생각된다. 그것은 이 시의 도처에 드러나고 있는 삶에 대한 절박감과 간난, 그리고 이를 극복하고자 하는 시적 화자의 노력과 짙은 고뇌 속에서 발견할 수 있다. 이런 점에서 작품의 성격을 밝혀 내기 위해서 화자의 정체를 구명하는 일은 긴요한 문제라 할 수 있을 것이다.

그러면 시적 화자가 과연 누구일까. 먼저 화자는 가정의 생계를 떠맡고 있는 가장이거나 혼자서 생활을 해나가야 하는 성인 남성이라고 할 수 있겠다.[28]

또 시적 화자는 도회지(도시) 생활을 하던 사람으로 판단되며, 고단하고 힘겨운 현실을 벗어나 좀더 자유롭고 인간다운 생활을 할 수 있는 공간을 추구하려는 사람이라 할 수 있다. 그리하여 화자는 희망과 꿈을 지니고 청산을 찾아 유랑의 길을 떠나는 것이다. 그런 희망이 없었다면 쉽게 좌절하거나 포기하고 말았을 것이다.

시적 화자의 이동은 작품 내용 면에서 본다면 타인과 관련된 표현은 전혀 보이지 않고 있다. 이런 점에서 시적 화자는 뿔뿔이 흩어져 떠나는 유랑민 가운데 한 사람이라 할 수 있을 것이다. 만일 전란을 피해 유랑을 떠났다면 자신이 속한 집단이 겪고 있는 비애가 어느 정도는 반영될 법한데 그러한 모습은 찾아보기 어렵다.

「청산별곡」의 시대적 배경은 고통과 혼란의 고려 후기 사회라 할 수 있으며, 화자는 현실의 고통을 극복하기 위해 과감히 고향을 등지고 유랑의 길을 떠난 남성이고, 그의 신분 계층은 작품의 정연한 구조와 고도의 상징적인 표현과 동시에 가식 없고 발랄한 생명

---

28) 「청산별곡」의 화자를 男性으로 보는 견해가 지배적이나 金完鎭, 李仁模, 成賢慶, 金在用 등은 특정 구절을 바탕으로 여성으로 파악하였다. 필자는 여러 근거 가운데에서도 특히 시적 화자가 고향을 등지고 여기저기 유랑을 하면서 새로운 삶을 찾고 있다는 점에서 '남성'이라고 생각한다.

력이 동시에 나타나고 있는 것으로 보아 상층 귀족이라 하기는 어려울 것 같다. 그렇다면 이들은 도시에 살고 있던 하급 관리이거나 농민 등으로 압축해 볼 수 있겠다. 이 가운데 농민은 당시에는 有識人이 될 수도 있었다는 점에서 이들 계층에 속하는 인물일 개연성이 높다고 할 수 있다.[29]

이상에서 살펴 본 것처럼 이 작품은 어려운 시대 상황 속에서 도시 생활을 하던 하급관리나 농민 또는 악공 계층에 속한 한 개인의 체험을 문학적으로 형상화한 것으로 추단해 본다.

Ⅳ. 結 論

「청산별곡」의 구조는 제 1연이 '起'에 해당되며, 그 내용은 청산에 은거할 수밖에 없게 된 자신의 처지를, 2·3·4연은 '承'으로서 청산에서의 고독하고 험난한 삶을, 5연은 '轉'으로 청산을 과감히 뛰쳐나와 새로운 삶을 개척하려는 의지를 노래하고 있으며, 6연은 시련의 최고조에서 오히려 역으로 삶에 대한 강렬한 의욕을 느끼는 聯으로 '絶頂'이라 할 수 있으며, '結'의 일부에 해당한다. 7·8연은 새로운 공간에 어렵게 정착하여 보금자리를 꾸미고 살아가는 모습을 보여주는 '結'에 해당한다고 할 수 있다.

---

29) 박노준, 앞의 논문, 117쪽. 이밖에도 궁중악과 밀접한 관련이 있는 계층으로서 왕실 가까운 도회지에서 생활하면서 필요에 따라 궁중 행사에 참여하던 악공들의 역할도 주목해 볼 필요가 있다. 이들 '악공'들의 생활과 역할 등에 관한 상세한 논의는 후고를 기한다.

작품의 구조와 화자의 이동 경로를 다음과 같이 정리해 볼 수 있다.

> 1연-청산에서의 삶 동경-起(발단)
> 2·3·4연-청산이라고 생각한 곳에서의 생활-承(전개)
> 5연-새로운 곳을 찾아 유랑하다가 어느 마을에서 돌에 맞는 불상 사가 발생됨-轉(위기)
> 6연-새로운 생활을 동경하면서 삶의 의욕을 불태움-結(절정)
> 7·8연-바닷가 마을에 정착하여 새로운 생활에 적응하여 살고 있음 -結(결말)

「청산별곡」의 시적 화자는 현실의 고통을 극복하기 위해 과감히 삶의 터전이었던 도시를 등지고 유랑의 길을 택한 남성이라고 추정할 때, 이 작품을 지은이는 하급관리이거나 유식한 농민일 것으로 짐작된다.

「청산별곡」은 고려 후기의 비참한 겪은 작자의 현장 체험을 형상화한 뛰어난 작품이라 할 수 있다. 어려운 시대 상황 속에서도 좌절하지 않고 보다 나은 '청산'을 향해 나아가려는 시적 화자 또는 그들이 속한 민중의 끈질긴 생명력을 느낄 수 있는 뛰어난 작품으로 평가된다.

「청산별곡」에 대한 연구는 여전히 우리 앞에 커다란 문제로 남아 있다. 이러한 과제 해결을 위한 하나의 시도로써 본고는 기존의 연구 시각과 다른 방향에서의 접근을 시도해 보았다. 이와 같은 시도를 바탕으로 한 좀더 치밀한 작품 해석은 후고를 기약한다.

참 고 문 헌

• 제1장 安軸의 漢詩와 歌文學 研究

1. 資 料

閔思平, 及菴詩集

徐居正, 東文選, 東人詩話

安軸, 謹齋集,

李穀, 稼亭集,

李穡, 牧隱文稿, 牧隱詩稿

李齊賢, 櫟翁稗說, 益齋亂藁

李滉, 退溪集

周世鵬, 武陵雜稿

崔澱, 拙稿千百

근재전집, 상하, 근재사상연구회.

譯註 高麗史, 東亞大學校古典研究室.

北譯 高麗史, 신서원, 1992.

국역 익재집, 민족문화추진회, 1982.

국역 고려사절요, 민족문화추진회, 1968.

이종찬 역주, 근재집, 한국고전문학전집 10, 고대민족문화연구소, 1993.

이병혁 역주, 목은집, 한국고전문학전집 19, 고대민족문화연구소, 1995.

2. 論 著

1) 著 書

金大幸 外,『高麗詩歌의 情緒』, 開文社, 1993.

金東旭,『韓國歌謠의 研究·속』, 二友出版社, 1980.

김동욱,『高麗 後期 士大夫文學의 研究』, 祥明女大出版部, 1991.

金庠基,『新編高麗時代史』, 서울大出版部, 1986.

金碩會,『존재 위백규 문학 연구』, 以會文化社, 1995.

金烈圭 외 편,『고려시대의 가요문학』, 새문사, 1982.

金榮喆 외,『韓國詩歌의 再照明』, 螢雪出版社, 1984.

金倉圭,『韓國 翰林詩 評釋』, 國學資料院, 1996.

朴京珠,『景幾體歌 研究』, 以會文化社, 1996.

金學成,『韓國古典詩歌의 研究』, 圓光大出版局, 1980.

金學成·權斗煥 編,『古典詩歌論』, 새문사, 1984.

金興圭,『朝鮮後期 詩經論과 詩意識』, 高大民族文化研究所, 1982.

朴龍雲,『高麗時代史(하)』, 一志社, 1987.

朴惠淑,『形成期의 韓國樂府詩 研究』, 한길사, 1989.

白影 鄭炳昱先生 華甲紀念論叢 Ⅱ,『韓國詩歌文學研究』, 新丘文化社,
    1983.

卞鍾鉉,『高麗朝漢詩研究』, 太學社, 1994.

成均館大人文科學研究所 編,『高麗歌謠 研究의 現況과 展望』, 집문당,
    1996.

成昊慶,『朝鮮前期詩歌論』, 새문사, 1988.

宋在周·安東柱,『한국고전시가론』, 국학자료원, 1997.

신영명,『사대부 시가의 연구』, 국학자료원, 1996.

梁柱東,『麗謠箋注』, 乙酉文化社, 1955.

윤호진,『한시의 의미구조』, 법인문화사, 1996.

李東英,『朝鮮條 嶺南詩歌의 研究』, 재판 ; 釜山大出版部, 1998.

李明九,『高麗歌謠의 研究』, 新雅社, 1973.

이병한 편저,『중국 고전시학의 이해』, 文學과 知性社, 1992.

李佑成,『韓國中世社會研究』, 一潮閣, 1991.

임기중,『우리의 옛노래』, 현암사, 1993.

임기중 외,『경기체가연구』, 태학사, 1997.

전형대·정요일·최웅·정대림,『한국고전시학사』, 弘盛社, 1979.

鄭堯一,『漢文學批評論』, 仁荷大出版部, 1990.

鄭琦鎬,『高麗時代詩歌의 研究』, 仁荷大出版部, 1987.

______,『韓國詩歌文學論考』, 仁荷大出版部, 1997.

조규익,『高麗俗樂歌詞·景幾體歌·鮮初樂章』, 한샘, 1993.

______,『가곡창사의 국문학적 본질』, 집문당, 1994.

조동일,『한국문학통사2』, 知識産業社, 1982.

______,『한국의 문학사와 철학사』, 지식산업사, 1996.

지헌영,『향가여요신석』, 정음사, 1947.

車柱環,『唐樂研究』, 汎學社, 1981.

______,『中國詞文學論攷』, 서울大出版部, 1982.

______,『高麗唐樂의 研究』, 同和出版公社, 1983.

崔珍源,『國文學과 自然』, 成均館大出版部, 증보판 ; 1977.

______,『韓國古典詩歌의 形象性』, 증보판 ; 成大大東文化研究院, 1998.

崔載南,『士林의 鄕村生活과 詩歌文學』, 國學資料院, 1997.

黃浿江 外3人 編,『韓國文學研究入門』, 지식산업사, 1982.

黃浿江·蘇在英·秦東赫,『韓國文學作家論 Ⅱ』, 螢雪出版社, 1995.

張基槿 譯, 胡雲翼 著,『中國文學史』, 大韓敎科書株式會社, 1983.

李章佑 譯, 劉若愚 著,『中國詩學』, 明文堂, 1994.

李章佑 譯, 劉若愚 著,『中國의 文學理論』, 명문당, 1994.

『한국고전시가작품론』1, 백영 정병욱 선생 10주기 추모논문집, 집문당, 1992.

2) 論 文

강진순, 「경기체가의 정서변화 양상」『경남어문논집』7·8합집, 1995.
金基卓, 「景幾體歌의 性格考察」『嶺南語文學』8, 嶺南大, 1981.
김동욱, 「謹齋 安軸과 그 詩·歌의 研究」, 成均館大博士論文, 1988.
______, 「關東瓦注와 安軸의 詩文學」『論文集』22, 祥明女大, 1988.
______, 「關東別曲·竹溪別曲과 安軸의 歌文學」『泮橋語文研究』創
　　　　刊號, 泮橋語文研究會, 1988.
______, 「道學派의 '麗朝 景幾體歌評'에 대하여」『成大文學』28, 1992.
金東旭, 「한림별곡의 성립연대」『연세대80주년기념논문집』, 인문과학,
　　　　1965.
金東旭, 「한림별곡에 대하여」『續韓國歌謠의 研究』, 이우출판사, 1980.
김동임, 「경기체가연구」, 부산대석사논문, 1993.
金文基, 「한국문학의 갈래」, 黃浿江 외3인 편, 『韓國文學研究入門』, 지
　　　　식산업사, 1982.
______, 「景幾體歌의 綜合的 考察」, 김학성·권두환 편, 『古典詩歌
　　　　論』, 새문사, 1984.
金善祺, 「翰林別曲의 形成過程에 대하여」『人文科學 論文集』9, 충남
　　　　대, 1982.
______, 「한림별곡의 작자와 창작연대에 관한 고찰」『語文研究』12,
　　　　語文研究會, 1983.
______, 「漁父長歌와 漁父短歌에 대하여」『語文研究』14, 語文研究會
　　　　1985.
金時鄴, 「麗元間 文學交流에 對하여」『韓國漢文學研究』5, 韓國漢文
　　　　學會, 1980~1981.
______, 「高麗後期 士大夫文學의 一性格」『大東文化研究』15, 成大大
　　　　東文化研究院, 1982.
______, 「麗末·鮮初에 있어서의 士大夫 리얼리즘과 그 變質」『韓國
　　　　漢文學』8, 韓國漢文學會, 1985.

______, 「高麗後期 士大夫文學의 性格」, 成均館大博士論文, 1988.

金禹漢, 「안축의 관동별곡과 정철의 관동별곡 비교연구」, 영남대교육
　　　대학원 석사논문, 1987.

김은정, 「安軸 漢詩에 나타난 士大夫 意識의 諸層位」『韓國漢詩作家
　　　硏究』2, 태학사, 1996.

金宗鎭, 「安軸의 시세계」『泰東古典硏究』 10집, 泰東古典硏究所,
　　　1993.

金重烈, 「景幾體歌의 形成에 미친 漢詩의 影響」『論文集』4, 漢城大,
　　　1980.

김진균, 「고대 동서양의 음악관」『동서문화』제11집, 계명대동서문화
　　　연구소, 1979.

金倉圭, 「涵虛堂攷」「東洋文化」6·7집, 嶺南大東洋文化研究所, 1968.

______, 「別曲體歌 形式攷」『國語敎育硏究』Ⅴ, 慶北大, 1973.

______, 「謹齋詩歌攷」『論文集』2, 榮州經商專門大, 1979.

金倉圭, 「士大夫 詩歌의 自己 誇示 樣相」『敎大春秋』13, 大邱敎大,
　　　1979.

______, 「謹齋關東別曲 評釋攷」『論文集』16집, 大邱敎大, 1980.

______, 「竹溪別曲 評釋攷」『國語敎育硏究』12, 慶北大, 1980.

______, 「別曲體歌의 普遍的 性格 考察」, 權寧徹·金文基 편,『韓國詩
　　　歌研究』, 螢雪出版社, 1981.

______, 「別曲體歌 研究」, 효성여대박사논문, 1987.

______, 「한림시의 연구사와 제론」『모산학보』7집, 모산학술연구소,
　　　1995.

金泰永, 「高麗 後期 士類層의 現實認識」『창작과비평』44, 창작과비평
　　　사, 1977.

金台俊, 「別曲의 研究」『東亞日報』, 1932. 1. 15일부터 13회 연재.

김택규, 「고가의 가락과 사설에 대하여」『청계김사엽박사송수기념논
　　　총」, 1973.

金豊起, 「謹齋 安軸의 詩文에 나타난 江原道論」『江原文化研究』17,

江原大江原文化研究所, 1998.

金學成, 「경기체가」, 黃浿江 외3인 편, 『韓國文學硏究入門』, 지식산업사, 1982.

김흥규, 「장르론의 전망과 경기체가」『白影 鄭炳昱先生 華甲紀念論叢』 Ⅱ, 韓國詩歌文學研究, 新丘文化社, 1983.

길진숙, 「주세붕의 죽계지 편찬과 시가관」『민족문학사연구』 11, 민족문학사연구소, 1997.

羅恪淳, 「高麗後期의 鄕吏의 身分變化」『首善語文』, 成均館大大學院, 1981.

文喆永, 「麗末 新興士大夫들의 新儒學 수용과 그 특징」『韓國文化』 3, 서울대, 1982.

閔丙秀, 「懷古歌 <五百年 都邑地…>에 대하여」『한국고전시가작품론』 1, 백영 정병욱 선생 10주기 추모논문집, 집문당, 1992.

민현구, 「권문세족과 신흥사족」『한국사연구입문』, 지식산업사, 1981.

박경주, 「경기체가 연행방식과 성격 변화」, 서울대석사논문, 1990.

박경주, 「고려시대 한문가요 연구」, 서울대박사논문, 1994.

______, 「고려조 승려층의 한시체 가요 창작방식」『고전문학연구』 8, 고전문학회, 1993.

______, 「국문학의 장르론과 경기체가」『선청어문』 23집, 서울대사대 국어과, 1994.

______, 「한시체가요로 본 한림별곡의 창작 방식」『이상익교수회갑기념논총』, 집문당, 1994.

朴魯埻, 「翰林別曲과 關東別曲(兼 죽계별곡)의 거리」, 成均館大人文科學研究所 編, 『高麗歌謠研究의 現況과 展望』, 集文堂, 1996.

박성규, 「한림별곡연구」『한문학논집』 제2집, 단국대한문학회, 1984.

박일용, 「경기체가의 장르적 성격과 그 변화」『한국학보』 46, 일지사, 1987 봄.

박혜숙, 「高麗末 小樂府의 樣式的 特性과 形成經緯」『韓國漢文學研究』 14, 韓國漢文學會, 1991.

방종현, 「讀謹齋集後」, 『한글』 14권 1호(통권107호), 1949, 7.

______, 「關東別曲」 『한글』 14권 2호(통권108호), 1949, 12.

성기옥, 「景幾體歌」, 國文學新講 編纂委員會 編, 『國文學新講』, 새문사, 1985.

成昊慶, 「경기체가의 구조 연구」, 서울대석사논문, 1980.

______, 「'腔'과 '葉'의 性格 推論」, 『雨田 辛鎬烈先生 古稀紀念論叢』, 창작과비평사, 1983.

______, 「경기체가의 장르」, 장덕순 외, 『한국문학사의 쟁점』, 집문당, 1986.

______, 「高麗詩歌에 끼친 元 散曲의 影響에 대한 考察」 『국어국문학』 112, 국어국문학회, 1994.

______, 「한국고전시가의 존재방식과 노래」 『古典文學研究』 12, 韓國古典文學會, 1997.

成鎬周, 「鮮初樂章研究」, 부산대석사논문, 1975.

______, 「景幾體歌 및 樂章詩歌 槪觀」 『睡蓮語文論集』 13, 釜山女大, 1986.

成鎬周, 「경기체가의 형성 연구」, 부산대박사논문, 1987.

______, 「경기체가의 산곡과의 대비적 고찰」 『문학한글』 2호, 1988.

______, 「景幾體歌의 形成 研究(1)」 『睡蓮語文論集』 15, 釜山女大, 1988.

______, 「경기체가의 성격」 『금제이윤근선생고희기념논문집』, 1989.

宋載邵, 「朴齊家의 文學觀」, 『韓國漢文學研究』 5, 韓國漢文學會, 1980~1981.

宋在周, 「景幾體歌의 形成과 性格」 『先清語文』 16·17합집, 서울대사대, 1988.

신동현, 「洪大容과 本居宣長 歌論의 民族文學觀 比較 研究」 『국문학연구』 119, 서울대, 1994.

申用浩, 「益齋의 文學觀」 『韓國漢文學研究』 7, 韓國漢文學會, 1984.

안 확, 「조선 가시의 연구」, 최원식·정해렴 편역, 『안자산국학논선

집』, 현대실학사, 1996.

呂運弼, 「翰林別曲의 創作背景 研究」『睡蓮語文論集』 19, 부산여대, 1992.

유효석, 「여말 초기 가사의 장르현상」『기곡 강신항박사 정년기념논총』, 태학사, 1995.

尹錫鉉, 「朝鮮朝 景幾體歌 研究」, 崇實大碩士論文, 1993.

＿＿＿, 「景幾體歌의 消滅動因 小考」『숭실어문』 11, 숭실대, 1994.

윤재민, 「고려후기 사대부의 등장과 현실주의적 한시」『민족문학사강좌』 상, 창작과비평사, 1995.

李京雨, 「안축의 자연관과 관동별곡」『한국고전시가작품론』 1, 백영 정병욱 선생 10주기 추모논문집, 집문당, 1992.

李金喜, 「麗朝 景幾體歌의 性格」『院友論叢』 1, 淑明女大大學院, 1983.

이동영, 「조선조 영남시가의 형성과정」『석계이명구박사회갑기념논총』, 성대출판부, 1984.

李炳赫, 「麗末 鮮初의 文學理論 生成」『韓國文學史 敍述의 諸問題』 -金錫夏停年退任紀念論叢-, 檀大出版部, 1993.

李樹鳳, 「安軸論」, 黃浿江 外編, 『韓國文學作家論』 Ⅱ, 螢雪出版社, 1986.

李佑成, 「高麗末·李朝初의 漁父歌」『成大論文集』 9, 1964.

＿＿＿, 「高麗朝의「吏」에 대하여」『역사학보』 23, 1964. 4.

이임수, 「경기체가에 대한 문학사적 검토」『한국언어문학』 12, 한국언어문학회, 1974.

이종출, 「경기체가의 형태적 고구」『한국언어문학』 12, 한국언어문학회, 1974.

李慧淳, 「高麗後期 士大夫文學과 元代文學의 관련 양상」『韓國漢文學研究』 8, 한국한문학회, 1985.

鄭琦鎬, 「高麗 樂章歌詞의 研究(Ⅰ)」『논문집』 10, 仁荷大人文科學研究所, 1984.

정병욱, 「별곡의 역사적 형태고」『사상계』, 1955. 1.

정용수, 「사대부 한시의 민가 수용」『성대문학』 28, 1992.

鄭雲采, 「윤선도의 시조와 한시의 대비적 연구」, 서울대박사논문, 1993.

_____, 「쌍화점과 쌍화곡의 편향과 강호가도의 논의」, 成均館大人文
科學硏究所 編, 『高麗歌謠硏究의 現況과 展望』, 集文堂, 1996.

鄭載喆, 「高麗末 新興士大夫의 登場과 漢詩」『韓國漢文學硏究』 15,
한국한문학회, 1992.

조동일, 「경기체가의 장르적 성격」, 金學成·權斗煥 편, 『古典詩歌
論』, 새문사, 1984.

_____, 「산수시의 경치, 흥취, 주제」『국어국문학』 98, 국어국문학회,
1987.

趙　蘭, 「景幾體歌의 主題 및 內容에 關한 硏究」, 釜山女大碩士論文,
1986.

崔相殷, 「景幾體歌의 風流的 性格과 士大夫文學의 抒情性」『嶺南語
文學』 16집, 1989.

崔承洵, 「安謹齋의 關東지방 詩文考」『江原文化硏究』 9집, 江原大江
原文化硏究所, 1989.

최용수, 「안축과 그의 자연관」『배달말』 22, 배달말학회, 1997.

崔載南, 「경기체가 장르론의 현실적 과제」『韓國詩歌硏究』 2, 韓國詩
歌學會, 1997.

한창훈, 「景幾體歌의 形成과 變貌를 파악하는 하나의 시각」『白鹿語
文』 14, 제주대, 1997.

扈承喜, 「翰林別曲의 詩的 構造와 情緖」, 金大幸 외, 『高麗詩歌의 情
緖』 중판 ; 開文社, 1993.

- 제2장 「雙花店」과 「三藏」의 관계 고찰
- 제3장 「雙花店」의 형식적 특성에 관한 일고찰

1) 著 書

金學成,『國文學의 探究』, 成均館大出版部, 1987.

朴炳采,『高麗歌謠 語釋 硏究』, 宣明文化社, 1973.

宋芳松,『高麗音樂史 硏究』, 一志社, 1988.

______,『韓國音樂史 硏究』, 嶺南大出版部, 1982.

梁柱東,『麗謠箋注』, 乙酉文化社, 1947.

鄭琦鎬,『高麗時代 詩歌의 硏究』, 仁荷大出版部, 1986.

정병욱,『한국고전시가론』, 신구문화사, 1977.

鄭尙均,『韓國中世詩文學史 硏究』, 翰信文化社, 1986.

車柱環 譯,『唐樂硏究』(中國學叢書), 汎學圖書, 1981.

________,『高麗史 樂志』, 乙酉文化社, 1972.

2) 論 文

姜晢中,「雙花店 小考」『한국고전시가작품론』1, 백영 정병욱 선생 10 주기 추모논문집, 集文堂, 1992.

權璟順,「高麗俗謠는 民謠인가」『韓國文學史의 爭點』, 集文堂, 1986.

金大幸,「雙花店과 反轉의 意味」『高麗詩歌의 情緖』, 開文社, 1985.

金尙憶,「高麗歌詞 硏究」3『淸州大 論文集』7집, 1972.

______,「高麗歌詞 硏究」4『淸州大 論文集』8집, 1974.

金善豊,「高麗歌謠의 形態的 考察」『국어국문학』84, 1980.

金鎭嶽,「雙花店의 滑稽文學性 硏究」『東西語文硏究』2권2호, 1988.

金快德,「高麗俗歌의 社會背景的 硏究」, 釜山大 博士論文, 1987.

金宅圭,「別曲의 構造」『高麗歌謠硏究』, 정음사, 1979.

______,「俗謠의 장르上의 諸問題」『千峰 李能雨博士 七旬紀念論叢』,
1990.

金興圭,「장르론의 展望과 景幾體歌」『碧史 李佑成先生 停年退職 紀
念論叢』, 麗江出版社, 1990.

朴魯埻,「雙花店의 재조명」『高麗歌謠의 研究』, 새문社, 1990.

朴魯春,「高麗의 두 小樂府」『국어국문학』 84, 1980.

朴焌圭,「高麗俗樂 31篇에 대하여」『高麗歌謠研究』, 정음사, 1979.

徐首生,「高麗歌謠研究」『慶北大 論文集』 5집, 1962.

成昊慶,「高麗詩歌의 文學的 形態 復元 摸索」『碧史 李佑成先生 停年
退職紀念論叢』, 麗江出版社, 1990.

宋政憲,「雙花店 研究」『忠北大 論文集』 17집, 1979.

______,「雙花店의 우뭇용에 대한 연구」『忠北大 論文集』 20집, 1980.

梁太淳,「高麗時代의 詩歌 研究」, 서울大 碩士論文, 1982.

______,「高麗歌謠 助興句의 研究」『西原大 論文集』 24집, 1989.

呂運弼,「雙花店 研究」『국어국문학』 92, 1984.

呂增東,「雙花店考究」(其一)『語文學』 19집, 語文學會, 1968.

______,「雙花店考究」(其二)『국어국문학』 47, 1970.

______,「雙花店考究」(其三)『국어국문학』 53, 1971.

______,「雙花店考究」, 黃浿江 外,『鄕歌麗謠研究』, 半島出版社, 1985.

______,「樂에 대한 연구」(1)『又村 姜福壽回甲紀念 韓國語文論叢』,
螢雪出版社, 1976.

柳鍾國,「高麗俗謠 原形 再構」『국어국문학』 99, 1988.

尹敬洙,「雙花店에 나타난 人間姿勢」『現代文學』 98, 1963.

李啓洋,「雙花店 形成에 대한 考察」, 朝鮮大 碩士論文, 1983.

李德雨,「雙花店論考」, 漢陽大敎育大學院 碩士論文, 1984.

이성주,「쌍화점에 나타난 평민의식 구조」『세종어문연구』 5·6집, 1989.

이임수,「고려가요 연구」, 慶北大 博士論文, 1988.

이정란,「雙花店과 社會意識의 相同構造」『梨大大學院論文集』 14,
1986.

李鍾出, 「高麗俗謠의 形態的 考究」 『高麗歌謠硏究』, 정음사, 1979
李惠求, 「「雙花店」 大樂後譜와 時用鄕樂譜의 比較」 『서울大 音大學報』 2호, 1964.
鄭琦鎬, 「高麗俗謠의 形態論的 硏究」 『東岳語文論集』 11, 1978.
______, 「高麗 樂章歌詞의 硏究」 『仁荷大 人文科學硏究所 論文集』 13집, 1987.
______, 「高麗時代 宮中樂歌詞의 形態에 대하여」 『語文硏究』 4, 1989.
______, 「履霜曲 이해를 위한 몇 문제」 『한국고전시가작품론』 1, 백영 정병욱 선생 10주기 추모논문집, 集文堂, 1992.
정병헌, 「雙花店과 場所」 『碧史 李佑成 先生 停年退職 紀念論叢』, 麗江出版社, 1990.
鄭惠媛, 「舞樂으로서의 高麗歌謠 考察」 『백영 정병욱선생 환갑기념논총』 Ⅱ, 신구문화사, 1982.
秦東赫, 「高麗歌謠의 餘音考」 『首都女師大 論文集』 4, 1969.
崔東國, 「雙花店의 性格 硏究」 『文學과 言語』 Ⅴ, 文學과 言語硏究會, 1984.
崔東元, 「高麗歌謠의 享有階層과 그 性格」 『高麗歌謠硏究』, 새문사, 1982.
崔美卿, 「高麗史 樂志 所載 高麗俗謠의 性格」, 梨大 碩士論文, 1992.
崔美汀, 「高麗歌謠와 譯解 樂府」 『雨田 辛鎬烈先生 古稀紀念論叢』, 創作과 批評社, 1983.
______, 「雙花店의 解釋」, 張德順 外, 『韓國文學史의 爭點』, 集文堂, 1986.
______, 「詞俚不載 歌謠에 관한 硏究」, 『韓國學論集』 16, 啓明大 韓國學硏究院, 1989.
崔正如, 「井邑詞 再攷」 『啓大論叢』 3, 계명대, 1967.
______, 「高麗의 俗樂歌詞論考」 『高麗歌謠硏究』, 정음사, 1979.
許南春, 「雙花店의 우물 용과 삿기 광대」 『泮橋語文硏究』 2, 1990.

• 제4장 「滿殿春別詞」의 文學的 構造考

1) 著 書

김학성, 『한국고전시가의 연구』, 원광대출판국, 1980.

박진태 외, 『한국시가의 재조명』, 형설출판사, 1984.

차주환, 『중국사문학 논고』, 서울대출판부, 1982.

최용수, 『고려가요의 연구』, 계명문화사, 1993.

『한국고전시가작품론』 1, 백영 정병욱 선생 10주기 추모논문집, 집문
　　　당, 1992.

한국어문학회 편, 『고려시대 언어와 문학』, 형설출판사, 1975.

황패강 외, 『향가여요연구』, 반도출판사, 1985.

2) 論 文

곽동훈, 「만전춘별사의 구조 연구」 『배달말』 7, 1982.

권재선, 「만전춘별사의 가사 고찰」 『심재 하성진선생회갑기념문집』,
　　　1987.

김상억, 「고려가사연구3」 『청주대논문집』 7, 1972.

김재수, 「만전춘별사의 문학적 우수성」 『광주교대논문집』 22, 1982.

려증동, 「만전춘별사가극론 시고」 『진주교대논문집』 1, 1967.

박노준, 「만전춘별사의 제명과 작품의 구조적 연구」 『고려가요의 연
　　　구』, 새문사, 1990.

박진태, 「만전춘별사와 정석가의 구조」 『인문과학연구』, 대구대논문
　　　집, 1983.

성현경, 「만전춘별사의 구조」 『고려시대 가요문학』, 형설출판사, 1982.

성현자, 「만전춘별사에 나타난 기부 모티브에 관한 연구」 『동방학지』
　　　33, 1982.

오정란, 「만전춘해석의 재고」 『고대어문론집』 26호, 1986.

이임수, 「여요 만전춘의 복원」『문학과 언어』2, 학문사, 1982.

장사훈, 「만전춘형식고」, 국어국문학회 편, 『고려가요 연구』, 정음사, 1979.

차주환, 「한국사문학 연구」『아세아연구』, 1964, 9~1965, 12.

최정여, 「고려의 속악가사론고」『청주대논문집』4, 1963.

허남춘, 「고려속요와 민속－처용가, 만전춘별사를 중심으로」『성대문학』 25, 1987.

·제5장 「履霜曲」의 '題名'과 '서린석석사리'에 대하여

1) 著　書

강은국, 『조선어 접미사의 통시적 연구』, 서광학술자료사, 1993.

權寧徹 解題, 『樂學編考』, 형설출판사, 1976.

金榮洙, 『朝鮮初期詩歌論研究』, 一志社, 1989.

김창섭, 『국어의 단어형성과 단어구조 연구』, 國語學會, 1996.

朴魯埻, 『高麗歌謠의 研究』, 새문사, 1990.

朴炳采, 『高麗歌謠의 語釋 研究』, 半島出版社, 1984.

______, 『새로고친 고려가요의 어석연구』, 국학자료원, 1994.

『韓國詩歌文學研究』, 白影 鄭炳昱先生 還甲紀念論叢Ⅱ, 新丘文化社, 1983.

成均館大學校 人文科學研究所 編, 『高麗歌謠研究의 現況과 展望』, 集文堂, 1996.

宋喆儀, 『國語의 派生語形成 研究』, 國語學會, 1992.

張師勛, 『世宗朝音樂研究』, 서울大出版部, 1982.

정원수, 『국어의 단어 형성론』, 한신문화사, 1992.

조일규, 『파생법의 변천』, 박이정, 1997.

『한국고전시가작품론』1, 백영 정병욱선생 10주기추모논문집, 집문당, 1992.

• 제6장 「靑山別曲」考

1) 著 書

국어국문학회 편,『고려가요연구』, 정음사, 1979.

金思燁,『改稿國文學史』, 正音社, 1956.

金烈圭・申東旭 編,『高麗時代의 가요문학』, 새문사, 1982.

金亨奎,『古歌謠註釋』, 一潮閣, 1974.

민족문학사연구소 엮음,『민족문학사강좌』상, 창작과비평사, 1995.

민족문학사연구소,『북한의 우리문학사인식』, 창작과비평사, 1991.

朴魯埻,『高麗歌謠의 研究』, 새문사, 1990.

李壬壽,『麗歌研究』, 螢雪出版社, 1988.

鄭琦鎬,『高麗時代 詩歌의 研究』, 仁荷大出版部, 1986.

정병욱,『한국고전시가론』, 신구문화사, 1977.

정병욱・이어령,『古典의 바다』, 현암사, 1978.

鄭尙均,『韓國中世詩文學史研究』, 翰信文化社, 1986.

조동일,『한국문학통사』2, 지식산업사, 1983.

韓國語文學會 編,『高麗時代의 言語와 文學』, 螢雪出版社, 1982.

黃浿江 외 2인,『鄕歌麗謠研究』, 半島出版社, 1985.

ㅇ

김 상 철(金相喆)

전북 김제 출생
영등포고등학교 졸업
인하대학교 문과대학 국어국문학과 졸업
인하대학교 대학원 석사(1994), 박사(1999)
인천대건고등학교 교사 역임
현재 인하대학교 인문학부 강사, 부천대학 교양과 겸임교수

論 文
「쌍화점의 작자 연구」「안축의 죽계별곡고」
「안축의 관동별곡에 나타난 정서와 그 표출방식에 대하여」외 다수

編 著
『딱이야 한자』7·8급, 6·6Ⅱ급, 5급(백산출판사, 2002)

고려시대 시가의 탐색   정가 : 18,000원

2004년 5월 10일	초판 인쇄
2004년 5월 20일	초판 발행

저　　자 : 金 相 喆
회　　장 : 韓 相 夏
발 행 인 : 韓 政 熙
발 행 처 : 景仁文化社
편　　집 : 金 明 宣
서울특별시 마포구 마포동 324 - 3
전화 : 718 - 4831~2, 팩스 : 703 - 9711
E-mail : kyunginp@chollian.net
등록번호 : 제10 - 18호(1973. 11. 8)